人因可靠性设计

——油气及其加工行业中的人因工程

[英] Ronald W. Mcleod 著

罗方伟 雍瑞生 孙文勇 等译

石油工业出版社

内 容 提 要

本书借鉴了化工、航运和航空等行业的经验和事件，系统阐述了人因工程的范围和价值、成本与收益，人类因素工程学的 6 个道理和原理，理性行业中的非理性人，障碍思维中的人为因素，人因工程的实现等相关概念和具体案例，为深入学习和应用人因工程提供了参考。

本书可供石油石化行业从事安全管理的技术人员、研究人员及高等院校相关专业师生阅读和参考。

图书在版编目（CIP）数据

人因可靠性设计：油气及其加工行业中的人因工程 /（英）罗纳德·W. 麦克劳德（Ronald W. Mcleod）著；罗方伟等译. — 北京：石油工业出版社，2022.8

ISBN 978-7-5183-5485-6

Ⅰ.①人… Ⅱ.①罗… ②罗… Ⅲ.①石油化工行业－人因工程－可靠性设计 Ⅳ.①F416.7

中国版本图书馆 CIP 数据核字（2022）第 120103 号

Designing for Human Reliability: Human Factors Engineering in the Oil, Gas, and Process Industries
Ronald W. McLeod
ISBN: 9780128024218
Copyright ©2015 Elsevier Ltd. All rights reserved.
Authorized Chinese translation published byPetroleum Industry Press.
《人因可靠性设计：油气及其加工行业中的人因工程》（罗方伟等译）
ISBN: 9787518354856
Copyright Elsevier Ltd. and Petroleum Industry Press. All rights reserved.
No part of this publication may be reproduced or transmitted in any form or by any means, electronic or mechanical, including photocopying, recording, or any information storage and retrieval system, without permission in writing from Elsevier. Details on how to seek permission, further information about the Elsevier's permissions policies and arrangements with organizations such as the Copyright Clearance Center and the Copyright Licensing Agency, can be found at our website: www. elsevier. com/permissions.
This book and the individual contributions contained in it are protected under copyright byElsevier Ltd. and Petroleum Industry Press（other than as may be noted herein）.
This editionof Designing for Human Reliability: Human Factors Engineering in the Oil, Gas, and Process Industries is published by Petroleum Industry Press under arrangement with ELSEVIER LTD.
This edition is authorized for sale in China only, excluding Hong Kong, Macau and Taiwan. Unauthorized export of this edition is a violation of the Copyright Act. Violation of this Law is subject to Civil and Criminal Penalties.
本版由 ELSEVIER LTD. 授权石油工业出版社在中国大陆地区（不包括香港、澳门以及台湾地区）出版发行。
本版仅限在中国大陆地区（不包括香港、澳门以及台湾地区）出版及标价销售。未经许可之出口，视为违反著作权法，将受民事及刑事法律之制裁。
本书封底贴有 Elsevier 防伪标签，无标签者不得销售。

注意

本书涉及领域的知识和实践标准在不断变化。新的研究和经验拓展我们的理解，因此须对研究方法、专业实践或医疗方法作出调整。从业者和研究人员必须始终依靠自身经验和知识来评估和使用本书中提到的所有信息、方法、化合物或本书中描述的实验。在使用这些信息或方法时，他们应注意自身和他人的安全，包括注意他们负有专业责任的当事人的安全。在法律允许的最大范围内，爱思唯尔、译文的原文作者、原文编辑及原文内容提供者均不对因产品责任、疏忽或其他人或财产伤害及/或损失承担责任，亦不对由于使用或操作文中提到的方法、产品、说明或思想而导致的人身或财产伤害及/或损失承担责任。

北京市版权局著作权合同登记号：01-2020-4570

出版发行：	石油工业出版社
	（北京安定门外安华里 2 区 1 号　100011）
	网　　址：www. petropub. com
	编辑部：（010）64523546　图书营销中心：（010）64523633
经　　销：	全国新华书店
印　　刷：	北京中石油彩色印刷有限责任公司

2022 年 8 月第 1 版　2022 年 8 月第 1 次印刷
787×1092 毫米　开本：1/16　印张：17.75
字数：450 千字

定价：130.00 元
（如出现印装质量问题，我社图书营销中心负责调换）
版权所有，翻印必究

《人因可靠性设计——油气及其加工行业中的人因工程》
翻译组

组　　长：罗方伟
副 组 长：雍瑞生　孙文勇
成　　员：梁　爽　和宁宁　郑钰山　张　波　邓金睿
　　　　　姜瑞景　孙秉才　张昱涵　李墨松　李德鸿
　　　　　王敦威　苗文成　魏风奇　张耀明　杨成新
　　　　　王鹏程　郭海清　高　磊　李成政　韩海涛

译者前言

三里岛核事故和切尔诺贝利核事故的发生，使人们越发深刻认识到人的因素对大规模现代化人—机系统运行安全的重要性。时至今日，机器设备的可靠性不断提高，而人作为人—机系统极其重要的一方，由于受其教育程度、操作技能、精神状况等特性的影响，既存在固有弱点，又具有难以控制性的特点。随着科技的进步，人在系统中的影响力更加突出。以核电站事故为例，据美国、日本、法国、德国、瑞典、瑞士近年来联合进行的核电站事故调查资料显示，六国发生人因相关事件的平均值超过60%，最高达到85%。人因可靠性设计对油气及相关行业来说同样非常重要，因此，如何去设计以人为中心、适合人特性的机器设备并最大限度地提高系统的可靠性、安全性成为亟待解决的问题。

本书通过大量事例对人因可靠性设计进行阐述，并提供了实用的意见与建议，以促使在设计中正确应用人因工程学。

本书分为五个部分：第1部分（第2章和第3章）通过回顾2005年发生在美国台塑公司工厂的一起爆炸事件，讨论工厂的工作环境和设备接口的设计如何影响相关操作人员的行为以及当事人采取行动的动机；第2部分（第4章至第9章）介绍人因工程学的原理及相关知识；第3部分（第10章至第14章）讨论非理性思维和认知偏差对风险意识、风险评估和实时决策的影响，并引用Kahneman的观点来作为科学论证的基础，讨论并举例说明了非理性思维和认知偏差对工业过程中人因可靠性的影响，以及与之相关的认知偏差；第4部分（第15章至第20章）以屏障理论为基础，并以蝶形图分析为例，说明在资产投入运行之前，如何强化人力绩效以有效防止事故发生；第5部分（第

21章至第23章）就如何在人因工程实施效果和改善人力信度方面进行改进提出了一些建议。

本书由中国石油集团安全环保技术研究院有限公司组织翻译，许多从事安全工作的领导和专家都以不同方式为本书的编写和出版提供了支持，在本书出版之际，向为本书付出辛勤工作和提供支持的所有人员和单位表示衷心感谢！

由于译者水平有限，书中难免存在疏漏和不足之处，敬请读者批评指正。

原书前言

明确目标人群是实施人因工程（HFE）的首要原则之一，也是实施人因工程的起点。

在2004年出版的《人为因素》一书中，加拿大著名学者Kim Vicente列举了许多引人注目的故事和事件，来说明人为因素对社会的影响。实施人因工程对世界各地的一线工人来说是一件特别好的事情，当设计中适当考虑人为因素后，他们受伤的风险显著降低。

虽然人为因素现在被广泛认为是工业安全的一个重大风险（包括个人和过程安全），行业在很大程度上把注意力和精力集中在领导、安全文化和基于行为的解决方案上。高层领导的普遍看法：如果能够鼓励或强迫员工安全行事，停止不安全行为，那么人类的可靠性将得到提高，错误、失误和不安全行为也将得到预防。显然，这种方法有很大的价值，因为世界上许多行业的安全领导和基于行为的安全倡议已经证明了这一点。但是人们一直没有认识到，在很大程度上，人们的行为是由他们工作的实体和设计塑造的或促进的。

人类有生理、心理和社会方面的需求和限制，这些需求和限制会影响他们工作的方式，以及他们工作的安全程度。因此，必须考虑到这些需要和限制，并在工作场所的设计和布局中反映出来。然而，这些需求和限制对高层领导来说可能是陌生的，因此在很大程度上造成了工人伤亡以及设备、环境破坏的事故。

本书表达了许多观点，其中一些似乎是批评性的。反映了人们普遍缺乏对人类行为复杂性的认识和理解，以及对支撑这种复杂性的知觉和心理过程的认识和理解。制订目标和制订重大决策的组织，以及那些负责决定如何实现这些目标的人同样缺乏这种认识和理解。在某种程度上，这种理解的缺乏反映了科学和学术团体之间的鸿沟。在从事石油和天然气行业之前，笔者曾在海上、国防、航空、核能和铁路等行业担任过多年的人为因素顾问。对于石油和天然气行业所面临的人类可靠性问题，与其他行业相比，人们对其研究相对较少，并且从事研究的有经验的学者、研究人员或顾问少之又少。

笔者认为这些意见反映的是对行业的认识和理解的缺乏，而不是任何有意的监督。它们并不总是适用于整个行业，在项目和运营管理中，人因工程的质量也会有很大差异，在公司内部和公司之间都是如此。如果笔者的观点显得很挑剔，那只是因为笔者相信有很大的学习和提高的机会。如果抓住这个机会，并实施学习，组织可以在安全和环境管理方面取得显著改善，同时提高生产和投资回报。

目 录

第1章 简介 ……………………………………………………………………（1）
  1.1 什么是可靠的人力绩效？ ……………………………………………（2）
  1.2 人通常是可靠的 ………………………………………………………（3）
  1.3 确保人因可靠性的三种方法 …………………………………………（4）
  1.4 设计引起的人因不可靠性 ……………………………………………（5）
  1.5 调查人对事故的影响 …………………………………………………（5）
  1.6 目的 ……………………………………………………………………（6）
  1.7 本书的组织框架 ………………………………………………………（7）
  参考文献 ……………………………………………………………………（8）

第1部分 台塑公司的局部合理性

  参考文献 ……………………………………………………………………（10）

第2章 事故 ……………………………………………………………………（11）
  2.1 操作员走错了反应器 …………………………………………………（12）
  2.2 现场控制面板 …………………………………………………………（14）
  2.3 他们期望的是什么？ …………………………………………………（15）
  2.4 承诺与束缚 ……………………………………………………………（16）
  2.5 绕过安全联锁 …………………………………………………………（17）
  参考文献 ……………………………………………………………………（18）

第3章 认识台塑事故 …………………………………………………………（19）
  3.1 为什么判定是开关故障？ ……………………………………………（19）
  3.2 为什么决定绕过安全联锁？ …………………………………………（20）
  3.3 意识到风险了吗？ ……………………………………………………（21）
  3.4 很难获得必要的批准 …………………………………………………（25）
  3.5 小结 ……………………………………………………………………（26）

参考文献 …… （27）

第 2 部分　人因工程的范围与价值

参考文献 …… （31）

第 4 章　人因工程简介 …… （32）
4.1　人因工程之星 …… （32）
4.2　海上两人死亡事故 …… （34）
4.3　司钻 …… （35）
4.4　实现人因工程目标 …… （45）
4.5　小结 …… （47）
参考文献 …… （47）

第 5 章　人因工程学的成本与效益 …… （48）
5.1　设计导致发生人为不可靠性事件的代价 …… （49）
5.2　与企业内部深入沟通 …… （53）
5.3　人因工程的成本与效益前景 …… （54）
5.4　实施人因工程项目的成本需要多少费用 …… （62）
5.5　小结 …… （64）
参考文献 …… （65）

第 6 章　人因工程学的原理和准则 …… （67）
6.1　人因工程学的原理 …… （67）
6.2　人类表现的事实 …… （69）
6.3　认知兼容性 …… （78）
6.4　小结 …… （83）
参考文献 …… （83）

第 3 部分　理性行业中的非理性的人

第 7 章　关键任务 …… （85）
7.1　任务属性 …… （85）
7.2　任务描述 …… （87）
7.3　关键任务 …… （87）

7.4 关键任务示例 …………………………………………………………………（88）
7.5 小结 ……………………………………………………………………………（93）
参考文献 ………………………………………………………………………………（94）

第8章 人因工程与弱信号 …………………………………………………………（95）
8.1 弱信号特征 ……………………………………………………………………（97）
8.2 弱信号与情境觉察 ……………………………………………………………（98）
8.3 信号检测理论（TSD） ………………………………………………………（99）
8.4 弱信号与人因工程 ……………………………………………………………（103）
8.5 小结 ……………………………………………………………………………（106）
参考文献 ………………………………………………………………………………（106）

第9章 自动化与监控 ………………………………………………………………（108）
9.1 监督控制 ………………………………………………………………………（108）
9.2 自动化的讽刺 …………………………………………………………………（110）
9.3 法航航班 AF447 ………………………………………………………………（111）
9.4 来自 AF447 的教训与挑战 ……………………………………………………（114）
9.5 小结 ……………………………………………………………………………（115）
参考文献 ………………………………………………………………………………（115）

第10章 人的问题 ……………………………………………………………………（117）
10.1 "人的问题"课程 ……………………………………………………………（119）
10.2 "深水地平线" ………………………………………………………………（122）
参考文献 ………………………………………………………………………………（123）

第11章 Kahneman 的观点 …………………………………………………………（124）
11.1 系统1与系统2 ………………………………………………………………（126）
11.2 协调 Kahneman 和 Reason 的观点 …………………………………………（128）
参考文献 ………………………………………………………………………………（131）

第12章 系统1的部分偏见 …………………………………………………………（132）
12.1 可用性与情感 ………………………………………………………………（132）
12.2 锚定效应 ……………………………………………………………………（134）
12.3 关联效应 ……………………………………………………………………（135）
12.4 所见即所得 …………………………………………………………………（135）
12.5 框架效应与损失厌恶：前景理论 …………………………………………（137）
参考文献 ………………………………………………………………………………（140）

第 13 章　专家的直觉与经验 (141)
13.1　自我体验与自我记忆 (141)
13.2　专家直觉 (142)
参考文献 (145)

第 14 章　第 3 部分小结 (146)
参考文献 (149)

第 4 部分　屏障思维中的人因

第 15 章　员工的期望 (151)
15.1　事故调查中的人因 (152)
15.2　囫囵吞枣式的阅读 (154)
15.3　他们的期望是什么？ (154)
参考文献 (157)

第 16 章　屏障思维中的人因 (158)
16.1　蝶形图概念模型 (158)
16.2　蝶形图分析 (160)
16.3　蝶形图分析基础 (161)
16.4　资本项目中的关键活动 (162)
16.5　蝶形图分析示例 (162)
16.6　确保人力控制措施的力度 (164)
16.7　独立控制措施中的人因 (164)
16.8　多米诺效应 (167)
16.9　蝶形图表示方式 (168)
16.10　小结 (170)
参考文献 (170)

第 17 章　意图、期望与实际 (172)
17.1　控制措施的有效性 (172)
17.2　意图与期望 (174)
17.3　蝶形图分析如何揭示人类行为的意图与期望？ (174)
17.4　期望、意图与实际：来自邦斯菲尔德事故的经验教训 (177)
17.5　事故 (178)

17.6 燃料输送控制 ……………………………………………………………… (179)
17.7 油罐液位报警 ……………………………………………………………… (180)
17.8 独立关闭措施 ……………………………………………………………… (181)
17.9 独立高位开关 ……………………………………………………………… (183)
17.10 挂锁作为最后一道防线 ………………………………………………… (185)
17.11 小结 ……………………………………………………………………… (185)
参考文献 …………………………………………………………………………… (186)

第18章 主动性操作人员监控 …………………………………………………… (187)
18.1 操作人员监控究竟意味着什么？ ………………………………………… (187)
18.2 工作设计 …………………………………………………………………… (188)
18.3 工作安排 …………………………………………………………………… (190)
18.4 操作人员必需监控什么样的信息 ………………………………………… (191)
18.5 控制室设计 ………………………………………………………………… (193)
18.6 控制室与计算机人机界面设计中使用的人因工程标准 ………………… (194)
18.7 平衡操作人员偏好与技术标准之间的关系 ……………………………… (195)
18.8 主动性监控 ………………………………………………………………… (197)
18.9 小结 ………………………………………………………………………… (198)
参考文献 …………………………………………………………………………… (199)

第19章 确保员工屏障 …………………………………………………………… (200)
19.1 完成性与审查 ……………………………………………………………… (200)
19.2 人的可变性 ………………………………………………………………… (200)
19.3 最低合理可行或最高合理可行 …………………………………………… (201)
19.4 控制措施保障中的人因 …………………………………………………… (203)
19.5 人因可靠性分析 …………………………………………………………… (203)
19.6 经验丰富的专业人员如何确保人力控制措施？ ………………………… (205)
19.7 小结 ………………………………………………………………………… (210)
参考文献 …………………………………………………………………………… (211)

第20章 邦斯菲尔德事故反思 …………………………………………………… (212)
20.1 邦斯菲尔德中的局部理性 ………………………………………………… (214)
20.2 人因工程的影响 …………………………………………………………… (216)
20.3 人因工程方案有可能避免独立高位开关失效吗？ ……………………… (216)
参考文献 …………………………………………………………………………… (222)

第5部分　人因工程的实施

第21章　在项目中实施人因工程 (225)
21.1　什么出了差错？ (225)
21.2　正确的做法是什么？ (226)
21.3　人因工程技术标准的使用 (235)
21.4　留给投资者的一些问题 (245)
21.5　小结 (246)
参考文献 (246)

第22章　人因事故经验教训 (248)
22.1　本章的目的 (248)
22.2　原则上一切事故都是可以避免的 (249)
22.3　关于人的事故贡献的观点：四个关键问题 (250)
22.4　情境确立 (250)
22.5　小结 (263)
参考文献 (264)

第23章　结论 (265)
23.1　局部理性反思 (265)
23.2　一些研究与开发项目 (267)
参考文献 (268)

第1章 简　　介

在安全关键活动中，造成人因可靠性损失的原因和因素有很多，表1.1总结了三种不同的观点，并通过对各种因素进行管理，减少导致重大事故发生的人为错误的可能性[1]；挪威国家石油公司(DNV)和挪威石油安全局(PSA)提出的钻井和油井作业中的10个挑战也包括在表1.1中；表1.1中左侧一栏列出了英国健康与安全执行委员会确定的一些人为因素与组织因素的关键点。这些构成了健康安全环境管理体系(HSE)对人为风险范围期望的基础，这些风险需要在可能发生重大事故的场所进行管理。表1.1中间一栏包含了9个人因要素的建议，例如如果在海洋船舶和近海设施的设计、建造和作业过程中对这些人因要素控制不当，将会直接影响人力绩效和导致人为错误。第三栏是2012年石油工程师协会(SPE)在休斯顿举办的一次峰会上提出的观点，来自全球上游油气行业的约70名经验丰富的管理人员、工程师、操作人员以及一些人为因素专家参加了此次峰会。表中第三栏列出了参会者就需要管理的问题范围所形成的共识，以此确保在未来油气勘探和生产作业过程中，人为要素产生的风险能够得到充分控制。

表1.1　影响人因可靠性因素范围的观点

英国健康与安全执行委员会确定的关键点	人因要素	石油工程师协会提出的观点
员工问题管理规程	职责相符	领导和文化
	工作辅助(手册、政策、程序、标签、标志)	风险知觉与决策
培训与能力	培训	风险交流
员工配备	人际沟通	设计人因
组织变更	选人标准	个人与团队能力
安全保障沟通	员工要求的确立	商务与合同环境
设计人因	工作和居住环境控制	协作和分布式团队工作
疲劳与轮班	工作场所设计	工作量变化
组织文化	人因方案的管理支持与参与	安全关键人力活动保障
维护、检查和测试		事故调查与从事故中学习

毫无疑问，这三种观点具有很多一致性，同时不同之处也反映了业务和优先级的性质，组织经验，商业和合同责任以及所代表的作业环境。比如，石油工程师协会一栏反映了油气勘探活动中复杂而动态的合同环境，以及从2010年墨西哥湾"深水地平线"钻井平台事故调查中获得的最新知识。

尽管造成可靠性损失的因素范围很大，但本书着重介绍了上述三个组织（以及其他许多组织）所确定的一个影响因素：设计中的人为因素。迄今为止，这一因素受到的关注远远少于其应得的关注。也就是说，技术系统和工作环境的设计会影响人们的行为能力，使人们可以安全可靠地开展工作而不会危及其健康和安全。

人力绩效对重大事故的影响已得到广泛认可，并已进行了深入的调查研究。对于重大事故的调查经常能够得出如下结论：通常在许多人为因素与组织因素中，与工作环境和（或）设备接口设计有关的问题易导致人因可靠性的损失。在设计设施和设备时，人们对需要监控、检查、操作或维护设备的人员的需求没有给予足够的重视，也就是说，至少在某种程度上，错误是"设计导致的"。如果参与资产设计和实施的工程师、设计师、制造商和施工团队遵守多年来在人因工程领域已经被广泛认可的规范，那么许多或者绝大多数事故就不会发生。

由设计导致的人为错误是导致重大工业事故发生的重要因素，这一论点对任何关心安全的人来说都不陌生。然而，令人惊讶的是，在吸取这些教训和常规设计设施方面取得的进展如此之少，以至于设计引起的人为差错的发生率大大低于实际情况。

在设计中同样缺乏对人为因素的重视，从而导致与重大事故相关的损失，这也是大量日常操作事故和事故中导致生产损失的背后原因。由于实际生产损失事故中没有人受伤，没有任何东西泄漏，因此通常也没有任何报告。但是这项资产已经产生了生产损失，而且在整个业务中，投资者每次都会损失更多的潜在投资回报。无论结果是健康、安全或环境事故还是生产损失，所涉及的错误的性质几乎是相同的。

本书提出了两个观点：（1）损失的投资回报或者没有产生的回报数量非常可观（肯定足够明显，足以证明需要改进）；（2）通过运用科学技术知识了解并遵守长期以来使用的技术标准，加深对人力绩效心理学的理解，不仅可以改善健康、安全和环境控制，而且能够显著提高投资者从自己拥有的资产中获得的回报。

1.1 什么是可靠的人力绩效？

可靠的人力绩效是指负责设计、规划和组织操作的人员在确保作业安全性和可靠性方面决定人员角色时预期的行为和绩效标准[2]。（当然，根据人力绩效进行决策过于简单化，不是实际项目和企业的运作方式。实际上，在整个项目的许多环节都会做出共同定义并影响人们将在系统中扮演的角色的决策；在较高的战略决策层面上，例如，决定资产的预期收益和生产寿命是否可证明在高水平的自动化和工程弹性方面的投资是合理的；在详细的工程决策层面上，例如，决定是否可以经济高效地实现单个功能或过程的自动化，或者是否使用昂贵的远程操作阀还是通过依靠手动阀来降低项目成本。然而，就此定义而言，提及决策就足够了。）

相反，人因可靠性损失是指人们的实际表现或行为方式与组织期望不一致的情况。

可靠的人力绩效仅仅是预期的绩效，因此无需根据诸如预测的故障率或其他指标这样的各种绝对基准进行定义。任何从事危险作业的组织都不会希望问题出在他们所依靠的人员身上，或者，如果他们有时确实预料到会发生人为的"故障"，则将采取其他预防措施（"控制"或"障碍"通常是当前使用的术语）以防止事故的发生，否则肯定会疏忽大意。

当出现问题时，事件报道和评论员通常会谈论人们实际行为与预期结果之间的差距。实际上，确定预期结果与实际发生情况之间的差异对于某些调查过程来说至关重要。确定与这些预期有关的人因可靠性，完全符合业界对人员在系统中所起作用的看法。

事故因果关系的"瑞士奶酪"模型的发明者 Jim Reason 教授将人为错误定义为：如果没有某种偶然因素的干预，计划好的一系列脑力或体力活动无法达到预期目标的任何情况都会发生。

就像在个人层面，计划对于人为失误至关重要一样，在组织层面，期望对于人因可靠性同样至关重要。尽管从科学或理论上讲可能并不严谨，但对于组织期望而言，定义人因可靠性和不可靠性会带来许多实际好处：在形成活动结果的过程中，其避免了对计划、目标、技能、偶然因素或其他因素削减影响做出精细判断。其避免了有关人为错误一词使用时面临的许多问题，尤其是当判断、决定、行为或行动在某种情况下导致不良后果，而在另一种情况下，当涉及完全相同的活动时，不会因为其他因素的干预而出现不良结果[3]。（根据2013年7月发生在西班牙北部圣地亚哥德康波斯特拉的火车撞车事故，Steve Shorrock 写了一篇清晰的概述，阐述了许多专业人士在使用人为错误一词时遇到的困难。）相同的表现或行为，在某种情况下被视为错误，而在另一种情况下则不是。

他将重点从关注个人如何以及为什么会出错转移到关注在当时普遍的情况下，组织的期望为什么是无效的。责任转移到组织上，挑战其对人们将会和能够在现实世界中做什么的期望，确保这些期望是现实的，并采取了相应的措施，以确保它们是可达成的。

更实际的是，它提出了直接而实用的方法，以确保在设施的开发过程中采取足够的措施，以达到预期的人因可靠性水平。当我们需要吸取教训，了解什么是人因可靠性，其为什么会丧失，以及需要做些什么来改进时，实际情况也是如此（第4章和第5章分别详细讨论了设计和事件调查中使用这些方法的例子）。

1.2 人通常是可靠的

资产、设备和系统永远不可能是完美的。也许最重要和最普遍的期望是：受过培训、经验丰富且积极主动的人，具有良好的领导能力，在强大的安全文化中工作，有良好的管理程序和工作经验，通常能够在不完善的设施和系统中工作。而且他们能够在不损害健康、安全和环境标准或生产目标，也不会使组织的声誉受损的情况下完成工作任务。在绝大多数情况下，这样的期望是合理的。

Jens Rasmussen 是近几十年来最受尊重且最具有影响力的工程心理学家之一，也是被广泛使用的人力绩效和决策技能/规则/知识框架的创立者。Jens Rasmussen 对人在复杂系统中的角色的众多见解之一是：他认为人是一种灵活且具有适应性的元素，在设计工程师完成系统的设计和实施后，完成设计功能的技术系统是由人员操作的。设施的工程师和设计师与生产的操作人员之间存在相互依赖关系。

自20世纪60年代以来一直负责欧洲空中交通管理的欧洲航空管理局认识到，有必要不再把人视为安全隐患或责任。在2013年发布的一份白皮书[7]中，欧洲航空管理局指出人们在安全管理方面的传统观点并不能解释为什么人力绩效总是正确的。事情进展顺利的原因不是人们按吩咐行事，而是人们可以调整自己的工作，使之符合安全要求。随着系统的不断发展，这些调整对于成功变得越来越重要。因此，安全管理应该从确保尽可能少出现错误转向确保尽可能多做对事情。

欧洲航空管理局将这种观点称为"安全-Ⅱ"。航空管理对人力和系统的可靠性要求远高于油气和大多数其他行业的过程操作(核工业除外)。然而，人通常能够适应和执行高标准的要求，即使在系统故障的情况下也能确保安全，这一情况同样适用于大多数行业。人可能是任何社会技术系统中最具弹性和活力的元素，且具有很强适应能力，能够围绕问题开展工作，并找到创造性的解决方案，来应对新奇的、不可预见的和意想不到的困难。

尽管对人的适应性的期望在大多数情况下被证明是正确的，但并非所有时候都是正确的。在资产开发和运营准备过程中所做的决策往往是错误的，这远远超过了行业的普遍认识。如果一个组织以无人受伤、员工能安全回家、没有泄漏事故这样的安全目标来运行其业务，那么通过严格制定并验证他们自己的期望，就可以朝着这些目标迈出重要的一步。

组织对人力绩效的期望是贯穿全书的主题，将在第4章和第5章进行深入讨论，并介绍一些思考、理解和管理人因可靠性损失风险的方法。

1.3 确保人因可靠性的三种方法

人因可靠性需要从三个方面加以解决：

(1) 通过领导和发展一种组织文化，在这种文化中，从最高领导层逐级向下，每一个人都要高度重视安全和可靠性。包括实施鼓励、支持和强化工作场所安全行为的项目与工作实践。

(2) 确保设施由适合该项工作，经过适当监督和组织，并具备安全有效工作所需的技能和知识的人员管理。其需具备执行所分配的技术任务的技术技能，也需具备使他们能够在团队环境中有效地工作的非技术技能(态势感知、决策、人际交往技能等)。

(3) 通过设计和搭建工作环境，以及用于支持和执行工作的工具及设备的接口，使之与人类的优势和局限性保持一致和兼容。

在过去的二十年里，前两项已经受到了大量的关注，获得了很多的推动力和资源。21世纪前10年，英国石油公司(BP)在美国遭遇了两起重大事故：2005年在得克萨斯城炼油厂发生的事故和2010年在墨西哥湾发生的事故。贝克公司的报告[8]是在美国化学安全委员会在对得克萨斯城事故调查初期首次向BP公司提出紧急安全建议之后发布的。这些发现和建议不仅对BP公司，而且在全球石油和天然气行业，对促进安全领导和安全文化的改善方面具有重要影响。从这两起事故的调查中还发现，与工作环境和设备接口的设计有关的问题，在导致事故发生的事件中，能够对操作员的行为方式以及他们作出的决定产生影响。它们不是主要问题，也不是最重要的问题，但是它们对事故的发生做出了贡献。完全可以想象，如果它们不存在，这些事件就不会发生。尽管如此，与安全领导、安全文化和行为安全方面所做的努力相比，通过改进设计的人为因素方面来降低将来发生事故的可能性所得到关注、努力和投入的资源相对较少。

三种方法中的第三种(工作环境和设备接口的工程及设计)是对抗人因不可靠性最强有力的方法。尽管对现有设施进行设计更改是比较困难的(如果不是财政上不可能的话)，但从长远来看，现在开始改进人因工程学(HFE)在新工厂和设施设计中的应用，将为行业的安全性和业务绩效带来显著改善。这是一项很好的投资。

1.4 设计引起的人因不可靠性

本书是介绍在设计、规定、制造、建设、设施运行和设备基本建设过程中可以做什么，能够确保在设备设施运行时达到较高的人力绩效水平，并且始终可靠。或者，至少该设备设施在其预期设计寿命内可实现可行的人力绩效标准目标[4]。(当然，如果系统的其他要素足够有力、有弹性和有适应性且具有足够的补偿能力，那么预期的人因可靠性水平确实不会很高)

设计引起的人为不可靠性指的是以下情况：

(1) 与人力绩效相关的工作环境，设备接口和(或)支持系统、程序，工作辅助的设计和实施方式强烈影响了不希望的或意想不到的表现或行为。

(2) 在设施、设备或系统的设计和开发过程中，对人的表现或行为的期望或假设是不切实际或不合理的。这些期望或假设的不切实际或不合理，在某些方面是可知的，当在作出这些期望或假设时，对其进行充分的质疑，是可以避免这种情况发生的。

这两者都在资本项目的影响和控制范围内。贯穿基础建设项目的规划和实施全过程，包括设施投运阶段和运行期间变更管理阶段，通过充分重视人为因素，可以显著降低设计导致的人为不可靠性事故发生的可能性。

1.5 调查人对事故的影响

现在，工业界对如何将物理人机工程学应用到设计中有了较好且广泛的认识(有时也被称为认知人机工程学，即以支持认知、推理决策、风险评估及制定行动意图和计划的方式来设计、布置设备和工作环境)。也就是说，设计、布置、设备建造和工作环境的方式要与预期工作人员的操作范围、工作强度和感知能力相匹配，并且不让人们暴露于不必要的健康风险中，如物理伤害或听力损伤。相比之下，工业行业对如何在设计中应用这些要素并不是很理解。遗憾的是，正是这些认知要素，而不是物理人机工程学，才是经常在事故中牵连到的最深层次的因素。因此有必要提高对以下方面的认识：

(1) 设计影响认知行为的程度；

(2) 操作中进行的大部分工作的心理和认知基础，以及如何通过良好的设计来支撑这些过程；

(3) 设计引起的人为不可靠性在健康、安全、环境破坏、生产损失以及声誉损害等方面对行业的影响；

(4) 如何在设计中正确应用人因工程学，以及可以提供的价值和投资回报。

工业行业并不擅长调查人为因素，特别是设计导致的人为不可靠性对事故的影响。运营公司和监管机构已经普遍认识到这一点。出于可以理解的原因，该行业长期以来一直在寻求简单的、结构化的方法来调查人类对事故发生率的贡献，这种经验可以广泛应用，而且不需要具有广泛的人文科学背景。尽管许多人试图尝试发展该方法，但是迄今为止，取得的成功是有限的。或者至少，当该方法由不具备人为因素分析能力或应用心理学的知识和经验的人员运用时，取得的成功是有限的。

现在，事故调查人员通常要接受有关人为因素和人为因素调查技术的培训。但实际上，这种培训很少能促进其对人类行为心理学的深入理解，从而不能满足非简单事故人为原因调查的需要。人的行为取决于感知、心理感受和怕麻烦的情绪。大多数明显的人为错误，或者更确切地说，受过培训且经验丰富的员工出现这些错误的原因并不简单。Jim-Reason教授关于事故因果关系的"瑞士奶酪"模型，以及他将人为错误归类为疏忽、失误和错误的相关分类，是众所周知的。但是，相比于简单地给已经发生的事件贴上标签，他们在理解错误发生的原因方面的应用价值明显不大。

一线人员通常知道大多数能够影响他们安全、高效和可靠工作能力的设计问题。在进行重大事故调查时，经常会发现，在事故发生前的很长一段时间内，已通过安全审计和其他保证程序提前告知现场管理人员需要关注的问题和事项，但由于成本、时间或其他优先事项的原因，并未将这些问题和关注事项列入行动清单。这是很多设备设施中面临的现实问题。任何组织如果想知道设计中不重视人为因素将会造成多大损失，应该先咨询一下一线人员的意见。

大多数事故调查过程强调，不仅要找出直接原因，而且还要找到间接原因，以防止类似事件再次发生。即使调查确实确定了设计是导致人为不可靠性的原因，但是所产生的教训和采取的行动也很少得到反馈，而这样的信息反馈可以实现所需工作系统设计的长期变更。

工业行业可以加深其对许多人力绩效的心理复杂性的理解，进而可以理解人们常常表现不如预期的原因，这是本书的主题。工业行业还可以改进在事故调查中应用这些知识的方式。本书第22章提到了一种方法，可以最大程度地降低对专业知识和经验的依赖。

1.6 目的

本书旨在解释为什么人因工程学对油气及相关行业来说非常重要。同时还提供了实用的意见与建议，以此来帮助在设计中如何正确应用人因工程学。本书还广泛地引用了例子和故事，说明了在计划和实施重大资本项目的过程中，资产价值是如何经常损失的或者是为何没有抓住增值机会。

本书不是技术参考书，也不是技术规范的来源。这些在许多教科书和行业标准中都很容易找到。在对叙述有用的地方，使用了特定的示例来加以说明。本书第21章简要回顾了一些主要的国际和行业标准，以及其他可用的技术指南。

本书旨在提高投资决策者和投资者对如何提高投资回报的认识。可以使用任何你想要的标签性词汇[诸如"以用户为中心的设计""可用性""人机工程学"（法国称为"人体工程学"或"人工因素"）等词汇，或其他与此无关的词汇]。笔者将使用"人为因素"和"人因工程学"这两个术语，但不希望这样做会妨碍大家的理解。它是用以明确企业实现其经济价值所依赖的产品和技术。然后确保产生这种价值所需的设施/设备的设计和组织方式，使人类生产活动和人机交互能够尽可能安全、高效和可靠地进行。

本书主要关注油气行业的各个方面，同时也借鉴了包括化工、航运和航空等其他行业的经验和事件。

现在可用的和正在开发的自动化和先进技术的能力确实是非同寻常的。然而，未来几十年投资的资本项目，仍将很大程度上依赖于人员。为了实现其商业目标，人们往往要在苛刻和困难的条件下工作。为了实现这些项目所期望的投资回报，还将继续依靠人与计算机之间的互动，利用人来打开阀门、连接法兰，并利用他们的视觉、听觉、嗅觉、触觉以及智力来检查管道和监控设备状态，并在出现问题时，对其进行检测、诊断和干预。当审视未来几十年科技项目的资本投资经济学时，就会发现这些数字确实令人震惊。国际能源署[10]估计，2014—2035年，需要48万亿美元的资本投资来满足全球能源需求。这意味着每年的支出将从2013年的1.6万亿美元增加到2万亿美元。因此提高能源行业控制投资人员对设计中人为因素重要性的认识，从经济上来说是很有说服力的。

1.7　本书的组织框架

本书分为五个部分。

第1部分(第2章和第3章)为本书的其余部分提供了背景。第2章详细讨论了2005年发生在美国台塑公司工厂的一起爆炸事件。本章也讨论了工厂的工作环境和设备接口的设计方面如何影响相关操作人员的行为。第3章试图了解采取致命行动的操作人员的想法，并探讨当时他做出这样的决定和采取这样的行动对他来说有怎样的意义，尽管这样的行为存在重大危险，并最终会给自己和其他人造成致命的后果。同时本章也初步介绍了在第3部分中将深入讨论的许多心理学观点。

第2部分(第4章至第9章)介绍了人因工程学。第4章通过示例和故事来说明这门学科涉及的范围。第5章根据许多个人、组织和项目的经验以及一些已发表的文献，阐述了将人因工程学应用于项目所产生的成本与收益。第6章阐述了人因工程学的原理，以及支撑人因工程学应用的人力绩效的关键原则。除此之外，该部分还包含了三个更深层次的技术章节，这些技术章节为理解人因工程学的技术范围提供了重要背景。第7章讨论了关键任务的性质，以及项目在开发工作系统时，为什么经常无法识别人因工程学需求并如何为其提供足够的支持。第8章提供了一个心理学框架，讨论操作员在出现故障的"微弱信号"时检测和采取行动的能力，并探讨了人因工程学在使"弱"信号变为"强"信号方面所能做出的贡献。第9章简要介绍了持续向自动化迈进的一些心理影响。以2009年法国航空AF447航班坠机为例，作为提出挑战的基础，说明该行业在高度自动化系统中的人员角色和风险方面吸取了几十年来一直为人所知的经验教训。

第3部分(第10章至第14章)讨论了非理性思维和认知偏差对风险意识、风险评估和实时决策的影响。本部分以Daniel Kahneman在2012年出版的著作《思考：快与慢》作为主要参照，总结了心理学家普遍认可的两种思维模式：系统1和系统2。并广泛引用了Daniel Kahneman的观点来作为科学论证的基础，讨论并举例说明了这两种思维方式对工业过程中人因可靠性的一些影响，以及与之相关的一些认知偏差。

第4部分(第15章至第20章)探讨了在投资项目的开发过程中，一旦一个设施投入运行，如何对人们的行为和表现做出预期和假设是必须考虑的。本部分以层层设防的概念或屏障理论为基础，并以蝶形图分析技术为例，说明了在资产投入运行之前，如何在项目执行过程中强化人力绩效项目，以使其能有效防止事故发生。

第 5 部分,即最后一部分(第 21 章至第 23 章)就如何在两个方面进行改进提出了一些建议。第 21 章对人因工程学在项目中的实施,提出了改进的意见与建议,并提出了通过设计成功实现高水平的人因可靠性所必需的 13 个要素。第 22 章提出了一种调查事故人因的方法,该方法比现有技术对人类科学方面的专业知识和技能的依赖性更低。这种方法是以审查组织对降低事故发生率所应该采取的措施是否合理为基础的。第 23 章为结论部分,反映了试图去了解操作人员想法时所面临的挑战。当设计人员在设计工作系统时,有必要试图了解未来操作员在执行关键任务时所面对的实际环境。本章还总结了前几章中涉及的一些研究和发展的主题。

参 考 文 献

[1] Petroleum Safety Authority Norway, DNV. Human Factors in Drill and Well Operations: Challenges, Projects and Activities. Report number 2005-4029.

[2] http://www.hse.gov.uk/humanfactors/topics/index.htm.

[3] McCafferty D B, Hendrikse J E, Miller G E. Human Factors Engineering(HFE) and cultural calibration for vessel and offshore installation design. Advances in human performance and cognitive engineering research. Vol. 4. Elsevier; 2004 [chapter 4].

[4] Society of Petroleum Engineers. The human factor: process safety and culture. SPE-170575-TR; 2014.

[5] Reason J. A life in error. Farnham, England: Ashgate; 2013.

[6] Rasmussen J. Information processing and human-machine interaction: an approach to cognitive engineering. North Holland series in systems science and engineering. San Diego, CA, USA: Elsevier Science Ltd; 1986.

[7] Eurocontrol. From safety-Ⅰ to safety-Ⅱ: A White Paper. Eurocontrol. September 2013. Available from: http://www.skybrary.aero/bookshelf/books/2437.pdf.

[8] The report of the BP U.S. Refineries Independent Safety Review Panel. January 2007. Accessed from: http://news.bbc.co.uk/1/shared/bsp/hi/pdfs/16_01_07_bp_baker_report.pdf

[9] International Standards Organisation. Ergonomic principles in the design of work systems. ISO 6385; 2004.

[10] International Energy Agency. Special Report——World Energy Investment Outlook. 2013. http://www.iea.org/publications/freepublications/publication/world-energy-investmentoutlook—executive-summary.html

第1部分 台塑公司的局部合理性

2004年4月23日,在伊利诺伊州的台塑公司,清洗反应器的操作员无意中走到了错误的反应器。由于没有意识到这个错误,他打开了反应器底部的阀门(为了打开阀门,他绕过了专门设计的安全联锁装置,该联锁装置能够防止带压反应器阀门被打开),导致大量高温化学物质在压力作用下溢出到地板上。溢出的化学物质发生爆炸,造成5名工人死亡,3名工人重伤。大部分反应器设施和邻近的仓库被炸毁。当地社区的居民不得不撤离家园,时间达两天之久。

美国化学安全委员会(CSB)对该事件进行了调查[1]。除了提供书面调查报告外,美国化学安全委员会还制作了一部动画短片,以帮助业内人员从事件中吸取教训。自从2007年美国化学安全委员会对该事件发布调查报告之后[2],许多研究人为因素的专业人士已经多次使用该动画短片作为培训项目的一部分,以此来提高人们对设计影响人因可靠性方面的认识。动画短片是一种很好的学习辅助工具,涵盖了许多问题,并能引起人们的深思和讨论。有一个项目团队意识到他们最初的设计有可能导致操作人员出现与台塑公司类似的情况,因此提出一项重大设施设计变更建议。

在对台塑公司事故的调查中提出了许多与本书主题直接相关的问题,值得在一些细节上进行思考。以下两章讨论的许多主题并未出现在美国化学安全委员会的调查报告中。在很多情况下,人们并不知道发生了什么事情或者究竟为什么会发生这样的事情。因此,在必要的时候会进行推测,希望以此为手段,能够使人们产生洞察力并反思自己的经历。第1部分将根据人因工程学的原理以及在第2部分和第3部分中讨论的有关人力绩效和决策的关键原则来进行推测。第2章的内容是以美国化学安全委员会在事故调查过程中确定的事实和得出的结论为基础来进行分析。

Sydney Dekker[3]在试图理解或解释人为错误的背景下引入了"局部合理性"的概念。值得一提的是他对这一概念的描述:

从事安全相关工作的人通常会有保护生命的动机,因为他们要保证他们的乘客、病人和顾客的生命安全。他们不会特意投放过量药物,不会飞向山坡或风切变区,也不会做出截肢的错误决定,他们当时的所作所为对他们来说是合理的,否则他们不会这样做。因此,如果你想理解人为错误,那么你的工作就是要理解为什么这样做对他们来说是合理的。因为,如果这样做对他们来说是合理的话,那么对其他从业者来说也很可能是合理的,这意味着这个问题可能会一次又一次地出现。

这在人为因素中被称为局部合理性原则。鉴于个人的观点和关注焦点,其所做的事情都是合情合理的。

如果你想理解人为错误,则必须假设,由于他们所面临情况的复杂性、进退两难、不易权衡和不确定性，他们所做的事情是合理的。只是发现并强调人为错误并不能说明任何事情，并不能解释为什么他们会那么做。

理解人为错误的关键在于重现现在备受争议的行动和研判为什么对当时的人来说是合理的。因此，必须毫不留情地推翻人们错误的调查结论，直到这些结论对当事人来讲是合理的为止。你必须重现、重建他们所处的环境，重新审视他们的一系列行动中有争议的行为和研判，研究是如何合理地适应当时人们周围环境的[3]。

David Woods 以及 Dekker 和他的合著者[4]后来写道：如果能够理解参与者的知识、心态和任务目标如何指导他们的行为的话，可以看出他们在面对如此情况时是很容易出错的。因此需要找到一种新方法来帮助从业者激活相关知识，并在丰富多变的数据环境中和多项任务之间切换注意力，并识别和平衡有一定冲突的目标[4]。

接下来的两章将局部合理性原则运用到台塑公司发生的爆炸事件上，试图去理解操作员是如何采取了导致爆炸和死亡事故的行动，这些行动在事后看来是令人难以置信的，甚至几乎无法相信在当时的情况下，采取这样的行动对该操作员来说是合理的。

参 考 文 献

[1] U. S. Chemical Safety and Hazard Investigation Board. Investigation Report：Vinyl chloride monomer explosion. Report No. 2004-10-I-IL；March 2007. Available from：http：//www.csb.gov/formosa-plastics-vinyl-chloride-explosion. The animation is available from：http：//www.csb.gov/videos/explosion-at-formosa-plastics-illinois.

[2] The animation is available from：http：//www.csb.gov/videos/explosion-at-formosaplastics- illinois.

[3] Dekker S. The field guide to understanding human error. Aldershot, England：Ashgate；2006.

[4] Woods D D, Dekker S, Cook R, et al. Behind human error. 2nd ed. Farnham, England：Ashgate；2010.

第 2 章 事 故

伊利诺伊州台塑公司的工厂使用氯乙烯单体(VCM)生产聚氯乙烯(PVC)树脂。该反应器建筑物内容纳了 24 台反应器,每 4 台反应器划分为一组。图 2.1 为 4 个反应器的布局。反应器按其在组内的相对位置依次进行编号(以图 2.1 的角度为标准,D306 位于左前方,其后面是 D307,而 D308 位于右前方,后面是 D309,D306 和 D310 在其所在的反应器组中的相对位置完全相同)。

图 2.1 反应器建筑剖面

该座建筑物有两层楼,主控制面板位于楼上。楼下每两个反应器配备一台现场控制面板,用来安装每台反应器底部阀与排水阀的控制装置。聚合操作员操作位于楼上的控制面板,冲洗操作员在上下两个楼层工作。

事故涉及 D306 反应器和 D310 反应器。D306 反应器正处于清洗阶段,而 D310 反应器处于聚氯乙烯反应阶段。D310 内含有易爆的化学物质,并处于加热和高压状态。正是这台反应器内部的化学物质发生急剧膨胀,最终引发了爆炸。

正确的操作步骤是当 D310 反应器聚氯乙烯反应完成后,聚合操作员释放反应器中的压力,随后告知冲洗操作员将新生成的一批物料输送到汽提塔,转移新生成的物料,并且清除了产生的有害气体后,冲洗操作员需清洗反应器,为投入下一批反应物料做好准备。为了清洗反应器,"冲洗"操作员会到楼上打开反应器人孔,通过人孔强力清洗残留在反应器内壁上的聚氯乙烯。反应器清洗完毕后,冲洗操作员应重新回到楼下,打开反应器底部阀和排放阀,排出清洗水。然后,冲洗操作员将重新密封反应器,完成相关检查,并向聚合操作员确认反应器已准备好处理下一批聚氯乙烯。

美国化学安全委员会调查人员调查后发现,D306 反应器顶部的人孔是打开的,里面有压力垫圈。尽管排水阀与输送阀门都是关闭的,但是底部阀却是打开的。因此,下一步冲洗操作员应该是打开 D306 反应器底部的排水阀,排出清洗水。

查看图 2.1 并考虑操作员的活动区域(注释:只要反应器的相对位置是正确的,并且楼梯间有 180°转角,不用考虑实际的空间关系)。当清洗完 D306 反应器的内壁后,操作员应该走到楼上的右侧才能上楼梯。当操作员进入楼上的楼梯间时,D306 反应器处于他的右边。在楼梯中间,楼梯有一个 180°的大转弯,因此当操作员离开楼下的楼梯间上楼时,反应器 D306 处于他的左边,他需要左转才能到达 D306 反应器的面前。但是,美国化学安全委员会调查得出结论:清洗 D306 反应器的操作员可能错误地来到了反应器 D310 前,并试图打开其底部阀门以清空反应器[1]。

2.1 操作员走错了反应器

操作员走错了反应器,这仅仅是事件的开始,并没有导致反应器内部物质的释放和爆炸。但是,值得花一些时间来反思该错误的发生。

一方面,由于 D306 反应器与楼梯间的距离大于 D310 反应器与楼梯间的距离,走错反应器(注释:对于本文中的"反应器",您可以通过阅读任何关于危险工艺设备的重要文章和书籍进行了解)的操作员可能会立即意识到这个错误;另一方面,反应器产生的热量或噪声也会使这个错误变得更加明显。不知道为什么没有设置警示或提示标志,来提醒操作员犯了这样的错误。美国化学安全委员会的调查结论是操作员走错了反应器,却没有意识到这个错误。

美国化学安全委员会的报告指出,在 2004 年 4 月 23 日之前,该公司位于美国的不同工厂曾经发生过两起类似事故:2003 年 6 月,8000lb❶ 的氯乙烯单体被错误地释放出来,但并未点燃;2004 年早些时候,一位操作员误将正在运行的反应器内的物质输送至汽提塔。美国化学安全委员会的报告指出,在 2004 年 4 月之前,该公司已收到其他事件的报告,但并未认识到两起事故关键的相似之处——操作人员走错了反应器,并绕过安全防护装置,打开了反应器底阀[1]。

伊利诺伊州爆炸事件发生 13 个月后,台塑公司的另一家工厂也发生了一起事故,一名操作员再次走到错误的反应器前,打开了反应器底部阀(该底阀已经用两个单独的钥匙锁住了)并再次输送运行中反应器内的物质,导致 2500lb 氯乙烯泄漏。幸运的是,在那次事故中泄漏的氯乙烯单体并未点燃。

美国化学安全委员会还确定了 1961 年至 1980 年间发生的另外四起聚氯乙烯生产事故,其中三起发生在美国,一起发生在日本。在这四起事故中,操作员都打开了正在运行的反应器底部阀。

在培训课程中多次使用美国化学安全委员会制作的动画短片,并向听众提问:操作员不仅会走错设备,而且还会继续进行操作的情况是否常见。得到的答案是一致的,尽管答案确实取决于谁是听众,谁先发言。一般来说,工程师和没有操作经验的人员会回答说,这种情况不会发生,或者很少见。他们能够理解操作员会走错设备,例如,操作员听错了

---

❶ 1lb = 0.45kg。

口头指示，或者误读了工作许可证上的指令。但是，他们认为操作员不会在错误的反应器上继续操作，尤其当反应器中含有危险化学品时。

以下是操作员误操作设备的事故报道：操作员来到了一个他认为是孤立的、没有压力的管道上的阀门前，并想知道为什么该管道上的阀门难以关闭。结果发现他走错了阀门，实际上管道内有压力，这就是为什么阀门难于关闭的原因；另一篇报道中一名操作员一直试图关闭处于压力下的阀门，以至于不仅把正在使用的阀门扳手弄弯了，还导致自己受了伤。

在处理这些情况时，认为这是操作员不称职、愚蠢或疏忽大意所致，既忽视了实际情况，也忽视了他们所面临的风险。为了减少此类事故的发生，该行业需要做到：（1）认识到此类事件的高频率发生；（2）了解即使是经验丰富、有能力且警觉性高的操作员在浓厚的安全文化中工作，这类事情也会频繁地发生。做到这两件事情，需要更好地理解任务绩效的心理基础，以及工作环境设计影响任务绩效的方式，无论是提高还是削弱[3]（在许多其他情况下也会发生类似的错误。例如，对于站在床尾的外科医生来说，病人的左边相当于外科医生的右边，但是如果他站在床头，那么他的左边也是病人的左边。有证据表明，由于这种空间定向障碍，已经发生了一些"错侧"手术）。

确保操作正确的反应器是操作员任务的一个关键部分。无论是在设计阶段还是在运行准备阶段，这一点都是容易为大家所认知的。然而，从美国化学安全委员会的描述中可以看出，台塑公司工厂大楼的设计和布局，使得本应是清洗工作中的一个微不足道的要素，也变得比原来更容易出现潜在的人为错误：

（1）由于容器尺寸的限制，工作区分为上下两层，两个工作区域之间（即顶部人孔和底部排放阀）无法直接目视观察；

（2）工作中存在180°的空间重新定向；

（3）反应器采用四个为一组的布局方式，只能用数字来加以区分；

（4）很显然，在设计上没有提供直接的状态指示，来说明反应器是处于清洗阶段还是反应阶段。

操作员仅仅通过记忆反应器编号来识别反应器，而没有意识到他们已经走错了反应器的可能性。

因此，在台塑公司事故中第一个错误涉及两个要素：

（1）操作员走错了反应器；

（2）他既没有意识到自己走错了反应器，也没有发现反应器正在运行。

现在，操作人员走错反应器，这一事实可能就更容易理解了，或者至少不像看起来那么令人惊讶。操作员沿楼梯走下去时涉及空间重新定向，可能他已经分心或者在想其他事情，这是每个人在某些时段都会犯的一个可以理解的错误。但是让人难以理解的是，当他没有意识到他走错了反应器时，为什么也未发现那个反应器正在运行。

同样令人惊讶的是，对于这种危险的操作，尤其是知道有可能发生这类操作错误的情况下，在相应的现场仪表板上并没有"反应器在反应中""等待清洗中""清洗中"或"准备使用状态"类似指示。

2.2 现场控制面板

当操作员走到了他认为正确的反应器后,在清洗过程中本该执行的下一步工作是打开反应器的排水阀排出清洗水。这一过程是通过前往现场控制面板并将相关反应器的阀门开关移至"打开"位置来实现的。

图 2.2 是爆炸后发现的 D310 反应器底阀控制面板的照片。

图 2.2　爆炸发生后找到的反应器 D310 底阀控制面板

操作员必须通过打开 D310 反应器底部的排水阀进行排水,在这个排水阀开关上方几英寸处有一个标签,标注着"底阀、D-310、XCV-30153"。

这个标签对于站在面板前面的人来说应该是相当清晰的,紧靠在开关下方的是第二个标签,也显示了反应器的编号是 D-310。虽然当手放在阀门开关上时,就会遮住反应器的编号,但其还在视野范围内。开关的右侧是 D-312 的标签,其在距离开关上方几英寸高的位置。除非操作员是在没有任何视觉指引的情况下找到阀门开关,否则在操作员试图打开排水阀之前的关键时刻,这四个标有反应器编号的标签中,至少有一个标签会进入操作员的视线中心。如果操作员看到了这些标签中的任何一个,也许会意识到他走错了反应器组,并且有可能停止下一步将要进行的操作。然而,要实现这一点,至少要做到下面四点:

(1) 操作员确实知道他想要操作的反应器的编号(存在于他的工作记忆中),并用其来指导他的操作;
(2) 操作员阅读并理解反应器的编号是 D310 或 D312;
(3) 操作员意识到标签上的编号与他想要操作的反应器编号之间的不同;
(4) 这种意识足以中断操作员当前的意图和操作的行动顺序。

很明显,我们不可能知道操作员当时究竟在想什么。但我们确实知道,人类不会使用语言或数字推理来控制动作性或空间性的活动。因此,在执行这项固有的空间操作任务时，他们似乎不可能有意识地去考虑反应器编号是 D-306。

清单中的第二个要求——操作员应该阅读并理解控制面板上的标签，这似乎也不太可能。面板上控件的空间布局与两台反应器的组内空间布局相匹配[4]。这符合良好的人因工程学设计实践：仪表盘上各控件的布局应该反映其相关项目的空间布局。这一事故引出了一种有趣的可能性，即这种良好的人因工程学设计实践实际上可能会促使操作员在操作控件或读取仪器之前不去检查设备标签）D-310 反应器位于左前方；D-312 反应器位于右前方。因此，他知道想操作的是位于左侧的反应器（这与空间安排任务的空间推理是一致的），也许他在没有查看反应器标签的情况下就操作了左侧的控件。事实上，这似乎是唯一合理的解释。如果他有意识地阅读了标签，就应该检查面板上显示的反应器编号是否与他打算操作的反应器编号一致。但他并没有这样做，当然，他也可能是忘记了他正在操作的反应器编号。在这种情况下，无论如何他都会继续操作，他的推理似乎被他想要操作的反应器空间位置的思维模型所主导，而不是由反应器的编号主导。然而，更可信的是，他利用了面板上的空间位置，而不是通过查看标签来选择他想要操作的反应器。

因此，现场控制面板上的标签也许能帮助操作人员意识到自己将对错误的反应器进行操作。标签可以视为是一种控制，或防止误操作反应器的可能性的保护措施。然而，不幸的是，这样一个帮助，或者说是一种控制，与人类大脑思考和控制固有空间操作任务的方式不一致，并且不符合心理学家所说的"认知兼容"。

2.3 他们期望的是什么？

这里有一个重要的设计教训，这个教训比简单地说"当反应器处于反应阶段时，亮起反应器上的指示灯，以此来提醒底下楼层的操作员反应器所处的状态"要微妙得多，也重要得多。

请考虑以下问题：

（1）设计反应器建筑的项目团队是否考虑过操作人员有可能会走错反应器？

（2）他们如何预期操作员是否知道反应器是在清洗过程中还是在运行中？

（3）他们是否考虑过存在这样一种可能性，即一个经过培训且合格的操作员可能不知道反应器是正处于清洗阶段，还是在运行中？

这三个问题的答案似乎都被认为是显而易见的，以至于他们甚至都不会被问到。但是负责基建项目的工程师通常不知道操作员不仅会走错设备，而且还会在错误的设备上继续操作这样的情况有多普遍。操作员通过标签和标牌来确定他们将要操作或使用的设备，这是理所当然的。标签和标牌，加上培训、技能和安全文化，这些都被认为能够提供足够的安全保证。

如果这样的问题实际由某个勇敢或有经验的人为因素工程师在设计初期就提出了，除非有令人信服的相反证据，那么很有可能，设计者会认为操作员犯这样错误的可能性极小，以至于不会认真考虑在设计上提供任何支持。他们认为与其通过实施设计方案来降低出错的可能性（以一种能有效确保操作员可以注意和使用的方式来设计反应器标识和状态的信息），不如理所当然地认为操作员会知道反应器的状态，因为操作员受过培训，有专业技能并且亲自参与了该项工作，一旦反应器开始清洗，操作员肯定会"一清二楚"，他们会"知道"反应器的编号及其所在的位置。然而可能出现的情况是：

（1）实际上，操作人员在执行这项工作时，不会有意识地使用反应器编号。

（2）他们可能忘记了正在操作的反应器编号；

（3）他们可能会在空间上迷失方向，因为需要通过两层楼梯间跨越上下两个楼层工作。

大家可能不太认同这些论点，然而这样的事情也确实发生了：一名经验丰富、受过培训、有能力的操作员，积极参与 D306 反应器的清洗工作，他走下楼梯，来到了错误的反应器面前，却没有意识到这一点。

当然，单凭这一点来说，是不会引发事故的。操作员随后做出的一系列决定和采取的行动，以及当时发生的情况，才是导致事故发生最重要的原因。

2.4 承诺与束缚

根据美国化学安全委员会的说法，清洗 D306 反应器的操作员很可能错走到了 D310 反应器前面，并试图打开其底阀[1]。他试图打开反应器底阀的事实表明，他确信自己来到了正确的反应器上。从心理上讲，这种信念状态至关重要。之所以至关重要，是因为我们了解人类的思维过程，以及影响我们对世界的感知和决策的许多偏见和非理性的来源。(第3 部分详细讨论了思考和决策过程中的认知偏差与非理性心理，并考虑了他们对行业的一些影响)操作员确信自己在正确的反应器上，增加了受到心理学家所说的承诺偏见或束缚差错的影响的可能性。

承诺偏见一词指的是，即使从理性的角度来看，似乎有强有力的证据表明我们在做错误的事情，但我们仍会继续采取行动。例如，可能有一些迹象(有时被称为弱信号，将在第 8 章中详细讨论)表明某些事情是不正确的。有迹象表明，现在应该停止当前活动，退一步并重新评估情况，而不是继续执行当前操作，但我们并未这样做。在对现有行动方案作出的心理承诺的驱动下，我们继续执行当前的操作。

当我们做一系列特别熟悉的动作时，就会发生束缚差错，这些动作几乎是自动执行的，且几乎或根本不存在意识控制[9]。(笔者在写这一章时，就发生了束缚差错。本书的大部分内容都是在圣安德鲁斯大学的图书馆里完成的。笔者通常在三楼的同一个地方进行写作，周围都是勤奋好学的学生。由于临近考试，图书馆内的人非常多，所以笔者只能在图书馆二楼的另一侧找到了一个座位。笔者把笔记本电脑和笔记留在桌子上，到一楼去喝咖啡。当其回到桌子前，笔者发现座位被另一个学生占用了。幸运的是，就在笔者要打断她，拿回自己的东西而陷入尴尬之前，笔者才意识到这是三楼，而不是正在进行写作的二楼。笔者走回桌子的过程受到假设的控制，这个假设是以笔者认为的日常写作地点为基础的，即笔者像往常一样在三楼写作。)

一旦操作员认为他正处于正确的反应器面前，尽管有证据(如果他仔细考虑自己的行为并理性行事)可以让他意识到他的错误，操作员的行为仍会与承诺偏见或束缚差错相一致。因此，当我们继续观察他的后续行为时，我们需要从一个可能受到强烈认知偏差控制的人的角度来看待这些行为(其实大多数人都会受到这种偏差的影响)。

2.5 绕过安全联锁

当操作员认为他正处于正确的反应器面前时,他下一步的操作就是打开反应器的底阀和排水阀。他确实也是这么做的,他打开了底阀,并试图将现场控制面板上的阀门控制开关移至"打开"位置,以此来打开D310反应器上的排水阀。但是,排水阀并没有打开(由于事先设计好的安全联锁装置的作用,排水阀不能在反应器承压的状态下打开)。美国化学安全委员会调查得出的结论是:因为冲洗操作员可能认为自己位于正确的D306反应器面前,所以他可能认为D310反应器上的底阀不起作用[1]。

他们进一步得出结论:由于在调查中发现底阀执行器的空气软管被断开,用于绕过安全联锁装置的应急空气软管被连接,所以冲洗操作员可能认为反应器内只有清洁水,于是在反应器运行时使用应急空气软管绕过了底阀的压力联锁装置,打开了反应器底阀,释放出了反应器内的物质[1]。

很明显,在反应器承压状态下,采用安全联锁装置来防止阀门打开的做法,是一种很好的安全工程措施。但是,在现场控制面板上,该系统的操作员界面设计存在的两个方面缺陷,导致操作员有可能越过安全联锁:

(1) 缺乏关于操作员操作效果的反馈;
(2) 在现场控制面板的设计中存在不同的操作模式。

最重要的人为因素设计原则之一是需要在需要的地方和时间向操作员提供有效且有意义的反馈。在高度自动化系统存在不同模式的情况下,许多重大的人为失误与特定的人为因素状况有关:系统在哪里如何运行以及系统与人之间如何交互取决于系统所处的工作模式。许多事件调查和大量的应用研究(主要来自航空和核工业)都强调了在高度自动化系统中,操作员随时了解系统所处的工作模式是很重要的。(第9章讨论了2009年法航447航班在巴西附近的大西洋坠毁时,模式是造成228人丧生的一个影响因素)

牢记信息反馈和操作员了解自动化系统处于何种模式非常重要,请注意以下几点:

当操作员操作开关打开排水阀时,他会收到有关开关位置的视觉反馈。他也想看到液体从反应器中流出。然而,并没有液体流出,因为阀门没有打开。但也没有任何反馈信息说明他为什么没有打开。

在反应器承压状态下,安全联锁装置阻止了阀门开关的运行。因此,自动化系统处于两种模式中的其中一种,但操作员认为当反应器没有压力时,系统的行为与他的命令不一致。显然,没有任何信息可以告诉操作员系统处于何种模式,以及安全联锁装置是否已启用。

根据先前进行的过程危险分析(PHA)的建议,以及该公司在2004年4月23日发生的灾难性事故之前所经历的其他类似事故的经验教训,这些问题变得更加重要。过程危险分析已经确定,操作员会发生绕过安全联锁装置这类错误的可能。但是,显然没有人试图确定,现场控制面板的设计中是否存在任何功能使得发生误操作的概率更大或更小。从工程学角度来说,至少有两种措施可以降低误操作发生的概率:

(1) 本地控制面板应该包含安全联锁的应用、适当的设计和位置的视觉指示,以在试图操作阀门开关时,可以引起操作员的注意。

（2）阀门开关的设计应确保在安全联锁装置处于启用状态时，无法移至打开位置。

更好的方法是将两者结合在一起——一个是防止开关移至打开位置的物理屏障；另一个又能够清楚地指示开关不能操作的原因。

这些选择是否不切实际？是否仅仅是后见之明？也许是。但这恰恰是有能力的人因工程师，在基建项目的设计过程中，通过适当的实施方式和详实的人因工程方案，就能够对这些选择提出质疑与挑战。

抛开现场控制面板设计的局限性不说，我们如何解释一名受过培训、有能力的操作员的危险性操作，他们将自己的生命置于危险中，且事后看起来，这种行为似乎很鲁莽。他并未得出是走错了反应器，这样看起来更容易且更明显的结论，而是得出了阀门不能正常运行的结论。然后，他在不检查或未获得许可的情况下，使用应急供气来绕过安全联锁装置。这些行为明显缺乏风险意识以及支撑这些行为的推理和决策，对于发达工业社会中的大公司来说，在2004年出现这种危险操作的事情几乎是不可想象的。

这次讨论的重点是要说明，这种看似不合理甚至鲁莽的行为，与过去40多年来在心理科学与人为因素研究方面以及对重大工业事故的调查中了解到的许多情况是一致的。在某些方面，这甚至被认为是可以预测的，并且在类似情况下许多人都可能预测到会发生什么。而且，有人认为，在对工作环境、设备接口和工作系统的设计与布局进行决策时，可以通过更好地考虑心理学和人为因素来避免其中的一些问题，或降低其发生的可能性。

正如 Sydney Dekker，Eric Hollnagel，David Woods 和其他科学家多年来所争论的那样，这种讨论的关键是试图了解操作员的内心想法。尝试去理解那些事后看来令人难以置信，甚至无法解释的行为和决定，在当时的情境下，对操作员来说是合理的，而且确实也有合理性。下一章将对这方面的问题进行讨论。

参 考 文 献

[1] U. S. Chemical Safety and Hazard Investigation Board. Investigation Report：Vinyl Chloride Monomer Explosion. Report No. 2004-10-I-IL；March 2007 Available from：http：//www.csb.gov/formosa-plastics-vinyl-chloride-explosion.

第3章 认识台塑事故

想要弄清楚2004年4月在台塑公司工厂采取致命行动的操作员的内心想法,并试图理解在当时的情况下,操作员的所作所为如何对其自身来说是"局部合理"的,至少需要回答以下两个问题:

(1) 为什么一个受过培训且经验丰富的操作员会得出开关故障这样的结论,而不是寻找其他的原因?

(2) 假定操作员完全了解工艺过程中所涉及的化学品的危险性,以及了解如果这些化学品被释放会对其自身安全造成的危险。为什么同一操作员在没有遵守预期的检查和程序要求的情况下,会决定绕过专门设计用来防止化学品被释放的安全联锁装置?

回答这些问题在一定程度上有助于理解操作员为何不计后果采取这样的行动,这些行动对当时的他来说肯定是合理的。这就是我们需要理解的局部合理性。

3.1 为什么判定是开关故障?

第一个问题是一个常见的例子。在许多工业事故中都曾经出现,在我们的日常生活中也是经常发生的。在我看来,至少有两种可能的认知解释:一种是互补的认知,而不是替代的认知。这是一种心理学家所说的证实偏差。这种类型的认知解释倾向于寻找证据来证实我们已经相信的东西,并试图采用一种让我们继续相信这些判断的方式来解释不一致的信息。近期,上游油气行业中广为人知的证实偏差,是发生在2010年深水地平线钻井平台失事之前的事件中[1],当时操作员错误地得出结论,认为压力表没有显示预期读数时一定是有故障。

第二个问题涉及对自动化的信任程度,或者更准确地说,是对自动化缺乏信任。成年人觉得很难对其产生信任——这不仅适用于对自动化的信任,也适用于对任何东西的信任(我们自己的信念和判断除外),包括对人的信任。更重要的是,建立信任不仅花费大量的时间,而且一旦失去信任,很难重新获得。如果台塑公司的操作员具有处理现场阀门开关故障或类似设备的经验,那在之后就不太可能相信类似的设备了。如果设备没有像预期那样运转,他更可能再次得出设备故障的结论,而不是质疑他自己的信念。

在本章和第2章中已经推测了许多可能影响台塑公司操作员对周围环境的认识和评估以及他所做的决定和行动的心理因素:

(1) 操作员相信他位于正确的反应器面前;

(2) 承诺偏见促使他继续执行当前的行动计划,尽管发生排水阀未打开的意外事件,可能会让他意识到有些事情不对劲;

(3) 证实偏差促使他找到一个与他认为阀门开关不起作用相一致的解释(即他正在操

作的反应器与他刚刚冲洗过的反应器是同一个反应器,已经停止了生产,反应器里面只有水而已);

(4) 如果他以前有过处理阀门开关或类似设备故障的经验,他可能不信任自动化,或者至少认为设备存在故障的阈值较低。

本章需要稍微提前介绍一些将在本书第3部分深入讨论的内容。这就是目前许多心理学家都认可的,两种截然不同的思维方式之间的区别,即系统1和系统2[2]:

(1) 系统1的特点是快速、直观、高效。能自动启动,无需费力或有意识控制。系统1是情绪化的,容易产生多种偏见和非理性思维。其无法辨别模棱两可的事情,不会发现其中的疑点,也不会对其进行质疑或验证。系统1始终处于"打开"状态,你无法将其"关闭"。

(2) 相比之下,系统2的特点是缓慢、懒惰、效率低,但系统2谨慎且理性,启动是受意识控制的。系统2要求对事物持续关注,如果注意力不集中,就会被打乱。

操作员除了错误地认为自己处于正确的反应器面前,对行动计划的确认和承诺的偏见,以及可能对开关的可靠性不信任之外,操作员在关键时刻的想法与行动似乎有可能是由系统1控制的。系统1使用快速、直观、毫无疑问、不愿付出努力的思维和决策,并接受脑海中出现的第一个认知上连贯的解释。而且,关键的是,这是一种抑制模棱两可、看不到疑虑的思维方式。

那么,尝试回答本章开头提出的第一个问题的方法也许是利用系统1的思维来识别操作员的特点。一个思维敏捷的人,得出开关有故障的结论,因为这与他所认为的情况(他面前的反应器是空的)是一样的,也可能与之前所经历的阀门开关失效的经验是一样的。在这种情况下,他会得出开关故障的结论,而不是去怀疑,并努力寻找其他解释,这似乎是完全可以理解的。任何采用系统1思维方式工作的人都可能得出同样的结论。

3.2 为什么决定绕过安全联锁?

那么本章开头提出的第二个问题又是怎样的呢?

假定操作员了解操作过程中涉及的化学品的危险性,以及误操作会对他的安全造成的潜在风险,那么为什么一个受过培训、经验丰富的操作员会在没有进行必要检查的情况下决定忽略安全联锁装置呢?

如果说有什么不同的话,那就是这个问题似乎更难理解。接下来的讨论并不是要超越美国化学安全委员会在调查台塑公司事件中所得出的结论[3]。这里的目的只是利用我们对这一事件和应用心理学的了解,试图理解这些行为在当时对操作员来说是如何合理的。并且说明深层的心理动机和过程,可以对执行安全关键操作的一线操作员的行为产生强大的影响。

似乎至少有四个问题值得探讨,可能有助于理解这一致命的决定。(美国化学安全委员会的调查报告中没有任何内容表明,操作员感到高度疲劳不适宜工作,过度劳累注意力不集中或任何经济及其他的诱因导致他省去了绕过安全联锁装置的规定程序)

(1) 他没有意识到风险。

(2) 这很容易做到。

(3）他之前进行过这样的操作。
(4）很难获得必要的批准。

3.3 意识到风险了吗？

显然，台塑公司操作员并未意识到他即将采取的行动所涉及的风险。系统1思维的特点之一是其会抑制模棱两可的事情并且不会产生怀疑。在这种情况下，以系统1模式思考的人不会有任何疑问。因此，似乎可以合理地假设，台塑公司操作员认为他即将操作的反应器处于清洗阶段，内部只有水，并对此毫不怀疑，这样他所预料到的最糟糕的事情就是会被淋湿。

在意识到潜在的灾难性后果的情况下，建议操作员弃用安全联锁是难以让人接受的。这类似于暗示一名车上载着孩子的汽车司机，在没有伤害孩子或任何其他人的前提下，就可以在无任何警示的情况下，随意在繁忙、快速的车流中变道。除此之外，汽车司机至少还有误判机动时间或迎面来车的制动速度的可能。台塑公司操作员采取了积极的行动，无需对相对概率或时间和空间上的移动做出任何判断。他打开阀门，目的就是将反应器内的物质排出。

虽然调查发现操作员未能意识到这些风险，但调查本身也无法提供操作员在采取行动之前所处心理状态下需要什么样的洞察力。我们需要试着去理解：从事危险操作的操作员为什么会对其操作过程中所面临的潜在风险和错误既不敏感又缺乏警惕？

目前，许多心理学理论与概念已经广为人知，并在风险防范与安全管理方面得到了广泛应用，应试图将其纳入风险规范化或习惯性违章的方向。违章作业经常发生，但实际上又没有产生不良后果，因此，个人或组织更有可能重复执行该操作，或认为违章或按错误规程操作事件实际上并没有想象中的那样危险。（习惯性违章的概念是美国国家航空航天局于2003年在哥伦比亚号航天飞机失事的报告中提出来的，但是，从美国化学安全委员会的调查报告来看，引用习惯性违章作为一种解释是不合理的。）

然而，就工作系统的设计如何影响操作员对与其预期操作相关风险的感知来说，似乎有两个问题值得考虑：

(1）实时风险意识和非实时风险意识之间的区别。
(2）直接感知与认知产生的风险意识之间的区别。

3.3.1 实时与非实时风险意识

适用于台塑公司操作员将要采取具有灾难性后果行动的"风险意识"一词，并不仅仅意味着其知道可能发生什么或可能出什么问题，他也许无法非常准确地解释其工作中的相对风险，这不是实时操作意义上的风险意识。风险意识、风险评估和风险管理等术语在工业中经常使用，通常是指未进行危险作业的操作人员所做的评估，评估的过程是谨慎的、理性的和缓慢的，并且需要具备必要的知识和证据，并希望能够使用系统2的思维方式。（根据从科学研究中了解到的情况，实际上，这种后台风险评估不太可能采用系统2的思维方式。在过去四十年里，世界上许多从事认知偏差研究的科学家，不仅证明了这些偏差的普遍性，而且还证明了其对思考和决策的影响力。这些偏差会像生活的其他领域一样，在行业内的后台风险评估和决策中发挥作用。)

即使是作业风险评估或作业危险分析这样的活动，旨在让一线操作员在操作之前，有时间停下来思考和审查与活动相关的潜在风险，也不等同于实时的风险意识。这些评估或分析活动都是有意识的，采用的是系统 2 的思维方式(在第 22 章中讨论了安全审查无法保护操作员免受管线超压而导致死亡的风险)。

在我们试图了解台塑公司操作员的行为时，风险意识是指一种有意识的、实时的、有预知性的一种评估，知道现在或不久的将来可能会出什么问题。从心理上来说，这与后台风险意识完全不同。

几年前，笔者和他的同事为一家铁路运营商做了一项研究[5]。这项工作只是防止铁路行业称之为 SPAD(危险信号通过)的大量研究工作中的一小部分。危险信号通过是指火车司机闯红灯的情况。危险信号通过是非常严重的错误，已经引起许多铁路交通事故并导致大量人员死亡。经历过危险信号通过的驾驶员，即使未发生撞车事故，也不会忘记这样的情境，这样的情境深深地影响着他们。我们使用当前认知一词来特指这种实时风险意识的状态。当前认知即试图捕捉即时感，操作员认知当前世界状态的心理模型，以及来自实时意识的决策与行动。当前认知的关键是，个体对前几秒和前几分钟的世界状态的体验和理解，以及基于长期的经验和对情况的了解，对下一步可能发生的事情的预期。

因此，在试图理解为什么台塑公司的操作员未能意识到他即将采取的行动的相关风险时，第一个调查结果与风险意识的心理有关。操作员需要具备的实时风险意识与非实时风险意识之间有重大区别，即非实时风险意识在时间和空间上与实际操作行为脱节。这是系统 1(快速、直观、非理性)风险意识和系统 2(缓慢、循证、理性)风险意识之间的本质区别，同时系统 1 的思维与高水平的实时风险意识也不一致。

3.3.2 直接风险意识与间接风险意识

第二个值得考虑的问题是，风险的直接感知与间接感知之间的差异。为了探讨这一点，有必要在这里简要介绍一下心理学理论的另外两个要素，这两个要素将在后面的章节中进行更深入的探讨。第一个是被 Mica Endsley 引入并研究的态势感知的三个层级：(有关态势感知概念的介绍以及如何将其整合到设计中的讨论，请参阅参考文献[6])

(1) 第 1 级是通过感官感知周围的环境信息；
(2) 第 2 级是解释与提取第 1 级感知的信息；
(3) 第 3 级是基于第 2 级意识对未来世界可能状态的预测，包括系统对操作员的干预行为作出的响应方式。

第二个概念是心理学家对感官直接获取的信息和需要通过认知活动主动生成的信息之间做出的区分。直接感知的信息被认为不需要中间的认知过程就能影响意识和行为。意识是我们体验周围世界的直接结果。(直接感知的概念是基于 J. J. Gibson 的生态光学思想和生态设计的相关领域[7]。本书第 6 章讨论了一些与直接感知相关的观点)相反，认知产生的意识依赖于中间的心理过程，比如阅读、计算或整合来自不同数据源的信息(大脑根据目标进行推理的信息与大脑需要转换成可用于推理的信息的数据之间是有区别的)然后才能有意识地感知和推理。

对任何有意义的操作来说，操作中的风险意识等同于 3 级态势感知中的风险意识。这不仅意味着能够获得关于我们周围环境的知识、信息或风险信号，而且还意味着，理解这些信息在当前认知中对于世界的当前状态以及如果事情出错的潜在后果意味着什么？

直接感知风险意味着仅通过简单的看、听、闻或感觉，就能意识到可能会出什么问题。它不需要或很少需要思考或认知处理，并且几乎不依赖于操作员的专业知识。

流程工业乃至整个社会花费了大量时间和资源来设计和张贴预防危险发生的警示标志，遗憾的是，标志本身并不是确保直接感知实时风险的有效方法，因为他们依赖于认知过程和系统 2 的思维。

图 3.1 显示了一个警告标志，该标志是在一个发电厂发生起重机事故（一个操作员将启动发电机的开关误认为是操作起重机的开关）后贴上去的。虽然这场事故造成了生产损失，但并未发生负面的安全或环境后果。为防止今后发生类似事故，采取的行动之一就是张贴了照片中所示的警告标志。根据定义与意图，该标志的目的是提醒操作员潜在的风险，以便建立风险意识。但遗憾的是，警示标志被贴在侧面，就实际的现场空间条件来说，可以理解这是唯一适合的地方，但是却极大地降低了标志在建立风险意识方面的有效性。

图 3.2 左下角的阀门是两个手动卸料阀之一，可以在同一平台围绕一对大型泵进行操作。泵通过标签 A 和 B 来区分。但是，A 泵的卸料阀在距离上更靠近 B 泵，而与 A 泵有一定距离，反之亦然。一名操作员无意中错误地关闭了 A 泵的阀门，幸运的是，这仅仅导致了生产损失，没有造成人员伤害、设备损坏或环境污染。为防止类似事件发生，采取的措施之一是在每个控制阀前面大约视线水平高度处贴上警示标签，以此来标识阀门所控制的泵。遗憾的是，只有当阀门处于开启或关闭其中一种状态时，标签才会正对操作员。当阀门处于相反状态时，标签与操作员成 90°角。这再次损害了标识作为潜在风险指标的价值，即在操作员的当前认知中，产生对错误操作阀门潜在后果的实时意识。

图 3.1　发电厂内的垂直面警示标志　　　图 3.2　缠绕在阀杆上的标签

这两个例子说明了一个重要的观点，业界很大程度上依赖于这样一种假设，即标识是一种可以让操作员意识到实时、一线活动中涉及的风险的有效手段。但是，只有当人们真正阅读标识（1 级态势感知），理解文字、数据或图形的含义（2 级态势感知），并且能够从自身安全和健康，他人的安全，工厂的完整性以及即将开展的活动背景的角度预测这些

符号的含义时(3级态势感知)，标识才可能成为强化风险意识的有效手段。操作员在执行实时活动时，不论这些活动有多么危险，他们都是熟悉的和例行的，而且几乎总是能安全地完成操作，执行实时操作的操作员可能更多的时候使用的是系统1的思考方式。另一方面，阅读、理解和预测标志信息含义本质上是系统2的活动。

标签和标志本身不会产生对风险的直接感知。当操作员没有意识到的事情发生时，或者情况以操作员没有预料到的方式发展时，这些标签和标志不可能有效中断系统1的思维方式。因此，不能依赖标签与标志，而且也不应该指望他们能直接产生一线操作所需的实时的、当前认知的风险意识。

3.3.3 直接产生实时风险感知的设计解决方案

然而，有许多相对简单且技术含量低的设计解决方案的示例，似乎能够以合理、直接的方式有效地引起人们对风险的关注。例如，黄黑相间的条纹胶带被广泛用来提醒人们注意危险区域。这些胶带是用来指示跨越危险的情况(例如太靠近物体)，或提醒人们注意台阶边缘或存在绊倒危险。这种胶带似乎不需要或者很少需要中间的认知处理过程，不需要被阅读或理解，只是以一种视觉上直接的方式来引起人们的注意。你可能需要仔细观察，以确定风险或隐患是什么。但是，胶带的视觉外观(可能是规则对角线而不是颜色对视野造成的干扰)在心理上极具干扰性，从而能够有效吸引注意力并表明风险。这种胶带能有效地产生实时的、明显直接的风险意识，从而影响人们的行为。尽管不是100%的有效，但仍然是有用的。

当然，如果风险取决于周围的环境状态，也就是说，如果风险只存在于特定的操作状态或正在执行的特定活动中，危险警示带将不会有效。台塑公司的反应器仅在反应阶段时才具有危险性。当反应器处于清洗阶段时，至少不存在来自化学品产生的危险。在反应器周围放置危险警示带也许会阻止临时走到此处的人员，但对于那些工作上需要经常越过警示带的操作员来说，这样的警示带是没有意义的。在这种情况下，警示带需要有模式才能有效。

在十字路口和环形路口的道路上越来越多地使用减速带，这是另一个明显有效的警告标志的例子，其通过直接感知来发挥作用。线路之间的距离经过精心设计，可以促使驾驶员在接近路口时按预期的安全速度曲线减速。当车辆减速时，两条线看起来保持相同的距离(或者更确切地说，是时间间隔)。但是，如果驾驶员未能按照设计的安全速度曲线减速的话，就会产生一种强烈的加速感，减速带也会使道路存在轻微的颠簸感。这意味着超速驾驶员在接近交叉路口时，会产生身体与视觉上的加速感。

这些例子说明，可以设计出能够有效地产生直接风险感知和实时风险意识的指标，而且这样的设计不一定需要很高的经济投入，技术上也不一定难以实现。

3.3.4 必要的想象力

2011年，壳牌公司开始思考，除了正在实施的领导力、行为和其他安全措施之外，还能做些什么可以进一步降低运营中发生重大事故的可能性。这不仅是对当时撼动整个行业的"深水地平线"事件的回应，也是对公司内部发生的事件的回应。壳牌公司采用了居安思危的概念，这个概念已经存在了很多年，主要是研究为什么一些组织实现了比其活动的固有风险和性质所建议的更高的可靠性水平。这些公司被称为高可靠性组织(注释：关于高可靠性组织的经典著作是 Karl Weick 和 Kathleen Sutclitte 的著作，《意外管理：非确定性弹性绩效》[7])。居安思危这个词，虽然有点笨拙，也不普遍流行，但其有效地抓住了持续警惕的概念，这与自满相反。

笔者帮助准备了一些想法和材料，这些想法和材料可以用来发展和强化壳牌公司业务中居安思危的想法。笔者的建议是提供一个心理框架，其他人可以用它来实施壳牌公司业务中的交付计划。(有许多会议报告总结了壳牌方法背后的心理学。参阅参考文献[8]的示例)在阿伯丁大学 Rhona Flin 教授的指导下，该公司资助 Laura Fruhen 博士对居安思危的概念以及对壳牌这样的公司的意义进行研究。最早的成果之一是对科学文献的回顾，包括术语的概念化[9]。Laura Fruhen 博士提出居安思危的结构包含五个维度，即悲观主义、担忧倾向、警惕性、必要的想象力和灵活的思维。

其中，就台塑公司操作员来说，具有必要的想象力(预测什么事情会出错)是十分重要的。但是为什么这个有经验、有能力且受过培训的操作员没有意识到风险？他是否缺乏必要的想象力，无法想象出如果他犯了错误可能产生的后果？在工作环境或设备界面的设计方面，是否能够做一些事情来鼓励和激发在实时思考和决策过程中所必需的想象力？

3.3.5 这很容易做到

人力绩效的硬道理(第 6 章对人力绩效的一些硬道理进行了深入讨论)之一是人们总能找到做事情的捷径(即使这样做风险更高)。找到简单的方法是一种强大的动力，也是一种难以克服的动力。这似乎正是发生在台塑公司的事情：操作员很容易越过反应器底部的控制阀联锁装置，而这也正是他所做的。

事实上，为了便于操作而弃用专门联锁装置这一措施(在台塑公司之前，工厂的所有者就已经设计了弃用装置)，是为了让操作员在紧急情况下能够迅速降低反应器压力[3]。(旁通管线在空气软管上配备了快速接头，这样操作员就可以将阀门执行器从控制器断开，并通过将紧急空气软管直接连接到执行器上来打开阀门[3])

美国化学安全委员会表示，该公司依赖于底阀联锁，而且底阀联锁除了容易解除外也没有提供旁路管线状态的指示，意味着这种状态可能无法被检测到，从而影响安全联锁设备的有效性[3]。

因此，操作员不仅能轻易使用应急供气装置来解除安全联锁，而且独自工作的操作员也可以在确信不会有人发现的情况下决定这样做。

3.4 很难获得必要的批准

不管台塑公司操作员如何确信自己不会面临任何安全风险，都必须假定他知道弃用联锁装置的标准程序。

美国化学安全委员会的报告提供了与弃用联锁的预期程序相关的许多人力和组织问题的见解。其中通信和团体组织都表明操作员必须付出一定的努力才能获得弃用联锁的许可。确实，与该公司接管工厂之前或在美国运行类似流程的其他公司工厂相比，操作员要弃用该联锁需要确认更多的事情。例如：在下层平台工作的操作员无法与能够随时获取反应器状态信息的上层操作员进行沟通。因此，下层阀门控制面板上的操作员，如果疑问底阀为什么无法打开，就不得不爬楼梯到上层平台来确定反应器的状态。这种工作上的不便可能会导致冲洗操作员仅通过猜测来确定反应器状态，而不是爬楼梯到上层平台来获取状态信息[3]。

美国化学安全委员会还指出：操作员可以使用无线电设备来进行沟通，但在通常情况下，他们是不会携带这些无线电设备的，而台塑公司另外三家工厂的操作员，要么携带了无线电设备，要么下层平台配备了对讲机。

在台塑公司收购工厂后的组织变革中，取消了组长的角色。这是一位技术熟练的人，在操作员遇到诸如需要绕过反应器底阀安全联锁这样的问题时，可以随时提供指导的人。美国化学安全委员会指出，值班主管可能不像以前的组长那样随叫随到。

由于无法随叫随到，加上通信困难，以及无法检测到安全联锁旁路的使用状态，增加了操作员自主行动的可能性，并可能促使其在未经授权的情况使用安全联锁旁通管线[3]。

这两个因素(沟通困难和取消组长角色)都会使操作员检查联锁状态或获得联锁许可变得更加困难。这与人因工程学(HFE)原则直接冲突，人因工程学的原则是让正确的工作方式变得简单。事实上，他们的效果恰恰相反，即他们使正确的工作方式变得更加困难，而使用错误且不安全的方式变得容易。

3.5 小结

导致2004年4月台塑公司发生一系列事件的关键因素是，操作员没有意识到他操作了错误的反应器。这不是一起特别的事件，台塑公司在2004年4月之前就有不同的工厂发生类似的事情。美国化学安全委员会发现，多年来不同公司的同一化学过程也存在类似事件。这并不只是美国PVC(聚氯乙烯)制造行业才会发生的事情。在全球范围内，操作员误操作设备的情况经常发生。

操作员认为面前的反应器正处于清洗阶段，因此反应器内的物质不会构成危险，并且没有直接可用的信息来推翻他的观点。在操作员进行情况评估，做出决定并采取行动时，认知偏差(承诺偏差与确认偏差)似乎足以使他将与其信念相矛盾的信息合理化。此外，遵守预期程序(需获得值班主管的批准)相对困难，而且很容易弃用安全联锁。

就台塑公司事件来说，试图从人因工程学的一些原理以及人类认知的一些方面来考虑这个事件。根据美国化学安全委员会调查报告中发表的内容，可试图从心理学家广泛认可的系统1的思维方式，有助于我们理解由经验丰富的操作员做出的一系列几乎难以理解的决定和行动。

本书试图说明，与系统1相关的特征和认知偏差是如何导致操作员在日常工作中做出一系列对自己和他人都有灾难性后果的判断、解释和决定的，尽管这项工作很危险。

本书的重点是设计：一方面不良的工作系统的设计如何促进错误和失误的发生(设计引起的人为不可靠性)；另一方面，良好的设计可以促进高水平可靠性和适应性的人力绩效。通过仔细研究一起重大事件，本章和前一章试图说明工作系统的设计如何促进与人因不可靠性相关的非理性思维。同时还试图指出设计师和工程师可能面临的挑战，即他们要在工作环境设计中引入可能会扰乱或破坏系统1思维的功能。接下来的章节中对涉及各种不同背景和操作情况事件进行讨论，也是以此主题为基础的。

台塑公司事件的一个重要教训是，参与实时、关键和潜在的危险活动的个人，如果按照系统1的思维行事，就不能指望他们可以准确地意识到所面临的实时风险。不应依赖操作员仅凭他们的知识、培训和经验，来产生他们在实时操作中面临风险的认知意识(一种能够影响他们的感知、决策和行动的意识)。从当前认知角度来看，风险意识必然意味着能够扰乱系统1思维的意识水平。这并不意味着能够觉察到错误执行一项任务可能带来的潜在后果，或者对在时间和空间上均远离此处的其他人员的潜在影响。这就是系统2意义上的风险意识。个人对当前面临风险的意识影响了他们在关键时刻的思维和行动。

一个特殊的挑战是，是否有可能在工作环境中设计支持和增强实时系统1风险意识的功能(属于当前认知的意识)。组织应该提供条件，在工作环境和设备界面中设计可直接感知的风险信息的显示方式，以吸引必要的关注和意识。这些方法不能仅仅依靠标识与标签，需要能够在紧急情况下，扰乱操作者的系统1的思维，并启用系统2思维，并且能够迫使人们根据眼前的证据进行理性思考，并认识到他们所认为的实际状况的可疑之处。负责危险操作的组织应致力于设计有助于在危险情况下产生居安思危的工作系统。支持和鼓励操作员对他们面临的风险发挥必要的想象，并加以运用到工作系统中。

试图在危险活动的工作环境中设计足够有力的指示，迫使操作员在采取关键措施之前进行思考，这是否合理？还是继续依靠受过培训的、有能力的操作员遵守书面程序和安全工作惯例就足够了？是否继续依靠那些被期望处于适合工作的状态、积极参与关键活动、总是理性思考与行动、能够以实时当前认知意识充分认识到所面临风险的人就足够了？本书的第3部分将探讨一些有助于回答这些问题的科学基础。但是在这之前，有必要对人因工程的范围进行一些介绍。

参 考 文 献

[1] National Commission on the BP Deepwater Horizon Oil Spill and Offshore Drilling. Deepwater: the Gulf oil disaster and the future of offshore drilling: report to the president. National Commission 2011.

[2] Kahneman D. Thinking, fast and slow. London: Penguin; 2012.

[3] US Chemical Safety and Hazard Investigation Board. Investigation report: vinyl chloride monomer explosion. Report No. 2004 - 10 - I - IL. March 2007. Available from: http://www.csb.gov/formosa - plastics - vinyl-chloride-explosion.

[4] National Aeronautics and Space Administration. Columbia Accident Investigation Board final report. Chapter 8 history as cause: Columbia and challenger. Available from: http://www.nasa.gov/columbia/home/CAIBVol1.html.

[5] McLeod R W, Walker G H, Moray N. Analysing and modelling train drive performance. Appl Ergon 2005; 36: 671-80.

[6] Endsley M R, Bolte' B, Jones D G. Designing for situation awareness. 2nd ed. London: Taylor and Francis; 2012.

[7] Gibson J J. The ecological approach to visual perception. Boston: Houghton Mifflin Company; 1979.

[8] Weick K E, Sutcliffe K M. Managing the unexpected: resilient performance in an age of uncertainty. 2nd ed. San Francisco, CA: Jossey-Bass; 2007.

[9] Fruhen L S, Flin R H, McLeod R W. Chronic unease for safety in managers: a conceptualisation, J Risk Res 2013; 17(8): 969-79. Available from, http://dx.doi.org/10.1080/13669877.2013.822924.

第 2 部分　人因工程的范围与价值

关于界定人机工程学和人为因素之间的差异，相关专业团体的成员花费了大量的时间来辩论。一般主题可采用人机工程学来描述似乎更好，其他情况可采用人为因素来描述。然而，至少在过去 10 年里，人们普遍认为，尽管追求精确性总是有利的，但这样的辩论对人机工程学和人为因素的发展均无益处。人机工程学和人为因素之间的重叠区域非常大，并且确实很难达成一个共识，即难以区别。因此，出于实际目的，大多数从业人员现在几乎在交替使用这两个术语。两个主要的专业协会（以前以美国为中心的人为因素协会和以英国为中心的人机工程学协会）都改了名称以适应这两个术语。因此，才有了今天的人为因素和人机工程协会（HFES）和特许人机工程和人为因素研究所（CIEHF）。

就本书来说，将不会区分这两个术语。但是区分人为因素（或人与组织的因素）和人因工程学之间的差异。

国际标准组织将人机工程学定义为：理解人与系统中其他要素之间的相互作用的科学学科，以及应用理论、原理、数据和设计方法进行设计优化工作环境舒适度以及系统的整体性能的专业[1]。

IOGP（国际油气生产商协会）给出了更为广泛的人为因素定义[2]，并解释了人为因素与人因工程之间的区别：人为因素就是所有能提高或改善工作场所中人力绩效的因素。作为一门学科，人为因素的关注点在于了解人与复杂系统中其他要素之间的相互作用。人为因素应用科学知识和原则，以及源自事件的经验教训和工作经验，来优化员工工作环境的舒适度、整体系统性能和可靠性。该学科有助于组织、任务、工作和设备、环境、产品与系统的设计与评估。其侧重于人的内在特征、需求、能力和局限性，以及可持续和安全工作文化的发展。HFE（人因工程）侧重于将人因知识应用于社会技术系统的设计和建构。其目标是确保系统的设计方式能够优化员工的生产贡献程度，并最大限度地降低设计诱发的针对健康、个人或过程安全或环境性能的风险[2]。

这个定义区分了人为因素（涉及的范围更广）和人因工程，（诸如以用户为中心的设计（UCD）、以人为中心的设计（HCD）和人因集成（HFI）等术语也侧重于人为因素知识在系统和组织设计中的应用。UCD 和 HCD 的设计倾向于关注消费品，尤其是基于计算机的产品。人因集成在国防工业应用广泛，在一些国家，还应用于铁路行业。目前，人因工程广泛应用于油气行业。）人因工程是人为因素的子集，其侧重于社会技术系统的设计。（社会技术系统一词，承认技术系统存在于社会和组织环境中。技术的实用性、有效性和价值取决于其与该环境的集成和支持程度。）

本书是关于人因可靠性的设计，其涉及工作环境、设备界面和支持资源（工作系统）的设计和实施，以及如何影响人力绩效。

在 ISO 6385[3]中，国际标准组织使用工作系统一词来指支持工作的所有工作环境、界面和工具的总和。工作系统包括给定空间和环境内的人员与设备的组合，以及工作组织中人与设备的相互作用[3]。

本书的重点是通常大家认为在油气、流程工业和相关行业的投资项目影响范围内的问题。这意味着空间的使用和工作环境的优化。也意味着人与其所使用的系统、设备、资源和环境之间的物理界面与认知界面的设计。影响范围说明了辅助系统（标牌、标签和警示标志，以及支持人们执行预期任务的程序和作业辅助措施）设计的重要性。然而，本书的重点是人与工业系统接口软硬件的工程设计，以及对运作这些系统的人的角色和能力的期望。

人因工程作为一门技术性学科，并不是与许多更广泛的组织因素有关的科学知识和专业技能的主要来源：组织设计、领导力与文化、培训与监督或承包商管理。这些都是非常重要的人与组织的因素。确实有很多人称自己是人为因素专家，他们在这些领域拥有深厚的专业知识，其中一些人是行业内领先的思想家和世界权威。但在科学知识、经验与专业技能、对事故经验教训的认识与理解以及更宽泛的行业经验方面，与在工作系统设计与布局上达到高标准的人因工程质量相比，仍存在很大的不足。

本部分的目的是，就该学科在整个投资项目生命周期中通常关心的核心的问题范围内，提供一些对人因工程一词含义的认识。

本部分的各章节并未对任何一个主题的科学基础或技术问题进行全面或明确的回顾。所讨论的每个主题本身都汲取了大量的知识与经验，往往具有相当的科学深度，并得到了事故经验教训的支持。相反，本部分通过对一些更重要的问题进行概述，并通过工作实例来支持和说明。讨论的目的是使人们对人因工程试图解决的问题范围有充分的认识，并对该学科所利用的一些科学知识提供一些见解。

本部分共有5个章节，主要内容如下：

第4章介绍了一个简单的人因工程之星模型，总结了工作场所中影响人力绩效的五个因素，分别是人的特征、从事的工作、组织、工作环境与使用的设备。最重要的是，工程师和设计师需要知道五个因素之间的相互作用。就人因工程本身来说，并没有人机工程学设备一说。本章阐明了四个关键的人因工程设计目标，并用操作实例进行了说明。

第5章是关于在项目中有效实施人因工程的成本和收益，并考虑了由设计引起的人为不可靠性导致的事故所产生的成本与损失，以及在项目期间适当应用人因工程时，能够获得的更大收益。本章还讨论了实施人因工程计划的成本问题。

第6章定义了一些人因工程设计原则，以及人力绩效的四个硬道理。并且任何人在做出依赖于或作用于人力绩效的设计决策时，都应该意识到人因工程的原则和硬道理。在整个投资项目中使用它们来测试和挑战设计思想，在很大程度上可以提高人因可靠性。

第7章重点分析了人的任务的性质与特征，尤其是关键任务。投资项目需要尽早地在设备与设施的开发阶段确定在哪些方面会依赖于执行任务的人员。而项目在确定了对人工任务的依赖之后，项目需要了解任务绩效的特点以及在实时工作环境中可能造成困难的因素。本章说明了如何在设计过程的早期阶段提出一些与任务有关的简单问题，以此来为引入支持高水平人因可靠性的工程或设计措施提供条件。

最后两章涉及与安全关键行业日益密切的具体问题。第8章介绍了一个建立已久的心理学模型，该模型可以深入了解人们是如何发现某个操作或过程可能出错的弱信号，以及在发现这种弱信号时，他们会如何决定是否进行干预。并说明了在设计中恰当应用人因工程在发现弱信号并理解其含义方面所起的作用。如果员工发现了微弱的问题信号，此时的组织和文化因素将主导个人采取行动的意愿。但在通过设计来使弱信号变成强信号方面，以及确保工作环境和设备界面的设计不会使本应该强且易于发现的信号削弱方面，人因工程发挥着重要的作用。

第9章讨论了当自动化将人的角色从实际操作的控制者和设备操作员转变为高度自动化系统的监管者时，可能引起的一些心理和人为因素问题，以及可能出现的人力绩效困难。人们对这些问题的了解和研究至少已经有40年了，但其仍然是造成重大工业事故的原因。本章以2009年法航空客AF447在大西洋上失事的调查为例，以此就油气行业和流程工业如何更好地处理这些问题，提出问题和挑战。

因此，本书的第二部分旨在介绍人因工程的范围及其支撑他的原则，并着眼于当前的一些特殊挑战。其针对的是那些并非技术专家，和可能无操作或工程背景的人。任何参与项目工作的有经验的人因工程专家都应该具备相应的技术与科学知识，以及个人与专业技能和经验，以便在本部分所讨论的大多数问题上为人因工程的实施提供技术指导。并且希望那些熟悉油气行业与流程工业活动的读者能发现，这些例子使他们从自己亲身经历中反思一下类似的情况。

参 考 文 献

[1] International Standards Organisation. Ergonomic principles in the design of work systems. ISO 6385; 2004.
[2] Oil and Gas Producer's Association. Human factors engineering in projects. Report 454; August 2011.
[3] International Energy Agency. Special Report——World Energy Investment Outlook. 2013. http://www.iea.org/publications/freepublications/publication/world-energy-investmentoutlook—executive-summary.html.

第4章 人因工程简介

4.1 人因工程之星

从2005年开始,通过对世界各地的工程师、操作员、健康和安全专业人员以及其他人员进行面对面培训和线上培训,让其理解人因工程的原理、内容和目标,以及如何将其应用于投资项目。笔者意识到:他们需要用一种直观的方法,一种简单易记的方式来说明人因工程的范围,以便在其回到工作岗位时仍然可以回忆起所学过的人因工程内容。

图4.1中的人因工程之星抓住了问题的本质,并且已被证明是非常有效的。2012年,国际油气生产商协会(IOGP)在其关于如何在投资项目中实施人因工程的建议实践中采用了该星形图[1]。

人因工程之星给出了人因工程的五个要素(定义来自参考文献[1]):

人——操作、维护、支持和使用这些设施的人员的特征、能力、期望、局限性、经验和需求。

工作——操作、维护和支持设施所涉及的工作属性。

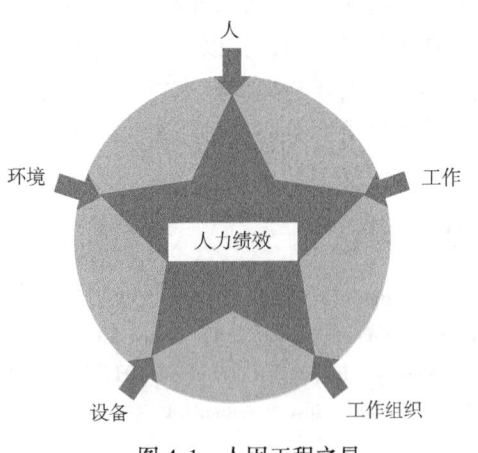

图4.1 人因工程之星

工作组织——人员的组织方式,例如团队结构、职责、工作时间和轮班安排。

设备——所使用的设备和技术,包括设备布局以及人们在身体和精神方面与之互动的要素。

环境——人们预期的工作环境,包括气候、照明、噪声、振动和面临的其他健康风险。

人因工程之星试图抓住的重点是人因工程所涉及的5个要素。其主要描述这5个要素是如何结合在一起,来影响工作场所实时情况下的人的行为与表现。这种人为因素的情境属性在预测或理解人们可能的行为方式以及所犯差错的类型方面是非常重要的。同样重要的是,要试图理解人们过去的行为方式和所犯的差错。

从人因工程之星中可以清楚地看出:就人因工程本身来说,并没有人机工程学设备一说。在人机工程学中脱离了背景后的任何东西是没有属性的。任何值得贴上人机工程学的标签,都取决于谁将在什么样的环境中使用设备,做什么,以及通常在什么样的组织背景中使用。以座椅为例，为了证明其符合人机工程学要求，这就意味着设计的座椅是由一群体型(身高、体重等)类似的人员来使用，针对的是潜在的目标受众(或通过适当的调整，以使其适合这类体型的人员使用)；这意味着座椅将被用于与其设计目标环境类似的环境中(长途重型货车驾驶员使用的座椅不同于用于办公室的座椅)；这意味着座椅将被用于支持设计预期的活动(在预期的使用期内是供人们坐，而不是用作登高的踏步)。

油气业务需要考虑到该行业的全球背景。世界各地都在使用相同或相似的技术和工艺，至少对于大型设备来说，很少有公司能够提供设计、制造的一条龙服务。由于良好的经济前景，该行业需要从各种设计中获取最大价值：有强烈的动机来实现现有设计方案的标准化并重复使用，而不是为每项资产重新设计工厂或设备。但是，除非设备不符合技术规范的要求，或者被调查并被认为是造成重大事故的原因，否则，设计和供应设备的承包商和制造商很少得到关于设计的产品难用或使用不便，或者设计本身会导致错误(即人因工程的设计质量不高)的反馈。

人孔是位于罐体、容器或塔上的开孔，员工可通过人孔进入其内部进行检查、维护或清洁处理。根据容器的大小和形状，人孔的形状和尺寸也有所不同。有一些国际标准规定了人孔应有的尺寸，即重要容器的人孔典型直径通常约为 24in❶(至少有 30 个不同的技术规范，为了确保人们能够进入设备内部，这些技术规范根据要进入的设备的形状与尺寸来确定人孔尺寸)。以人因工程之星为指南，设计人孔的尺寸还要考虑在冬天进行大型油气容器内的维护作业的工况。

人：设备、空间和设施的设计应尽可能适合各种体型的人使用，这是一种良好的人因工程设计实践。通常情况下，针对一般人群(诸如在油气设施使用期内所涉及的员工)，设计的人孔尽可能满足 90%以上员工的使用要求。这意味着要按与使用有关的人员体型来进行设计，涉及的人群为体型分布曲线上体型小的女性(5%)到体型大的男性(95%)之间的人群。(如果员工的身高在 5%范围内，则说明仅有 5%的员工身高小于此值。与此类似，如果员工的臀宽在 95%范围内，则说明仅有 5%的员工臀宽大于此值)设计时需要考虑相关的体型尺寸(站立身高、肩宽等)以及是否需要确保其能够够到(体型小的女性)或间隙足够(体型大的男性)的问题。就人孔来说，要求其能够提供足够的空间以便体型较大的男性的肩膀和臀部(身体的最宽部分)能顺利通过。

工作：与人孔相关的任务是安全进出容器，并且在紧急情况发生时，能够快速撤离。只要是涉及油气或化学品的容器，进入都可能是危险的。发生在容器和其他受限空间内的死亡事故也很多。因此，通常只有经过专门培训且合格的、穿戴合适安全装备的人员才能进入，并且工作要在严格控制的条件下开展。

设备：员工可能携带工作所需的工具和必需品(即使这些是他们进入容器后才送入的)。他们还经常携带(即使未佩戴和使用它们)空气呼吸设备。

组织：三人小组经常被指派进入封闭容器或罐内执行任务。其中一人留在罐外监视容器或罐内人员的表现和健康状况。

环境：员工不仅要携带所需的工具，而且还要携带空气呼吸器。

---

❶　1in＝2.54cm。

接下来的挑战是，如何提供足够的空间，让一个体型较大的男性携带所需的任何工具和设备，可能戴着呼吸器，穿着冬装，通过直径为 24in 的人孔。这确实是一个巨大的挑战。有人也许会问，为什么不将人孔的直径扩大一点？这似乎是一个简单的解决方案。若是常压储罐，这个方法是可行的。然而，对于压力储罐来说，要在罐体上焊接一个孔径大于 24in 的人孔是非常困难的，其费用也是极其高的。焊缝的结构强度与人因工程要求相矛盾的案例，是一个经典的工程需求，有时需要在一个或两个工程学科上进行折衷。

看起来这是一个如此简单的设计问题（提供一个进入罐体内部的入口，以便进行内部清洗作业），但从人因工程的角度来看，有很多需要考虑的问题。人孔的形状（圆形、矩形还是正方形），进入位置（垂直进入还是水平进入），人孔盖重量（人工移开还是辅助支架），以及位于最近站立面上方的人孔与最近站立面之间的距离（这预示着人们进入时所采取的姿势），所有这些都是必须考虑的问题❶。

这个例子的关键并不是要吹毛求疵，也不暗示着对行业标准的批评。关键是为了说明人因工程之星，并在设计工作系统时必须考虑到这五个要素之间的相互作用。上述人孔例子还说明为了实现标准化以及尽量使业界能够负担得起这样的投资项目，必须作出的折衷。就人为因素来说，最常见的设计折衷是遵循行业工程标准规范，然后要求组织和（或）工人绕过或忍受其与设备互动时所面临的困难。这往往是正确的折衷方式。然而，在很多常见的情况下，操作员面临的困难是，要求他们始终可靠、安全且高效的工作，并遵守各项安全程序和法规，这显然是不现实的。

其中一个后果就是，这些设计上的折衷可能会导致操作员出错，或者促使他们采取不安全或不可靠的行为或工作做法，以便更快或更容易地完成工作。即使没有人员安全或环境保护方面的损失，这些错误也会增加设备的故障频率，导致其无法完成规定的生产目标。还可能导致维护和检查的时间大大超过计划的或必要的时间。

4.2 海上两人死亡事故

笔者曾经被邀请参观一个海上钻井平台，看看是否能够帮助了解导致两名工人不幸遇难的事故中的人为因素。笔者并未参与正式的事故调查过程，也不能声称本人得出的结论确实对引发事故的一系列事件起到了推波助澜的作用。后面的描述是以查阅的事故报告和参观过程中与工人之间的谈话内容为基础的，其中一些工人在事故发生时就在现场。笔者无法确认报告的内容是否100%的准确，但在这并不重要。笔者目的是以人因工程之星为指南，来分享当其被要求提出自己的专业观点，试图解释为什么会发生事故时，他通常会思考的问题，同样重要的是，可以从事故中吸取什么样的经验教训，采取什么样的行动来降低再次发生类似事故的可能性❷。

笔者拜访了该公司的陆上办事处，并查看了此次的事故记录和以前的事故纪录。然后，花了两天时间与平台上的工人进行交谈，观察他们的工作方式以及所用设备的特点。

---

❶ 参考文献[2]的11.14一节讲述了人孔在人因工程上的设计要求。

❷ 由于人为错误的背景或情境属性，从人为错误潜力的角度来看，弄清楚哪些是类似的情况可能是一个重大挑战。这也是该行业因未能从事件中吸取教训而受到批评的原因之一。

发现平台不是新的，最近才翻修过。

2010年墨西哥湾发生的深水地平线事故让全世界意识到，钻井是一项复杂且危险的作业。简而言之，其借助于重力的作用，驱动旋转钻机和与其相连的钻柱进入地层，同时要控制钻井过程中的各种力和压力。钻井作业是一项重复性的操作，可以持续数小时、数天甚至数周。钻井作业的过程中，游车会反复升至井架的顶部，并且在游车上接一根长度通常为90ft❶的钻杆(或立柱)，再与井内的钻杆连接在一起。然后，通过司钻手动控制下放游车减小悬重(正如事故发生时的情况一样)，或者现代自动化钻机中，司钻则监控和监管整个操作过程。通过下放游车减小悬重所产生的压力驱动旋转钻头进入地层。

起钻属于反向操作，包括与游车相连的电动机的反向旋转，从井内起出钻杆立柱。一旦起出井筒的钻杆与留在井筒内的钻杆脱开，就会将其移至管架，再次下放游车并与井内钻杆连接在一起，重复此项操作，直至起出所有钻杆为止。若钻井人员动作熟练且作业条件好的话，每小时可起出约1000ft❶的钻杆。就所讨论的钻机来说，起初立柱被垂直放置在管架上。图4.2显示了固定在下排管器内的一个立柱，摇臂将立柱从井眼位置移至管架上。

图4.2 下排管器

事故发生时，立柱稍微偏离了管架的垂直方向。当司钻下放游车时，碰到了立柱的顶部，游车向下的压力导致其弯曲变形。最终，立柱因弯曲聚集的能量释放出来而回弹，导致了刚好处于其回弹路径上的两个操作员不幸死亡。

4.3 司钻

图4.3显示了司钻的工作位置。司钻的工作对身体和精神都有很高要求❷，同时要求其具有丰富的知识和经验。从图4.3中可以看出，司钻的右脚踩在踏板上，通过踏板接通电源提升游车。他的右手握住制动杆，控制游车的下降速度。他的左手操作各种提升控制装置，包括提升游车用的离合器，以及下放游车时吸收能量的辅助制动控制装置。虽然操作动作属于重复性的动作，但仍然需要其集中注意力。钻井过程中有很多事情可能会出错。请注意：在这种情况下，不同于现代钻台，司钻的工作要求是站立的，这就增加了工作的体力要求。

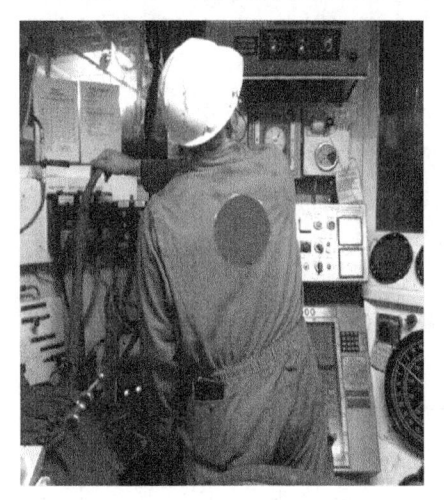

图4.3 司钻工位

---

❶ 1ft=30.48cm
❷ 司钻的工作姿势通常为站立姿势，至少对于老式钻机来说是这样的，但对于高度自动化钻机来说，则采用的是坐姿。然而，钻井过程的高度自动化会带来其特有的人因风险。

司钻可通过窗口水平直视钻台，也可以通过玻璃天窗直接看到井架。图 4.3 中操作员正在观看头顶上方的闭路电视显示器，从闭路电视显示器上可观察到井架顶部游车周围的情况。

图 4.4 通过值班房顶部窗户观察到的井架

司钻需要实时了解操作状态各方面的情况，包括确保游车升降过程中没有任何障碍物。司钻可通过闭路电视或直接通过窗口观看操作情况。图 4.4 显示了从司钻头顶上方的窗口观察到的井架视图。这是一个杂乱的且视觉上"嘈杂"的场景。当然，如果在游车上安装了接近报警器，当物体靠近游车时，报警器将会提醒司钻加以注意。不幸的是，该报警器在事故发生时出了问题。

钻井队成员之间的实时沟通对提高作业效率和保障安全方面来说是至关重要的。位于钻台上的其他成员可为司钻提供支持，在此案例中，关键的是来自井架顶部队员的工作支持。在事故发生时，经验丰富的工作人员（他通常在井架顶部，应该能将此问题告知司钻）正在休息。顶替他的是一位新来的且没有经验的人员。

鉴于上述情况，事故的发生源自许多因素共同作用的结果，涉及的因素包括：人为因素、使用的设备、工作环境和团队的组织形式。然而，这些都不能单独解释为什么在游车碰到立柱后，司钻并未停止下放游车的操作。

就正式的事故调查而言，得到的结论是：司钻应该更多地关注更有效的监控闭路电视显示屏。该公司在近期发生的类似事件中也得出了完全相同的结论。不管怎样，在过去发生的事故中并无人员受伤，只是损坏了部分管架。

笔者指出，事故是由于司钻的注意力不集中导致的，司钻应该需要更加专注的注意力，这样的结论和教训很难令人满意。根据笔者参观期间的观察结果和收集到的信息来看，有必要更好地分析理解当时司钻所面临的情况以及对他提出的要求。人因工程之星为考虑事故发生时司钻所面临的实际情况提供了一个有用的框架。

事故发生在凌晨，虽然没有任何信息表明疲劳是一个影响因素，但疲劳（睡眠不足或在昼夜生物钟低潮期警觉性降低）也许是一个影响因素❶。但是司钻房（或值班室）的照明来自头顶唯一的照明灯。钻井队解释说，由于司钻房的角度以及其内光滑的设备表面，头顶照明灯会产生眩光和反射，导致很难读取设备信息。因此，通常的做法是：夜晚钻井时，关掉头顶照明灯来防止产生眩光。

这样一来，司钻的注意力就会被分散，他时而抬头观察明亮的井架，时而观察明亮的闭路电视显示屏，一会儿又要观察光线昏暗的司钻房。而且其他旨在防止此类事件发生的屏障或控制装置已经出了问题。因此，操作的安全性主要取决于操作员的视觉观察：在光

---

❶ 当然，这并不意味着疲劳不是一个影响因素。在工业事故调查中，全面考虑疲劳在事故中发挥的潜在作用并不常见。

线昏暗的值班房内,司钻必须直接通过玻璃屋面,或者通过闭路电视显示屏,或者间接通过面前的大型指重表表盘(图4.3的右下方)来关注游车是否会接触到管架。

此次事故的当班司钻,年龄在55岁左右且经验丰富。尽管我们无法确切知道事故发生的原因,但大多数人的视力会随着年龄的增长而下降。因此,在这种情况下,一个成熟的司钻,已经执行一项关键的安全工作长达数小时,其他的安全屏障并未按预期投入工作,同时还承担着许多其他职责,其视觉注意力分散在灯光照亮的井架或明亮的闭路电视显示屏,以及昏暗的仪表盘上。在这种条件下,期望一位50多岁的员工来完成一项在身体和精神上都要求很高的对安全至关重要的视觉观察,这是不现实的。

笔者无法确切知道这次事故发生的原因。不管怎样,列举这一事件的原因是为了说明,考虑人因工程之星中总结的因素以及其他的因素会如何共同作用,而影响工作场所的人力绩效是至关重要的。将事故发生原因归结为司钻注意力不集中,并不是一个充分的解释,也没有给出其经验教训。在这种情况下,劝告操作人员多加关注或多加努力是不会有效果的。培训、能力、工作适应性,以及安全文化和司钻与其他相关人员的风险意识都是非常重要的。不管怎样,司钻工作环境的设计和布局及其所使用与依赖的设备也很重要。此外,人们对于员工的表现的预期值是否合适,以及工作环境与设备的设计怎样来支持其表现,也是很重要的。不幸的是,在这种情况下,两名员工失去了生命。

4.3.1 人因工程目标

简而言之,人因工程学可以理解为通过在设施和工程系统的规范、设计、开发和建设过程中所采取的一定措施来确保实现至少四个核心目标:

(1)操作、维护或支持系统的人员能够轻松、有效且安全地移动。

(2)在不使自己、他人、系统处在不安全状态的前提下,上述人员能够不费力地用自己的眼睛、耳朵和手来执行任务。

(3)他们能够在舒适、安全的环境下,不费力地按照期望的速度、准确性和可靠性标准完成预定的作业。

(4)共同工作的员工能够有效且高效地进行沟通和互动。

本章的其余部分对这些目标进行了总结与说明。

4.3.2 轻松、高效、安全地移动

在办公室或控制室之外执行各项作业的基础是,员工在携带或运输作业所需的工具和资源的情况下,能够在设备设施周围轻松、有效、安全地移动。在紧急情况下,具备快速安全地从危险区撤离至安全区的能力尤为重要。从重大事故的分析中我们能够学到很多,特别是与安全防护措施设计同等重要的,有关避免人们被困在不安全区域的逃生路线的设计经验。

相对于通过设计简单确保如下事项[步道和出入通道为最高大(通常为95%)的作业者留出足够的水平和垂直通过间隙,且设备不伸出或对步道形成阻挡,或逃生通道有足够长度方便人员通过]为人员的垂直移动(无论是爬上高处的工作区域,还是爬到低于地面凹坑中的设备处)提供一种防滑和防绊设计更具挑战性。

其他几个设计目标实现的难度相当，而作为工程设计固有难题或挑战的人因工程设计第一目标达成的难度并不大。支持员工轻松移动的技术尺寸与要求在众多技术标准中都有详细说明，并且已使用多年[2-5]。但是通常情况下，其他的目标实现难度并不相同，这就会出现为了满足其他的工程设计目标，而牺牲员工轻松、安全移动的情况。例如：就海上构筑物来说，空间以及重量限制是一直优先考虑的因素，通常工程师为了能够放置所有必要的设备，会占用通道或工作空间；在制造厂建造的设备(无论是撬装式单元还是日益普遍的模块化设计过程单元)都必须设计成可以运输的。这可能意味着设备须安装在运输工具上，通过运河，或者符合吊装的最大尺寸和重量要求❶。由于这些限制带来的重大设计挑战，工程师很难避免不占用人员通道和可进入空间，进而将所有可用空间利用起来。

有时候，因为所涉及的人员根本没有意识到可能出现的困难和风险，因此在满足安全高效行走所必要的空间保障和设计要求方面考虑不周。

这里有一些例子可以说明：如果对保证员工在设施周围移动的无障碍、安全性和有效性方面所必要的设计特征不加重视的话，可能引发各种问题。任何具有油气或流程工业经验的人因专业人员都会有类似的认识❷。

如图4.5(a)所示，伸出的排水阀距地面的高度大约在员工的脚踝所在位置，对沿此通道行走的员工来说，是一个明显的风险点。在图4.5(b)中，阀轮与阀杆伸入了人行通道，其高度会碰到员工的头部。当操作人员行走在此人行通道时，会因注意力不集中而面临头部受伤的风险(尤其是在紧急情况下逃离该区域时)。

(a)　　　　　　　　　　　(b)

图4.5　关于伸入通道的设备所带来的安全移动风险示例

除了伸入通道的设备外，相关钢结构的设计也有可能会危及操作人员的行走安全。如图4.6所示，位于护栏上的90°钢结构件，其高度会碰到操作人员的膝盖，当操作人员匆忙之中沿此人行通道撤离或移动时，此90°钢结构件就是一个严重的安全风险点。

---

❶ 最近几年建造的大型设施，主要工艺单元被设计为模块化结构，这些模块结构可在制造厂建造，并通过船运输至生产现场。由于要求每一个工艺单元能够通过运河运输，给每个工艺单元的内部空间带来了极大的压力，也导致设备的接近与操作变得极其困难。因此独立的人因咨询专家对无障碍和人因工程设计质量的审查是至关重要的。

❷ 附录1中有更多的例子来说明未满足人因工程目标时可能会发生什么事情。

复查美国军舰上的600起事故后发现：最常见的事故之一是安装在舱壁或其他结构上的结构件碰到官兵的事故，当官兵路过这些结构件时会碰到腿部。人们通常会在类似于图4.7中的海上结构上安装电源插座，图中的电源插座位于人们的视觉盲点，行人碰到其中的任何一个插座是很疼的，尤其是人们快速通过此处时，并且至少发生了一次腿部骨折事故。

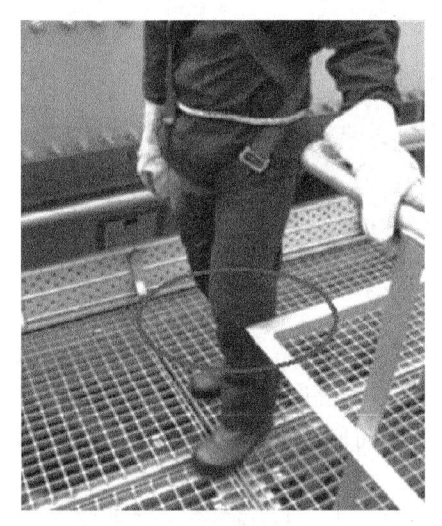

图4.6 位于膝盖处的护栏尖角

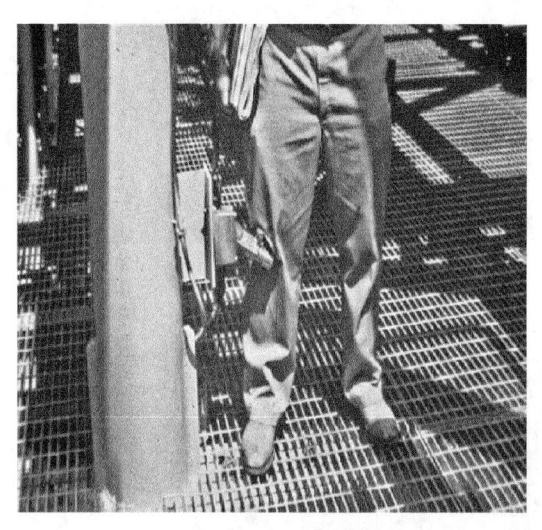

图4.7 深水生产平台上的大量电源插座之一，全部安装成容易碰到膝盖的位置

至于为什么存在这样一个盲点，其技术解释并不重要。值得注意的是：确实存在这样的盲点，与高度更高的物体相比，人们更有可能会碰到低矮的物体。

如图4.8所示，需要操作阀门的操作人员，他必须爬上段塞流捕捉器的顶部，并沿48in的管道行走才能到达阀门所在位置。该阀门需要经常进行操作（通常每周操作两次）。若滑倒的话，他会碰到坑内的管道和仪器，很容易导致其头部严重受伤，甚至是死亡。特别是在雨天的管道会变得湿滑，导致操作人员滑倒的风险进一步增加。

直列梯子坠落事故是陆上和海上人员伤害事故的常见原因。这些坠落事故的常见原因是直列梯子最初的设计中存在问题或在安装梯子的过程中考虑不周。图4.9中的照片说明了两种情况，即安装过程中对人因的关注度不够，留下的空间有限，无法将脚稳稳地放在直列梯子的踏棍上，导致操作人员的坠落风险增加。

图4.8 操作人员沿着段塞流捕集器顶部走到阀门

图 4.9 位于左边的直列梯子，其留下的空间有限，无法将脚稳稳地放在踏棍上

图 4.10 水泥储罐用直列梯子

图 4.10 是安装在自升式钻井平台上散装水泥储罐上的两个直列梯子。一个通向人孔（紧靠左侧梯子的上方），而另一个通向储罐顶部，作为大型注入阀的维修通道。

在人因工程审查期间，认为梯子的这种安排方式（已用于几个水泥罐）存在几个值得关注的地方：

（1）梯子上无被动式攀爬安全装置。（保护笼不能被视为被动式坠落保护装置）

（2）检查人孔下方无工作平台。（当被问及如何打开人孔时，一名操作人员表示，他会用一条腿缠住踏棍，再用一只手紧紧抓住它，同时用另一只手松开人孔盖上的锁定机构）

（3）没有从一个梯子转移到另一个梯子的安全通道。

（4）右侧梯子上的垂直桁条未能延伸至顶部人行通道的上方（正如相关海事人因工程设计标准所要求的那样）。

（5）顶部人行通道无扶栏（同样，正如相关海事人因工程设计标准所规定的那样）。

显然，钻井队已经认识到这种设计是不安全的，因此他们在人因工程审查结束前处理了设计缺陷。采用的解决方案是增设了如图 4.11 所示位于侧面人孔的下方的小平台。然而，这种解决方案并未提供安全站上平台的方法，也未纠正存在的其他缺陷。

针对这一点，要求人因工程专家来提供一种解决方案，这样解决方案可应用于当时正在建造的同类型的下一代钻井装置。解决的结果如图 4.12 所示（照片是在每个梯子上安装攀爬安全护栏之前，从制造厂处拍摄的）。这些储罐安装在第二台钻井平台上。除了给罐顶的人行通道加装护栏外，所有的问题都得到了解决❶。

图 4.11　钻井队解决方案-位于人孔下方的平台

图 4.12　人因工程标准解决方案（在安装攀爬人员用安全护栏之前，制造商采取的技术措施）

图 4.13 给出了人因工程设计改正之前设计的用于海上结构的直列梯子，这样的直列梯子安装在不同的设施上，其使用过程中至少发生了四次致命的坠落事故。

图 4.13　员工从直列梯子（箭头所示）上坠下，碰到下面平台扶栏的顶部导致其死亡

每次坠落事故都发生在员工从直列梯子上下的过程中，直列梯子末端距离配备了标准护栏（高 42in）的降落平台或步道的边缘仅有几英尺。每一起事故都发生在距离梯子末端的

---

❶　无法安装护栏的原因是罐顶步道与支撑罐顶步道上方平台的钢结构之间的高空间隙有限。罐顶步道仅允许操作人员靠膝盖跪着移动。

第 2 或第 3 踏棍，此时他们失去了抓住踏棍的机会，身体因发生后倾而从梯子上坠下。安全护笼的末端位于平台上方 84in 处，护栏的顶部位于平台上方 42in 处，因此留下了 42in 宽的间隙。正是由于这个 42in 宽的间隙导致了四名员工死亡。

一位人因工程专家碰巧参与了其中一台钻井装置的改造过程，他意识到存在发生致命事故的可能。巧合的是，同一个人在几年前参与了类似钻井装置设计项目，遇到了几乎相同的事故。根据对这两起事故的分析，开发出了新的梯子设计规范，随后并入相关的美国标准[2-3]。图 4.14 所示的设计符合新的技术规范的要求。

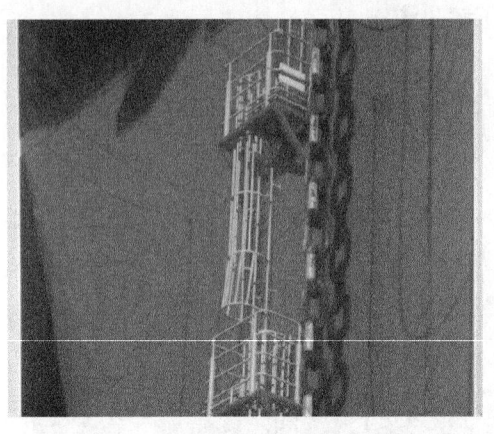

图 4.14 通过新梯子与护栏的设计使安全护笼的底部与护栏顶部之间的间隙小到足以避免发生与其有关的员工坠落事故

4.3.3 使眼睛、手和耳朵处于工作状态

假设员工能够顺利、安全和高效地到达工作场所，第二个人因工程设计目标是试图确保操作人员身体各部位确实能够到达有效工作位置。这意味着如果有必要的话，他们能够利用手和眼睛，以及在必要时可以利用身体的其他部位，参与所执行的任务中来，并且也不存在受伤的风险。这也意味着能够开展指定的作业，且所处于工作位置或采取的工作姿势，不存在固有风险或健康危险。这里提供了几个例子，以此来说明在有的时候要做到这一点是多么的困难。

如图 4.15 所示，排污阀阀室内存在积水。通常情况下，操作人员只需每年开关几次排污阀，但有时候也需要频繁开关排污阀(最多可达到每班开关两次)。为了开关排污阀，操作人员必须进入阀室，并站在光滑的管道上用力转动阀柄，因此存在滑倒落水的风险。位于冷却塔内的同一设施闸阀，所在位置也很光滑，且没有任何安全护栏。操作人员存在滑倒落入冷却塔深水罐的危险，并存在溺亡的可能。

操作人员被迫频繁地采用这种既尴尬又不舒适的姿势来开展日常操作。如图 4.16 所

图 4.15 积水阀室内的泄压阀

示，一名操作人员被迫在拥挤的空间内采取下蹲、弯腰的姿势来调节泵的冲程。在操作人员的日常巡检过程中，每天都会执行这项简单操作。

除了不舒适之外，像这样尴尬的姿势，尤其是需要伸展和(或)扭动手臂和躯干来施力时，会增加肌肉骨骼受损的风险。即使操作人员不会伤害到自己，但被迫以这种既尴尬又

不舒适的姿势来开展日常操作的话，也会导致无法按预期的精准度或可靠性来完成作业的可能性增大。

如图 4.17 所示的另外一种情况，操作人员因工作环境的设计被迫采取了一种既尴尬又不舒适的工作姿势。此案例中，由于平台太窄，为了避免与高温管道发生接触，操作人员在操作阀门时不得不扭动身躯。而在检维修期间，这样一个小小的平台上可能会有三名操作人员。

如图 4.18 所示，二氧化碳吸入泵的安装位置偏高，且所处的角度导致重型法兰更换困难。需要三名操作人员将法兰固定到位后，才能拧紧螺栓。这家工厂就发生过由于法兰螺栓未正确拧紧所引发的泄漏事故。也有承包商在安装法兰和垫圈时出问题，导致高空作业时工具掉落。（注意：攀爬梯靠近法兰，将导致更换法兰的有效工作空间变得更加拥挤。）

图 4.16　必然会撞到泵的不便的操作姿势

图 4.17　由于平台太小导致的不便的工作姿势

图 4.18　二氧化碳吸入泵的安装位置导致其维护非常困难

如图 4.19 所示，操作人员演示了打开和关闭 24in 的大型阀门时所涉及的问题。根据操作规程，操作人员应该站在人行通道上，弯腰并伸手开关阀门。从照片中可以明显看出，操作人员被迫采取了一种尴尬的操作姿势，特别是开启这些阀门时需要施加很大的力，有可能导致背部和肩部受伤。如果再仔细观察阀底部周围区域的痕迹，可以发现实际上操作人员是如何操作的。操作人员会离开人行通道并站在阀门周围的保温层上。这提供了良好的杠杆作用，避免了从人行通道上开关阀门时所存在的不适和受伤的风险。

图 4.19　从人行过道上操作 24in 阀的工作姿势

像这样的保温层损坏现象在世界各地的工艺设施中是很常见的。此案例中的阀门手轮距离地面约 10m，因此不仅导致保温层会因操作人员站在上面而受损（可能会影响生产），而且操作人员也面临从高处坠落的风险。高处坠落仍然是操作人员受到伤害和死亡的主要原因。由于设计时没有提供接近这些大型阀门的便利通道，因而导致操作人员的行为方式与设备的设计人员和管理层的期望相反。操作人员的行为方式不仅会导致设备受到损害，而且还会给自己带来危险。

4.3.4　在安全、不费力的情况下，准确可靠地开展作业

图 4.5 至图 4.19 中的例子说明了人因工程的前两个目标：确保操作人员在设施周围的移动是轻松、安全和高效的；确保操作人员安全且不费力地利用其眼睛、手和耳朵来开展作业，同时也无受伤的风险。

在满足前两个人因工程目标的前提下，人因工程的第三个目标是：确保员工在安全、不费力的情况下，准确可靠地开展作业。这个目标将通过本书讨论的许多设计诱发的人为差错事故和例子来加以说明。了解完成好作业所必需的设计特征以及这些设计特征如何影响操作执行要比遵守什么样的技术规范来实现前两个人因工程目标困难得多。

显然，开展作业的有效性与可靠性在很大程度上取决于相关人员的技能、知识和经验，即人员的能力；取决于相关人员的工作适应性、态度、价值观和动机，以及其与同事和其他人之间进行互动与交流的能力与技巧；取决于工作是如何计划、组织、控制、监督和检查的。这些基本要素通常超出了人因工程方案的投资项目影响范围。

不管怎样，工作系统设计的许多要素要么支撑任务绩效，要么削弱任务绩效。这包括确保有关人员获得所需的信息；通过观察其外观和运转，就能了解设备的状态，以及怎样操作设备；员工开展工作需要有放置工具、备件和必要的中间产品的空间；他们能够说出其行为会产生什么样的影响；设计人员不应提出超出操作人员的脑力或体力层面的要求。

遵守人因工程原则，认识并使用第 6 章中描述的员工行为硬道理，采用人因工程结构化方法，以及项目工程设计过程中适当的资源配置与整合，这些非常有助于确保第三个人因工程目标的实现。

4.3.5　能够有效地进行互动和沟通

人因工程的第四个也是最后一个目标是：在员工协同工作时，确保环境与设备界面的设计能够支持而不是干扰员工之间的有效互动与沟通。

设计支持有效团队工作的设施是非常苛刻的目标。近年来，在互联网和一系列虚拟技术的支持下，在共享与协作工作环境的开发和实施方面取得了重大进展。这些往往需要不同时空的团队，针对共同的目标，以真正协作的方式协同工作。

通过对人因工程和人因进行深入理解,对于共享工作环境的开发和实施很有帮助。事实上,包括国防和航空航天行业在内,人因的考虑在这类先进工作系统的开发中发挥了核心作用。然而,如果想要人们以预期的方式进行交流互动来确保安全可靠的操作,那么就需要考虑到在设施的设计与布局以及信息技术的使用、支持系统和组织安排方面,仍然存在许多不深奥的,但确是关键性的环节。

本书的第 1 部分用了一定的篇幅来讨论了 2004 年台塑公司发生的爆炸和火灾事故。事故发生前不久,其组织内部发生了变化,其中包括将具有关键作用的操作人员主管的调离。这一显而易见的简单变化带来的一个后果是:操作人员在弃用安全联锁之前,要获得作业许可变得更加困难。

在建筑物的设计和布局方面,无论是行政大楼、办公大楼还是控制间和操作中心,人因工程工程师应设法确保其设计使人们能够频繁地面对面交流沟通,同时也不会因频繁互动而过于劳累或干扰其工作习惯。利益相关方以及各利益相关方群体之间的工作关系性质,需要通过对设施或建筑物布局的人因工程分析加以确定,人因工程的分析也将决定沟通和共享资源的必要性。这类分析的结果往往给出的是一个函数关系或邻接矩阵,其表示每组利益相关方之间工作关系的紧密程度。这些矩阵能够提供重要的输入信息,以此来思考怎样实现最好的、可给予团队工作以最佳支持的设施布局。

另一个需要重点考虑的因素是:确保在不同地点或不同系统工作的且需要交换关键信息的人员使用的计量单位相同。也许最引人注目的例子是美国宇航局在 1999 年烧毁的火星气候探测器(MCE)[6]。火星气候探测器于 1998 年 12 月 11 日发射升空前往火星轨道。9 个月后,该花费了 1.25 亿美元的航天器在坠入火星后就失去了联系。事故发生的原因是承包商开发的导航系统向航天器推进器发出的点火指令,采用的是英制单位(Lbs)。然而,接收指令的航天器所用软件的单位则为公制单位(N)❶。

许多工业设施也会出现类似事故。组织内部不同部门的工作人员,来自不同承包商的雇员,由于所使用的设备和系统来自不同的供应商或不同的国家,导致其经常会出现测量单位不同的情况,比如:压力、流量和温度的单位。控制室操作人员曾告诉我,他每天都不得不面对的系统采用了两种不同的压力单位(Lbs 和 Bar),同时现场操作人员使用的仪器导致他不得不使用第三种测量单位(Pascals)来进行沟通。

4.4 实现人因工程目标

让人难以理解的是,为什么任何投资的人或负责资产设计或运营的人不会认为,上述四个人因工程设计目标是有益的和重要的呢。事实上,几乎没有人会这样做。存在分歧的地方在于,在投资项目执行过程中需要采取什么样的步骤,才能确信其是切实可行的。许多工程经理以及投资项目的人所持有的主要观点是:没有必要投资正式的人因工程项目来实现人因工程目标。因此,本章和本书中所举的例子在整个行业中不断发生,且发生的频率远高于其应有的频率。

---

❶ 在第 8 章弱信号的讨论中尤其明显,在火星气候探测器消失前,至少有两名承包商雇佣的领航员注意到了这一差异,但是,他们的担忧被无视了。

四个人因工程设计目标,即能够安全高效地行走,并能借助于眼睛、耳朵和手,投入安全、高效与可靠的工作,以及确保人们能够有效地互动与交流。前两个目标的实现当然无需人为因素专业人士或专家的参与。在大多数情况下,这两个目标在很大程度上可以通过遵守推荐的尺寸和力的技术规范,以及噪声、照明、振动和热环境等推荐水平的指南来实现,这可从许多优秀的人为因素或人机工程学参考书或标准中查到❶。尽管如此,令人惊讶的是,即使这两个相对容易的人因工程目标也没有实现。

前两个人因工程目标的结果直接可见,很大程度上是因为他们的目标是满足物理需求:有足够的工作空间,能够触及、抓住目标物并对其施加一定的力,能够看到和听到(甚至闻到)正在发生的事情。工程师和管理人员了解必须满足这些物理需求,并了解确保这些物理需求得到满足的技术规范是有益的并且重要的。在项目采用的技术标准清单中,经常会发现相关的标准。当认识到这些要求未得到满足时,也能够(相对)容易地说服项目团队进行必要的设计变更(至少,如果能够尽早确定变更的必要性,那么就能够在可接受的成本范围内实施变更)。

实现第三个和第四个人因工程目标明显更具挑战性。需要一种与前两项截然不同的设计和工程方法❷。

一旦任务的物理要求获得了支持(足够的工作空间、合理的操作力等),剩下的确保人力绩效有效性和可靠性的因素基本上是心理方面的:主要是感知与认知方面的因素,在很大程度上也是情绪方面的因素❸。对项目来说,这是更难操作的部分,而且还存在许多有形和无形困难的项目。

支持有效感知和认知表现的良好设计解决方案的特性可能很难预先逐一列出。不可能简单地提出一个标准,并期望通过遵守已有的技术规范来实现对认知任务的有效支持❹。

要实现高水平的人因可靠性,需要在油气行业中开展非标准工程实践的活动。还需要付出额外的努力和特定的技术技能融合,以及与经验丰富的操作员一起工作的相关专家的协调介入。

由于缺乏客观事实或独立确定的设计规范,因此要知道设计问题是否对造成人为错误有稳定的影响,这在很大程度上取决于进行的实际测试和试验。这种情况并不常见,项目经理很难证明这是油气行业项目过程的一部分。

还有一种普遍的但隐含而非公开表达的信念,认为人因工程目标可通过正常的工程设计过程来实现。人们相信,大量的土木、机械、管道、电气、仪器仪表、工艺和其他通常参与大型基建项目的工程师,在经验丰富的操作员(希望如此,但并非总是如此)的支持下,加上他们的培训、能力和经验,完全有能力实现人因工程的四个目标。确实有很多这

---

❶ 标准 NORSOK S-002[7]将其定义为规范性要求,从确保人因工程目标所必需的空间、力或其他物理特性的方面,明确规范技术要求。参见第 21 章。

❷ 主要涉及 NORSOK S-002 定义的面向目标的需求,即在无法定义给定目标技术规范的情况下会取得什么样的结果的需求。需要进行设计分析与测试,来确保这些目标导向的人因工程要求得到满足。参见第 21 章。

❸ Donald Norman 写了一本书,讲述情感对日常事物设计的重要性。

❹ 然而,有一些好的原则和人因工程设计规范肯定有助于:确保界面布局的一致性;支持人们对事物运行方式的期望,包括来自文化定型的期望;提供有意义的反馈,包括物品所处的状态,以及何时何地需要他;确保信息能够清楚地看见或听见,能够被理解,并且就要执行的操作而言是有意义的。人因工程原则的讨论参见第 6 章。

样的例子：设备和设施支持高标准的可操作性和可维护性，并确保高水平的人因可靠性。这些例子确实非常重要。然而，正如本书所列举的例子一样，同时也存在这些要求经常得不到满足的，或者这些要求实际上并没有得到应有的重视的情况。

4.5 小结

本章主要包括两个方面。首先，人因工程之星是记忆人因工程内容的有效途径。人因工程之星提醒我们人因工程的五个要素是如何互动和影响工作场所的人力绩效的，其中五个要素包括：

（1）人；
（2）从事的工作；
（3）使用的设备与工具；
（4）环境；
（5）工作的组织背景；

这五个要素之间的联系是非常关键的，并确定了人因工程的内容。在不考虑其他要素的情况下，无法单独处理。本质上并无人机工程学设备这样的事物。

其次，人因工程寻求实现的四个主要目标：

（1）人们能够轻松、高效、安全地四处走动；
（2）人们能够在安全且不费力的情况下，利用其眼睛、耳朵和手来协助任务的执行；
（3）人们能够高效、可靠地完成预定的作业，不会面临不必要的风险；
（4）预期共同工作人员将能够有效和高效地进行沟通和互动。

本章的目的只是使人们能够更好地了解人因工程的内容及其技术问题的种类。本章还思考了为什么会出现这些问题的一些原因。第 21 章着重于讨论组织需要采取什么措施，以便在单个项目或整个组织实现人因工程能力，将有利于利用这些合理可行的事情以获得高水平的人因工程设计质量。

参 考 文 献

[1] Oil and Gas Producer's Association. Human factors engineering in projects. Report 454；August 2011.

[2] ASTM International. Standard practice for human engineering design for marine systems. Equipment and facilities. ASTM International；2013，F1166-07.

[3] American Bureau of Shipping. Guidance notes on The application of ergonomics to marine systems. American Bureau of Shipping. August 2013（updated February 2014）.

[4] United States Department of Defence. Department of Defence Design Criteria Standard— Human Engineering. Mil-STD-1472G；January 2012.

[5] UK Ministry of Defence. Human Factors for designers of systems Part 19：Human Engineering domain. Defence Standard 00-25；July 2004.

[6] Mars Climate Explorer Mishap Investigation Board. Phase 1 Report. 1999. Available from：ftp：//ftp. hq. nasa. gov/pub/pao/reports/1999/MCO_ report. pdf.

[7] Norwegian Oil Industry Association. Working Environment. NORSOK S-002. Standards Norway；August 2004.

[8] Norman D. Emotional design：why we love（or hate）everyday things. New York：Basic Books；2005.

第5章 人因工程学的成本与效益

在石油工业领域甚至是整个社会，对于人类可靠性的依赖程度不言而喻。如果人们不能按照预期的那样安全地完成大多数事情，那么将对人们的工作和生活带来无法承受的后果。在某种程度上说，烹饪是一种高度危险的活动，开车也是惊险的行为，更不用说坐火车和飞机了。同样，农业、制造业和其他工业都无法证明其中存在的风险是合理的。对制药行业岂不是更加雪上加霜。

当然，任何关心安全和人因可靠性的人们都很清楚，以上活动中发生事故的频率不低。在人类生活中，道路交通事故统计数据就更令人恐惧，更不用说那些使人受伤或死亡的事故了，医学上造成的不良后果也是如此。大家都深知一个简单的道理，你在横穿家庭周边街道时受伤的可能性要比被卷入空难大得多。然而，社会却以某种方式接受了这些事件，这些事件往往是由于人们犯了错误，不遵守法律法规或没有按照预期安排去执行。对于大多数人来说，我们与人因不可靠性造成严重后果的事件真正接触的机会是在电视上看到或在媒体上听到的。在大多数情况下，我们的日常经验是：大多数人，大多数时候，都是可靠的，并且行为方式通常是可预测的。

2000年，美国医学研究所在其知名度较高的报告《人孰能无过：建立更安全的卫生系统》[1]中报道，估计美国医院每年发生44000~98000例可预防的死亡和大约100万例额外伤害。在随后的几年中，通过在其他国家进行的研究，这些事故案例估计数量也确实在增加。2006年，IOM[2]的一项后续研究得出结论，"用药错误"（从处方、用药到监测病人反应的错误）每年在美国至少伤害150万人。

这可能是衰老的标志，笔者在开车的时候有过一种不安的经历，但这种感觉并不常见。因为从另一方向驶来的司机，或者等待驶入车流的司机，并不会像所期望的那样驶入。可能迎面驶来的车辆会突然闯入车道，或者后面的车辆在没有足够的时间和空间时突然超车，直接驶入驾驶车辆所在车道的前方。或者，一辆车接近即将通过的路口时，可能不会停车。虽然确实听说过这些原因导致的事故，但是绝大多数情况下，司机的行为是可预测的，正如我们所期望的那样。

石油和天然气及加工行业也是如此。在大多数情况下，人们可以安全且可靠地执行工作。在第1章中，提到了欧洲航空管理局"安全-Ⅱ"的观点。"安全-Ⅱ"观点没有把人看作是安全责任的风险，而是认识到人们应对和适应意外情况的能力，并且人们经常依赖这种能力来保持安全。当然，考虑到人因不可靠性的潜在后果，大量的精力和资源投入一系列措施中，旨在管理导致丧失人因不可靠性的影响。然而，尽管做出了许多努力，但人们未能按预期表现仍是导致每个行业中出现事故和险兆的重要原因。

本书为重新思考可靠的人类表现产生损失的性质和原因提供了基础。通过鼓励相关组织深入思考处于复杂工业系统中人们的期望是什么来实现这一目标。其目的是鼓励读者质疑人们所做的决定和行动，以及参与投资开发和运营设施时对自身的期望。这就要求人们考虑这些决策是如何在工作系统和流程设计中反映的，这些系统和流程将如何影响到现实中人们的可靠性水平。

本章旨在激励企业对自己的思维和过程提出这样的挑战。此类企业为什么要这么做呢？许多企业已经投入了大量的精力和资源试图改善安全领导力、组织文化和行为安全等。那么，是什么激励着企业持续推动安全管理事业？又是什么使得企业去寻找其他方式改变管理模式，尤其是员工在企业运营中的作用和工作环境设计对员工的影响？

笔者认为这样对可靠性的评估符合企业的经济利益。因为避免财务损失或机会丧失的经济价值证明有必要这样做，无论是与健康、安全或环境事件有关的直接和间接成本，还是由于人为错误或维护过程中的失误导致设备的损失而未能达到预期生产水平的成本，或者设备维护和周转花费的时间和费用超过了承受范围。因为在设计中缺乏对人为因素的关注，使得本应简单的任务变成了不必要的困难。

本章其余部分包括两个主题：

（1）讨论因设计引起的人因不可靠性的事故可能产生的成本。

（2）探讨在项目中适当应用人因工程学(Human Factors Engineering，HFE)时，可以获得哪些附加利益，以及可能涉及的一些成本投资。

需要注意的是，由于许多项目工程合同的书写方式，这可能不符合代表运营企业交付资本项目的工程承包商的经济利益。

5.1　设计导致发生人为不可靠性事件的代价

设计导致的人为不可靠性事件的代价是多少呢？一般情况下，其占总成本很小的一部分。因为无论是有计划的措施，还是突发事件的应急，都会防止产生错误和疏忽导致人为不可靠性事件的发生。

某炼油厂在启动容器时发生泄漏，导致13000～16000kg丙烷和丙烯泄漏。但幸运的是，由于蝶形图❶中的防御措施阻止了蒸气云的点燃。事故的原因为在启动容器前，操作人员没有检查到排放阀处于打开状态，因为其位于一个拥挤的空间，并被绝缘层覆盖而遮挡住。

另一案例是在容器进行压力测试时，发现氮气从容器底部逸出。操作人员没有直接关闭排污阀总开关，而是试图使用一个旋塞拧进螺纹开口来封堵容器。但在有限的操作空间里，由于视线受到阻碍，旋塞没有完全被固牢。在引入烃类后不久，容器达到操作压力，旋塞被弹出，泄漏出烃类。

以上案例中，设计导致的人为不可靠性是发生事故的主要原因。由于工作环境和设备接口的设计和布局，表明该公司对操作人员进行启动前检查能力的培训无效。以下是事故的原因：

（1）在该工作区域接受过培训的操作人员应该知道排水阀的存在，因此应该在启动前检查其状态，但操作人员没有这样做。

（2）操作人员应该可以直观看到关键部位的排水阀，并进行目视检查。但此排水阀在一个拥挤的空间里，被绝缘层覆盖着。

（3）若公司统一使用旋塞来固定容器，操作人员在确定容器固紧之前，需要将旋塞拧

---

❶　关于蝶形图的相关分析内容，请参阅第17章中图17.3的描述。

入螺纹。但操作空间局促且没有直观的视野,操作人员无法完成。

由于蝶形图识别出风险,而且蒸气云没有闪爆,该公司幸免于难。但此事件被认定为一次高潜在风险事件,唯一的损失是碳氢化合物蒸气进入大气层。

该事件的详细描述在附录 2 中[4]。

然而,由于人为不可靠性所造成的代价可能会非常大。2010 年墨西哥湾"深水地平线"事件是其中一个典型案例,钻井平台的沉没给当地环境、经济和社会带来极大损害,英国石油公司(BP)及承包商同样蒙受了很大的财务和名誉损失。在一系列的技术和组织因素中,负责管理和服务的相关人员显然没有按照英国石油公司预期的方式执行。通过分析众多影响因素,其中工作环境、设备接口、组织结构的设计和认知偏见的影响(本书第 3 部分讨论)是最主要的诱因。

设计诱发的人为不可靠性对成本会造成不同程度的影响,即使涉及较大的成本,也很难引起高级管理人员或第三方(包括媒体)的注意。涉及的成本包括:健康、安全和环境破坏,设备和设施的损坏;由于维护不当、人为直接行为或疏忽而导致的生产中断;在设计中没有考虑人为因素,而导致的运行和维护所花费的时间。

需考虑以下问题:

(1) 当人们的表现或行为不符合资产的设计者、管理者和所有者的期望时,导致的成本损失将是多少?

(2) 有多少是由于对工作环境、设备接口或支持系统(如标签、标牌和程序)设计缺乏关注造成的?

(3) 有多少内容是对人类行为或表现过度假设或超限预期的,这些假设或预期是否可以合理地受到质疑和纠正?

(4) 有多少未能按照设计者的意图建造的设施和设备?

(5) 有多少是由于在操作过程中所做的改变而违反了设计意图,或是在设计过程中对人类行为过度预期?

(6) 公司在识别和处理人类行为或表现变化的能力方面如何,这些能力与初始设计的意图是否一致?

依据 2011 年提交总统报告中的证据[5]。

"深水地平线"事件被视为 Nassim Nicholas Taleb 在 2007 年出版的 *The Black Swan: the Impact of the Highly Improbable*(《黑天鹅:极不可能的影响》)一书中所描述的"黑天鹅"事件[6]。根据 Nassim Nicholas Taleb 的说法,"黑天鹅"是指那些极其罕见、难以预测但其后果具有极其严重影响的事件。他还指出"人的本性让我们在事件发生后为其编造解释,使其变得可以解释和预测"[6]。

很少有公司能够回答这些问题。因为在工业界根本没有认识到:由于设计导致的人为不可靠性将对个人、财务和声誉损失产生多大的影响。之所以缺乏认识,是因为只对重大事件进行彻底调查,而设计或不现实的期望对人类表现的影响根本没有得到充分的研究。对于只涉及生产损失,而不涉及安全或环境后果的事件尤其如此。因此,在设施的设计和开发过程中,由于缺乏对人为因素的关注而导致成本和机会的丧失在很大程度上仍然是无形的。

但是,在已发布的领域中缺少强有力的数据来支持以上观点。虽然已经意识到设计导致的人为不可靠性事故的数量和成本相关联,但是任何公司发布此类数据都不符合其商业利益。表 5.1 总结了一些设计导致的人为不可靠的事件。

第5章 人因工程学的成本与效益

表 5.1 由设计引起的人为不可靠性事故所带来的损失

章节	事件类型	事件简要描述	事件问题本质	人为因素问题	后果
2和3	化学品生产	操作人员打开了处于反应循环中的反应堆排水阀,释放的热化学物质引发爆炸	识别船舶	空间定向障碍;缺乏对反应堆状态的有效指示;依赖程序;认知偏见	5人死亡,3人受伤
4	钻井施工	钻杆卡在海平台下面,松开后从钻台上跌落	视觉监控	视线;监控视频;对钻长期望的注意监控视频能力的不合理期望	2人死亡
4	在海上平台跌倒	操作人员在没有安全笼的区域从垂直阶梯上面滑下	爬下梯子	垂直梯子和安全笼的设计	至少4人死亡
4	更换二氧化碳自吸泵的法兰	高度和角度使工作变得困难	头部高度以上的体力劳动	头部位置,方位和重量	由于法兰紧固不正确而导致泄漏;发生物体掉落
4	进入行星轨道的航天器	由于不同小组使用不同力学单位而产生的沟通不畅,造成任务损失	沟通交流	组织上分散的团队造成沟通的能力下降	失去使命,名誉损害,任务耗费1.25亿美元
5	碳氢化合物容器启动前的检查	操作人员没有注意到阻流板,安装了阻流塞,却不牢固	目视检查;手动操作	可视能力;封堵能力	释放重量13607~15875kg的丙烷和丙烯,高潜在风险未遂事件
5	商船上的燃料补给	阀门排列不正确	与控制台交互	口头命令和控制台标示不一致	船舶停止使用至少7天;紧急修理;收入损失
5	大型油船的双联油器清洗	操作人员选择了错误的过滤器,打开了加压过滤器上的螺栓	识别并手动选择脱机过滤器	混淆手柄方向	机舱火灾
5	从双面过滤器取油样	操作人员认为过滤器脱机减压,在压力下打开过滤器上的排气塞	识别并手动选择离线过滤器	使手柄方向和标记混乱,拥挤的工作区,能力和程序	着火,关闭平台和油田停产
6	启动泵的错误操作	操作人员错误判断阀门状态	检测阀门状态	阀门扳手和阀门状态不一致(气门扳手任错误的方向上拆卸和更换)	火灾和爆炸损失估计为1300万美元
7	从卡车上卸化学品	软管连接不正确	直观识别正确连接	沟通误会;混淆标签	2400人疏散,600人避难,6人因吸入有毒气体受伤,花费近20万美元修复

— 51 —

续表

章节	事件类型	事件简要描述	事件问题本质	人为因素问题	后果
7	管道巡检	清管器发射装置和管道之间的阀门处于关闭状态，导致清管器发射装置承受的压力超过了破裂压力	检查阀门排列和监控压力	没有阀门状态的直接指示；发射器竟然没有泄压阀；压力表被误读	1人死亡，2人受伤
9	民用航空	飞行员没有意识到突然失去自动驾驶的原因；没有及时实施培训所学的程序	飞行；恢复手动控制；诊断系统故障原因	飞行显示器设计；飞机模式；和团队合作；沟通；报警系统设计；情境意识丧失；程序设计	乘客和机组人员共228名死亡
17-20	燃料转移至储罐	储罐中燃料注入过量	主动监测	报警系统；工作负荷和疲劳；开关模式设计	爆炸和火灾覆盖了20个储罐，火烧了5天，40人受伤，严重的环境、社会和经济损害
19	空中交通管理	项目决定使用的字体大小明显小于人因工程设计的建议	从计算机屏幕读取信息	从屏幕读取数据和播报时出错。	在重新设计屏幕时，系统需要退出运行

5.2 与企业内部深入沟通

在笔者的职业生涯中，运营和维护公司的管理者多次分享遇到糟糕设计导致重大错误的工作经历，甚至有些情况已经接近悲剧的边缘。大部分案例是关于设备接口或工作环境的设计使工作变得更困难，大多数人因工程专家也会有同样的经历。

笔者有两位刚退休的好友，一位曾是英国商船公司的首席工程师，另一位是一家大型运输公司的船舶总监兼安全总监。在写本书前，与两位专家讨论本书将要讲述的内容和案例，他们各自分享了一些经历。

某案例涉及两个相同的手动阀门，并排且未标记。使用时打开了错误的阀门，导致 45000 m^3 的海水被转移到装有油基钻井液的储罐中。幸好造成的损失很少，将海水从液体中沉淀出来，就能将其清除。

本书中提到的事件只是笔者在职业生涯中经历或了解过的事件中的很小部分。书中阐述的大部分事件属于公共领域，已经接受过调查且有详细的记录。虽然有一部分的事件不属于公共领域，但也大力支持了设计引起的人因不可靠性是工业中一个非常重要的成本这一论点。

另一案例是运输公司的船舶总监被派往当时欧洲最大规模之一的集装箱船发生的故事。一名经验丰富的初级工程师需要将集装箱船的燃油系统排列好，以便从旁边的驳船中获取燃料加油。大型商船上的燃油管理系统相当复杂，能够根据船舶的需要在不同的储油罐之间切换使用燃油。这艘集装箱船上有两个通用的燃油系统，来满足船上日常的燃料和压舱要求，包括：一条用于将驳船上的燃油转移到集装箱船上储油罐的加油管路；一条集装箱船内部转移的输送管路主要用于在主储油罐与各种沉降罐之间移动燃油。机舱控制室中用于管理燃油运输的控制台是根据这两个系统设计、布置，并标记："灌装"和"输送"。

初级工程师收到"打开管路，加满油箱"的口头命令。因此，打开了"输送"管路上的阀门，并关闭了"灌装"管路上的阀门。但这与灌装油箱的操作动作恰恰相反。一旦燃油泵启动，"灌装"管线阀门关闭了，从驳船进入加油管路的油就无处可去。压力的增加导致相关的减压阀打开，将燃油泄到船上一个偏远且无人监控区域的甲板上。加注一段时间后，一位高级工程师注意到泄压阀漏油，快速赶到发动机控制室，发现泄压阀排列不正确。为了缓解压力并让燃油加注继续进行，他迅速将阀门调整到正确的位置。但是，倾泻出来的燃油突然进入油箱，导致油箱发生屈曲，使得燃油溢出到货舱和储存的容器外。

尽管经济后果很严重，但不幸中的万幸是没有人员受伤。商业航运是一项竞争激烈且成本高昂的业务。集装箱和货舱必须移走和清理，船舶管理公司必须迅速找到一个临时泊位和能够进行紧急修理的船厂。在修理期间，这艘船至少停运了一个星期。虽然在一定程度上与这位刚上船的初级工程师没有完全理解燃料系统相关，并且在发现错误后对如何处理错误做出了错误的判断。但是这个错误从本质上讲是认知问题，原因是口头命令"加满油箱"与控制台标签"灌装"和"输送"不匹配。

有经验的操作人员很愿意分享其工作经历，讲述缺乏对设计的关注而影响操作人员安全、高效和可靠工作的能力。想要真实掌握设计导致的人因可靠性损失有多少的企业，都应该与自己的操作人员交谈。企业应该认真倾听操作人员讲述的故事，并诚实地扪心自问,这些情况怎么会存在于企业的资产中。通过这种方式,企业将了解到实际情况与开发资产时预期的对比情况。

自此以后,笔者发现许多人为因素与燃料供应有关,这样的错误并不少见。

第15章列举了另一个来自商船的故事,详细说明了如何应对这一挑战。

5.3 人因工程的成本与效益前景

有充足的证据表明:在工业设施的设计中,包括石油和天然气以及相关行业投入的资产,人因工程的参与都会增加费用。

但是,与人因工程和设计引起的人因不可靠相关的成本和收益方面,有两种截然不同的观点:工程观点和业主观点。

工程视角通常关注以下问题:

投资人因工程项目的商业理由是什么?将花费多少?给项目带来什么好处?

业主视角则关注另一些问题:

如果在设计过程中没有充分注意人为因素,那么这个项目不能带来令人满意的投资回报的风险有多大?

这些观点反映了管理资本支出(CAPEX)相对于管理运营支出(OPEX)的挑战。项目视角是关于在资金成本之外发生的费用,以及在项目移交运营之前需要达到的人因工程设计质量标准。虽然业主十分关心项目期间资本的高效和有效使用,但他们同样关心如何减少成本和损失,以及在设施的整个服役周期内有效使用运营成本;换言之,在为项目提供资金时,项目产生资本预期回报的能力如何。

工程视角与业主视角对于人因工程的观点最重要的区别在于收益何时产生。对于工程团队而言,收益必须在项目执行的时间范围内累积,即降低成本或增加对按时和预算交付所要求的内容保证。对于业主而言,大部分收益是在项目完成后以及资产投入运营后产生的。实际上设施投入运营后的几年可能都无法实现收益。

资本支出是投资者为了获得长期且有价值的回报,而将其置于风险中的资金。运营支出是指从销售收入中扣除的款项,以便在资产投入生产后以经济和可持续的方式继续维持和运营。

这是对投资人因工程的商业案例最大的挑战,人因工程投资的收益只有在没有意外发生的情况下才会真正产生,即出现以下四种情况:人为错误不会导致事故或生产损失,没有人员受伤或健康遭受损害,操作和维护工作高效可靠地完成,没有混乱且不产生意外的延误或费用。因为很难追溯并证明实现这种理想和积极的状况,是多年前在基本建设项目过程中采取人因工程带来的成果。在此引用用户为中心的设计大师 Donald Norman 的话:"优秀的设计实际上比糟糕的设计更难被注意到,很大的原因是优秀的设计非常适合人类的需求,以至于设计是无形的,服务于人类而不引起注意。另一方面,糟糕的设计会暴露出他的缺陷,让其变得非常引人注目"[7]。当事情出现问题时,很容易发现设计的错误。但是,如果没有意外发生,就很难对优秀的设计给予赞扬。

5.3.1 工程视角

一位资深的海上项目经理曾经与公司的第一位人因工程专家讨论时表示，公司在未来的项目中考虑使用人因工程的六个原因：

(1) 公司真正关心员工的福利。
(2) 公司不希望其声誉受损。
(3) 公司不想因为对员工安全的疏忽，而被员工、其他公司或监管机构起诉。
(4) 公司不希望成为对该行业施加更多监管的原因。
(5) 公司不想造成环境污染。
(6) 公司希望提高员工的绩效，从而提高资产的效率、生产率和盈利能力。

管理层对此提出质疑：人因工程如何能做到以上任何一项？人因工程将会如何包括在未来的项目中？

与大多数在工业界和学术界工作的人因工程专业人士一样，笔者的职业生涯中有很大部分时间遭遇到项目经理、项目工程师和其他工作人员的挑战，向他们证明为什么应该在人因工程上投资。

这是对人因工程专家专业声誉的一个挑战。展示在设计中对人因工程缺乏关注的例子以及可能产生的后果往往是很耐人寻味的。虽然在本书中可以看到许多案例，但是找到优秀的人因工程设计带来好处的案例可能要困难得多，因为人因工程设计带来的好处往往是无形的。通过一些例子，可以在符合和不符合人因工程标准的设计之间进行直接比较（见本章后面的章节——案例：人因工程实施前后）。但是，即使有优秀的案例存在，许多项目工程师往往倾向于接受在正常的设计活动过程中能够取得积极的结果，并将其归因于符合人因工程设计标准以实现的结果。

项目经理和工程师置身在需要对成果、标准、时间和预算作出决定的环境中。在商定的时间和预算范围内，按照规定的标准生产需要交付的成果，任何细微的环节都会受到无限的关注和使用资源的控制。笔者在接下来的讨论中介绍，人因工程的大部分优势发生在资产的整个运营周期中，而不是在项目完成之前。不得不指出人因工程的益处对项目负责人产生的直接成果很少。

项目负责人将会很欣赏通过完全遵守人因工程标准和最佳实践可以获得的长期运营效益[1]。但是项目负责人面对工程实际，需要对如何使用已批复的项目资金作出明智的判断。项目负责人很清楚投资方无法完全承担项目需要包含的全部标准的费用支出。分配给项目的资本支出很少能够满足做所有的事情。项目负责人自然对"镀金"很敏感，因为其制定的设计质量标准超出了项目所需要的要求。例如，如果一辆宝马 MINI 车[2]能胜任这项工作，开来一辆劳斯莱斯显然没有必要。因此，对人因工程和其他方面的人因投资经常被看作是一种"镀金"行为，很有价值但不是必要的。

因此，项目负责人必须作出明智的判断而得到投资方的许可。如果项目能够被推迟并

---

[1] 从资本支出中提出增加支出和资源的理由，同样适用于其他领域的项目负责人。
[2] 是一款小型汽车，最初产于英国，现为宝马公司所有。

从运营成本中得到支付,那么项目负责人会极力避免使用资本支出。一些项目试图采用备而不用的人因工程设计概念。例如,一旦设施本身产生了资本,就要为接入平台留出建造空间,这样就可以用运营成本而不是资本支出建造接入平台,但实际上并不将其作为设计的一部分。从资本支出管理的角度来看,如果技术上可行,设计备而不用的概念是有明确意义的。例如,最近建造的一个主要设施,在第一次实现全面生产后不久,维修负责人指出进行人因工程调查来制定工作计划,恢复为节省资本支出而拆除的许多人因工程设计特征(平台、通道等)。然而,这种做法属于高风险战略,在项目执行和运营过程中很多地方都可能出错。

国际人机工程学协会(IEA)、人因和人机工程学研究所(IEHF)、人因和人机功效学会(HFES)、石油工程师学会等专业协会以及相关技术期刊定期发表文章,并组织研讨会,主题是分享实例、展示人为因素和人类工程学对业务和组织绩效的经济价值。

以上出版物和研讨会报告中,很好地展示了一个运行良好的人因工程项目如何避免高昂的返修费用或设计更改,对按时交付项目和预算作出的重大贡献。Dennis Brand 和已故的 Harrie Rensink 报道了壳牌在荷兰 Pernis 和 Moerdijk 的炼油厂和化工总厂实施人因工程战略的情况[8]❶。认识到人因工程可能涉及成本,例如增加进入工作场所的空间。报告中还指出,由于实施人因工程而节省的成本,占项目资本支出的 0.25%~5%,占工程时间的 1%~10%。

许多节省的成本来自避免在设计中缺乏遵守人因工程标准,或是项目启动前未能将人因工程设计意图规划在内,而需要在项目后期进行工程变更。在一个大型新设施的某个工艺装置进行启动前,审查确定了 130 个操作性问题,这些问题需要通过工程变更来解决,然后该装置才能认为适合启动。在有经验的人因工程专业人士看来,其中的 56 个问题(占 43%)如果项目符合相关的人因工程设计标准就不会发生❷。

从 20 世纪 90 年代初开始,墨西哥湾的一家海上作业公司对每个新平台上计划安装的模块进行安全审查。此项审查是在模块从加工厂运输到海上平台前进行的。其目的是检查在设计或制造过程中没有发现的任何安全问题,以及为了节省资本支出而故意忽略而作业公司却认为是必要的问题。进行审查的团队人员包括:参与平台设计和建设的工程领域专家、现场操作与维护部门的专家和一位人因工程专家。最终约 60% 的安全问题是由于未能应用人因工程标准造成的,而且其中大部分安全问题是工程领域、现场操作和维护部门专家发现的。

显然,人因工程计划是需要执行的,尤其在大型项目中人因工程标准应该纳入项目技术需求框架。然而,在项目中实施的人因工程项目和标准是由投资方决定或是为达到监管部门的要求。某些情况,项目团队也会对确定的特定风险进行人因工程的投资,例如重大人为错误的潜在风险。另一些情况,项目管理团队中有影响力的成员对人因工程十分信赖而采取成本投入,但此情况很少见。

---

❶ 有关 Pernis 和 Moerdijk 实施人因工程的更多细节,见参考文献[9]。
❷ 此数据在笔者 2012 年 10 月伦敦参加欧洲过程安全中心(European Process Safety Center)会议提交的"世界级过程安全管理"报告中查询。

5.3.2 业主视角

与工程视角不同,在设计中有效应用人因工程的大部分直接效益是在项目完成后和设施投入运行后产生的,表现形式有:

(1) 运营效率的提高,例如缩短运营和维护任务的时间,从而降低运营成本,提高产量。

(2) 避免与健康、安全和环境事件(包括人身伤害、失去保护环境的能力或重大工艺安全事件)相关的直接和间接成本。

(3) 避免因维护不善、直接人为操作、人为疏忽而导致的生产中断。

证明以上优势的价值有以下来源:有经验、知识的组织和个人在项目中应用人因工程,观察其运行的结果;事件数据库研究;现场应用研究。

5.3.3 经验

人因工程为油气行业带来益处的有力证据,大多来自墨西哥湾人因工程的实施。20世纪80年代末和90年代,墨西哥湾深水钻井的发展极大地促进了人因工程在工程设计中的应用。许多公司发现新设施比以前更大、更复杂,配备人员需求也将比以前更高,因此出现风险的机会也相对增加。

在1999年的海洋技术会议上,Michael Curole、Denise McCafferty 和 Anne Mckinney 发表了一篇论文,总结了从1990年开始在墨西哥湾深水项目中开展的人因工程,详细介绍了引入人力和组织因素的步骤[10]。文中列举了实施人因工程所带来的经济效益的实例,涵盖了广泛的因素。

案例一:拆除张紧器支撑气缸需要操作人员在头顶上手持重型冲击扳手(大约40kg),在连接露天平台的脚手架上完成施工。由于人因工程介入,增加了提升臂高度,可在操作人员的腰部位置完成。这样的改进可以最大限度地利用机械生产力,也减少了操作人员体力消耗;无需安装脚手架,避免使用临时建筑,且避免了在高空作业的风险;估计节省费用超过20万美元,并使维修过程更安全。

案例二:一位人因工程专家被派去调研燃气轮机和救生艇的供应商。对项目进行了人因工程审计,并从人因工程角度提出了修改建议:将燃气轮机从压缩机封装外壳中移除所需的时间从大约10h缩短至大约3.5h,且此工作过程以一种更安全的方式进行[10]。

2002年,由当时在美国石油和天然气行业海上部门工作的人因工程专家组成的工作组,在国际研讨会上就如何将人因工程纳入新设施的设计为主题编写了一份报告[11]。工作组总结了以下应用人因工程的益处:

(1) 通过改进设备设计和控制系统,从而减少事故发生、规范正确操作流程、提高设备运行周期。从而缩短了设施的运行时间,降低了维护成本,提高了人员利用率,并减少了操作人员在危险区域的工作时间,减少事故和未遂事故出现的风险。

(2) 改进了安装布局,使整个设施的人员流动更加顺畅,此改进当发生紧急事件时尤其重要。

(3) 通过改进计算机生成过程、船舶显示和控制屏幕的人机界面设计。从而改善了操作人员的信息处理能力,提高了正常和异常情况下的过程控制和报警处理能力。

(4) 改进的设备和设施设计可以提高员工的工作效率、减少身体压力和疲劳、提高工作质量、改善工作环境,从而提升员工的满意度和凝聚力。

(5) 通过提供设计合理和易于理解的说明书、工作辅助工具、操作手册和程序、易于操作和维护的设备,从而减少人员培训的时间。

(6) 由于减少了维护和检查时间,从而降低了工作人员在危险环境中出现的时间。

Gerry Miller 是美国石油、天然气和海洋行业最有经验、最受尊敬的人因工程师之一。他具有超过 30 年的人因工程经验,将人因工程应用于飞机、汽车、宇宙飞船以及军用和商用船舶的设计中;还拥有超过 20 年的海上设施设计(包括深水钻井平台、钻井船、自升式钻井平台、导管架平台、海上浮式生产储油船、海上供应船和码头)的人因工程经验。他列举了人因工程应用在设计中所带来的益处:

(1) 提高了操作人员在主要控制设置方面的效率,例如中央控制室、司钻室、压载控制、动态定位控制和驾驶台的操作。

(2) 提高了操作人员在起重机操作和维护中的效率和安全性,例如提升了起重机驾驶室的视野,显著改善了机械室、吊臂末端对周边物体的可接近性。

(3) 从楼梯和垂直梯子上意外跌落的情况减少 80% 以上。

(4) 增加了平台范围的标签数量,降低了与操作、维护和调试相关的成本。

(5) 增强了操作和维护手册、张贴说明和程序的展示。

Dennis Brand 和 Harrie Rensink[8] 在其 2002 年的一篇文章中描述了在荷兰 Pernis 炼油厂和 Moerdijk 化学品工厂实施人因工程策略的情况,指出了运营效率和可靠性的提高,使得总运营成本节省了 3%~5%。

笔者在其职业生涯中的经历与上述案例具有一致性。可以得到实施人因工程的前提条件是:人因工程在适当的时间启动并充分执行;产生的设计意图确实贯彻到操作中,并且一旦设备或设施投入使用,设计意图不会因变更而丢失。

5.3.4 人力可靠性与生产

在笔者的职业生涯中,一些企业多次与其沟通:人为错误对企业实现生产目标的能力产生影响,主要聚焦一线操作人员或维护人员的错误导致设备故障、工艺装置停止运行的情况。由于对企业生产的影响很大,企业内相关部门组织进行了内部调查,来确定发生停产情况的原因,以及如何防止此类情况的再次发生。毋庸置疑,人为因素被看作是影响企业生产的重要因素。调查后发现需要让一线人员更加清楚生产运行情况,建议改变培训方式和流程。

当企业的高级管理人员与笔者谈到内部调查时,担心的问题有两方面:一是内部调查没有找到事件的真正原因;二是相关建议没有真正解决根本问题。并且希望笔者解决两个问题:一是企业对人为因素的调查程度如何;二是企业采取什么样的预防措施可以减少由于人为错误造成的生产事故率。笔者在经历的每个案例中,都尽全力审阅事件报告,将发现的问题和建议及时反馈,供企业进行参考。

笔者曾经在一家大型设施现场进行调研,回顾了过去 10 年中 1600 多起与人因可靠性相关的事件，其中255起(16%)的根本原因与人为因素相关。这10年中，人为因素作为根本原因的占总共发生事件的比例为5%~22%范围内，平均为15%。

对过去两年中发生上述事件的报告进行了详细的审查，企业运营者把人为因素认定为根本原因的，总共33起事故。与负责调查人因可靠性的团队一起调研了一些事故现场。在其中14个事件中：1起事件是由一名外勤人员引发的事故；8起事件涉及一名控制室操作人员；5起事件涉及技术人员；其他人员身份不明。在其中的18起事件中，有足够多的细节可以让人们真正对事件原因有所了解。笔者的初衷是在调查过程中记录人为因素对事故发生的影响作用。

最常出现的因素与监督相关，任何时候员工应该在主管不检查工作时主动询问。然而，最相关的第二个和第三个因素分别是：控制室的图形人机界面(HMI)的设计和工厂的设计布局。HMI事件通常是控制室操作人员与错误信息交互或从屏幕误读数据。工厂设计和布局问题通常涉及对设备状态的错误理解，使用错误的设备工作，或在通道不畅的受限空间内工作。

在不同地区的另一家工厂进行事故分析，发现60多起人因可靠性事故。同样出现了不同形式中断生产的情况，但都没有出现任何不良的安全或环境后果。笔者根据已有调查报告得到：一个或多个人为因素是69%事件的重要原因，25%的事件与工作环境或设备接口的设计相关。

通过对比这两家公司，由于生产方式不同且分布在世界上不同区域，因此工作环境和设备接口的设计显然是人为失误的主要原因，导致了大量生产损失。

笔者曾经参加过专家审查，审查对象是两年内在世界各地作业的两类船舶提交的大约600份事故报告。但是官方报告没有给出这些事故发生的根本原因，笔者通过每起事件的描述，得到一些推论：约有25%的事故与设备、工作空间或人机界面设计不当有关。

5.3.5 维护中的人为错误

在安全关键系统的维护中，人为错误是一个重要的问题。特别是航空工业，非常重视杜绝在飞机和飞行系统维护过程中引入错误的可能性。在各类标准中规定：要求从事飞机维修工作的操作人员定期进行培训，认清造成错误的人为因素。

然而很少有公开的证据表明，在维护石油和天然气及其他工艺设施的安全性和可靠性的过程中发生人为错误。航空工业拥有更为严格的监管环境，包括维修工程师的培训和资格认证、飞机获准飞行前的适航性检查和认证等。其他工业生产出现的维护错误率与航空工业类似的情况十分罕见，因为工业生产流程中的维护数量巨大、全世界范围内广泛的环境和组织背景、进行维护的人员范围极为广泛、培训教育缺乏可比性的监管。事实上，考虑到上述行业之间的诸多差异，其他工业生产出现此类错误的发生率要高得多。

2010年，Ari Antonovsky等发表了一篇关于油气作业中维护失败的案例与相关的人为因素问题[13]。Ari Antonovsky采访了一家油气生产商的38名经验丰富的仪器和维护人员，生产范围涉及海上天然气平台、海上浮式生产储油船(FPSO)和陆上天然气工厂。访谈的重点是受访者亲身经历过的维修故障。此处"故障"是指没有产生预期结果的任何维修活动，包括未能纠正存在的问题；工作没有按照计划进行的情况；在完成维修后会产生后续操作问题。

第一个常见的原因是对问题的本质做出了错误的假设，占比为79%。说明有操作人员试图在没有充分信息的情况下解决问题，或者仅仅根据以往的经验来解决问题。例如，在没有分析的情况下认为：在某个特定的断路器上工作不会导致生产装置的关闭，而实际上此情况会导致其关闭。

第二个常见的原因是所谓的"设计和维修"，占比71%。其中导致泵出现故障的原因：(1)在30m落差的底部难以检查；(2)由于需要安装O形圈的专用工具而难以修理；(3)由于无法预加载轴承而难以测试修理[13]。

参考研究事件调查和人为因素文献中某些原因被引用的频率发现：与能力和培训(出现频率第8位)、监督(出现频率第17位)和违反程序(出现频率第22位)有关的问题远远没有预期的那么常见。笔者在人因可靠性事件的审查中发现，违规也是不常见的因素之一。但是，监督属于常见的因素。

5.3.6 案例：人因工程实施前后

综上所述，以上数据的来源包括整个行业内人因工程师的集体经验、在事件数据库中获取的信息、公布的应用研究内容。这些数据不仅反映了由于工作效率低或维护过程中出现的错误而导致的直接成本或收入损失，而且揭示了通过在设计中注重人为因素而提高效率和生产率所带来的运营效益。

人因工程实施前后的案例确实不多，但是可以通过这些案例将设计中应用人因工程的设施与不符合人因工程标准的设施进行比较，如图5.1和图5.2所示。某运营公司开发了一个项目，通过在现有设施上建造新处理单元来提高生产能力。在过程和功能方面，新处理单元的目标是作出现有处理单元的完美复制品来分担生产压力。业务部门意识到多年来企业在工作中遇到的困难，希望确保人因工程设计标准得到遵守。图5.1说明了现有流程单元中存在的几个问题。

操作人员需要进入图5.1所示的区域操作多个手动阀门，以便暂停机组进行维护或检修，之后再恢复机组运行。图中显示了堵塞和难以接近相关阀门的情况。为了排出装置中残留的碳氢化合物，操作人员应将软管连接到排放阀上，将管道引至地面上合适的排放口，并在打开排放阀时监测是否有泄漏或溢出。然而，排水阀周围的位置和堵塞使得操作人员很难对机组进行排水。在此操作空间下，如果排水阀有泄漏的情况，操作人员将耗费大量的时间排除隐患。

图5.2显示了将人因工程设计原则和标准应用于新机组设计后的功能效果。如图5.2所示，操作人员现在拥有了良好的工作空间，需要操作的阀门触手可及，处于合适的工作高度，视线良好，排水阀门和排水渠之间距离较短。与之前设备相比，在操作上使工作更安全环保，暂停设备并重新投入使用所需的时间也大大减少。该运营公司在维护和周转期间避免了设备停产时间过长，从而节省了大量成本，提高了工作产能。

实现从图5.1到图5.2所示的改进是需要成本投入的。项目资本支出的成本已经计算完成，工程承包商在生产现有设计副本的基础上报价。应用人因工程设计标准来满足可操作性的目标涉及对原始设计的重大返工和变更。显然在设施的整个生命周期内，运营效益远远超过了相关资本支出的增加。因此，运营公司需要坚持遵守人因工程标准。

图 5.1　现有流程单元中缺乏应用人因工程设计标准的问题

图 5.2　在区域的设计和布局中采用人因工程并保持其功能与图 5.1 相同

5.4 实施人因工程项目的成本需要多少费用

前面的部分已经讲述了设计导致的人因不可靠性相关的成本,整个资本项目中实施人因工程所能带来的优势和设备设施运行周期产生的好处。下面将简要介绍在资本项目中实施人因工程的成本。

5.4.1 时间和人员成本

Michael Curole 等[10]在 1999 年发表的论文中描述了 20 世纪 90 年代早期,在墨西哥湾深水项目中实施人力和组织因素计划的经验,并对人因工程的成本进行了评价。

火星平台的数据显示:人因工程的总成本约为设计和施工成本的 0.08%,约为包括管道和油气井建设在内的项目总成本的 0.03%。据估计,在该设施的整个生命周期内,这相当于每年 2.6 万美元[10]。

然而,人因工程工作的成本在很大程度上取决于项目生命周期中工作的执行时间。已故的 Hal Hendrick 是一位受人尊敬的人因工程专家,曾任人因学会和国际工效学学会主席。他在 2003 年[14]和 2008 年[15]发表的两篇论文中指出:在项目早期实施人因工程项目,相比在项目后期或运营期间实施人因工程项目,其成本要低得多。对 10 个主要军事项目的研究发现,人因工程项目通常占总工程预算的 1%。在项目实施的后期,所需的人因工程的工作量是如何增加的。如果在设计早期实施人因工程,所需成本占工程预算的 1%~2.5%。一旦设施投入使用,解决同样的问题可能需要工程预算的 5%~12%❶。

国际石油天然气生产商协会(IOGP)在其 2011 年的出版物中,就如何在资本项目中实施人因工程提供了指导[4],列举了全勤人员工作时间(FTE)的示例,IOGP 协会成员公司发现有必要在不同类型的项目实施人因工程计划。这些评估涵盖了一系列人员,包括人因工程专家和非专业人因工程协调员❷,以及赞助项目的公司和主要工程承包商。表 5.2 显示了 IOGP 协会成员公司界定的全勤人员工作时间(FTEs,full time equivalents)示例。

表 5.2 石油和天然气项目的典型全勤人员工作时间(FTE)示例[1]

项目描述	技术权威	人因工程授权人(发起人)	人因工程授权人(承包商)	人因工程协调员	人因工程专家
项目数十亿美元的资本支出;重大技术新颖性和复杂性、极端环境条件、重大事故隐患、现场极端毒性;需要运输至资产现场的模块化结构	0.2		1	0.2	1
具有重大空间和重量限制的大型海上项目;最大限度地减少操作或维护的人工干预	0.2		1	0.2	1
现有陆上设施的重大扩建,存在操作和维护通道不畅的重大问题;严酷的冬季气候问题	0.1	0.5	1	0.2	

---

❶ Hendrick 报告的这些成本是相对于工程预算的,而 Curole 等得出的估值是相对于总体设计和建造成本的。

❷ 人因工程协调员是负责人因工程项目计划的建立、实施和完成的人,但不是专家。

续表

项目描述	技术权威	人因工程授权人（发起人）	人因工程授权人（承包商）	人因工程协调员	人因工程专家
国家监管机构要求在设计安全案例中明确的人为因素最低合理可行(As Low As Reasonably Practicable, ALARP)论证，为现有的浮式生产储油船(FPSO)增加新的领域；新领域特征保持与现有领域相似；浮式生产储油船(FPSO)有备用容量，原设计允许将来扩建；新设施主要是现有设施的复制品，带有额外的仪表、F&G 和 DCS	0.1	0.5	0.5	0.2	0.5
	\multicolumn{1}{c}{0.1}	0.25		0.1	0.2
对枯竭油气田的二氧化碳捕集与封存(CCS)改造，包括陆上多相输送、压缩和注入；二氧化碳捕集与封存设施将被添加到现有的海上生产平台；高度依靠控制室操作人员监测油井动态	0.05		0.2		0.1
新建的分散系泊定位浮式生产储油船(FPSO)，主体结构包括船体、生活区和上部结构，以及系泊卸载浮标、海底生产、注水和注气系统	0.2		1		1
新建陆上天然气处理设施，包括三列液化天然气工厂、凝析油处理设施、二氧化碳注入设施和相关公用设施	0.1	0.2	1	0.5	1
新建的液化天然气项目，陆上设施包括多条液化天然气生产线，与每条液化天然气生产线相关的国内天然气厂，相关公用设施和一个液化天然气出口的海运码头；凝析油的处理、储存和出口也包括在项目范围内	0.1	0.2	1	0.5	1
新建的钻采平台生产设施(加长张力腿平台)包括：入口分离在内的上部油气处理设施；天然气脱水；闪蒸气体、助推器和出口气体压缩；原油处理及出口泵送；采出水处理和公用设施系统	0.2		0.5		0.75

注：转载自文献[4]。

5.4.2 物资材料成本

成功实施人因工程的关键是让具备应用人因工程原理和标准的知识、技能和经验的人员参与整个项目中。他们的职责：帮助其他项目成员理解和实施人因工程要求；领导和确保各种人因工程设计分析和验证活动的质量；作为技术权威，管理和批准标准的变更和偏离。

在许多项目中，特别是涉及整个设施或主要工艺区域的设计和布局的项目中，实施人因工程的人力成本大大低于实施人因工程设计意图所需的资源和材料成本。其中最大的支出通常是对空间的需求和建造结构的成本。

特别是人因工程设计应用于海上项目时，空间和重量的成本总是很昂贵。这同样适用于陆上项目，设备越来越多地被设计为模块化单元，在供应商的场所制造和建造，并作为成品模块运送到现场，以便与设施的其余部分进行集成。对空间和重量产生的压力可能与人们安全、高效、可靠地工作所需的空间相冲突。虽然人们可以逐渐适应其工作方式,灵活和创造性地解决新奇或意想不到的问题,但人们需要的工作空间在物理上是有限的。如果不能提供这样的空间,就不应该期望人们在没有风险的环境下高效地工作。

在一些项目中,人因工程事关提供人员进入设备和场地的平台和通道所需的结构成本和重量因此被指责大幅增加资本支出,甚至威胁到项目的可行性。一个实施和管理良好的人因工程计划,将确保任何对固定平台或通道的需求,将根据其所承受活动的频率或关键性质来证明。阀门临界性分析将确保永久性平台仅用于真正需要阀门的地方❶。如果预期用途无法证明永久性通道的合理性,则建议使用其他通道(如便携式平台或脚手架)。如果永久性通道是合理的,其可能确实涉及额外的结构费用支出,一些人可能认为这是"镀金"或是不必要的资本支出。

以上是许多项目中会发生的真正冲突,但没有一蹴而就的解决方案。实施人因工程设计要求会增加资本支出,增加的成本需要根据在项目生命周期或设施运行期间所获得的效益来证明。如果不能证明其合理性,那么需要作出妥协或者改变解决方案。在作出这些权衡决定时,重要的是不能仅仅从项目或工程的角度出发,因为从业主的角度来说必须适当考虑避免成本或风险,和如何实现更高的生产和可靠性标准。

将资本支出用于支持项目团队的人因工程设计需求,往往会带来无法立即看到的益处。负责项目的人因工程师将竭尽全力确保设计能够很好地进入所有关键工作区域。建设这些平台所涉及的建造结构成本受到了严峻的挑战。为了保证平台创造的运营效益,人因工程师咨询了项目施工经理的意见。施工经理的观点:一旦平台建成,施工队就会利用平台来支持后期的建设;如果没有建造平台,施工队将搭建脚手架提供通道,但会花费巨大的成本❷。因此,如果将避免支付脚手架费用的成本考虑在内,那么就资本支出而言,提供支持人因工程设计意图所需的平台成本反而更低。

为什么永久性人行道和平台的设计总是使用数量、质量和强度远远超过其功能的钢材?虽然人行道和平台只需要短时间承受一至两人的重量,但是使用如此高机械强度的标准肯定是有原因的。应该是与结构完整性、抗爆性和安全系数的要求相关。因此对于临时搭建的平台(脚手架和便携式平台)也同样适用。为什么有创造力的公司至今没有提出无结构支撑作用的永久性平台?是否会比工程承包公司设计的传统平台更轻便而且便宜呢?

5.5 小结

本章作为人因工程导论的一部分,重点阐述了在整个工作系统的设计和开发过程中,当人们的需求没有得到适当考虑时所涉及的一些成本。书中描述了当"设计诱发的人为不可靠性"导致事件发生时,可能产生的重大成本和其他后果:通常此类事件是操作人员采取了本质上很简单的错误处理方式。由于无法实现对操作人员行为的实时调查,因此对于

---

❶ 阀门关键性分析是过程应用中使用最广泛的人因工程设计分析技术之一。不同公司的实施方式略有不同。第12章第2节描述了基本技术[16]。

❷ 脚手架通常是根据需要多长时间来租用和支付的(从资本支出或运营支出)。世界各地工艺设施中使用的临时脚手架已成为提供进入工地的一种手段,并对运营成本提出了长期需求。

企业来说这类成本的损失是无处可寻的。

本章分别从工程角度和业主角度阐述了考虑人因工程后的成本和收益的不同。从工程视角出发，项目可以节省成本和避免超支，因为人因工程一般在设计过程的后期实施。但是，在设备和设施的运营过程中大部分的收益都归业主所有。当业主必须作出项目资本支出花在什么地方的决定时，如果不能充分反映业主的观点，人因工程设计要求往往会被视为"镀金"行为，而不是有助于管理运营成本和最大化的投资回报。

对于实施一个人因工程程序需要多少成本这个问题的答案取决于很多因素：项目的规模、复杂性和新颖性；自动化的使用程度与操作人员体力劳动之间的预期平衡；与设施相关的重大事故和其他风险的潜在影响。尽管最重要的因素之一是在项目周期中人因工程相关工作何时启动，早起步显然比晚起步带来更多的价值。为了达到相同质量的结果，当详细的设计工作开始后启动人因工程程序，将比在设计概念形成前启动投入更多的成本，而且还会对人员的工作定位产生影响。

项目前期投入人因工程的大部分额外价值来自于创造一种项目文化，这种文化承认人对系统的重要性；在项目文化中，思考设计对人们的作用和影响成为项目中每个人思考方式的组成部分；思考设计选项对需要与系统交互的人们意味着什么，并激励着人们可以做什么和将做什么，成为"如何更合理地经营项目"的一部分。将在第21章中讨论如何实现人因工程功能这个主题。

关于实施人因工程计划的性价比，Curole 等[10]谈到壳牌公司在20世纪90年代，开发墨西哥湾深水项目中实施人因工程作出的努力时指出：由于大量的事故是由人为错误引起的，因此人因工程被认为是风险管理中最高效的成本之一[10]。

参 考 文 献

[1] Kohn L T, Corrigan J M, Donaldson M S. To err is human: building a safer health system. Washington, D. C: National Academies Press; 2000.

[2] Aspden P, Wolcott J, Bootman J L, Cronenwett LR. Preventing medication errors. Washington, DC: National Academies Press; 2007.

[3] Eurocontrol. From safety-i to safety-ii: a white paper. Eurocontrol. September 2013. http://www.skybrary.aero/bookshelf/books/2437.pdf.

[4] Oil and Gas Producer's Association. Human factors engineering in projects. Report 454; August 2011.

[5] National Commission on the BP Deepwater Horizon Oil Spill and Offshore Drilling. Deepwater the Gulf oil disaster and the future of offshore drilling: report to the President; 2011.

[6] Taleb N N. The Black Swan: the Impact of the Highly Improbable. London, UK: Penguin Books; 2008.

[7] Norman D. The design of everyday things. Cambridge, Mass: MIT Press; 2013.

[8] Brand D M, Rensink H J T. Reduce engineering rework, plant life cycle costs. Hydrocarbon Processing. Special Report on Engineering and Construction; 2002.

[9] Rensink H J T, van Uden MEJ. The development of a human factors engineering strategy in petrochemical engineering and projects. International encyclopedia of ergonomics and human factors. 2nd ed. Boca Raton, FL: CRC Press; 2006.

[10] Curole M A, McCafferty D, McKinney A. Human and organizational factors in deepwater applications. In: Offshore Technology Conference paper number 10878 Houston Texas; 1999.

[11] Hendrikse J E, McSweeney K, Hoff E B, et al. Effectively including human factors in the design of new facilities. Report of working group 2 of the 2nd international workshop on human factors in offshore operations(HFW2002); 2002.

[12] Miller G. A generic approach for integrating human factors engineering(HFE) into the design of offshore structures. Unpublished; 2012.

[13] Antonovsky A, Pollock C, Straker L. Identification of the human factors contributing to maintenance failures in a petroleum operation. In: Proceedings of the human factors and ergonomics society 54th annual meeting; 2010. p. 1296-300.

[14] Hendrick H W. Determining the cost-benefit of ergonomics projects and factors that lead to their success. Appl Ergon 2003; 34: 419-27.

[15] Hendrick H W. Applying ergonomics to systems: some documented "lessons learned". Appl Ergon 2008; 39: 418-26.

[16] ASTM International. Standard practice for human engineering design for marine systems, equipment and facilities. F1166-07; 2013.

第6章 人因工程学的原理和准则

2003年，荷兰皇家壳牌公司(Royal Dutch Shell)通过了一项全球健康要求，将人因工程原则应用于其资本项目。这个简短的要求是一个明确的意向声明，在最高层次上得到了认可，即人因工程对壳牌这样规模的全球性公司至关重要。当然，更重要的是要确保这个简单的需求声明得到实际遵守。壳牌公司开发了一套技术标准，并在主要项目流程中嵌入了人因工程活动。公司保留了一支强大的内部专家团队，并对工程师、操作人员、健康和安全专业人员以及承包商进行了大量培训，促使他们能够应用标准并实施项目流程。壳牌公司认识到，如果在项目的设计、工程和施工中真正遵守这些原则，那么与人为因素相关的许多风险将大大降低。

6.1 人因工程学的原理

人因工程学的原理是什么呢？在许多学术和技术参考文献中以不同的形式出现。不同的作者为不同的行业或特定的技术方向写作时以不同的方式表达。许多是专门用于软件和IT系统的设计，以实现高标准的可用性。国际标准组织至少在6个现行国际标准中规定了设计的人机工效学原则❶。美国 ASTM F1166 标准《海洋系统、设备和设施人体工程学设计标准实践》[1]中规定了16条人类行为原则。

有些原则是文化属性所特定的；另一些则适用于不同的文化和地理区域。它们影响一个人的身体、社会和心理，以及如何安全地工作。在工作系统的设计中，如果不能认识到并应用这些原则，就会导致工人在日常工作活动中使用不安全的做法。

对这些原则最重要、最具影响力的描述是 Donald Norman 1988年的著作 *The Psychology of Daily Things*[2]，该书于2013年更新并再版为 *The Design of Daily Things*[3]。

基于 Donald Norman 对七个行动阶段的解释，定义了所描述的七个设计基本原则[3]，这些原则决定了日常用品对大多数人来说有多么容易使用。他提供了一个更全面的讨论背景，即在石油、天然气和工艺应用中，有关人因工程的原则和事实，因此值得在此引用：

(1) 可发现性。确定设备的当前状态，发现哪些是可以操作的。

(2) 反馈。对行动的结果和产品或服务的当前状态有充分和持续的反馈。在一个动作被执行之后，很容易确定新的状态。

(3) 概念模型。设计项目需要所有的信息来创建一个良好的系统概念模型，产生对项目的控制，增强了对结果的发现和评价。

(4) 启示。适当的启示，使所期望的行动成为可能。

---

❶ 此内容将在第21章中讲解。

（5）标记。标记的有效使用确保了可发现性，以及反馈的沟通性良好。

（6）映射。控件与其操作之间的关系遵循良好映射的原则，并通过空间布局和时间连续性尽可能得到增强。

（7）约束条件。提供物理的、逻辑的、语义的和文化的约束来指导行动并简化解释过程。

当然，日常产品与石油、天然气和加工工业所依赖的工作场所、设备、工具以及它们的使用环境之间存在重大差异。日常产品的设计是为了在一个开放和竞争的市场上销售：是否购买产品的决定可能会受到产品外观和体验的严重影响，不仅仅是与产品互动的情感体验。相比之下，在与石油和天然气以及工业流程中使用的技术进行交互时，用户体验和情感反应远低于设计优先的原则。

日常产品和工业系统在开发过程中涉及的迭代和测试的程度也有很大的不同。日常产品可以经历多次设计迭代，并可以通过具有代表性的用户群体进行广泛测试，以确定最佳的用户体验。在大多数工业设施的用户界面或工作环境的设计中，设计迭代或用户测试的程度都不一样。当然，人类与工业设施的互动发生在一个组织环境中，这确实不同于与日常产品互动的环境。工业设施的组织环境包括：规章制度、培训、能力、组织文化、奖励和激励、监督，以及对标准、工作制度和程序得到遵守的期望。

尽管存在多种的差异，在 *The Design of Daily Things* 一书中从心理学角度解释，为什么人们发现事物很难与之互动，以及设计如何导致他们困惑、错误和强烈的消极情绪反应，此理论适用于工业设施和日常产品系统。有兴趣更深入地了解人类与技术互动背后的心理学的爱好者和希望更多地了解人因工程的心理学基础的爱好者，都可以在 *The Design of Daily Things* 中找到答案。

因此，人因工程和以用户为中心的设计有很多原则，也有很多的方式描述此设计思想。某些情况下，其目的是提供经验法则，既可以用来在设计选项之间进行选择，也可以用来评估系统的人机界面。那么如何在项目中实施人因工程使得工作最有效。以下是笔者认为对工业过程设计特别重要的原则，它们的表达方式可以作为资本项目的经验法则：

（1）考虑到人类的多样性。

（2）提供足够的工作通道和空间。

（3）以一种与人类大脑表达和思考世界角度兼容的方式提供信息。

（4）设计工作环境和设备接口，使它们的外观和行为以及对它们采取行动的方式都清晰一致，并符合用户的期望。

（5）确保设备的状态在用户可能与之交互的地点和时间是可见的。

（6）避免模式化。如果必须使用，确保操作人员始终清楚系统处于何种模式，以及任何依赖于模式的操作将产生何种影响。

（7）如果希望人们采取行动，则应在采取行动的地点以及在采取行动后，尽快就行动的效果提供反馈。

（8）设计工作环境，使其与人体的视觉、听觉、伸展和施力能力相一致，且无受伤风险。

（9）在设计和布局工作环境时，应避免将人们置于对人体感官、生理或生物力学系统造成损害的工作环境中。

这些原则都与人类的表现和可靠性有关。最后两条原则还涉及避免健康风险。第(8)条原则旨在避免人为了接触和操作设备而强制采取尴尬和不舒服的姿势,从而导致肌肉骨骼系统受损的风险;以及避免人们举起可能导致背部和其他肌肉骨骼损伤的重物。第(9)条原则是避免接触危害的健康风险(例如高空、噪声、振动、热量、辐射)。

接下来介绍的第(10)条原则,对人类在关键任务上的表现特别重要。这一原则的理论在本书中关于台塑公司(第2章和第3章)和邦斯菲尔德燃料储存场(第17章至第20章)的事件讨论中得到了充分证明。

(10) 尝试在工作环境和设备操作界面中设计一种功能,能够在需要作出关键决策和行动的时间和地点时,融入系统1思维和系统2思维。

当然,还需要对这些原则进行更详细的阐述。例如,如果一个设施场地中有许多楼梯,那么所有楼梯的尺寸(台阶高度、台阶宽度等)必须一致。否则,人们很可能会绊倒,并有可能受伤。因此,一致性是减少楼梯绊倒可能性的重要原则。然而,达到这种详细程度是为了确定具体的技术要求,而不是制定普遍适用的原则。

6.2 人类表现的事实

认识并遵循人因工程的原则,有助于确保项目真正实现第5章中规定的人因工程目标:人们能够高效、安全地工作;可以用眼睛、耳朵和双手完成任务;能够使工作更安全、高效、可靠;能够更加高效地协同工作。然而,以上只是人因工程的一部分。在社会技术系统的设计中,有一些关于人类表现的残酷事实必须要得到承认和处理,包括:

(1) 人们的表现是视情况而定的。
(2) 设计将影响人们的行为。
(3) 即使存在风险,人们也会找到简单的方法。
(4) 不能假定人们是理性的。

笔者把这些称为"残酷事实",因为它们在设计和管理上可能非常困难和不方便。虽然这种情况不是所期望的,但这可以说明现实的真实性。这是关于人们如何看待世界、行为、互动和表现的残酷事实,不能因为它们困难或不方便而被忽视。尽管在工业系统中就人因可靠性而言,上面列出的事实特别重要,但这只是事实的一部分❶。

大多数人都没有意识到这些残酷事实和原则有多大的影响。甚至某些情况下,人们可能会否认它们确实存在的事实。有些人对操作人员寻找一种捷径,使用比规定方式更简单的方法来做事情感到很气愤。另一些人认为他们是独立的成年人,不受周围人群行为的影响。以上两种情况经常会出现在日常工作中。

下面的三个事实和人因工程设计原则,是以一种与人类大脑表达和思考世界相兼容的

---

❶ 在编辑本书的最终校样期间,笔者一直在阅读认知科学家Steven Pinker关于优秀写作要素的著作 *The Sense of Style*。其用了一章来阐述所谓的"知识的屏障:难以想象别人不知道而你知道的事情是什么样子的…"[10]。他还指出:"不能把你知道但别人不知道的东西放在一边,这是一种普遍存在于人类心灵中的痛苦,心理学家们不断发现这种现象,并赋予其新的名称。"(参考文献[10]第59页)。笔者如果早点遇到"知识的屏障"概念将会写入本章,并考虑其对资本项目和风险管理的影响。

方式提供信息。第四个残酷的事实——非理性，将在本书第三部分详细讨论。

6.2.1 人类的表现视情况而定

人的行为，特别是人的失误，从本质上是根据情况而定的。这意味着为了能够预测潜在的人为错误，或者认识到某人可能犯错误的类型，有必要尝试将自己置于某人可能犯错误时所处的环境中。在第1部分的介绍中，笔者讨论了局部理性在理解人为错误中的重要性，试图进入操作人员的大脑，了解当时他们所做的决定和采取的行动对个人有怎样的意义。另一种说法是人类的表现视情况而定。

因此，为了理解人的行为和人为错误，有必要了解相关人员当时所处的状况，试图定义人们思考和行动的情况或背景可能涉及的诸多因素。这些因素涉及个体理解世界的状态，包括个人和组织的目标、目的和相对优先考虑的选项；设备状态；操作状态；感知到的危险和风险等。最关键的是包括个人的信念和期望等因素，信念和期望不仅包括刚产生的想法，也可以追溯到很久以前的经历。

在第3章中，笔者为一家铁路公司提供项目服务时，涉及为什么火车驾驶员有时会闯红灯（称为"SPADs"的事件）。使用"当前认知"这个术语来指代大脑内部的思维模式，说明司机认为当时的世界是什么状态。笔者正在通过信号灯路口时，汽车司机分享了一位曾经"安全零事故"的火车驾驶员的故事。这位火车驾驶员每天在固定的时间段行驶在同一条线路上。发生事故前，他每次在同一时间通过路口时，信号灯都显示绿色，可是在事故当天他闯过了信号灯。火车驾驶员回忆事故场面时清晰记得信号灯是红色的，但他没来得及停车。心理学家对这类事件给出的解释：视而不见、2级情境意识等。笔者讲述此故事的原因是来说明行为背景这一重要因素：火车驾驶员对信号灯的预判和期望是什么？

这位有着丰富经验的火车驾驶员对线路、时间和地点完全熟练掌握，所以他期望和默认信号灯此时就是绿色，即使他当时看到了红色，但他思想上却没有认识到。这表明火车驾驶员用先前通过信号灯一致性的经验来认知当时的情况。他对风险的当前认知评估比用眼睛获得信号灯实际状态的感知力更为强大。

这属于人类经验的一种，可能每个人都有这样的经历但不一定能意识到。个人的信念和期望是行为和表现发生情境的基本要素，通过理解一个人相信和期待什么，对于发现他为什么会做出乎意料的事情是至关重要的。

6.2.2 设计影响行为

人们关于设计对人类行为和表现的影响程度这个话题的认知水平并不高。这种设计在现在的工作和生活中无处不在，不仅包括物理世界的设计，也包括计算机支持的信息和虚拟世界的设计。

从某种意义上说，人们的行为方式会受到周围环境的强烈影响，而与使用设备接口设计和布局的关系不大。例如，某人从提款机中取钱需要采取的姿态和动作，由提款机的位置、界面设备的高度和方向以及所涉及的交互步骤的顺序决定。这些行为是由机器强制执行的，用户没有其他办法从提款机拿到现金。如果把提款机安装在一个犯罪率很高的小镇的黑暗角落里，会有什么样的事情发生呢？大部分人会选择去另外的地方取款，而不会冒着被抢劫的风险取款。因此纵观世界范围内设备的布局和位置将影响决策和行为。

在日常生活、市场营销、消费品设计等不同场景下，聪明的设计师利用设计影响人们的行为方式来完成设计师的目标。例如，某些营销方法是鼓励潜在客户作出价值最高的购买选择，或者推动客户进行最初没有打算的额外购买。

6.2.2.1 发生在公路上的故事

汽车司机的沮丧情绪是非常危险的，在英国的主要道路上处处可见电子屏幕上显示沮丧致死的信息。

笔者住在苏格兰的格拉斯哥市，经常驱车2.5h前往苏格兰西海岸的小村庄旅行，虽然时常有阴雨和螨虫❶，风景却非常美丽。路途中需要经过洛蒙德湖的湖岸公路前往阿盖尔地区。以前的洛蒙德湖的湖岸公路很破旧，如果行驶途中堵在大型车辆后面，心情会受到很大影响。

虽然翻新了洛蒙德湖的湖岸公路，但是仍然有很多的弯道，安全地超越其他车辆的机会并不多。对于司机而言，最令人沮丧的景象莫过于知道前方几公里内没有超车机会时，并且在蜿蜒的道路拐角处发现自己在一条行驶缓慢的车队后面。

笔者近期在洛蒙德湖的湖岸公路行驶时，发现跟在一辆行驶缓慢的货车后面。行驶道路中有近1km长的单向两车道超车区域，方便超过缓慢行驶的车辆，从而减轻司机的沮丧感。这也取决于前方行驶缓慢车辆司机的行为，按照设计者的初衷，如果前方的车辆很重或加速能力有限，一般有两种情况：(1)第一类司机会向左行驶并保持相同的速度❷，因此行驶速度较快的车辆有机会安全轻松地通过；(2)第二类司机进入超车区域时会加速保持在左侧车道行驶，但是驶出超车区域后，他们会减速行驶。

第二类司机为什么会作出这样的选择？在限速为90km/h的道路上，司机先以65km/h的速度行驶16km，为什么突然决定将车速提高到90km/h或110km/h，再恢复到原来的速度？这不一定是产生的某种恶意给跟在后面的司机造成糟糕的情绪。笔者猜测司机是风险动态平衡的心理表现：人们的行为动机要保持一定的感知风险水平。司机以不违反安全的最高速度行驶，正是这种动机促使司机在超车区域加速行驶，作出此行为。

司机在洛蒙德湖的湖岸公路的单车道行驶时，根据周围视野的属性对空间和时间的感知得到65km/h的速度是最大的安全速度。但是，当道路在超车区域变成两条车道时，司机的视觉世界发生了变化，对风险的感知降低，加速到安全范围内的最大速度，结果是限制了后面车辆的司机安全超车的机会。

这是建筑环境的设计、道路和周围空间的感观对司机产生直接影响的案例，这会对车辆行驶在后面的司机产生挫折感，可能促使更冒险的行为发生。

苏格兰西部地区公路上司机的行为与全球油气和加工行业的运营有什么关联呢？这些员工都是在严格的安全管理制度和操作程序下从事危险工作且训练有素的人员。由于工作环境和设备界面的设计导致员工作出不安全行为的概率很小，但在事故调查报告中却显示

---

❶ 螨虫是一种很小的会咬人的飞行类昆虫，让人无法忍受，除非使用药膏预防。夏季清晨和傍晚经常出现在苏格兰西部地区。

❷ 在英国车辆是靠左行驶的。

了此类情况的发生。

图6.1说明了设计如何引导人们作出高风险的行为。这也证明了一个残酷的事实：即使风险再大，人们也会找到更简单的方法去做事情。图中的两个柱子都有一个离地几米的圆形平台。作为每班例行巡视的一部分，操作人员需要爬梯子到第一个平台进行检查，然后爬下来，再爬上去到第二个平台开始检查。这张照片中可以看到由于两个圆形平台的扶手离得很近，操作人员可以使用扶手从第一个平台移动到第二个平台，而不必使用梯子上下，这正是一些操作人员所做的事情。

图6.1 两个立柱上的圆形平台

为什么会有人顶着显而易见的风险去冒险，正如美国标准ASTM F1166[1]所写：当涉及识别不安全特征时，设备使用者往往是非常缺乏想象力的，他们无法想象不安全行为的后果。因此，不要期望明显危险总是能被每个使用者识别出来[1]。

图6.2显示了海上钻井平台上的供应输送管汇。这些管汇用于从钻井补给船上输送燃油、水泥、饮用水、钻井液、钻井用水和钻井过程中使用的化学品。该钻井平台是在美国设计的，在设计上没有考虑身材较小的操作人员进行使用的工况。由于供应输送管汇的末端很高而且离得较远，并且连接管汇的软管又高大又坚硬，使得身材较小的操作人员难以操作。

然而，操作人员利用设计的小漏洞找到了一种方法完成这项工作。他们站在中间栏杆上，一条腿固定在顶端栏杆上，并向下钩在中间栏杆上，同时伸出手去接连接软管，再与供应输送管汇连接。但该钻井平台的自由空间离海水平面约18m。

如图6.3所示，操作人员站在高处的扶手上悬空更换一个损坏的灯泡是非常不安全的，但图中的操作人员不以为然。由于安装在油罐顶部的吊杆臂经常撞击灯具，导致灯泡需要经常更换，可以看出油气场站的不合理设计导致这类安全事故的发生。

图6.2 海上钻井平台上的供应输送管汇 　　图6.3 船员在海上平台上更换灯泡

6.2.2.2 人类的社会性与群居性

设施的设计和布局方式不仅会导致人们寻找简单但风险更大的做事方法，还会对人们之间的情感反应、人际关系和沟通的方式有潜移默化的影响，以上对企业运营有着至关重要的作用。

由于即将投建的大型炼油厂位于某重要设施附近，生产工艺和产品将使用成熟技术，因此许多经验丰富的专家和技术骨干进行了充分的论证。笔者主持了大型炼油厂在前期规划设计阶段的一个研讨会，目的是对项目进行高水平的人因工程影响因素筛选，以确定潜在的人为因素、风险和挑战。

研讨会议题范围很广，涵盖了工厂人员操作、设备维护和生产支持等诸多方面。管辖工厂不同区域的两个独立控制室引出了一个新问题：两个控制室之间的数据通信和人员流转能力该如何提升。主控制室覆盖工艺区，拟建设在行政大楼附近，负责公共区域的停车场、淋浴间、食堂、健身房和其他休闲设施。辅助控制室将设在辅助区域，负责发电、供水等。距离行政大楼有一段的路程，将设置独立的通道、厨房等设施。

现场操作人员向笔者讲述了之前一家投入使用的炼油厂就是一个主控制室和辅助控制室的设计，但是两个控制室的操作人员之间发生了很大的冲突。虽然他们的薪酬待遇是同一标准，但辅助控制室的操作人员认为主控制室的操作人员有更好的工作和休闲条件。两组人员在当地的酒吧中互相殴打，不平等的心态使事情变得更糟糕。

这个故事再次证明了设计如何以多种方式影响着人们的行为。设施和设备的设计和布局造成同事之间有着不同的看法，并彼此产生强烈的情绪，以一种不安全、风险高的方式表现出来。

6.2.3 人类是要找捷径的

几年前，一位重视安全、工作细心且经验丰富的装配工人在海上生产平台上摔倒身亡。当时，他在执行更换海上平台外侧楼梯上生锈的台阶，操作流程是拆除每个台阶上生锈的螺栓，将旧台阶取出，更换新台阶并固定。操作规定中要求，为了避免在剩下的台阶之间留出很大的空间，任务严格地按照"一出一入"的方法，即一次移除一个台阶，并在移除下一个台阶之前确保新台阶的安全。但是事故发生时，这位经验丰富的装配工人拆下了两个台阶，且自己从台阶之间的偌大空间中掉了下来。

笔者为了探索驱动人类行为的心理过程和动机，使用 Sydney Dekker "深入参与某人的头脑"的思想，试图理解装配工人当时采用鲁莽方式的做事方法。一位以遵守安全程序而闻名的装配工人，从本质上没有意识到自己处于危险之中，如果他真正意识到了就不会移除两个台阶；或者他会采取其他的预防措施，例如把自己固定在平台上。显然，这与第3章所讨论的 2004 年台塑公司经营者的行为，以及图 6.1 至图 6.3 所示的例子一样，在本质上都是对危意识的薄弱而造成的。

但是，没有意识到风险本身并不能完全解释为什么这个经验丰富的装配工人会选择打破规定的流程。因为没有迹象表明他不知道"一出一入"的规定，或是他受到其他压力而不遵守这一规定。真正需要弄清的问题是他是如何从违规行为中获益的？Jim Reason 从违反心理经济学的角度来讨论这一问题：违规带来的好处是立竿见影的，而代价则远非经验所及,违规似乎是一种更容易的工作方式,很多时候不会产生不良后果。简而言之,不遵守规定的好处往往大于代价[4]。

由于严重生锈,楼梯正在被拆除。装配工人需要使用切削工具从每一步台阶的一侧松开螺栓,然后移动到另一侧,将螺栓取下;再把切削工具放在一边,卸下台阶并搬下楼梯。装配工人必须携带新台阶,回到楼梯缝隙处,再开始固定新台阶,这就是"一出一入"的规定流程。也许,当手拿切削工具在台阶的一侧工作时,只需稍微移动一下,就能同时松开下一步台阶上的螺栓,这样会更省力、更快。然后移动到台阶的另一端,并从该侧的两个台阶上松开螺栓,在安装新台阶之前移除两个已拆卸的台阶。但这位装配工人就是从这个偌大的缺陷处摔落而导致身亡的。

以上是根据超强的心理动机得到的推测。作为人类,我们有时遵循着通过找到简单的方法来使自己的生活变得容易。心理学家甚至为其赋予了一条法则:最省劲法则。如果有几种方法可以达到同一个目标,人们最终会倾向于采用最省力的行动,因为懒惰深深扎根于我们的本性之中[5]。

图6.4中展示了工作人员使用简单方法处理问题的例子,这是一位人因工程专家在进行安全审计时拍摄的。大家能想出来这样做的原因吗?

这个区域提供了一个过道,注意甲板和管线上的脚印数量,但台阶平台上没有。尽管进行了大量的安全培训,并努力建立强大

图6.4 海上平台上的过道

的安全文化,但工人们还是找到了一条最短的路线——踩在管线上通过。因为走管线上会节省几步路程。而且在此区域放置一个台阶平台,好像也有鼓励操作人员走捷径的意味❶。

6.2.4 功能可见性和能指

人类发现利用在工作环境和设备接口的设计疏忽可以让生活变得更简单。

20世纪70年代末笔者从心理学本科专业毕业,对视觉科学家James J. Gibson的工作产生了浓厚的兴趣,当时反复阅读他的著作 *The Economic Approach to Visual Perception*[6]。关于人们是如何移动身体的,当时认知心理学家的主流观点是:对运动的视觉控制取决于大脑的高级认知区域对物体的大小、形状、距离、属性和运动过程的判断。而且移动过程中的时间控制和避免障碍,也认为是由这种高级认知区域调节的。但是,Gibson提出了一个理论:视觉对运动的控制不需要依赖大脑高级区域的认知处理,视觉世界的直接反应将传达必要的信息,在当时看来是相当激进的。"直接"一词意味着信息是直接提供给感官,而不需要更高的认知反馈。在人们移动身体过程中,周围视觉世界的变化方式直接提供了可以用来控制时间和移动的信息。

---

❶ 人因工程专家的建议是将平台向左移动,使其与最短路线一致;或者提供坡道而不是平台;或者至少在平台上添加中间台阶,并在平台两端提供扶手。

笔者被 Gibson 的理论所吸引，尤其是时间冲突问题，Gibson 认为，当人们在视觉世界中移动时就可以直接获得这些信息。笔者在本科毕业设计时，讨论若前方的车辆停止行驶，后方的汽车驾驶员在同一车道以不变的速度行驶，两车什么时候相撞❶[7]。

Gibson 的研究工作中有一个"功能可见性"的思想，即人们在周围的视觉世界中获得的信息将直接被交互作用。世界上的物体"提供"行为的概念已经被广泛接受和应用，最具影响力的讨论可能是在 Donald Norman 在本章前面讨论的 *The Psychology of Daily Things* 一书中。

笔者在培训课程中多次使用图 6.5 向石油和天然气工程师说明设备和设施的功能可见性。如图所示，操作人员看到一个与膝盖高度相近的水平面，那么它会是什么？对于操作人员来说，当他需要超过自己舒适的高度工作时，此水平面就是一个台阶。无论提示标语明确写着"这不是台阶"，对于需要快速完成任务的操作人员都会视而不见的。图 6.5 中，与操作人员腰部高度相近的水平面是用来做什么的？对于手拿重物或者工具的操作人员来说，这就是一个放置物品的平面。

图 6.5　工作场所的启示作用

图 6.6 中的照片显示，人们利用启示功能提供了一种更容易完成工作的方式。阀门所处的高度使其难以从安全工作位置进入：由于没有平台，安全位置在地面上。为了安全地执行任务，操作人员应该申请一个移动平台或台阶装置。

然而，管道的高度使操作人员可以将其当台阶使用，利用这些捷径以不安全的方式完成任务。如果管道湿滑，操作人员滑倒和摔倒的风险很大，滑倒后头部撞击周围钢结构的可能性极大，有可能造成致命事故。对于人因工程师来说，物体直观的功能可见性应是非常值得深思的。

功能可见性另一重要特征是，即使与操作人员需要使用的工具外形完全不同，只要能快速完成工作都能拿来使用。图 6.7 中，扶手后面显示的大手轮是用来打开和关闭大型液

---

❶ 此实验发表了公开论文，抓住了时间冲突研究兴趣的高潮，此后多次被引用。

图 6.6 利用物体的直观功能(右图已经过国际石油和天然气生产商协会的许可)

压驱动阀的;照片右上角有一个水平放置的手动液压泵,作为紧急备用,允许操作人员在手轮无法操作的情况下使用手动液压泵关闭阀门。但是,液压泵上的手柄方向平行于甲板,并且位于操作人员头部上方,不符合人体工程学设计。确实为此配有工作台阶,但是放在距离较远的储藏间,在紧急情况下使用并不方便。

操作人员使用手轮作为接触手动液压泵手柄的台阶,在使用过程中操作人员脚下打滑转动了手轮,把操作人员甩到有格栅的甲板上导致受伤。

从功能可见性的角度,可以批判性地看待设计工作环境和设备接口的内容,从而了解使用错误行为可能导致的后果。我们应该思考:工作环境和设备接口的设计会导致哪些不良行为的出现?操作人员在危险的环境中如何找到一种简单的方法来完成工作?

在 The Design of Everyday Things[3] 中,Donald Norman 详细讨论了功能可见性概念的局限性,以及一些设计师为何难以理解这个概念。例如,电子产品的用户界面设计,特别是手势的交互(滑动或缩放屏幕等)。因此,诺曼引入了"能指"的概念:符号或特征如何与某物互动的,而不是暗示会出现什么样的互动。

功能可见性只是可以感知的,代表了一个

图 6.7 手轮变成台阶来使用

主体(人、动物或机器)与某些事物发生互动的可能性。因为一些感知到的功能可见性可能不真实,例如看起来像通往大路的门,其实推开门看到的是障碍。但是"能指"是信号、符号、标签和图画等;表示将要采取什么行动,或指示下一个动作的方式[3]。

这里列举几个具有误导性标志的例子。图 6.8 显示了一个紧急关闭控制按钮,操作人员使用它可以完全关闭整个区域的设备。按照操作常识,推动红色蘑菇形的按钮即可触动紧急关闭系统,但是这个按钮必须被拉动才能关闭整个区域的设备。因此,紧急关闭控制按钮的设计者在红色蘑菇形的按钮上方,增加了一个红色的大标签来描述该按钮的工作方式:需要拉动,而不是推动。

因为使用拉杆设计往往会在裸露的手柄杆上积聚环境中的盐类,将手柄"冻结"在打开位置,这可能导致紧急情况下不能将手柄推到关闭位置。从这个原因看,设计成蘑菇形的按钮是合理的,但是这不符合人因工程的要求。建议使用红色的 T 形手柄替换蘑菇头按钮,并保留现有的标签。

在图 6.9 中显示了机舱的逃生路线,图标位于后舱壁上,奔跑图形指示向左为逃生方向。事实上,逃跑的路线在右边。当询问安装图标的操作人员时,他回答说图形只是告诉船员沿着后舱壁有一条逃生路线。

图 6.8　紧急关闭控制按钮　　　　图 6.9　逃生路线指示标志

在日常物品的设计中,如 Norman 所说,能指可能比功能可见性更重要。石油和天然气行业中,工作人员现在使用计算机完成工作的情况越来越多,但仍有大部分的工作时间涉及与物理设备相接触,例如在场站施工、设备维护、钻井现场等。因此在石油和天然气行业中,功能可见性和能指都需要在设计中得到承认和尊重。

以下是 ASTM F1166 中提到关于人类行为原则的几个事实:

(1) 如果船员认为船舶或海上设施的设计不安全或效率低下,使用者将对其进行修改,通常能解决最初的问题,但可能会引入比原来更糟糕的问题[1]。

(2) 如果标签、说明或操作图不完整、不清晰、不可读、位置不正确,设备操作人员和维护人员往往会对其状态进行猜测[1]。

(3) 如果管道、电缆桥架或坚固的物体放置在方便的位置,最终将被操作人员当作站立或攀爬的对象[1]。

(4) 设备维修的难易程度影响设备的可靠性,即越难维修的设备维修得越少[1]。

6.3 认知兼容性

工业生产中，人因工程学的一个最重要原则：以一种人脑描绘和思考世界相兼容的方式来提供信息。心理学家称之为认知兼容性。随着自动化产品使用率越来越高，人们同样期望为了安全、环境和生产而需要完成的工作在本质上越来越具有认知性。这将涉及到检测、解释、整合和理解有关世界和操作本质的信息，用它来推理和诊断发生的情况。基本的认知过程包括作出判断、决定和制定计划。

由于对工作认知性质的需求日益增强，因此确保关于世界状态、过程、操作和系统，以及系统的交互信息与人类大脑获取和推理信息的相兼容是很重要的。本节将要梳理参与系统设计的工程师和操作人员该如何理解认知兼容性，以及如何应用该原理。

首先理解认知兼容性概念中一个相对简单的方面，即设备的实际布局和该布局如何在控制面板和计算机显示器上表示之间的空间关系。

早在1959年，文献就曾报道控件之间的空间映射和控件项的物理布局对人类表现的影响。Alphonse Chapanis 和 Lionel Lindenbaum[8]报道了一个实验，使用日常生活的例子，来说明家用炊具上热板的位置和相关控件的布局之间的关系。他们证明了控制装置和热板的空间映射，以及识别正确控制装置所花费的时间和产生的错误数量之间的明确关系。他们在讨论从国内应用到工业控制系统设计的相关性发现：不一致的控制或显示关系，大脑思考控制和被控物品之间关系"认知不兼容"的方式，至今仍在工业和工厂的设计中使用。

下面有一个设计的小练习。假设您是参与工艺装置控制面板设计的团队成员之一，该工艺装置由三个相同的(大)容器组成，每个容器有五个相同的(小)阀门。其中三个阀门控制流体流入容器，两个控制流体流出。每个容器左右两侧各有两个阀门，一个阀门在底部。除此之外，阀门的类型、容器的功能对于这个练习并不重要。您猜想这些容器和阀门的物理布局会是怎样呢？如果您被要求设计一个控制面板，满足操作人员与此工艺单元进行交互，它可能是什么样子的？它会是图6.10中的任何一个吗（暂时不用看图6.11，花点时间快速勾勒出您对布局的想法）？

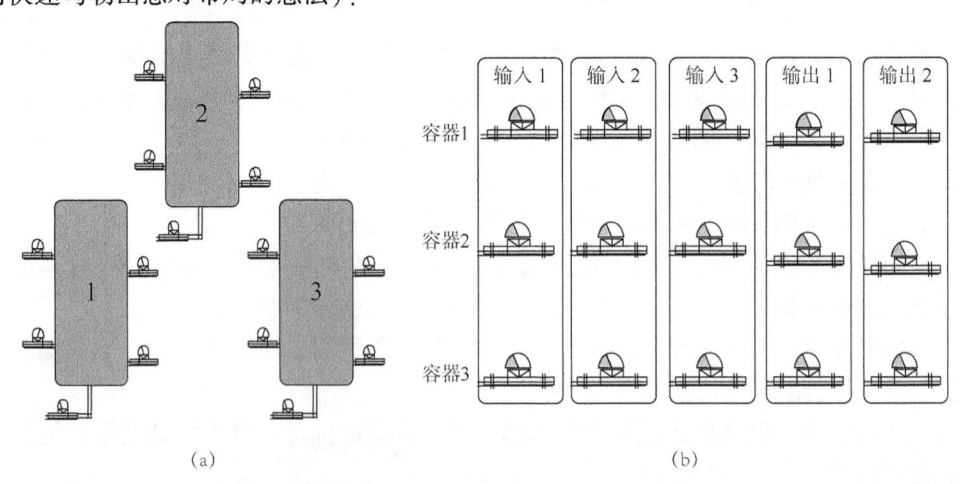

图6.10 工艺装置中三个容器和五个阀门的布局

在图 6.10(a)中，容器是主要对象，五个阀门是次要对象并连接到容器上。因此设计可能是"有三个容器，每个容器有五个阀门"。在图 6.10(b)中，阀门是主要对象，容器是次要对象。因此，您的想法可能是"每一个容器上都有五个阀门控制着流程。"

笔者在人因工程培训课程中多次讲述这个小练习。绝大多数人认同图 6.10(a)：他们认为有三个容器(装置布局中最大的实物)，每个容器有五个阀门(体积小，构造上与容器相连)。偶尔有人会认同图 6.10(b)，通常他们是管道工程师或阀门设计师。

本练习描述工艺装置的实际物理布局。从操作的角度来看，对于可能需要进入工厂并实际操作阀门的人员来说，图 6.10(a)在认知上更符合任务的性质，也更符合操作人员在心理上思考工厂物理布局的方式。

图 6.11 显示了工厂的控制面板，这是图 6.10 中布局(b)的设计。其与单元的空间布局在认知上是不相容的，也是大多数设计者会想到的布局。如果操作员不经意间在错误的容器上移动了一个阀门，这将使操作员饱受质疑。其实这是一个由界面设计引发的错误，与大多数用户可能思考任务的方式根本不兼容，实质上是缺乏认知兼容性。

图 6.11 工厂的控制面板

6.3.1 复式过滤器的人因工程问题

复式过滤器为同一装置中的两个过滤器，其为设备提供备用过滤器，达到一个过滤器在正常运行时，另一个过滤器可以同时进行清洁，而不会中断生产。在清洗燃油复式过滤器的过程中，一名操作人员打开了错误的过滤器盖。高压燃油喷到附近的发动机排气管上，导致重大火灾发生，并造成了一百多万美元的损失。

复式过滤器如图 6.12 所示，在最初设计中使用一个短的扁平钢(在图片的底部)来隔离两个过滤器，以便对其中一个进行减压和清洁。向左移动手柄可隔离左侧过滤器，而右侧过滤器仍在使用并承受压力。然而，操作人员却搞错了方向，他把手柄移到了左边，他的目的是为了减压和清洁右边的过滤器。然后，他释放了左侧过滤器螺栓上的压力，该过滤器中装有加压燃油，导致了火灾。

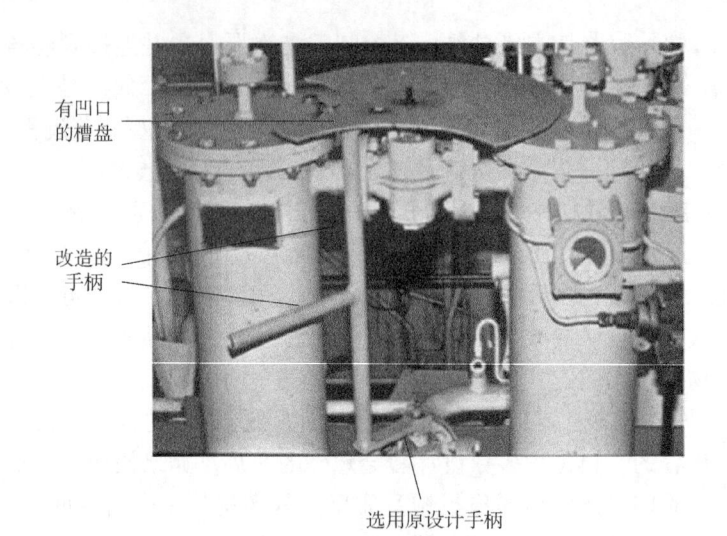

图 6.12 复式燃油过滤器

在图 6.12 中，特别标注了为防止操作人员再次发生错误而提出的修改办法：将一个垂直手柄连接到位于过滤器封盖系统上方的开槽平板上。无论手柄指向哪里，平板都会盖住加压的过滤器，只允许打开未加压的盖子。

在一个海上生产平台上同样发生过复式过滤器使用错误的类似事件，这次涉及的是润滑油过滤器，而不是燃油过滤器。在这起事故中，一名维修技术人员需要在运行的发电机上进行润滑油取样。图 6.13 显示了复式润滑油过滤器的布局。

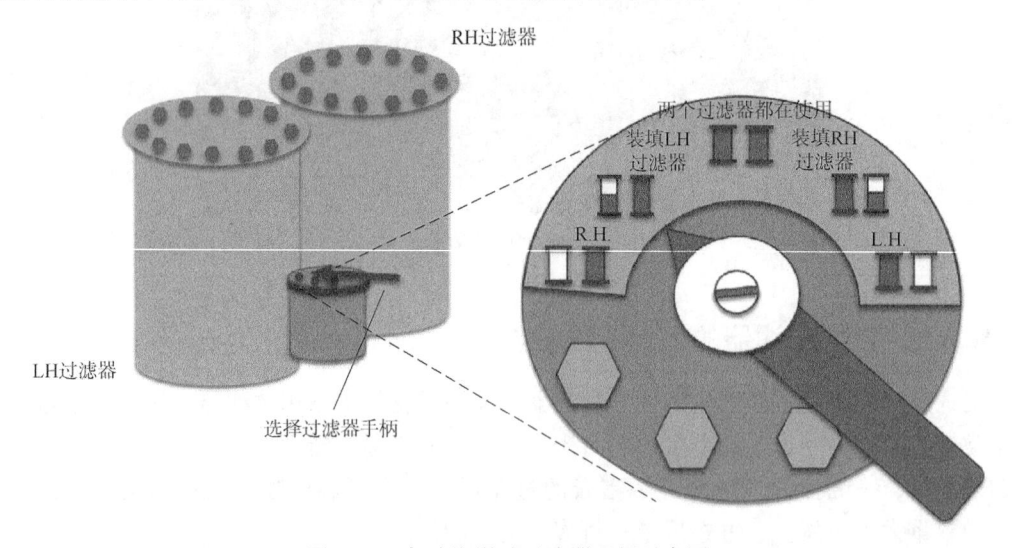

图 6.13 复式润滑油过滤器面板示意图

复式润滑油过滤器可能处于以下三种状态：(1)使用中，存在压力并含有循环热油；(2)注满油状态，可以使用并再次在压力下装有热油；(3)脱机状态，不存在压力并含有冷却油。因为这是一个新流程，因此过滤器没有设计取样点。操作人员参考图 6.13 右侧部分对过滤器进行选择。操作人员通过拧下脱机状态下过滤器上的排气塞来采集样本,以为过滤器在大气压力下会含有冷油。但是,操作人员误解了控制板,打开了过滤器上的通气塞,该过滤器已被注满热油并处于压力下。由此产生的热油喷到周围的热表面,发生了一场无情的大火,导致平台报废,整个油田停产。

通过调查发现导致发生错误一些管理因素:这名操作人员在没有完全胜任工作的情况下独立完成取样操作;由于取样程序在持续更新,因此没有工作指导书来确定操作步骤[1]。与设计相关的人体工程学因素包括:过滤器控制装置位于隐蔽位置,难以接近;过滤器被高温热管道包围;过滤器控制面板上的标记模糊、不洁净,在光线不佳的情况下难以看清;控制点本身的位置没有与过滤器控制面板上的标记对齐。

再观察一下图 6.13 中控制面板的设计。操作人员将手柄向右或向左移动,尽管过滤器的状态由指针指示,指针却向相反的方向移动。因此存在五种可能的状态:

(1) 将手柄移到最右边(指针移到最左边),使用右侧过滤器,并使左侧过滤器脱机。
(2) 将手柄移到中间右侧位置,此时使用右侧过滤器,并为左侧过滤器充油。
(3) 手柄在中间位置,两个过滤器都在使用。
(4) 将手柄移到中间左侧位置,此时使用左侧过滤器,并为右侧过滤器充油。
(5) 将手柄移到最左侧(指针移到最右侧),使用左侧过滤器,并使右侧过滤器脱机。

为了安全地采集油样,操作人员需要知道哪个过滤器已脱机。其通过查看控件的尖端(控件与标记正确对齐),读取标记并确定过滤器的状态。因此要理清楚逻辑和空间关系是相当困难的。与根据人因工程学原理设计过滤器的成本相比,这是一个巨大的经济损失。

在这两起事故中,选择使用的复式过滤器控制装置的类似设计至今仍在整个行业中广泛使用。以下是 2014 年在海上设施中安装的大型复式过滤器,将使用中的过滤器从 B 改为 A 的指令顺序。设备中有两个过滤器,主体 A 和主体 B;还有三个大手柄,手柄 A、手柄 B 和手柄 C,手柄 B 是一条平衡管路。

(1) 如果三个手柄都指向主体 A,则主体 A 被隔离,主体 B 仍在使用中。
(2) 如果只将手柄 A 移动到主体 B,那么主体 A 处于隔离状态(其将通过均衡管路被热油加压),主体 B 处于工作状态。
(3) 如果手柄 A 和手柄 B(平衡管路)都被移动到指向主体 B,则主体 A 处于工作状态,主体 B 被隔离(其通过平衡管路用热油加压)。
(4) 移动手柄 C 指向主体 B,关闭平衡管路。过滤器主体 A 在使用中,过滤器主体 B 被隔离。

操作人员需通过培训后再上岗,当操作人员完成上述操作后,需明确记住正在使用的过滤器,而不是手柄所指向的过滤器。

6.3.2 操作人员有时会误解设备的状态

操作人员为什么会如此频繁地误解设备的状态?且这种误解会造成非常昂贵的代价。2004 年,位于美国新墨西哥州詹姆斯敦的巨人工业公司 Ciniza 炼油厂的氢氟酸烷基化装置

---

[1] 现有的程序受到了质疑,理由是可能会有绊倒的危险。

发生火灾和爆炸[9]。事故发生时，一名区域操作人员弄错了停泵时阀门开关的位置：操作人员依靠阀门扳手来确定吸入阀是否开启。他移动扳手到垂直于流体流动方向，认为阀门已关闭，实际上阀门是打开的。一些操作人员使用阀门扳手相对于流量的位置来确定阀门是否处于开启状态，而其他操作人员则参考阀杆上的位置指示器[9]。

操作人员认为已关闭了泵的吸入阀，随后将标签放在阀门上，确认阀门已关闭。图6.14显示了气门扳手的位置。注意，阀体内有一个气门位置指示器。

事故后发现的吸入阀和位置指示器

图6.14 事件发生后阀门扳手的位置
(摘自参考文献[9]，经美国化学安全委员会许可使用)

据报道，负责维修的机械师注意到阀门的位置指示器显示阀门是打开的，但这并没有改变他认为阀门是关闭的想法。为什么会这样？我们只能推测，其具有确认偏差的特征❶：根据阀门扳手的位置和操作人员的标签，机械师认为阀门已经关闭，这一强大信念，可以让他消除从阀门的位置指示器中注意到的阀门已打开的证据。当他开始工作时，他的位置在阀体的另一边，因此他可以看到阀门扳手的手柄，但看不到位置指示器。

显然，阀门的位置指示器应该用来确定阀门的状态。但是，通过手柄或扳手的位置(在这种情况下)来确定阀门的状态是通用做法。当手柄或扳手与流体流动方向一致时，通常认为阀门是开启的。阀门扳手和阀门位置指示器怎么可能显示相反的状态？调查表明，尽管已拆下齿轮驱动装置，但该阀门最初设计为齿轮操作。其已经被一个扳手取代，扳手包括一个两英尺长的杆，该杆插入放置在阀杆上的方形接箍中。因为接箍是方形的且可以拆卸，因此很容易在错误的方向上更换❷。

既然阀门扳手已经就位，为什么还会有人把它拆下来？因为该区域很拥挤，人员需要走动的空间：将扳手取下并放置在泵底座上，以便为附近行走的人员提供更好的清理空间。当阀门开启或关闭时，将扳手重新安装在阀杆上。在Ciniza炼油厂事件中，阀门扳手接箍安装在错误的位置[9]。

回顾第4章中讨论的第一个人因工程设计目标：确保人们能够轻松、高效和安全地在设施周围移动。

美国化学安全委员会从这起事件中吸取的教训是：任何由员工用来确定阀门开启或关闭位置的阀门位置指示，都应该向员工传达准确的信息。阀门改造应接受应变管理分析(MOC，Management of change)，以确定是否引入了新的危险或风险，当阀门从车轮和齿轮驱动机构改为扳手时，接箍可能安装在错误的位置。如果使用了应变管理分析，就会发

---

❶ 第3部分将讨论确认偏差，其是影响推理和决策的大量认知偏差之一。

❷ 这也是前面讨论过的复式滤油器的常见问题。在清洗过程中，手柄经常被拆下，并在错误的方向上更换。尽管通常有标记显示手柄的正确方向，但如果可以在错误方向上更换这些标记，则会导致出现错误，其后果是误导操作人员使用手柄的方向来指示正在使用的过滤器。

现阀门扳手可能会指向错误的方向。

Giant 使用扳手取代原来的阀门执行机构,这是一个重大的设备变更,应纳入该公司的应变管理计划[9]。

该事故造成 9 名员工受伤,一些人员被疏散。设备和支撑结构遭到了破坏,该企业的生产在大约 6 个月后才恢复。损失估计为 1300 万美元。

6.4 小结

在学习了本章的案例后,将事故原因总结为操作人员不称职或没有遵守程序,这是没有领会本章的精髓。从短期来看,总结经验教训报告、强调操作人员遵循程序,可能是唯一可以立即采取的行动。但从长远来看,工作人员的行为会受到周围环境的设计和布局的影响。如果工作环境因设施的设计而变得困难,人们会找到更简单的方法来完成工作,特别是工作环境提供了更简单的选择。

承认本章中所述的事实和原则,并不意味着操作人员不需要为自己的行为负责。他们当然需要负责,也必须这样做。第 1 章中讨论的确保人因可靠性的另外两个支柱至关重要:强有力的安全领导,支持强有力和公正的安全文化以及行为的安全,并确保人员健康、称职;在有效的安全管理体系下进行适当的监督和工作。当然,当这两个支柱中的任何一个失效时,给予反馈是很重要的,这样才能不断加强对运营商负责任的要求,并给予适当的关注和风险意识。但关键点是,如果第三个支柱也没有到位,且工作系统的设计没有反映人因工程学的原则;如果它们使预期的工作方式变得困难;为操作人员提供了以更容易的方式行事的机会;或者为操作人员提供了一些其他好处。那么作为人类应该会投机取巧地来抓住这些机会。

原则可能比指导方针、技术规范或设计要求更强大。通过在设计过程中应用它们,项目可以深入了解所提出设计的潜在问题。它们可用于确定人们是否可能被置于设计的设施中,这可能会鼓励或导致他们的行为方式与设计意图或组织期望相冲突。

参 考 文 献

[1] ASTM International. Standard practice for human engineering design for marine systems, equipment and facilities. F1166-07; ASTM International. 2013.
[2] Norman D. The psychology of everyday things. New York: Basic Books; 1988.
[3] Norman D. The design of everyday things. Cambridge, Mass: MIT Press; 2013.
[4] Reason J. A life in error. Farnham: Ashgate; 2013.
[5] Kahneman D. Thinking, fast and slow. London: Allen Lane; 2012.
[6] Gibson J J. The ecological approach to visual perception. Boston: Houghton Mifflin Com- pany; 1986.
[7] Mcleod R W, Ross H E. Optic flow and cognitive factors in time-to-collision estimates. Per- ception 1983; 12: 417-23.
[8] Chapanis A, Lindenbaum L. A reaction time study of four control display relationships. Hum Factors 1959; I: 1-7, Reprinted in Moray N, editor. Ergonomics: major writings. London: Taylor and Francis; 2005.
[9] US Chemical Safety Board. Case Study No. 2004-08-I-NM; October 2005.
[10] Pinker S. The sense of style. London: Allen Lane; 2014.

第 3 部分　理性行业中的非理性的人

1974 年,《科学》杂志发表了 Amos Tversky 和 Daniel Kahneman 的第一篇开创性论文,题目为《不确定性下的判断：启发式和偏见》[1]。这篇论文首次对直觉和认知偏差如何影响思维和判断系统和科学的探索。

自从 Tversky 和 Kahneman 发表了第一篇论文,来自多个学科的大量科学家和研究人员,包括来自全球的心理学家、社会和管理科学家以及经济学家,为做出决策和判断的方式提供了一个强大的知识体系,其在各行各业都有极其重要的影响,尤其在经济学领域最为突出。Kahneman 因此于 2002 年获得了诺贝尔奖。

最初起源于 Tversky 和 Kahneman 的知识在理解和管理安全关键行业的人员可靠性方面也发挥着极其重要的作用。事实上,了解这一心理学知识体系,学习并在此基础上制定切实可行的干预措施,可能是未来几十年改善石油天然气和其他加工行业安全、环境控制和可靠性的最重要步骤之一。

2010 年"深水地平线"事件发生后,至少在海上钻井界,人们普遍认识到 kahneman 所说的"简化直觉思维的捷径"可以在一线思维和决策中发挥作用。在石油工程师学会(SPE)组织的会议上讨论了认知偏差对油气事故和作业的影响。2012 年,Mark Sykes 及其同事向 SPE 报告：埃克森美孚与澳大利亚石油学院共同实施了一项计划,以提高对认知偏差的认识,并开发工具来减小其影响[2,3]。壳牌公司一直在利用这些知识体系,试图在其全球业务中鼓励形成一种"长期不安"的文化。现在,业界普遍意识到"越轨行为正常化"和"群体思维"等偏差可能对决策和风险评估产生的风险。

本部分分为五章,旨在总结并在一定程度上使用知识体系中的某些部分,并解释它为什么对行业如此重要。第 2 章和第 3 章对台塑公司爆炸事件进行讨论,第 16 章至第 20 章对障碍思维中人的因素进行探索,了解导致发生重大事故的事件,以及当时为什么会采取那样的行动。

第7章 关键任务

在安全关键行业中，人为差错仍然是一个非常重要的问题，其中有两个原因在我看来特别重要：

(1) 无论是个人层面还是在团队层面人们对执行关键任务所涉及的认知和感知过程的性质和易错性缺乏认识(识别与理解设备状态、解释信息、评估风险、推理、做出判断与决定、采取行动与沟通)。

(2) 对工作系统设计支持或干扰关键任务的表现的认识与理解方面来说，也是相当缺乏的。

正如在前几章论述的那样，导致上述两个问题的原因在于业界并不善于开展对人们安全、高效和可靠地执行任务的能力影响方面的调查，并且从中吸取或反馈其经验教训。

本章集中讨论管理人的可靠性中最重要的，但也是笔者认为最不理解的概念之一——关键人类任务的心理本质和特征。资本项目可以投入更多的努力确保工厂与设备的设计与布局为关键任务的感知和认知需求提供充分的支持。

在设计过程中，对人们的表现和行为产生假设和期望往往是不现实的：它通常不能反映员工行为、操作经验或执行任务所需条件的实际情况。在项目工程环境中，通常假定的任务会比实际环境中的任务更容易、更简单。

更具体地说，行业总是假设执行关键任务的人以组织认为合理和一致的方式行事。这是不可能的，也不符合人性。

当依靠人的表现作为防范潜在重大事故的控制措施或屏障时，那些与人相关的控制措施很少经过充分的测试，来确保其完全符合人们的合理预期(本书的第4部分就此进行了专门的介绍)。

在组织尽早知道或认识到项目需要依赖人员来执行关键任务时，更常见的是依靠对员工的培训和员工的能力、工作程序和安全管理系统，而不是充分探索工程选项作为确保这些任务的表现始终可靠的主要手段。

本章有两个目的。首先是澄清关键任务一词的含义。其次是说明如何在新的设施与设备的开发过程中，通过尽早询问相对简单的问题来说明如何识别和确认关键任务。整本书关注设计系统所需的理解水平，以最大程度提高在操作环境下，执行关键任务时，人类可靠性维持稳定的可能性。

7.1 任务属性

任务是由一人或多人执行的目标导向行为。它涉及意图、知觉、解释/判断、决定以及行动的一系列协调事件，旨在有限时间内实现特定目标。任务是实现更高层次目标的必要组成部分，是实现组织主要目标，也是个人或团队责任的一部分。

在这个定义中涉及四个基本要素：

(1) 涉及意图、知觉、解释/判断、决定和行动的一系列协调事件❶。
(2) 旨在实现特定目标。
(3) 期望在有限的时间内完成(通常以小于正常值班时间来衡量)。
(4) 实现更高层次目标的必要组成部分,是实现组织主要目标,也是个人或团队责任的一部分。

经过多年的事故调查,人们已经认识到导致重大事故的人为差错的知觉和认知特性。令人惊讶的是,被确定为出错的任务实际上是涉及人员所从事的核心工作:

"深水地平线"上的钻井液录井仪的任务是监测钻井液回流,或者是司钻的任务是监测钻杆压力,以此来判断是否存在井涌迹象;现场操作人员的任务是将卸载的化学品接至正确的卸载管线,避免发生剧烈的化学反应;控制室操作人员的任务是监控装置的启动,并确认液面何时到达过量灌装位置;在确认接收碳氢化合物之前,区域操作人员的任务是确认压力容器无泄漏;在拧松螺栓开始清洁之前的任务是需要知道滤油器是否处于离线状态;在开始操作之前的任务是确认设备已被隔离;司钻的任务是检测游动滑车和管道支架之间的碰撞。(注释:上述任务都与本书讨论的事故有关。)

人因工程目标的核心是理解任务的性质和特征。也就是说,给人们设定的目标或人们自己设定的目标,以及实现这些目标的手段,无论是通过身体、知觉或者是认知活动(或最常见的是三者的结合)。有必要明确以下这三种类型的任务元素。

(1) 知觉的。主要涉及发现有关环境状态信息的活动,包括不同信息源之间注意力分配的情况。知觉活动的认知输入程度或控制程度将取决于信息源的感官强度和可预测性、解释信息含义的难易程度以及信息与其预期用途之间的关联强度。

(2) 认知的。涉及借助实时获取的感官信息以及经验和记忆来解释、整合和通过脑力活动来转换信息的活动;思考、推理和评估风险的活动;做出判断与决定;规划与设定目标。认知活动未必就是有意识的活动,也就是说,从事工作的个人也许并未意识到他自己正在做什么,或者也许不能够积极地影响它。许多认知工作是在潜意识中进行的(有时称为有意识地,或处于熟练的层面),利用经验、直觉和启发式(每个人可以依赖许多类型的认知技巧来行走、思考和执行任务,这些认知技巧也是心理学家多年来研究的任务)。随着系统的自动化程度越来越高,对认知任务的依赖性越来越大,人们扮演了监督控制人员的角色(见第9章)。

(3) 物理的。主要是在知觉(通常是视觉)的引导下对事物采取行动的活动。除此之外,对身体活动的认知参与程度或控制程度还取决于个人的技能和经验,所涉及的身体活动的熟悉程度和可预测性,以及工作环境的稳定性和不确定性❷。

---

❶ 没有理由假定基础的心理过程是线性的或连续的,就像人类行为的信息处理模型中常常暗示的或假设的那样。心理学家知道,将感知、认知与行动作为独立的连续过程是不对的。虽然部分功能在物理上位于大脑的特定部位,但人的知觉与认知和复杂的网络互动几乎是同时进行的。

❷ 笔者并没有试图将这些与 Jens Rasmussen 著名的技能、规则和知识模型中任务表现水平相对应。这里所进行的描述并不会取代技能、规则与知识模型,也不能替代任何其他关于任务表现的心理框架。无论如何,与更抽象的技能、规则与知识模型和其他更准确的心理学描述相比,对于不太可能接受到任何心理学方面的培训的操作人员和设计工程师来说,从知觉、认知和物理任务要素的角度来思考通常会更直接、更实用。

大多数复杂的任务都在不同程度上涉及上述三类任务要素。

了解任务的特征不仅仅是源于学术上的兴趣。对于操作人员安全可靠的工作能力来说，给予适当的支持是至关重要的。任务的认知越容易，就越容易产生难以预测的人为差错，提供设计完善的界面和工作环境来支持它也变得更加困难、要求也更高。为什么经常会在支持认知工作的工作系统设计方面出现工作力度不足的问题，关键原因也许是缺乏对大多数操作人员活动的知觉与认知性质的认识或理解。

7.2 任务描述

任务描述会反映出不同的细节层次，但通常涉及动词—名词组合，例如：

检查容器压力；关闭阀门；扭矩法兰；启泵；更换垫圈；检查管线；查看仪表；报警响应；中和一桶化学废料。

这些动词—名词词组是相对具体的，但细节层次比较粗糙。它只是清楚地说明要做什么、涉及什么。这样的任务通常由一个人来执行，且执行任务的时间不长。就任务的操作层面来说，任务描述会反映出更多的细节层次，其原因在于实现目标涉及一系列的协调任务，通常存在具体的执行顺序，涉及的人员也多，诸如：修理涡轮机；诊断跳闸原因；隔离单元；启动过程单元；将产品转移至储罐；关闭过程单元。

这些仍然可以认为是有用的任务，但是为了满足人因工程的要求，还需要进一步了解一些低级别的细节层次，以便明确细节，例如：启动这项任务的原因是什么？需要什么样的信息？要采取什么样的行动？操作人员怎么知道任务的完成时间？任务分析（可能是人因工程的基石和最重要的分析技术）提供了一种结构化方法来产生必要的任务细节层次。

任务分析的方法有很多，根据所涉及任务的目标和性质，具有不同的形式。例如，认知分析任务的方法不同于分析以人工为主的任务的方法；识别支持任务绩效所需的具体设计要求的分析方法也是不相同的，并且与识别人为差错潜力、评估可能的工作量水平或识别伴随任务而来的培训需求相比通常要简单得多。

更高层次的描述（例如钻井或过程监控）实际上仍然是涉及多项任务的活动描述。在有效实施人因工程之前，需要对其进行分析，以确定哪些关键任务是依赖于人类表现的。

7.3 关键任务

如果关键任务没有按照预期的标准执行，就可能导致一个非常不好的后果。因此关键一词是相对的，取决于做出这一判断的人的价值观与目的。很显然，导致计划和预期的安全或环境控制水平下降的后果是至关重要的。不管怎样，可能出于其他多方面的原因，任务可能被认为是关键的，包括对生产绩效和商业表现的影响。有时，一线操作人员的关键任务是不太可能满足运行操作的组织所定义的关键标准。无论如何，就当时的情况与所涉及的那个人来说，这也许是非常重要的。

因此，关键性的性质在某种程度上是主观性的，依赖于个人、组织、活动和情境。然而，作为一般规则，第4部分将更深入地探讨，任何直接或间接依赖于防止重大安全或环境威胁的障碍或控制的人工任务，都应该始终被视为关键。

关键任务是指人们需要完成的任务,不管用什么标准,如果他们没有以正确的方式或标准完成,就可能产生严重的不良后果。在基本项目的设计和开发过程中需要特别注意关键任务。

认识到关键任务是需要人来执行的,知道执行这些任务的要求,以及具备对可能使任务变得更加困难的因素的敏感性,或对干扰可靠执行任务可能性的因素的敏感性,上述要求在设备或运营资产的整个使用过程中都很重要的。

在开发新资产设计概念的早期阶段,需要在不同的操作概念之间、不同的技术之间以及针对自动化的不同方法之间做出决定和选择;在这些早期阶段,需要对资产如何运营、需要多少人及其组织结构,以及像承包商的角色与生活安排这样的事情做出决定。根据判断股东投资资金合理性的财务回报和风险情况,以此来确定项目是否具有足够的吸引力。以上这些问题都扮演了重要作用,所有的这些决定和其他的角度都有可能对人们期望的工作性质、工作安排以及在安全、生产和环境控制方面对人类表现的依赖程度产生重大影响。

在精细设计、工程设计与建设阶段,当人们参与其中时,设计并实施支持其表现的设备、组织和信息界面。正是在这个阶段,通常首先会进行详细的风险与安全分析,并开始识别其对人类表现的依赖程度。可能会制定详细的计划,涉及操作设施的员工数量、组织方式、需要什么样的技能和培训,以及将采取何种安排和程序来确保设施的运行符合要求的安全标准。

在日常工作的规划与实施阶段,当期望员工开始工作,且实际上存在决定当时执行工作的真实情境的众多可变操作环境时,在数天、数月或数年前作出的决定会对可靠执行工作的可能性产生重要影响。这样的决定完全没有考虑操作人员在某一天可能面临的实际情况。这就是一线领导为什么对关键活动的知觉和心理特征的敏感性、工作场所干扰可靠表现的警惕性以及其自身采取的可能会削弱可靠任务绩效的行动和做出的决定保持敏感及警惕的原因。

因此,重要的是要确保在资产的整个生命周期内,当期望员工执行关键任务时,除了确保员工接受培训、胜任工作和处于合适的工作状态外,也期望其使用的设备和工作环境的设计与布局会对这些任务的顺利完成提供正确的支撑作用。

7.4 关键任务示例

在笔者的职业生涯中多次听说项目工程师争辩说,在设备设计进展顺利并编写程序之前,是不可能详细思考关键任务的。通常情况下,事情并非如此,当然,也有例外。在项目开发过程的早期,工程师和项目经理通常做更多的事情。这在核电和航空等行业中经常发生,也可能发生在油气行业与加工行业。这里有一个例子,几年前,笔者曾为一个大型天然气项目提供技术支持。当时,项目的前端工程设计(FEED)阶段即将结束。重点工作是为工程承包商准备技术规范和工作计划,指定的工程承包商将接手项目的精细设计与施工阶段的工作。笔者与项目团队的业务代表讨论他们迄今为止在工程设计期间已经确定的一些关键任务以及针对关键任务已经做了什么样的工作。在前端工程设计阶段,项目团队列出了操作活动清单,由于感觉到这些活动特别依赖于可靠的人力绩效,因此这些操作活动看起来很像是关键活动。这位业务代表谈到了一项令他担忧的任务——过程涉及大量化学品的使用。一旦使用化学品，废弃的化学品将装入一系列桶内，再由专门的承包商来收集和清除。在清除前，大约每隔6个月进行一次化学品的中和脱毒处理。废物中和处理通常涉及操作人员向桶内手工添加中和化学品。这项任务当然是关键任务，如果加错化学品或加入的化学品数量不对，很可能会立即发生剧烈的放热反应，并因有毒氯气的释放而发生爆炸(操作人员位于桶的附近，死亡的可能性也会很高)。

化学中和是整个行业在程序控制下日常进行的标准活动。不管怎样，项目实施了人因工程计划，因此业务代表热衷于寻找工程解决方案来最大限度地降低此项操作的风险性。尽管化学系统的设计在前端工程设计研究期间就已经完成，但除了其位置和需要手工操作外，有关如何进行中和处理则一概不知。其目的是推迟考虑控制措施(这样的控制措施就位后可以降低风险)，推迟到精细设计的后期，届时将进行程序的编写。

笔者认为使用现有的可用信息可以做更多的事情。所以他们走进一间带有白板的房间，针对业务代表对这项任务的了解情况或看法，进行了讨论。下面就是谈话的大概情况。

罗恩：告诉我这项任务有可能怎么开始。他们怎么知道哪一桶要进行中和与清除处理？

艾伦：控制室有报警器。

罗恩：当报警器响起时，发生了什么情况？

艾伦：控制室操作人员将提出工单。他将记录需要清除的桶，以及桶内的废弃化学品数量。

罗恩：他会从何处获得这些信息？

艾伦：他会从显示屏上获得这些信息。

罗恩：如果他误读了桶上的标签或者桶内的化学品数量会发生什么情况？

艾伦：工单是错的。

罗恩：这意味着从显示屏上读取和记录这些细节是一项关键任务。显示屏图形的设计者需要知道这一点。应该期望他们确保显示屏的设计符合机器人机界面设计标准，并在进行显示屏的设计和布局时给予特别关注。显示屏也应该受人因工程设计保障的约束，可能包括用户测试。接下来发生什么？

艾伦：控制室操作人员将调出程序告诉他需要哪种化学品，以及中和桶内废弃化学品的用量。他会将这些细节记入工单。

罗恩：这是一个关键程序。与该程序的设计、验证和控制有关的一切都需要引起特别的关注。控制室操作人员是否可能在工单上记录这些详细信息时出现差错？

艾伦：这是可能的，但工单将由生产主管审核和批准。

罗恩：然后呢？

艾伦：操作人员从桶内取出样品，并进行实验室测试。

罗恩：他怎么会知道样品来自哪个桶，他采集样品的桶确实是正确的吗？

艾伦：工单会告诉他要采样的桶。他会通过桶上的标签来确认采集样品的桶是哪一个。

罗恩：你听说过有人用错了设备吗？

艾伦：当然，它经常发生。有时人们会听错或读错指令。有时标签距离他们所指的物品很远。有时他们根本就不在那里。有时沿人行通道布置的相同物品，与其编号不一致，如 1、3、4、2、5。原因有很多。

罗恩：这意味着了解桶的编号，桶与标签的物理布局、设计和位置都是非常重要的。

艾伦：非常关键。

罗恩：工程承包商是否意识到这些项目对这项任务有多重要吗？工程设计工作是否包括保证这些人因工程设计要求得到严格遵守，并在预调试期间得到验证？建设承包商是否意识到完全按设计建造的重要性？

艾伦：还没有，但他们会的。

因此，它一直持续到所有利益相关者（包括在仓库中供应化学品的仓库工作人员），工作环境与设备的特征，以及支持或可能干扰废物中和这一关键任务的安全性与可靠性的程序与工作组织都已在前文中进行了讨论。

这在人因工程中被称为关键任务分析（CTA），是对关键任务的结构化分析❶。许多工程师发现关键任务分析是一个令人生畏的和复杂的探测过程，他们希望将关键任务分析推迟到他们确信已掌握了所有可能的信息和设计细节之后，这未必会具有很高的价值。而且，正如上面的对话所表明的那样，其中大部分工作的开展时间早于工程师所期望的时间，其进度也比工程师期望的进度快。然而，进行一次好的和有用的关键任务分析涉及几个关键的成功因素：

（1）在合理可行的条件下，尽早开展这项工作。这可能需要人的判断力，但是，与其等到太迟而失去实施强有力的解决方案的机会，不如早点开始。

（2）协调人员需要具备良好的分析技能、经验和判断力，以便知道要问什么问题，以及何时结束提问。

（3）协调人员不应假装或试图了解该操作，也不应该是所用设备的技术专家。问一些"愚蠢的"或明显的问题，往往会带给人们最深刻的洞察力与最大的机会。

（4）关键任务分析应该由一个或两个人支持，他们对所分析的任务有最扎实的和近期的实际操作的经验。或者，如果是全新的任务，你可以尝试一些尽可能类似的任务。

（5）如果当时无可用的重要设计细节，他们应该抓住按人因工程标准进行设计的设计要求，以支持正在分析的任务。

表 7.1 和 7.2 总结了两个关键任务出错的事故。第一个关键任务，操作人员卸载化学品时出了差错，释放出有毒气体；另一起事故涉及清管器发球筒的超压问题（第 22 章以清管器超压事故为例，阐述了在事故调查中考虑人因的方法）。这两起事故都涉及到关键任务出错的问题。表 7.1 和 7.2 对这两起事故进行了总结，并指出项目团队合理自问的问题类型和可能的设计机会[这样做的话，是会降低出现差错（引发这些事故的差错）的可能性]。

---

❶ 关于如何进行关键任务分析，可参阅各种指南。2000 年，英国健康、安全与环保部发布了《安全关键任务的人因评估》[1]。能源研究所也发布了《人因安全关键任务分析指南》。

表 7.1 化工卸料

事故	一辆运输卡车载着命名为 Chemfos 700 的硝酸镍和磷酸溶液抵达一家工厂。一名工厂员工指示卡车司机到卸货地点,并派出一名管道工协助卸货。管道工打开一个面板,其中包含 6 个管道接头,每个管道接头连接到不同的储罐。每个接头都标有罐内存储材料的工厂名称。卡车司机告诉管道工他运送的是 Chemfos 700。不幸的是,管道工将卡车卸载软管连接到 Chemfos 700 管道旁边的管道,标记为 Chemfos Liq. Add. 标有 Chemfos Liq. Add. 的罐中含有亚硝酸钠溶液。亚硝酸钠与 Chemfos 700 反应生成一氧化氮和二氧化氮,都是有毒气体。卸载过程开始几分钟后,在储罐附近看到了一片橙色的云。卸载过程立即停止,但气体释放仍在继续
后果	2400 人被疏散,600 名居民被告知去避难场所。6 人因吸入有毒气体中毒需接受治疗。直接成本损失接近 20 万美元

		依靠什么样的防御措施来阻止差错的发生	
涉及的人为差错	卡车司机和管道工之间的沟通不畅,或者是管道工的误解	能力;风险意识	
	误读了 Chemfos Liq. Add 标签	能力	
	假设 Chemfos Liq. Add 与 Chemfos 700 是同一种物质	能力;风险意识	
	知道正确的连接方式,但无意中将软管连接到错误接头	能力;风险意识	
		有理由要求设计团队知道吗	可以通过设计来提供这些信息吗
操作人员需要知道什么,事故才不会发生	正在卸载的是什么产品	是	管道连接设计无相关信息。但可能通过材料设计来支持卡车司机和接收人员之间的信息沟通
	Chemfos 700 与 Chemfos Liq. Add 属于不同的化学品,如果相互发生反应的话,会产生有毒气体	是	通过空间分离、标签设计或其他手段来提供信息,表明它们是不相同的,且不得混合
	各种化学品的正确接头	是	要么通过标签,要么通过法兰或软管连接设计
		有理由要求设计团队预测任务需求吗	设计有理由提供良好的任务支持吗?
操作人员应该采取什么样的措施来尽可能降低事故发生的可能性	书面确认正在交付何种化学品	是	否
	在开始交付之前确认连接正确	是	是,例如,通过法兰或软管连接的设计
	在开始输送前,与司机进行单独确认,确保连接正确	是	否

续表

报告给出的教训是什么	了解如果厂内材料意外混合可能发生的危险反应。 卸载物料时，多次检查，确保其中的物料与认为的物料一致，再连接到正确的储罐。 确保卸载管道接头的标签清晰，包括防止出现与名称类似的代码或编号系统。 如果在同一区域卸载可能发生危险反应的材料，或卸载位置容易混淆，请通知管理层并建议如何改进。 确保由经过培训的合格人员来从事卸货操作，并管理程序的任何变更情况	
学到了什么？	安全卸载化学品可能是极其危险的操作，并且依赖于人力绩效。 设计团队在设计化学连接点时应知道存在人为差错的可能性。 如果存在多个化学连接点，那些可能发生毒性反应的化学品不应彼此相邻；应设计和布置连接板，以鼓励人们觉察其差异和相互反应的危险性。 化学连接板的设计者应寻找机会：(1)强制操作人员在进行连接时启用系统 1；(2)鼓励操作人员复查卸载的化学品以及该化学品的正确连接点；(3)使误接成为不可能的事情	
如果此次事故没有发生，有理由期望设计团队知道化学品卸载任务的安全性对操作人员的严重依赖程度		是
有理由期望设计化学连接面板的项目团队就涉及的关键任务进行详细的任务分析		是

表 7.2 过压清管发球筒

事故	在使用在线检查工具(称为清管器)进行管道检查时，临时清管器发球筒的压力因超过其破裂压力而发生压力释放事故。检查组相信管道阀门的位置正确，并开始从氮气车向管道泵送氮气进行管道吹扫。然而，此时发球筒和管道之间的阀门是关闭的。清管器发球筒的最大允许工作压力为 660psi，且没有配备压力安全阀。氮气车的安全压力设定为 6000psi。当向清管器发球筒施加压力时，据说吹扫阶段，清管器发球筒使用的是 100psi 压力表，压力表指针几乎瞬间指向 0psi。位于清管器发球筒旁的团队成员误认为压力表的读数为零，并请求增大氮气注入压力。导致在 2min 内发生了压力释放事故		
后果	一名队员遇难，另外两人住院治疗		
		依靠什么样的防御措施来阻止差错的发生	
涉及的人为差错	检查组认为阀门的状态是正确的，但无直接指示，也未主动进行确认	能力；程序；风险意识	
	团队也许假设(也许是来自现场的其他清管器发球筒的使用经验)清管器发球筒应该安装安全阀	能力；程序	
	误认为压力表的读数为零	能力	
	他们得出结论，氮气未进入发球筒，因此请求增大氮气注入压力	风险意识；能力	
		有理由要求设计团队知道吗	有理由通过设计来提供这些信息吗

续表

操作人员需要知道什么，事故才不会发生	发球筒和管道之间的阀门是关闭的	是	是
	发球筒未安装压力安全阀	是	可能
	清管器发球筒的最大额定压力	是	是
	氮气车明显能够以更高的压力泵送氮气	否	否
	氮气何时开始流入发球筒	是	是
	发球筒实际压力与最大压力之差	是	是
	发球筒压力表损坏	是	是
		有理由要求设计团队预测任务需求吗	设计有理由提供良好的任务支持吗
操作人员应该采取什么样的措施来尽可能降低事故发生的可能性	确认阀门的状态是正确的	是	是，取决于阀门的位置以及怎样清楚地指示其状态
	检查发球筒是否有安全阀	是	否
	确定发球筒和氮气车之间的额定压力有何差异	是	可能（即使仅通过标志）（尽管法兰或软管连接有可能可以设计成只有压力兼容时才能连接上）
	主动确认氮气何时开始流入发球筒	是	是。例如，流量计靠近压力计，即使二者是单独的
	质疑为什么开始泵送氮气后，压力表的读数仍然为零	是	是。设计的压力表未能清楚指明其故障状态
报告给出的教训是什么	如果活动依赖于人为干预（例如，确保阀的位置正确）来满足安全要求，则书面程序应清楚地标明所有关键步骤和阀门位置，并通过诸如检查表这样的验证方法来识别各步骤中的潜在差错		
学到了什么	操作清管器发球筒是一项危险的活动，严重依赖于操作人员会采取怎样的行为的期望		
	清管器发球筒的设计不能为操作人员提供安全操作所需的所有关键信息		
	压力表的设计应该是这样的，如果发生故障，操作人员就会知道其故障状态（通过视觉或听觉）		
如果此次事故没有发生，有理由期望设计团队知道化学品卸载任务的安全性对操作人员的严重依赖程度		是	
有理由期望设计化学连接面板的项目团队就涉及的关键任务进行详细的任务分析		是	

7.5 小结

本章试图使人们对人因工程意义有一定程度上的了解。如果组织希望设计的设施具有高水平的本质人力信度，那么明确哪些控件和措施是支持任务执行所必需的，哪些控件和措施是影响行为所必需的是非常重要的。

  我们不能认为一套强有力的安全文化已经形成后,人员在大多数都是行为安全的,不能假设人员在执行给他们安排的所有的关键任务时,时刻都保持着高水平的可靠的状态。

  对于参与资本项目工作环境与设备界面设计的人来说,清楚行为与任务之间的区别就显得特别重要。简单地问一个与环境或设备界面相关的简单问题——任务是什么?往往会明显提升人们的任务理解能力。

参 考 文 献

[1] UK Health and Safety Executive. Human factors assessment of safety critical tasks. Offshore Technology Report number OTO-1999 092.

[2] The Energy Institute. Guidance on human factors safety critical task analysis.

[3] United States National Transportation Safety Board(Accident No. DCA99MZ003, November 19, 1998.

[4] BP Industry Safety Alert. Untitled and undated. Available from: http://www.rmecosha.com/NDakotaSTANDDOWN/BP_Industry_Safety_Alert.pdf.

第8章 人因工程与弱信号

近年来,弱信号这一概念引起寻求提高运营可靠性与安全性组织的广泛关注。重大事故或异常事件几乎总是出现在某种迹象或信号之后。至少在原则上,这些信号中有许多是可以检测到的。如果这些组织真的能够检测到这些微弱的故障信号,认识到这些故障信号的潜在意义并以适当的方法尽早做出反应,那么很多事故都是可以避免的。

在工业安全领域,弱信号的概念主要是通过对高可靠性组织(HRO)特征进行研究,尤其是通过 Karl Weick 和 Kathleen Sutcliffe 在 2001 年出版的《管理意外事件》[1]一书而广受关注。书中指出,在实现异常高信度标准的组织特性中,不仅更有可能提前识别出危险的弱信号,而且也能认识到它们的重要性,并采取及时有效的行动。在第一版的《管理意外事件》一书中,笔者指出:高信度组织与其他组织之间的主要区别,通常发生在最初的阶段,此时的意外事件只会发出微弱的故障信号;压倒性的趋势是用弱响应回应弱信号,警觉性是一种发现微弱信号的重要因素和对弱信号作出强响应的能力[1]。

在第二版中,笔者评论说:"高信度组织不一定会更快地发现这些差异,但是当他们发现这些差异时,他们会更准确地理解其含义,并且也能更加有效地处理这些差异"[2]。

尽管弱信号的概念直观看来很有吸引力,但实际上是很难知道企业会采取什么样的行动,或者需要做出什么样的改变,以便更有效地识别和处理这些信号。近年来,整个行业一直致力于开发、维护企业安全文化,高度重视并鼓励员工不冒安全风险,并以强烈反映安全文化的方式行事。特别强调了高层领导的行为、决定和沟通对安全文化的影响(见参考文献[3]中的示例)。

风险意识的不断提高,员工的内在心理过程(如越轨行为正常化、认知偏差和非理性以及缺乏长期不安)可能会反映员工的安全性和可靠性❶。油气行业的人们越来越认识到(主要基于 2010 年墨西哥湾"深水地平线"事故的经验教训,也有来自其他事故的经验教训)非技术技能(NTS)在确保油气行业安全方面的关键作用。非技术技能是一项必要的软技能,能够培养和维持情境觉察(SA),开展有效的信息沟通,以鼓励良好的人际协作的方式行事,有效地做出决策和评估风险。在航空、医药、核电和海运领域中,通过团队成员资源管理(CRM)培训努力解决这些非技术技能的问题。最近,国际油气生产商协会(IOGP)一直致力于确定针对油井作业的 CRM 培训的推荐方案[5]。一些下游业务也在实施类似措施。

所有这些举措(安全文化、安全领导、长期不安、风险心理学理解能力和非技术技能

---

❶ 第 4 部分详细讨论了非理性与认知偏见。对于长期不安概念的心理学基础的讨论见参看文献[3]。

的提高)都应有助于提高意识和警觉性,以及对潜在微弱危险信号作出反应的意愿。他们应该帮助每位员工更加了解弱信号的重要性,并在他们觉得情况变得不安全时采取干预措施或将这种不安全说明。

然而,基于文化与行为的干预本身并不会使弱信号变强。本章提出了一种以扎实的心理科学为基础的方法,该方法有利于寻找时机,使即将发生的故障信号更容易被检测到。本章为如何改善弱信号检测与响应提供一个参考标准,介绍了两个成熟的理念:情境意识(SA)和信号检测理论(TSD)。本章还说明了将人因工程原理应用于新设备的设计,从而实现对检测微弱故障信号更灵敏的目的:(1)使原有的弱信号尽可能变强;(2)确保原有的强信号不会因设计缺陷或处理不当而变为弱信号。

本章和下面的章节将介绍一些人类行为背后的心理学因素,其技术深度远远超本书其他部分对人因工程的介绍。这样做的目的有两个:(1)证实一些心理学知识和见识的深奥,这些知识和见识在设计时用来证实高水平的人的表现和可靠性,特别是面对一些高度认知的任务;(2)证明许多人因工程学和支撑人因绩效的心理过程之间有很大的直接联系。本章还阐述了隐藏在预期的和许多关键任务所依赖的绩效标准背后的一些心理要求。

第4章介绍了人因工程应用于油气行业和加工行业资本项目的四个核心目标:

(1)确保人们能够轻松、高效、安全地在设施周围走动。

(2)确保人们能够很方便地利用手、眼睛和耳朵(以及鼻子,如果涉及的话)来协助完成任务,而不会过于费力或面临不可接受的危险。

(3)确保人们能够方便、高效和可靠地完成指定任务,同时没有风险或不给其他人带来风险。

(4)确保期望共同工作以实现共同目标的人员能够进行有效的沟通和互动。

每个目标的实现程度直接影响到个人能够发现和理解引发异常状况的弱信号的机会。例如:(1)三套相同的设备并排布置,要求每班的现场操作人员三次爬上10m高的设备,进行仪器日常检查。结果,人们有时会省去这项任务,取消检查。因此,通过日常检查来发现问题早期迹象的可能性也下降了。另一种布置可以减少两次攀爬次数,使检查工作执行起来更容易轻松,并且使这样的检查工作持续可靠进行下去。(2)仪器的安装位置难以接近,对于个头不高的操作人员来说,仪器位置太高或附近刺眼的灯光都会导致数据读取困难,这些都会增加操作人员没有注意或误读的可能性。(3)控制室操作员经常遇到大量警报(考虑高误警率),如果他们认为这可能是另一个错误警报,则不太可能注意到严重警报或不认真对待。(4)将主管办公室从操作区域搬到行政大楼,造成主管与团队之间的面对面交流次数下降,导致主管不知道团队成员中存在的疲劳现象、注意力不集中或能力不足的问题。

本章的其余部分围绕以下这三个主题来进行组织。第一节将探讨弱信号的一些特征;然后讨论两个公认的心理学结构,通过集中注意力的方式使弱信号变为强信号;最后一节讨论了一些实例,说明在设计中关注人因工程会如何强化人们的心理过程,而这样的心理过程在提前发现并处理故障信号方面是非常重要的。

8.1 弱信号特征

8.1.1 弱信号类型

弱信号具有两种基本类型：
（1）A型：由设备或仪器发出的关于设备状况、过程或操作状态的信号。
① 由于操作人员注意力分散或高报警率而未注意到的警报。
② 设备经常因不明原因而跳闸或停运。
③ 设备发出异常声响或振动。
④ 计算机显示参数的变化趋势或数据发生了变化或趋于极限状态。
⑤ 来自密封件和法兰的流体泄漏与滴落。
⑥ 腐蚀迹象。
⑦ 不能预料的仪器读数。
（2）B型：关于正在进行的操作或活动方面的信号。这些信号包括由人的行为、决定或行动发出的信号，表明组织或程序性防御措施已经启动，旨在阻止事故的进一步恶化。
① 不常用的或与现有计划、流程或程序不一致的操作决定。
② 无视设计的安全或生产防御措施的决定。
③ 对执行操作的决定或方式感到不满，但又缺乏反对信心，或者决策责任人没有认真考虑反对措施的人的行为与肢体语言。
④ 察觉某项操作或某件设备不正确，但没有足够的证据来干预，或认为它可能是正确的。这个人可能在过去经历过类似的情况，但没有意外情况发生，所以他可能会合理化这种感觉不去干预。
⑤ 项目团队内部的决策，以快速跟踪设计或维护活动，省去正常的检查或设计审查，以此来满足既定的启动日期要求。或决定使用安全性或质量记录较差的接触器，其原因在于费用最低或是唯一可行的方法。

弱信号通常只有事后才能识别，也就是说，只有在知道某个事件已经发生或接近发生的情况下，设备状态、计算机显示信息、行为、动作、事件或决策才被认为是发出或未采取行动的信号。在事故发生前，这些信号有可能对组织来说属于可用信号，当人们注意到这些信号，认识到它们的重要性，就能够进行干预。

在设施与设备的设计与开发期间，应用人因知识和专业技术（即人因工程）有助于提高人们对A型弱信号的响应能力。对B型弱信号来说，广义上关注的是人为因素与组织因素。本章的重点主要集中在A型弱信号上，这些信号可以通过在设备和工作环境设计过程中采取行动而变为强信号。

8.1.2 弱信号与不确定性

弱信号总是存在于不确定的情况下。面对众多的信息来源，无法完全确定当前正在发生什么，或者接下来可能会发生什么，操作人员必须能够保持警觉并做出决定(通常是在实时或接近实时状态下做出决定)。信号本身，即使是对过程参数的客观测量，也常常是不确定的，例如传感器或处理系统并非完全可靠。有许多有据可查的案例，对传感器数据的可靠性有所怀疑，这使得认知偏见主导了人们的决策。例如，当仪表显示的参数值与操作人员预想的参数值不一致时，操作人员确定仪器是有问题的。

在任何复杂的实时操作中，操作人员都需要持续评估并确定信息的优先级及信息意义。他们需要知道何时何地进行信息查询，问谁或问什么，以及哪些信息在什么时候是最重要的。从心理学的角度看，在复杂动态环境中，从众多信息源之间分配注意力是一个复杂的过程。它的核心是建立一个足够精确的心理模型，对操作或过程的特性进行描述。除此之外，精确的心理模型使操作人员能够将有限的注意力在所有竞争性的实时信息源之间进行有效的分配。在许多油气开发作业(地震勘探、钻井与生产、炼油与制造)中，由于地质、物理、机械和化学过程的复杂性及其所存在的不确定性，运营商面临极大的挑战在开发和维护接近现实的过程动态行为的心理模型时。

由于自动化的趋势越来越强，尤其是自动化控制系统的使用，使得操作人员开发和维护动态心理模型的质量变得更加困难，这样的心理模型能够有效地分配操作人员的注意力，同时能够在自动化失效时进行人工干预。通常情况下，能够得到的最好结果就是操作人员的心理模型足以应付在正常操作范围内出现的大多数情况。不管怎样，当复杂操作或过程进入异常区域时，甚至出现未预料到的更糟糕情况时，操作人员心理模型的价值及其带来的在众多竞争性信息源之间有效地分配注意力的能力会受到严重削弱。

8.2 弱信号与情境觉察

数十年来，Mica Endsley 在情境觉察(SA)概念方面开展了大量的研究与应用工作❶。国际油气生产商协会人因分会除了讨论认知因素如何促成油气开发作业中的安全与环境事故外，还包括情境觉察概述[7]。这里没有必要再重复这个理论。需要注意的是，从心理学的角度来说，通常根据人们的认知水平来定义情境觉察：

1级——关于实际环境中正在发生什么事情的信息感知。

2级——从实际环境的角度来解释这些信息究竟意味着什么。

3级——预测在不久的将来，现实世界的可能状态。

对于情境觉察来说，上述三个层次是必不可少的。如果要在作业中发挥有效的作用，它们都会具有不同的特点和要求。至关重要的是，情境觉察需要在操作人员和整个团队内部进行开发和维护(有时称为共享情境觉察)。团队成员对当前操作状态的认识差异也许很难识别。然而，这种差异是导致沟通中断、团队绩效和决策欠佳的重要原因。

关于信号术语弱信号涉及的三个层次：

(1) 无论是通过人的感觉还是通过自动化，都是很难发现的。

---

❶ 情境觉察心理学的详细概述，以及如何将它应用到设计中，见参看文献[6]。

(2) 根据目前的实际环境状态，很难认识到这些信息的重要性。

(3) 很难预测这些信息对未来的环境状态或事件的影响。

弱信号的这三个层次直接对应到情境觉察的三个心理阶段：

1级——对实际环境的感知。

2级——明白当前状态下感知到的信息究竟意味着什么。

3级——对未来可能的环境状态进行预测。

即使能够发现并明白信号的真正意义，且潜在的影响也很明显，但人们可能仍然不会对其采取行动，这可能是由于其竞争性的优先级，或者假设其他系统、实践的介入可以阻止不期望发生的事件。也就是说，信号"不够强"，不足以迫使采取必要的行动。

强信号是在当前的环境状态下，相对容易发现和理解的且可能影响未来环境状态的信号。例如设计完善的报警系统，工程师会定义相关参数(压力、流量、温度等)的正常工作范围或额定工作范围。然后设置参数的报警设定值，如果某一参数的数值偏离额定工作范围之外时，就会发出警报提醒操作人员。设计完善的报警系统不仅能够引起操作人员对该参数所反映实际情况的关注，还能够提供一目了然的信息，说明情况的紧急程度和需要采取的行动。实际上，设计完善的报警管理系统就能够将弱信号变成强信号。

相反，让我们来考虑一下这样的操作，即操作人员必须人工监控操作参数或活动，进行观察并测量样本或读数，并将其与期望值或目标值进行比较。操作人员需要随时整合这些数据和信息，以此来确定系统是否在预期的安全操作范围内运行或是否需要对系统采取行动。这些信号本身属于弱信号。发现相对原始的数据并将其整合成关于过程或活动的状态信号，取决于相对复杂的知觉和认知工作(发现、解释、记忆、预测和决定，所有这些活动都是在困难的工作条件和压力下进行的)。此外，所有这些认知活动容易受到许多人为错误、认知偏差和非理性决策的影响。

依靠警报是一种明显且直观的方法，可以增强微弱信号。然而，正如整个行业所熟知的，并且可以从许多事故调查中了解到，直接安装更多报警装置的方法也不是特别有效的解决方案。正常和异常情况下的频繁警报(有时称为级联报警)问题，以及导致操作员不信任报警系统的高虚警率都有据可查。那就还需要其他方法，比如通过高度可靠的自动化，消除人们对检测和应对潜在故障源的依赖；或者以更清晰的感知方式提供信息(更常见的是提供数据)，这样的信息不仅容易感知，而且也与人脑处理信息、思考和推理的方式具有认知兼容性(见第6章的讨论)。

8.3 信号检测理论(TSD)

在第二次世界大战期间，心理学家开始研究当雷达屏幕探测到敌机接近信号时如何改善雷达操作人员(包含大量视觉噪声❶)的表现。虽然总是存在高度的不确定性，但实际上随时会出现敌机的概率是很低的。当然，错过早期攻击迹象的可能性也是很高的。数十年

---

❶ 这里的术语噪声一词通常意味着带知觉特性的感性输入，在许多方面，它类似于信号，但实际上又与信号无关。

来，这项初期工作推进了对同一个问题的理论与应用研究：当存在不确定性和背景噪声强的情况下，要求操作人员长时间监视不常出现的重要信号时，操作人员如何保持警惕性？除此之外，这项工作促进了信号检测理论（TSD）的发展[8-9]。从此以后，针对许多应用环境，就信号检测理论开展了大量的研究与应用工作。

信号检测理论基于两个参数，这两个参数反映了在存在不确定性的情况下，监控和应对罕见事件所涉及的心理过程，如图 8.1 所示。这两个参数是：

d'——感知信号清晰度的量度；

β——反映是否将感知信息视为实际信号的个人主观偏见。

图 8.1 中的信号强度轴表示被检测信号具有怎样的感知清晰度、明显性或容易性。垂直轴表示给定强度信号的概率。就各种类型的信号检测问题来说，都存在正态（非信号）分布：正常状态下，事件的常规统计变异。图 8.1 也说明了信号感官强度的分布情况（非正常状态下的信号），但有些是错误的，或者偏离正常状态。那么，参数 d' 表示与正常变异信号相比时信号的感知强度。两类分布曲线相距越远，信号也越强，检测也越容易。

但仅仅因为信号容易检测并不意味着会对其采取行动。这取决于第二个参数 β，它反映个人的响应偏见。与 d' 不同的是 β 是主观性的，它是由一些因素决定的，诸如人们相信这样的信号是怎样的信号，人们相信它是虚假信号（当实际上没有信号存在时，声称信号出现了）的代价（包括生产、经济、同事观点、自我形象等）有多大，以及正确发现并对信号做出响应时感受到的好处是什么。尽管 d' 是客观的，并且属于系统的属性特征，但 β 受到众多因素的影响，既受观察者个人因素的影响，也受组织因素和文化因素的影响。

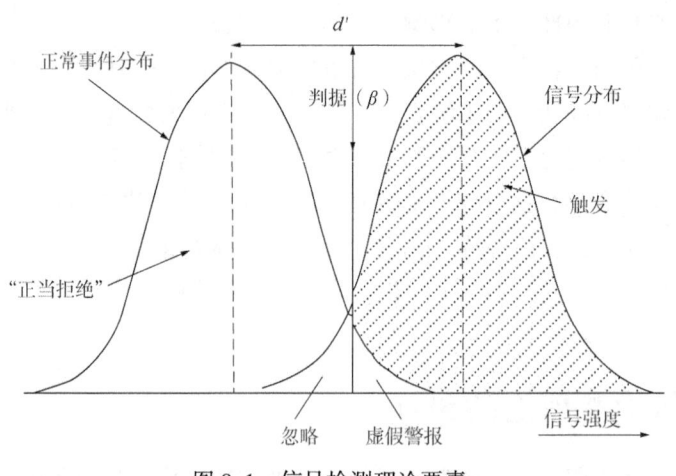

图 8.1 信号检测理论要素

图 8.1 所示的情境意味着存在四种可能：

（1）如果知觉信号落在观察者设定 β 值的左侧，则不会采取任何行动。如图 8.1 所示，很多时候，这些信号实际上属于正态分布，观察者会"正当拒绝"它们。

（2）在少数情况下，存在某些问题的真实信号的感知强度与正常事件分布会发生重叠。但是，由于这些信号的数值小于观察者设定的 β 值，观察者不会对其采取行动，而是将其视为正常事件过程分布的一部分。这些是属于忽略掉的信号。

（3）如果知觉信号落在观察者设定 β 值的右侧，则期望将事件作为真实信号来对待并采取相应的行动。从图 8.1 所示的分布情况来看，在大多数情况下，这些信号确实是真实信号，因此视为有效信号：观察者将针对真实信号做出正确的响应。

（4）但是，在少数情况下，实际上属于正常事件的信号落在观察者设定的响应阈值上方。在这种情况下，期望观察者将事件视为出错信号，并据此进行干预。这些都是虚假信号，观察者在实际并无问题的情况下，却采取了干预行动。

前面是对信号检测理论的简单说明。信号检测理论非常复杂和丰富，可以应用于众多复杂问题的处理。然而，对于本章的目的来说，这样的解释就足够了。

在此引用 Weick 和 Sutcliffe[1]关于高信度组织特征的一段话："警觉性保留了发现弱信号的重要意义并对弱信号做出强力响应的能力。"

图 8.2 用信号检测理论术语来进行图形解释：d' 的数值小，在正常操作变化时是很难发现故障信号的。不管怎样，观察者采用了最左边的 β 值。人们偏向于重视微弱信号，并将其视为潜在的故障信号采取行动。这属于弱信号强响应。

注意图 8.2 所示响应偏见的重要含义是组织需要准备好面对高误报率。观察者会根据他认为的潜在的故障信号而采取相应的行动，而实际上只是操作过程中的正常变化。从商业角度来看，任何组织在寻求对弱信号做出更积极的响应时，都会面临巨大的挑战。实际上，指望企业将每一个可能的弱信号作为危险信号并就此采取相应的行动是不现实的。针对商业和操作的实际情况，必须随时对实际情况做出判断，并在警觉性与潜在故障信号敏感性之间进行权衡比较，这是一个重大挑战。

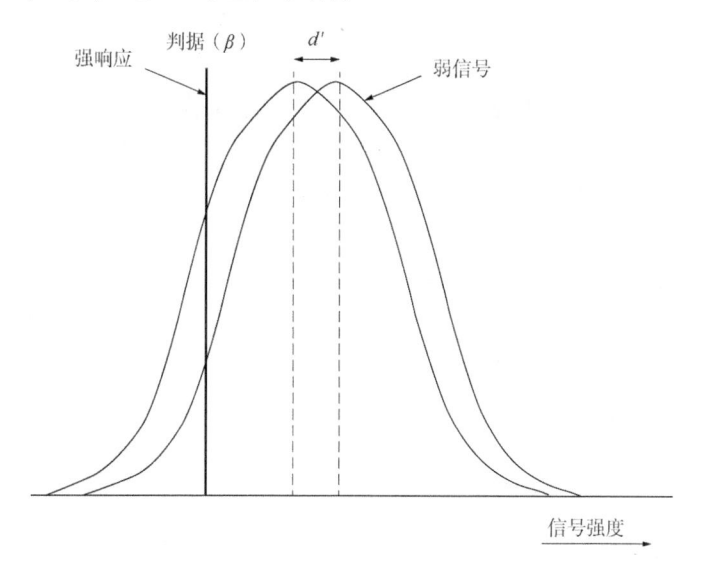

图 8.2 弱信号强响应

数十年来，心理学家已经理解并研究了参数 d' 和 β，并在实际应用中使用了这两个参数。它们提供了一种有力的方法支撑人们在不确定的情况下如何做出决定的心理过程，即当要求他们注意发现罕见的、不希望其出现的故障信号并作出响应时，通常情况下在正常作业时这样的故障信号是很难被发现的。

图 8.3 说明了受试者工作特征曲线（ROC）。对于给定的信号强度，它给出了正确检测到信号的概率（触发）与检测到虚假信号的概率之间的变化关系，这取决于观察者所采用的策略或准则。策略取决于：(1) 观察者认为信号出现的可能性有多大；(2) 出错的成本；(3) 如果采取了正确的应对措施，会获得怎样的好处。

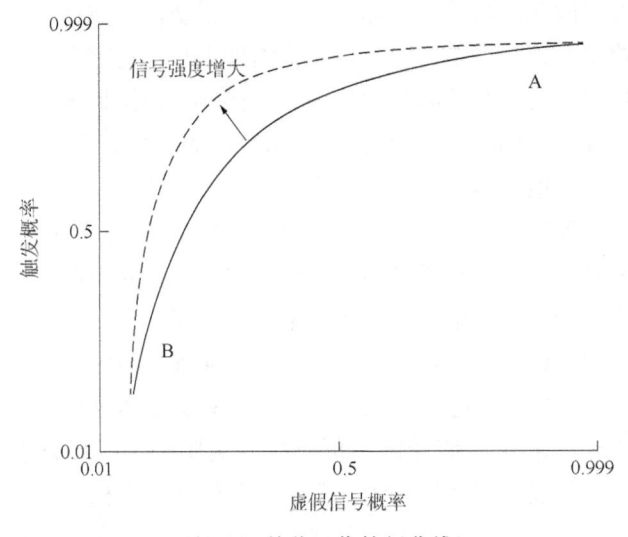

图 8.3 接收工作特征曲线

图 8.3 中的 A 点表示在接受高误报率的同时检测到的信号最多数量。B 点则相反，它意味着尽可能降低虚假信号的数量，同时在接收信号时会漏掉大量的信号。如果信号强度维持不变，若期望观察人员发现更多的信号，则必然意味着更高的误报率。另一方面，在给定对数值与概率（即 β 值维持不变）的信任度的条件下，只有增大信号强度才能提高信号检出率。图 8.3 中的两条曲线说明，使用准则 B，增加信号强度可以提高信号检出率，且误报率不会上升。

受试者工作特征曲线的强大之处在于它直接说明对于给定强度的信号，操作人员必须通过提高误报率来增加触发次数。在不涉及数学模型的条件下，信号检测理论意味着，对于给定强度的信号，如果面临重要的后果，并且根据观察者的经验，认为其在本质上是可能发生的，则观察者很可能将其作为真实信号来对待。若观察者相信这样的信号是不可能出现的或不重要，则不太可能将其视为一种信号。这些主观概率是在培训和经验累积过程中形成的价值估计。

在设计过程中，人因工程的有效应用恰好提供了这样一个机会，即在保持误报率不变的情况下，通过增大信号强度来提高操作人员发现弱信号的能力。

8.4 弱信号与人因工程

在设计过程中,由于缺乏对人因工程原则的高度重视,其结果可能是使操作人员很难发现或理解设备潜在的关键信息,很难理解会有怎样的情况或对其做出及时有效的响应。也就是说,如果未能充分重视技术人机界面,就有可能导致强信号变成弱信号。这适用于设施设计或布局的许多领域以及设备的人机界面。或许在人机界面中嵌入的屏幕图形和交互技术的设计中尤其如此。

即使没有开展另外的人因工程工作或分析,只需确保遵守各行业采用的现有人因工程设计标准(特别是控制室与机器人机界面设计标准与实践),就能提高控制室操作人员发现并处理危险弱信号的能力,这些危险弱信号是与操作或设备的状态有关的。通过改进人因工程原则在设计中的应用情况,利用第6章中阐述的人力绩效原理,就可以使许多弱信号的信号强度增强(或避免因设计缺陷导致信号强度下降)。

当然,改进人因工程在设计中的应用情况本身并不会增强人们的干预意愿,即使发现了潜在的危险信号。这取决于诸多的组织、操作和文化因素,远远超出了人因工程的范围。在组织层面上采取的行动可以直接影响人们在存在不确定情况下如何做出决定的心理过程。

8.4.1 情境觉察和信号检测理论的人因工程影响

在许多方面,如果在设计或运行管理中未能正确实施人因原则,可能会使操作人员更难发现故障的早期迹象。或如果他们确实发现故障,很难激励他们采取行动。下面列举了一些例子来说明在设计中人因工程的有效实施会如何提高人们的情境觉察能力和增大 d' 值,从而使操作人员更容易提前发现故障信号。

在所有需要定期检测与检查的区域,应提供具有良好的进出通道、视线和照明的工作环境;设备的标签应恰当且保持一致,并有醒目的状态指示,使其易于识别,操作人员能够快速确定设备所处的状态;设备布局不应鼓励操作人员寻找更简便的工作方法,因为其期望采用的方法存在不必要的高要求、耗费时间或使用起来不方便的特点;控制室可以最大限度地减少干扰,确保操作人员能够高效查看并获取他们所需的各种信息;确保操作人员不会因不适而分心;操作人员与相关人员(无论是位于控制室内还是位于控制室外)之间的沟通顺畅;操作人员工作站和人机界面使操作人员可以在整个控制范围内保持高级别情境觉察能力;便于发现和识别系统性能的趋势或重要变化;操作人员能够高效地将注意力分配给具有高优先级的信息,查看参数随时间的变化情况,快速获取执行任务所需的信息;特别是针对目标的思考和推理方式,设计的显示器应与人脑处理信息的方式在认知上是兼容的,以便可以直接看到系统的复杂状态,而不需要操作人员通过自身将多个信息源的信息整合在一起。

表8.1说明了在设计项目期间或通过运行管理确定的人因问题是如何影响三个层面的情境觉察以及 d'(使信号的发现更容易)和 β(如果发现信号,改变采取行动的个人准则)。

表 8.1 人因工程设计特征如何影响情境觉察和信号检测理论示例

项目	范围	不良人因工程设计对如下参数的潜在冲击			
		1级情境觉察	1级情境觉察	d'	β
操作工作场所的设计与布局	入口、走道、平台；照明；阀、仪表与采样点的位置；仪表板的设计与位置；设备标签与标牌等	影响明显——如果信息无法看见或读取，可能100%的影响	可能不受影响	在走路、检查等过程中更难以注意到问题形成的迹象，会使d'变小	很小
控制室与操作人员工作站设计	噪声与注意力不集中；视角；沟通；任务照明等	影响明显——如果信息无法看见或读取，可能100%的影响	可能影响明显	高分贝噪声和其他干扰源，不良的视角，不得不监控大多的显示器等，都会使d'变小	应该很小
人机互动	信息呈现、注意力次编码、趋势、感知与易读性、基于任务的显示、工作量等	影响明显——如果信息无法看见或读取，可能100%的影响	可能影响明显	显示混乱，无助于操作员专注于高优先级信息，或显示大量的原始数据，而不是操作人员可以用来推理的信息，都会使d'变小	应该很小
报警管理系统设计	报警次数与频率；报警级；易于识别和理解警报的意思是什么，要求什么样的响应，误报率等	影响明显——如果警报丢失，可能100%的影响	影响明显	无论是个别警报还是能分散操作人员注意力的其他信号，警报泛滥都会减小d'	警报泛滥和高误报率可能会使β向右移动，使得操作人员不太可能按预期的那样作出响应
工作设计	疲劳、工作量、压力、厌倦、团队结构和监督	可能影响明显	可能影响明显	疲劳、厌倦和压力都可能使d'变小，因为有足够的操作人员的警惕性来发现微弱信号	β很可能向右移动，操作人员在疲劳、厌倦或焦虑的状态下不太可能对出现的不确定信号采取行动的

8.4.2 弱信号与计算机人机界面设计

人因工程原则应用在计算机控制系统的人机界面设计(无论是过程控制、钻井还是其他实时安全操作系统),也许会使存在潜在重大问题的弱信号的检出能力最大化,比如改善情境觉察能力和使 d' 明显增大。提交的报告中第 4 章是关于"深水地平线"事故的[10],讨论了钻井人员在事故即将发生前,如何监控钻杆压力。图 8.4(摘自报告中图 4.8)给出的是钻杆压力,通过一台可用的显示器提供给操作人员。图中的关键点是在 21:00 后钻杆压力从缓慢下降到缓慢增加所反映出的微小变化。报告指出:尽管其增加幅度反映在 Sun Sperry 显示器上仅仅是一个微不足道的趋势,但从压力下降到压力增加的方向变化却是很明显的。如果有人注意到了这一点,他一定会就这样一个问题给一个解释,即钻杆压力怎么可能在泵速不变的情况下增大呢?[10]。

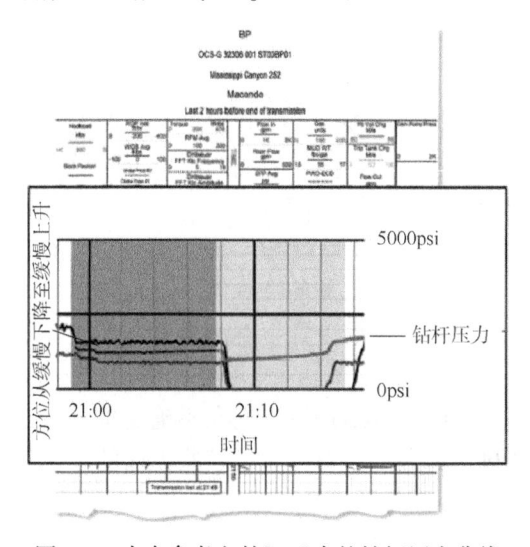

图 8.4 来自参考文献[10]中的钻杆压力曲线

该报告还分析了为什么钻井人员会错过或误解正在发生的井涌信号,而选择继续观察:这些员工每次都会坐在这些显示器前持续 12 小时。考虑到潜在的后果,依赖这样的系统是不可接受的,即要求合适的人在正确的时间查看正确的数据,再了解其含义,并且不顾同步进行的活动和其他监控责任的系统[10]。

提交的报告承认,不知道在事故即将发生前,监视井涌的显示器显示什么或操作人员在做什么。不管怎样,观察操作人员的需求和讨论显示器设计的局限性是与大量的基础应用研究和技术发展相一致的。包括在航空、核电以及油气与化工行业(见参看文献[11]与[12]中的示例)的炼油和制造等应用中,先进的显示设计理念从向操作人员提供数据,转向感知对象。这些是图形对象,进行了适当的细节处理,设计这些图形对象的目的是将大量的数据集成在单一的可视图像中,对于人脑来说,这样的可视图像不仅容易处理,而且容易理解。例如,除了指示对象或活动的当前状态外,也能够快速高效地传递有关变化的方向与速率的信息以及重要的决策点位:参数的数值与极限值的接近程度;需要多长时间会达到极限值;或者是否有任何重大变化(一些图形目标以及怎样将其集成到概览显示的示例见第 20 章）。

"深水地平线"事故调查委员会的评论是：并没有理由说明为什么不在显示系统中采用更复杂的自动报警系统和算法，以便在出现异常时向司钻和钻井液录井工程师发出报警信号[10]。

虽然报警信号是一种吸引操作人员关注关键变化的明显且直观的手段，但也存在单纯增加报警装置所带来的风险。以支持活动（这样的活动依赖于实时监控系统的员工）的感知显示器设计为基础的复杂方法，是一种可替代的以人为中心的方法。但是，如果将如此先进的显示概念引入现有设施的变更过程却管理不当的话，可能会面临来自操作人员的巨大阻力。不管怎样，已有充分的证据表明：这些先进的显示器十分有助于操作人员保持高水平的情境觉察能力，并且与传统显示器相比，能够更快速、更可靠地发现和诊断存在的潜在问题。第 20 章对部分这类证据进行了评论，也就是，能够使 d' 变得更大，弱信号变强。

8.5 小结

原则上，在引发问题的弱信号出现时，能够发现它，同时采取相应行动的话，极有可能会使轻微波动事件不会演变成重大事故。然而，在实际情况中，有许多技术和商业问题使得如此概念性的简单干预存在协调上的困难。

通过针对安全管理、安全文化、安全领导、长期不安、风险心理理解能力的提高以及非技术技能的提高等方面做出努力，都能使操作人员更加有意识了解弱信号的重要性，关注安全问题，更有可能进行干预。不管怎样，这本身并不会使弱信号变得更清晰或更容易发现。

利用公认的心理科学，能够很好地理解人们在不确定条件下，怎样就突发事件进行监控并做出相应的决定。从科学的角度来看，通过某些方面的努力可以使弱信号（关于设备、操作或部分设备的弱信号）变为强信号。改进人因工程原则在设计中的应用，有可能使得这些区域内产生的本质弱信号尽可能变得更加清晰，也以更容易发现的方式呈现给操作人员。

简单地添加更多、更响、更亮的报警装置，并不是使弱信号变强的解决方案。

参 考 文 献

[1] Weick K E, Sutcliffe K M. Managing the unexpected: assuring high performance in an age of uncertainty. San Francisco, CA: Jossey-Bass; 2001.

[2] Weick K E, Sutcliffe K M. Managing the unexpected: resilient performance in an age of uncertainty. 2nd ed. San Francisco, CA: Jossey-Bass; 2007.

[3] Oil and Gas Producers Association. Shaping safety culture through safety leadership. Report 452. OGP; 2013.

[4] Fruhen L S, Flin R H, McLeod R W. Chronic unease for safety in managers: a conceptualisation. J Risk Res 2013; 17(8): 969-979. http://dx.doi.org/10.1080/13669877.2013.822924.

[5] Oil & Gas Producers Association. A recommended practice for Crew Resource Management training for Well Operations Crew. Report 501. OGP; 2014.

[6] Endsley M R, Bolté B, Jones D G. Designing for situation awareness. 2nd ed. London: Taylor and Francis; 2012.

[7] Oil &Gas Producers Association. Cognitive issue associated with process safety and environmental incidents. Report 460. OGP; 2012.

[8] Tanner J R, Wilson P, Swets J A. A decision-making theory of visual detection. Psychol Rev 1954; 61(6): 401-9.

[9] Green D M. Swets JA signal detection theory and psychophysics. New York: Wiley; 1966.

[10] National Commission on the BP Deepwater Horizon Oil Spill and Offshore Drilling. Deepwater: The Gulf Oil Disaster and the Future of Offshore Drilling. Report to the President; 2011.

[11] Hollifield B, Oliver D, Nimmo I, Habibi E. The high performance HMI handbook. Houston, TX: Plant Automation Services; 2008.

[12] Abnormal Situation Management Consortium. Effective operator display design. Phoenix, AZ: ASM Consortium; 2008.

第9章 自动化与监控

近几十年来,技术的进步与日益高度自动化的工业进程同步进行。对于以前采用人工完成的任务来说,其自动化的进程至少可以追溯到18世纪中叶的工业革命。现代数字技术将超高速处理速度、庞大的存储空间和用于处理、检索及推理的极其复杂算法与大量的实时或近实时数据整合在一起。这些功能使得自动化不仅仅是简单地接管以前的人工功能,而且还能够执行先前依赖于员工知觉与认知能力的功能。如发现无法完全预测的事件信息,利用这些信息进行推理,根据推理结果做出决定。这些功能与监控相结合,使自动化能够接管安全性要求越来越高的安全关键功能。

毫无疑问,自动化不仅在过程安全方面,而且在实施工业过程与实现曾经不可能实现的可持续生产方面,都带来了显著的收益。现在许多资产在其生命周期里都属于完全自动化设备,只是偶尔有维修人员前往。整个油气田可以通过集中控制设备来进行操作与控制,从地理位置的角度来说,操作与控制远离了现场。对于地理上分散的资产来说,它已经使用了诸如集成操作与协作这样的操作概念,使人与资源的协作变得更加灵活、高效和经济。

自动化的引入大大降低了操作的风险性,既消除了人为错误的可能性,也能够减少员工面对风险的频率或次数。

自动化还改变了人们在工业控制系统中的作用。在未来的几十年内最明显的变化是由员工执行的过程检测与控制任务越来越具有感知性和认知性,而不再是人工操作的。所涉及的认知需求也许既重要又具挑战性。针对高度自动化系统中员工的作用,人们进行了大量的思考与研究,主要表现在现代国防系统的开发方面,但也涉及航空和核能的开发。

本章简要介绍当油气行业与加工行业的操作人员在面对监控高度自动化的操作或过程时人因工程的影响。本章针对第4部分的讨论提供了一些背景知识,讨论的内容是关于操作人员监控作为事故控制措施的有效性方面。

9.1 监督控制

至少从20世纪80年代早期许多人就认识到,对于正常平稳运行的实时控制系统来说,操作人员的角色正从一名人工控制员变成一名监督控制员。人们正在远离主动性监控系统状态的角色,变为确定何时需要控制输入,并采取必要的措施来确保过程参数维持人们所期望的数值的角色。从某种意义上说,这是一个真正意义上的人因控制过程,即人的主要职能是监控自动化过程,做好干预自动化过程的准备,以便在自动化系统出现问题时重新进行手动控制。

图9.1说明了操作人员作为人工控制员的作用。图中实际上存在两名操作人员:一名操作人员在控制室;另一名操作人员在工作现场(也就是说,一部分员工实际上位于设备

所在区域，并且能够经常接触设备）。集成到工艺设备中的一系列传感器通过控制室内的显示器或设备的本地控制面板供给操作人员所需的信息。如果工艺参数超过设定极限值，传感器数据也用来生成报警信号。控制室与现场操作人员都可以通过采取控制措施来进行工艺状态控制（通过打开或关闭阀门，改变泵的排量，加热或冷却工艺流体，释放压力或改变原料平衡等）。因此这两名操作人员扮演的是人工控制员的角色，并且依赖于两名操作人员之间所进行的大量沟通工作。

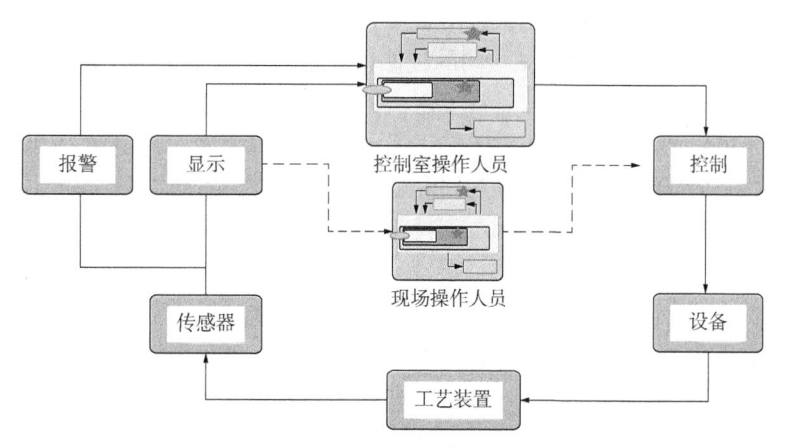

图 9.1　操作人员担任工艺装置的人工控制员

相反，监督控制员的概念如图 9.2 所示。首先请注意，现在只有一名操作人员，实际情况往往不是这样的。大量的任务仍然需要现场操作人员来执行，但大多数情况下，至少是在正常的稳定条件下，他们关心的是通过视觉、听觉和嗅觉来监控本地设备、检查仪表、启动或停止本地设备或检查设备状态，并非是对工艺进行控制。

如今，控制操作人员是唯一直接参与工艺监控与控制的人员。如图 9.2 所示，控制系统已经基本取代了操作员在控制过程中的作用（至少在操作参数稳定且处于正常操作参数范围内，或者工艺状态异常是可预测的）。传感器直接向控制系统提供电子数据，反过来又通过控制设备来直接对工艺装置进行自动控制。

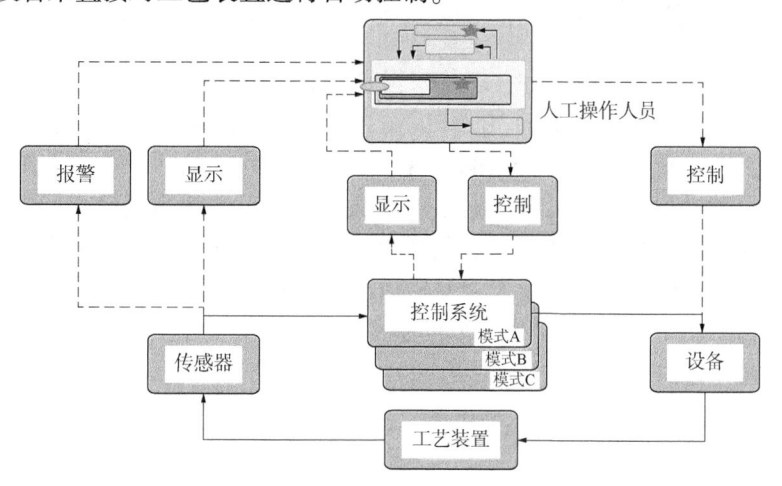

图 9.2　操作人员担任工艺装置的监督控制员

请注意，如图 9.2 所示的监督控制员示意图，采用了两套显示与控制系统，一套系统显示工艺状态并具备交互功能，另一套显示工艺状态且与控制系统交互。因此，操作人员不仅需要保持对工艺状态的觉察能力，还要能够明白控制系统的状态，如工作状态是否正常？正在做什么？为什么这样做？等等。关键的是，需要操作人员具有在必要时与两套系统互动所需的知识与技能。

请注意，如图 9.2 所示的监督控制员示意图，配有多套不同的控制系统或同一控制系统的不同控制模式。当系统在不同条件下采用不同的行为方式，或者控制会产生不同的效果（取决于系统的状态）时，就存在不同的控制模式。对目前使用的计算机系统来说，控制模式是很常见的。如图 9.2 所示，监督控制员不仅需要随时了解系统处于何种状态，而且如果系统具有不同的控制模式，还需要知道系统处于何种模式。所有这一切都发生在监督控制员无需干预系统的时候，他只是观察和监视系统正在做什么。

如果人机界面的设计不合理，无法支持操作员了解两个系统的状态，那么对操作人员的要求就会变得非常具有挑战性，并且很容易超出他们的能力。操作人员需要具备所需的知识与技能以便在必要时与两套系统交互，尤其是发生异常情况与紧急情况时，对操作人员的要求可能会非常高。本章后半部分介绍油气行业从 2009 年法航空客大西洋坠毁事故中获得的一些经验教训。此次事故在许多方面都是由监控系统引起的人为因素问题的典型例子。

除了关注监控系统的发展之外，许多应用心理学家指出，这些新的高度自动化的系统也许在其他方面存在根本性的差异，包括其本身带给操作人员巨大心理挑战。心理学家 David Woods 和 Erik Hollnagel 等人也发表了一系列关于共享认知系统的研究❶。这些系统是人与机器之间真正分享认知（感知与理解世界，对世界的状态进行推理并做出决定决策）的系统。在共享认知系统中，对人的心理素质的要求很高。尤其是当给予系统根据传感器感知的状态做出决定的权限时，操作人员（通常仍然处于监督控制员的角色，期望监控系统正在做的事情，甚至会对其进行的工艺控制行为承担法律责任）要能够明白系统做出了什么决定以及为什么会这样做。

9.2 自动化的讽刺

这是一起具有讽刺意味的事件，多年来至少在学术界已经被认可、研究和撰写了相关的文章。事实上，心理学家 Lisanne Bainbridge 甚至早在 1983 年就给它起了一个名字——自动化的讽刺。随着新技术和新功能的出现，自动化替代人的活动。由于新功能的出现，很容易对这些活动进行自动化处理。这些活动往往是可预测的重复操作；它们易于定义，具有清晰一致的关联规则，操作背景也相对稳定。通常情况下，这样的操作具有规律性、可预测性和简单性，因而容易出现人为差错（比如枯燥、重复和要求不高的工作会导致关注度不够和精力不集中）。令人啼笑皆非的是，通过对简单事情的自动化处理，留给操作人员的事情会越来越难。

Lisanne Bainbridge 在她 1983 年的论文[2]中写道："设计者对操作人员的看法可能是操

---

❶ 参考文献[1]对这一课题进行了全面的回顾。

作员既不可靠还效率低,因此应从系统中剔除。这种态度引发的两种讽刺现象。一是设计师的差错可能是引发操作问题的主要原因;二是试图取消操作人员的设计师仍然要让操作人员来完成这样的任务,即设计师还未想出怎样对其进行自动化处理的任务。留给操作人员的是各种各样的随机任务,并且很少考虑给予他们技术支持。"

因此,不仅操作人员的核心活动是困难的,而且自动化的引入本身也增加了问题的复杂性。所有这些都是因为自动化通常会消除或减少操作人员练习实施人工控制所需技能的机会。再次引用 Lisanne Bainbridge 的话:"从前在监控自动化方面经验丰富的操作人员,现如今也许是缺乏经验的操作人员"。

如果否认这些问题并且在设计过程中不予考虑,可能会出现人力信度损失的重大风险。

直到1990年左右,当人因工程首次引入海上结构设计时,司钻常常会站在司钻平台上,而这样的平台是暴露在大气环境中的。司钻一只手握住刹把,另一只手握住离合器控制杆,脚踏平台上的油门。实际上,司钻看起来像一只站在司钻平台展翅跃飞的雄鹰。(图 4.3 中的司钻采取的就是这种工作姿势。)

无论如何,司钻能够从刹把的振动情况、转盘的声音或者通过观察绞车电缆卷筒来获取很多关于钻井进展情况的触觉反馈信号。

由于新技术的使用,司钻坐到了司钻室内的一把舒适的椅子上。他通过一对操纵杆控制刹车、离合器和其他的一切事情,并通过安装在椅子前面的显示器来观看操作情况。

毫无疑问,改进后的工作站在许多方面符合人体工效学的要求,应该能够提高司钻的人力绩效与信度。对于很多人来说,情况确实如此。无论如何,许多经验丰富的司钻发现,丧失了直接观察并感受操作情况的能力,也就降低了他们对操作过程的情境觉察能力与控制能力。

9.3 法航航班 AF447

2012年7月5日,德国航空和民用航空局分局(BEA)发布了关于法国空客 A330-230、AF447航班(从里约热内卢飞往巴黎)在飞越大西洋时发生的坠毁事故的最终调查报告[3]。乘客与机组人员共228人全部遇难。一连串的事件源自自动飞行系统中的临时故障❶最后由于机组人员随后针对系统故障采取的行动导致了事故的发生。悲剧发生的根本原因是监督和控制失效,或者是依赖飞行员表现的安全屏障出了问题。调查报告包含大量的信息并深入到导致坠毁事故发生的人因工程学与人机工程学问题。

机组人员在情境判断、对正在发生的事情的理解能力以及基于自己的培训经历做出响应方面所遇到的困难,与监督控制员所遇到的挑战有许多共同点。因此,本章的其余部分总结了油气行业与加工工业可从这一事故调查中学到的一些关键的人因工程经验教训,同时也提出了一些即将面临的挑战。

就本章而言,无需详细说明事故原因或机组人员采取的具体行动。因此,讨论是在共性层面上,试图找出可能对加工工业有价值的经验教训。

---

❶ 实际上,一切都是按设计进行的,只是飞机计算机接收到了来自飞行传感器的相互矛盾的信号。

悲剧发生时，机组人员正准备穿越一个高湍流区域（称为热带辐合区，ITZC）。他们预计在通过此区域时，对他们所拥有的技能、做出的判断和决定的要求会更高。当机身外的皮托管冻结时，空速信息的丢失导致飞机的自动飞行系统突然在无任何警告的情况下停止了工作。需要机组人员对飞机人工控制的事件是突然出现的，也是机组人员意想不到的事件。可悲的是，机组人员并不知道他们当时的处境，误判了已经发生的事情，而且一直未发觉其做出的判断是错误的。

如果机组人员发现了问题的原因，并且应用几个月前培训时使用的应急预案，则可以安全处置空速信息丢失事故。通过探究机组人员为什么未能意识到他们当时的处境，以及为什么未应用预期的程序，人们会从中学到很多经验教训。

从失去自动飞行控制到坠机的整个事件只有 4 分 23 秒。在这短暂的时间里，机组人员可能会受到至少四种巨大的心理压力：

（1）报告中多次提及飞行员感到惊讶、吃惊，并且从他被要求对飞机采取人工控制的那一刻起，就一直受到情绪冲击。

（2）在自动驾驶中断的 2 秒钟内，机身的侧倾角明显增大。飞行员的注意力立即被完全吸引，试图重新控制机身。他做了一系列突然且过度的控制操作，这样的操作为不恰当且不符合高空飞行推荐的操作做法。这些操作占据了机组本应诊断情况原因和计划应对措施的大部分时间。

（3）飞行员控制操作，加之高强度的大气湍流，即使是经验十分丰富的机组人员，都可能出现一定程度的空间定向障碍。应该在这样的背景下来看待机组人员所采取的行动，在承受压力和剧烈运动的同时，很难清晰和理性地思考。

（4）在发生异常后，机组人员也许很快就意识到，如果不能使飞机迅速恢复正常，他们将面临死亡的威胁。机组人员定期参加模拟器培训，这样的培训可能非常实用并且从心理学的角度来看，其理由也是令人信服的。尽管如此，潜在的死亡威胁迫在眉睫以及由此产生的恐惧和压力，也许会干扰机组人员对问题做出理性的判断与决策❶。

除了机组人员面临的挑战外，在事故发生的前 46s 中，有 34s 驾驶舱里响起了响亮的声音警报，这无疑在改变机组人员对情况的反应方面发挥了作用。

除了空间定向障碍之外，在许多油气开发和工艺操作中，这些心理压力源都可能会在发生重大意外或自动化控制失效（无论什么原因）后立即出现。

机组人员的行动和决定似乎因一系列其他因素的出现而变得模糊不清，其中包括：当时执飞副驾驶对将要通过的热带辐合区的飞行路线表现出了焦虑或至少是不安的情绪；机长未能发现执飞副驾驶就选定飞行路线时所表现出来的不安情绪或未对其做出反应，或者参与讨论可能的替代方案。

这些在调查报告中被描述为，在驾驶舱内形成了一个存在高度情绪化因素的环境。当机组人员被自动控制失效引发的紧张情绪所左右时，这一强烈的情绪化氛围会干扰机组人员清晰梳理问题的能力。

---

❶ 还有许多其他航空事故，飞行员成功地避免了坠机，尽管也处于潜在的死亡迫在眉睫的情况。也许最著名的是 2009 年降落在纽约哈德逊河的美国航空公司 1479 航班。法航事件在前一事件的背景、机组人员的情绪状态、没有任何明确的迹象表明发生了什么以及可能的空间迷失等方面显得不同寻常。

9.3.1 其他人为因素问题

调查报告涵盖了与飞行系统的人机界面设计、程序设计有关的大量其他人因问题，以及与培训、决策、沟通和人际关系有关的组织问题。这里给出了几个例子❶。

（1）警报系统的设计，特别是声光报警之间的冲突，以及声光报警的持续时间和强度。

（2）当机组人员试图诊断问题的紧急时刻，会显示文字形式的警报信息，特别是信息显示的方式。飞机上显示的优先级以及任一信息的缺失都可能是导致事故发生的根本原因。

（3）在最后几分钟内两名副驾驶之间的沟通中断。（总的来说，两名机组人员之间未能分享意图，使得问题的确认和解决变得更加困难。）

（4）事实上，飞行系统有不同的模式（机组人员显然未意识到系统处于何种飞行模式）。识别飞行计算机所处的模式是当时飞行员就如何驾驶飞机进行推理的基础。（也就是说，正常飞行法则（当飞机在技术上不可能出现失速问题时）和替代法则（当有可能出现失速问题时）之间的差异。）

（5）进行应急程序培训的方式与当时机组人员所面临的实际情况（包括飞行条件、机器人机界面和警报超载）之间的差异。（训练场景可能与飞行失败的现实情境之间存在很大的差异。）

（6）驾驶舱设计、程序和训练中固有的假设，即飞行员将从听觉警告和机身抖振中明确识别接近失速的情况，并采取必要的纠正措施。尽管在大多数飞行员的职业生涯中有过失速的经验。（安全模型假设：尽管飞机失速的问题很少出现，但是随着时间的推移，识别接近失速的信号特征和唤醒预期行为的能力仍然足够强大。这些假设是错误的）

（7）机组人员对仪表读数、警告和程序缺乏信心的各种迹象。作为调查工作的一部分，在其他事故的研究中也发现机组人员中存在这样的问题。

（8）对情境觉察能力丧失的认知狭隘迹象（当执行飞行员只集中关注显示器上的某个信息，而不是关注更多的信息时）。

（9）程序的设计与实施：与实际情况不匹配的程序；导致程序无法使用带来的工作压力；程序过多或过细。

（10）在自动化系统中断与重启的情况下，需要机组人员采取行动的过程中出现不一致的机器人机界面行为。

9.3.2 行业背景

商用航空与油气行业及加工行业之间肯定存在着明显的差异，即机组人员接受了经国内与国际监管机构严格审查的招聘、培训、认证和重新认证标准，以及定期进行的医疗与心理测试，其严格程度都远远超过其他大多数行业；

---

❶ 当时媒体关注的重点是，与传统的大型中央轭柱相比，将侧臂控制用于飞行指令意味着非执飞飞行员无法看到执飞飞行员的控制输入。虽然这与驾驶舱人体工效学高度相关，但并未在这里介绍它，其原因在于它似乎并不是油气行业和加工行业高优先级知识。

飞行系统(包括报警管理系统与决策辅助工具)、带图形显示的机器人机界面与人工控制一直处于研究、设计、审查和认证层面，确保将发生人为差错的可能性降至最低，其严格程度再次远远超过应用于油气系统与大多数加工系统的设计与开发标准；商业航空业作为一个整体，建立了针对从事故与未遂事件中吸取经验教训的制度与程序，而且再次远远超过大多数其他行业。

因此，尽管与油气行业和加工行业相比，商用航空业对这些问题的关注度更高，法航机组人员的人力绩效还是出了问题。

唯一明显的合同界限是运营商(法航)和飞机制造商(空中客车)之间的界限。例如，空客公司针对实际发生的问题制定了相应的应急程序，但法国航空公司实施了修改后的版本，并负责机组人员的程序培训。

认识到这些行业之间的差异，AF447坠机事故至少具有类似于石油天然气行业与其他行业所进行的许多关键活动的特征。

在许多方面，坠机事故是本章前半部分讨论的人因问题的典型案例。当时需要人工操作员改任安全保障系统的监督控制员。也就是说，当依赖人来监督和监控高度自动化且具有高可靠性的系统时，如果自动化系统失效，期望人可以执行手动控制。调查报告表明，就这些已经开展了大量研究工作的问题来说，其中的许多问题被机组人员未能处置自动控制意外失效这一问题所掩盖，尤其是在当时的具体情况下。

在第6章中讨论的人因工程的硬道理之一是人力绩效的情境性。它取决于事件发生时的实际情况。在不同的飞行阶段，比如在接近热带辐合区的时间段，驾驶舱内没有明显的心理紧张气氛时，机组人员采取了不同的响应措施并成功地对事件进行了处置。无论如何，他们没有在关键时刻做到这一点。

9.4 来自 AF447 的教训与挑战

油气行业与加工行业至少在四个方面可以从AF447坠机事故中吸取重要的经验教训，这些经验教训有助于改善人力信度：

(1) 日益高度自动化操作的工业时代意味着越来越多的操作人员会出现角色的转换，即从操作人员转换为监督控制员。虽然这不是什么新鲜事，但是开发并利用自动化系统的态势正在加强。因此，可以应用来自AF447坠机事故的经验教训的情况越来越多。

挑战：业界是否认识到自动化系统失效时，监督控制固有的潜在认知障碍？业界是否在控制系统的设计方面做足了工作，在检测和诊断情况以及规划如何应对关键过渡期时为操作员提供支持？

(2) 尽管在警报管理系统的设计和商业航空紧急情况的辅助决策辅助工具方面投入了大量的研究、设计和认证，但飞行机组未能正确地诊断情况，或应用预先培训的紧急程序。

挑战：该行业是否已经做了足够的工作来确保报警管理系统和辅助决策辅助工具的设计？是否能够在出现自动控制到人工控制的意外转换时，给予监督控制员充分的支持？

(3) 机组人员接受过专门培训，且必须通过针对2009年6月1日常见紧急状态的应急程序考试。这种基于模拟器的培训包括这样的测试,即通过测试确保系统地学习了完全依赖飞行员记忆能力的这些程序要素,并在面对压力的情况下可以应用。尽管进行了这样的培训,但机组人员并没有辨别出可以应用的正确程序。(报告中暗示:通常情况下,机组人员也许不相信某些应急程序)。

挑战:在面临压力且工作量大的情况下,若准备让监督控制岗位上的操作人员来发现并判断潜在关键异常行为,业界是否做足了工作?在面临实际压力的异常情况下,控制室操作人员确实能辨别出要应用的应急程序吗?他们对这些程序有信心吗?

(4) 采取定期进修培训的方式,对飞行人员进行专门的培训。培训内容为专门针对支持杰出团队工作的非技术技能培训,包括避免人际关系紧张方面的培训。这通常被称为机组人员资源管理培训❶。

(5) 尽管进行了这样的培训,调查报告强调:调查人员认为在事故即将发生前,在驾驶舱内存在高度情绪化的紧张氛围,即机长通过与副驾驶密切交流的方式(或者未能与担心飞行路线的副驾驶中的任一位副驾驶沟通)任由此种氛围越来越浓厚。

挑战:该行业是否认识到人际关系和非技术技能对安全关键型团队中有效团队工作的重要性❷?在这些技能的培训与确保将其引用于工作场所方面,业界是否做足了工作?

9.5 小结

与监督控制有关的人因与心理问题是复杂的。如果将自动化引入安全关键系统,而未能充分考虑对操作员在监控、理解自动化、需要时能够采取控制措施方面的作用及影响,将使监督控制变得更加困难和极具挑战性。与石油天然气行业相比,在确保航空和其他行业的人力绩效方面,尽管其关注度更高,但由于监督控制失效引发的重大事故仍未绝迹,石油天然气行业以及其他加工行业仍可以从这些行业学到很多东西。从这些学习中产生的挑战可能是巨大的。

参 考 文 献

[1] Hollnagel E, Woods D D. Joint cognitive systems: foundations of cognitive systems engineering. Boca Raton, FL: CRC Press; 2005.

[2] Bainbridge L. Ironies of automation. Automatica 1983; 19(6): 775-9.

[3] Bureau d'Enquetes et d'Analyses pour la securite de l'aviation civile. Final Report on the investigation into the crash of the Air France AirBus A330-230. BEA. July 2012. Available from: http://www.bea.aero/en/index.php.

---

❶ 注意,报告针对这类事件,对机组人员资源管理的价值提出了质疑:总的来说,机组人员资源管理的效果逐渐下降,并且对事件的分析突显了它在这种既意外又不熟悉的动态情境背景下的脆弱性。

❷ 作为对"深水地平线"事故的响应措施之一,并在医学、航空和其他行业所做工作的基础上,国际油气生产商协会资助了一项研究,以支持开发井作业团队非技术技能培训的开展。这已作为 IOGP 报告 501《油井作业队人员资源管理教学大纲》[4]和 502《油井作业队人员资源管理推荐规程》[5]发布。能源研究所还出版了关于不限于油井作业的主题的最新指南《井队资源管理(CRM)和非技术技能培训计划指南》[6]。

[4] Oil and Gas Producers Association. Syllabus for Crew Resource Management for Well Operations Teams. Report 501. OGP; 2014.

[5] Oil and Gas Producers Association. Well Operations Crew Resource Management Recommended Practice. Report 502. OGP; 2014.

[6] Energy Institute. Guidance on crew resource management (CRM) and non-technical skills training programmes. London: Energy Institute; 2014.

第 10 章 人的问题

几年前,笔者参与了一系列为期两天的面对面人因工程培训课程的开发和交付。培训课程结束后,受训人员可重返工作岗位,并担任人因工程协调员的职务。也就是说,他们尽管不是专家,但他们知道如何组织项目的人因工程:什么时候需要做什么?应该交付什么?以及如何使用这些结果?❶ 他们需要了解所涉及设计问题的范围、可用的技术标准以及可用于实施人因工程计划的工具和方法。

课程通常有 10~16 名学员,他们通常是项目工程师、项目经理、技术安全和健康、安全与环境(HSE)专业人员。幸运的是,他们当中往往有一小部分人在一线工作,或者直接在操作或维护部门工作,或者在操作支持部门工作。

课程设计为互动式教学,有大量的讨论和小组练习,并邀请学员分享他们的个人经验和案例,说明工作环境的设计以及他们预期使用的设备和系统的接口如何干扰他们的工作能力。在这堂课上,学员们与整个培训小组分享了他们过去所经历的故事。这些经验的分享要远比直接面授培训或在线课程更能让学员们意识到人因工程的重要性,学习到实施人因工程项目涉及问题范围及可行性。

大多数课程内容都是非常有技术性的,比如海上设施应该使用什么标准来设计工作平台?应该将阀门和仪器安装在什么高度和离过道多远的距离,才能确保它们可以很容易读数和操作?如果由于成本或工艺限制,无法将阀门放置在易于接近的位置,将如何决定并采取何种替代方案?控制室设计中的人为因素问题是什么?如何在图形显示屏上显示信息,以便控制台操作员能快速监控屏幕上最重要的信息并能注意到关键工艺参数的变化?如何做一个商业案例来判断人为因素改变的成本是合理的?

这些培训课程很受欢迎。其中也收集了关于课程价值的反馈,以及学员们认为课程可以改进的地方。反馈几乎都是积极的:学员们觉得他们学到了很多对他们的工作很重要的东西,而且他们做好了充分的准备去应用这些知识。绝大多数人肯定会推荐他们的同事参加这门课程,并且他们通常玩得很开心。不幸的是,在开了大约 3 年的培训班后,笔者意识到,这些课程几乎完全无法真正实现学员回到项目或运营时所寻求的能力转变。其必须在一定时间内与实际经验相结合。随后,笔者将课程重新设计为一个方便的为期 8 周的在线学习课程,随后是长达 6 个月的课程实践,取得了更好的效果。

在设计课程和开发技术内容时,笔者回忆起自己曾经读过的一本书的评论,这本书是由 Gerd Gigerenzer、Peter Todd 和他们所在的研究小组的同事们所写的,书名为《使我们聪

---

❶ 国际油气生产商协会出版的《项目中的人因工程》[1]描述了油气项目中人因工程协调员的角色、职责和能力期望。

明的简单启发法》[2]。这本书讨论了一系列关于日常概括和简单规则的研究——启发式。大脑几乎一直在利用其来理解周围的世界。如果不使用这些技巧来简化世界，人类大脑根本无法应对"轰炸"感官系统的信息量，即使是微不足道的日常活动所涉及决策的数量或复杂性。

这篇评论让笔者想起了20世纪70年代末作为一名本科生参加的关于Taversky和Kahneman在判断和决策方面的工作讲座。尽管那时笔者已经作为人因专家/工程心理学家工作了大约25年，但他的研究领域已经与心理学没有关联。他主要专注于军事指挥和控制系统的人为因素研究上。那些评论给笔者留下了深刻的印象，所以他出去买了这本书。

笔者惊讶于大学毕业以来发生的"知识大爆炸"，尤其是一些研究成果和产生这些成果的实验，具有很强的说服力，令笔者印象特别深刻，例如一个实验研究了再认启发式，并提出如果在没有其他信息的情况下做出选择，有时只会基于认知做出决定。在许多情况下，再认启发式是做出正确决策的有效手段，其反映了笔者们所说的无知的有利度。

这本书报道了一个实验来验证笔者发现的特别有趣的再认启发式。一个股票投资组合仅仅由公司名称最受两组新手投资者认可的这样一些公司组成，投资者一组来自美国，一组来自德国，然后将这一股票投资组合的表现与由专业经纪商组成的两个主要管理型基金投资组合进行比较❶。

结果表明：在八项测试中，再认启发式赢得了六项测试。例如，慕尼黑商业区180名普通行人的集体无知比美国和德国专业经纪商的知识和经验更具有预测力。并且跨国再认比本国再认显示出更大优势[2]。

怎么会这样？一个仅仅基于新手对公司名称认可的股票投资组合，怎么能胜过一个由经验丰富的专业人士组合而成的投资组合呢？当然，这项研究具有一些当时股市利好的市场环境特点，有利于获得对公司的认可。阅读完这本书，你就会了解Gigerenzer、Todd和他们的团队对结果的看法。事实上，这个显然完全违反直觉的结果是如何产生的？为什么会产生？在这里并不重要。关键是这项很吸引人的研究，说明了人类大脑可以使用技巧和启发式思考来处理复杂的世界，这些技巧和启发式思考通常非常有效。笔者意识到，这说明了他们正在开发的课程的重要性。

石油和天然气及其加工工业具有高度技术化和工程化的特点，在很大程度上，其所涉及的系统、过程和技术是可预测的：它们按照物理、化学、数学和逻辑的固定、理性规则运行。它们可能不是线性的，也可能在数学上或化学上不稳定。但是在大多数情况下，一旦知道了潜在的化学和物理规律，即使是非线性和不稳定性也是可以预测的（至少在一定范围内）。

这样的认识让笔者印象深刻。设计中的人为因素培训对象具有工程、技术和科学相关专业背景，他们生活和工作在这样一个世界里：他们参与设计、操作或支持的过程和系统通常表现得理性和可预测。他们自然期望世界是理性和可预测的。但是要期望人类思想和

---

❶ 值得注意的是，研究团队对启发法有足够的信心，他们中的两个人只是基于了解到德国路人对公司名称的认可而将储蓄金投入投资组合。

决策具有数学线性和稳定性(更不用说预测本身的非线性或不稳定性)吗？任何一个接触过幂律的人机工程学或心理学的本科生都知道，对物理刺激(如热、光、声)或感觉(如舒适感)的感知肯定是非线性的。那么对于思考和决策是怎样的情况呢？对于一个经验丰富、疲惫不堪的操作者，需要将注意力分散在许多相互竞争的优先事项之间，而这些优先事项是以前做过几百次的常规任务，但与石油工业有点不同，是否有数学工具来描述操作者的思维过程？最好不要这么认为，人类根本不是这样的。

我们将在以下章节中花费一些时间来专门介绍 Daniel kahneman 的观点，在他开始其学术生涯时写下了以下内容："社会科学家在 20 世纪 70 年代广泛接受了有关人性的两个观点。首先，人们总体上是理性的，他们的想法通常是合理的。其次，诸如恐惧、情感和仇恨之类的情绪能够解释人们在大多数情况下背离理性的直接原因"[3]。

类似的观点似乎仍然存在于流程工业中。然而在这几年积累了大量的科学知识，毫无疑问地证明了人类的许多思维实际上是非理性的。

因此，我们需要在人因工程培训中加入一节课，讨论人类与工程系统的区别，并加入那些能让学员们意识到人类并不总是理性的材料，也就是人类并不总是以预计系统时或预期的方式表现的可预期或是必然的行为。对于工程师来说，这是个问题。因此笔者把课程称作"人的问题"。

10.1 "人的问题"课程

人因工程培训课程的设计只允许为"人的问题"留出最多 1 小时的时间，因此这一课必须是有趣而又能吸引人。最重要的是其必须是相关的和有用的。以下是一些我们想让人因工程学员思考的问题。

(1) 人是变化的。

我们的身体和精神会发生变化；不同种族有不同的体型和力量，平均而言，女性体型较小，力量也比男性小；不同的文化有不同的期望和习惯；我们会随着时间的推移而改变：一天甚至一生的过程中。我们会累；我们也会生病。

(2) 人的能力是有限的。

我们的力量和专注能力是有限的；我们在同一时间能记住多少东西是有限的；在给定的时间内，我们能处理的信息来源数量是有限的；我们保持清醒的时间是有限的。

(3) 人的感觉具有欺骗性。

有时我们会看到我们期望看到的事物；有时我们会看到我们想看到的事物；有时我们对面前的事物却视而不见。

(4) 人的能力是情境化的。

我们看见和解读我们周围世界的方式，我们做出的决定，我们的行为方式和与他人互动的方式，在很大程度上取决于我们对当时背景的理解和我们期望发生什么样的事情。

(5) 人是情绪化的。

与男性一样，西方工程师可能不喜欢它，我们的情绪在决定我们思考问题的方式和对情境的反应方式方面起着核心的作用。这包括我们的大脑处理信息的方式，理解其他人的方式，甚至包括我们理解技术并与之互动的方式。

（6）人可能是非理性的。

我们的思考方式容易受到非理性和偏见的影响。

（7）人们喜欢使事情变得更容易。

最后一点非常重要，因此我们确保它被重复了很多次。在第四章中，它被认为是人类行为的硬道理之一而被讨论。这就是为什么在人因工程中经常使用的准则是"简单的方法就是正确的方法。"

思考一下关于情绪的问题。你真的能说，你的情绪从来没有影响过你看待世界的方式，你的判断、决定或行动吗？比如你如何理解别人对你说的话；阅读电子邮件中表达的意思；对配偶、朋友或同事做出反应；忘记告诉别人一些他们需要知道的事情；对着电脑屏幕大叫；"砰"地关上车门；或者沮丧地敲击键盘。这是真实的生活，发生在我们所有人身上。那么，为什么我们要期望操作员和维护人员会有所不同呢？为什么要假设他们每天都会理性地、合乎逻辑地、始终如一地工作？他们并没有，也不能，因为他们是人类。

笔者团队向学员们展示了不同国籍的人在体型上的差异数据，并展示了一些众所周知的视觉错觉的例子（比如 Necker Cube，可以被视为老年或年轻妇女的图形以及 Kanizsa 三角形），以说明感知系统如何以不同的方式解释世界。我们用众所周知的"Moonwalking Bear"视频让我们的学员体验到，世界上很容易看不到而事后看来显而易见的东西。我们使用了 Richard Wiseman 教授的"Quirkology"中的视频，如"The amazing color changing card trick"，以及 Ronald Rensink 教授开发的演示"Changing blindness"和看与看的区别的视频，让他们体验到有时察觉视觉世界的变化是多么困难。

我告诉学员们关于 Gigernezer 和 Todd 认知偏差的实验，向他们介绍启发式和直觉对思考的重要性。然后使用了大量的游戏和演示让他们体验到非理性是如何影响所有人的。在读了《使我们聪明的简单启发法》之后不久，我又读了一本关于行为经济学的书。这是 Ori 和 Rom Brafman 出版的一本小书，名为《摇摆：非理性行为不可抗拒的吸引力》（以下简称《摇摆》）。这本书是为普通商业读者编写的，其中也涉及我们的想法和决定如何被直觉和非理性所左右[4]。他们描述了几个游戏（实际上最初是一个实验，但其作为一个游戏很有效），有效地展示了我们决策和行为方式背后的两个强大动机：公平与承诺。两个游戏中都包含一张一定面值的钞票❶。

第一场比赛需要两名志愿者。其中一人收到了钞票，并被要求与另一名志愿者分享。他们被告知必须将价值的一部分给予对方，但他们可以自由决定从价值的1%到100%给予多少。第二个志愿者知道第一个志愿者收到了这张钞票，并被告知要分享，然后被问到他们是否愿意接受分享的比例。如果接受者接受了这个提议，双方都将得到他们的份额。但如果被拒绝，双方都不会得到任何资金。

在另一个游戏中，据 Brafmans 夫妇报道，这是哈佛商学院使用的，一组人被邀请参加拍卖。投标从少量开始，以固定金额增加（例如从 1 欧元开始，以 1 欧元为单位递增）。竞拍者可以在任何时候退出，除了在竞拍中排名第二的选手。这个人必须尊重他们的出价，即使他们输了（当然，在我的培训游戏中，这些并不会真的发生）。

---

❶ 在与学员进行游戏时，使用的是面额为 20 欧元的钞票；虽然我总是确信我会拿回它。

第10章 人的问题

我在人的问题环节中加入了这些游戏的变体。课程后期，当我演绎它们的时候，学员们很聪明地被抓住了。他们大多数人很快就意识到发生了什么。然而，通常情况下，学员们的行为与心理学上的预期一致。在第一个游戏中，如果接收者的出价明显低于票据价值的一半，那么拒绝出价的动机是强大的。即使理性的决定是接受任何提议，不管提议是什么，他们仍然会比以前更好，因为他们没有做任何事情就挣钱了，如果他们不接受，他们将一无所获，因此拒绝一个被认为不公平的提议的动机是强烈的。不被公平对待的感觉左右了拒绝的决定。另一个人为什么也没做就拿到了钱，他们被告知要和你一起分享。那你为什么不拿一半呢？这是每个人都经历过的一个强大的动机：你可能预测到了会发生什么。

你可以想象在另一个游戏中会发生什么。假设我提供一张20欧元的纸币，并询问是否有人会出价1欧元。当然，每个人都会这样，因此出价开始上涨。在5~7欧元的出价区间，这仍然是一个很大的交易。但是一旦我们看到出价提升至12~14欧元，学员们变得聪明起来，开始观望接下来会发生什么，那些最快出价的人开始退出。直到17欧元和18欧元时，剩下最后两个竞标者。他们都知道规则：出价第二高的人必须兑现他们的出价，所以他们继续。当出价达到25欧元左右时，我会停止游戏❶。

这个游戏有效地证明了，我们可能会发现自己陷入了一种行为之中，至少从表面上看，这种行为似乎是不理性的，而且有悖于逻辑的行为：有人用25欧元买了一张20欧元的纸币。但是在更广泛的计划中，如果把退出的成本也考虑在内，也不是不理性的。在游戏中，这将是掏了25欧元，却连20欧元都拿不到的成本。在现实生活中，包括在发生重大事故的情况下，一旦我们做出决定并采取行动，就会有很多因素驱使我们继续前进，远远超过我们应该理智地减少损失的时间点。这些决定有时可以理性且有意识地做出。尽管持续的经济成本超过了直接收益的价值，但从长远来看，这种收益可能是值得的。但它们也可能是非理性的、无意识的，基于希望而非现实：相信我们就要成功了或只要我们解决了这个问题，就会没事的。他们可能受到情绪的驱使：害怕丢脸，或者不想让别人认为我们不称职。

在《摇摆》一书中，Brafmans夫妇讨论了承诺可能对荷兰皇家航空公司4805航班飞行员1977年在特内里费机场大雾中起飞的决定产生的影响。由此导致了泛美航空1736航班坠毁，造成583人死亡。美国国家航空航天局（NASA）已经进行了一项研究，探讨了承诺如何引导飞行员继续接近着陆点，而着陆点早已过了他们本应出于安全考虑而放弃的时间点。

重大决策是在资本项目期间做出的，这些决策依赖于对人们在实际运营环境中的行为和表现的假设。其中涉及系统中设计的安全防御，以减轻重大事故的风险。在绝大多数情况下，与工程师的理念一致，他们期望他们设计的系统表现出理性、一致和稳定的行为，并认为人们也会表现出理性和可预测的行为，可以对抗强大的人性力量。

我用一张幻灯片来结束了"人的问题"的培训：

工程师和设计师需要假定人们的行为是符合逻辑的、理性的和一致的。

---

❶ 根据Brafmans的报道，面额为20美元的钞票，竞标价好像达到了204美元。

> 每时每刻
> 我们不会
> 我们不能
> 我们是人

作为 HFE 培训的一部分,"人的问题"课程进行了多次。人们总是喜欢和欣赏它。这可能是大多数学员们在讲习班结束后记得并评论的课程。

10.2 "深水地平线"

2010 年 4 月 20 日,"深水地平线"钻井平台在墨西哥湾爆炸沉没,造成 11 人死亡。在接下来的几个月里笔者同业内外其他人一起,跟踪了英国石油公司在业内其他公司的支持下,努力控制由此事故导致的石油泄漏。而且,和其他许多人一样,笔者本能地知道,一旦对事件进行了调查,在确定的因果或促成因素中,人为因素和组织因素总会是突出的。

2011 年 1 月,美国"深水地平线"溢油和海上钻井国家委员会发布了"总统报告",这是有关这起事件的第一份完整的独立报告[5]。报告的第四章叙述了爆炸前几周、前几天、前几小时和前几分钟发生的事件,以及随后的应急响应。对笔者来说,读第四章,就像人的问题变成了现实。这一章,至少在笔者看来,读起来几乎像是课程中涉及的问题的目录:认知偏差、非理性决策、人际关系问题、沟通中断、高工作负荷、设备接口设计不当等。

当然,笔者并不是唯一一个有这种联想的人。英国石油公司自己也意识到,决策,态势感知和沟通等人为因素出现了严重问题:从事安全关键活动的团队需要具备的非技术技能(NTS)来支持他们的技术技能以及如何操作和进行技术操作的知识。多年来,NTS 在航空和其他行业的重要性已得到承认,它是船员资源管理培训的基础,目前在一些行业是强制性的。阿伯丁大学的 Rhona Flin 教授早在 1995 年就发表了一项研究,探讨了在海上作业中可能进行的 NTS 培训[6]。作为对"深水地平线"事件的回应之一,国际石油和天然气生产商协会(IOGP)一直在制定指导方针,说明应如何为油井作业组织、提供 NTS 培训[7,8]。

意识到工业界近年来曾经历过的事故中具有类似的问题,笔者团队与国际石油和天然气生产商协会(IOGP)人为因素小组委员会的同事们一起,编写了 IOGP 第 452 号报告《过程安全事件中的认知问题》[9]。其目的是提高 IOGP 成员的意识,这些成员涵盖了全球上游石油和天然气行业的重要部分,并了解这些认知问题对安全的重要性。这份文件在业界广受认可。

与此同时,受"深水地平线"以及其他事故的警醒,壳牌公司开始问自己除了正在实施的所有领导、行为和其他安全措施之外,还能做些什么以进一步降低其运营中发生重大事故的可能性。壳牌公司的思维中采用了长期不安的概念❶。笔者开始帮助开发想法和材料,以支持和加强壳牌公司业务中长期不安意识的引入。笔者的意见是提供一个具有科学基础

---

❶ 第 3 章对必要的想象力的讨论中,提供了更多的关于概念"慢性不安"的材料。

的心理学框架,其他人可以利用这个框架在壳牌公司实施交付计划❶。

最后,出其不意地,Daniel Kahenman 的精彩著作 Thinking, Fast and Slow 问世了[3]。

参 考 文 献

[1] International Oil and Gas Producer's Association. Human factors engineering in projects. IOGP Report 454; August 2011.

[2] Gigerenzer G, Todd PM, The ABC Research Group. Simple heuristics that make us smart. New York: Oxford University Press; 1999.

[3] Kahneman D. Thinking, fast and slow. London: Allen Lane; 2012.

[4] Brafman O, Brafman R. Sway: the irresistible pull of irrational behaviour. New York: Doubleday; 2008.

[5] National Commission on the BP Deepwater Horizon Oil Spill and Offshore Drilling. Deepwater: the Gulf oil disaster and the future of offshore drilling: report to the president; 2011.

[6] Flin R. Crew resource management for training teams in the offshore oil industry. Euro J. of Training and Dev. 1995; 9(19): 23-7.

[7] International Oil and Gas Producers Association. Syllabus for crew resource management for well operations teams. Report 501. IOGP; 2014.

[8] International Oil and Gas Producers Association. Well operations crew resource management recommended practice. Report 502. IOGP; 2015.

[9] International Oil and Gas Producers Association. Cognitive issue associated with process safety and environmental incidents. Report 460. IOGP; 2012.

---

❶ 有许多会议资料可用,这些会议资料总结了壳牌公司方法背后的心理学因素,例如"慢性不安:心理学和实践"。

第 11 章　Kahneman 的观点

毫不夸张地说，过程工业（实际上是整个世界经济）从根本上依赖于对风险评估和决策的制定。这两个主题实际上是各自独立的行业，由学术研究、科学理论和教学、大量已发表的文献、复杂的工具和分析方法以及大量专业从业者和顾问提供支持。

在工业中，这两个主题有时似乎与个人层面的实时思考和现实的行为相分离。在组织中似乎有人负责评估风险，而其他人负责制定决策。而且他们似乎可以以一种相当正式的方式这样做，也许是在研讨会或董事会会议中。如果你不从事这些工作，你就不需要做这些事情。尽管这种印象可能有一些道理，但这并不是风险评估和决策制定对工业过程的安全性和可靠性起重要作用的意义，或不是唯一的意义。实际情况是，安全和业务绩效在很大程度上取决于大量人员，无论是在前线还是在后台，无论是单独工作还是在团队中工作，几乎每时每刻都在实时评估风险并做出决策。其中有一部分人不知道评估风险和做出决策是他们工作的关键内容。或者他们都不知道他们可能对自己与同事的安全，以及业务绩效至关重要。

因此，风险评估和决策制定是任何商业企业的核心也就不足为奇了。令人惊讶的是，关于这些深层心理过程的科学知识很少应用于提高人类可靠性或应用于事故调查中。当然，在关于人因失误和人因可靠性的文献中，有广泛的讨论。有学者和顾问为他们提供服务，许多事故调查认定风险评估和决策的失效是造成重大事故的原因。但不知何故，仍然存在着巨大的差距。一方面，有些人了解这些过程的心理学性质，风险意识和判断的相关过程以及他们是如何出错的。另一方面，也有一些处于行业尖端的人及其支持组织，他们被期望确保人的可靠性，并管理与日常损失相关的风险。

关于"深水地平线"的"总统报告"中[1] 81 次使用"决策"一词，18 次使用"做出决策"一词，以某种方式提到"风险评估"大约 8 次。几乎所有这些都是指在远离前线的地方进行的风险评估和决策。执行这些任务的人被期望遵循框架完善且经过批准的流程、掌握所有相关信息、遵循关于如何做出合理决策的明确指导。可能还有其他人的角色是反复检查或批准任何评估的风险或决策。这些是后台风险评估，他们都不关心一线操作人员对风险或决策的认识和评估。也不是关注个人如何评估他们所面临风险的相对优先级。（考虑到 Macondo 作业的动态变化性质以及他们所面临的不断变化的风险状况，这对"深水地平线"钻井平台来说是一个特殊问题。）

"总统报告"中最接近于承认个人层面决策和风险评估的困难的部分：承包商没有与英国石油公司或彼此分享重要信息。因此，人们往往发现自己在作出关键决定时，并没有充分了解所处的环境（甚至没有认识到这些决定是关键的）[1]。

钻井平台上的决策过程被过度划分，因此，钻井平台上的个人经常在做出重大决策

第 11 章 Kahneman 的观点

时，未充分认识到这些决策对油井安全的重要性。因此，官员们做出了一系列节省时间和金钱的决定，但没有充分认识到相关的风险[1]。

即使是这些，也无法说明一线风险评估和决策的真实性，或者事后发现这些实时风险评估和决策存在缺陷时所带来的灾难性后果。

至少对于石油和天然气行业的某些部分而言，在"深水地平线"事件之后人们开始意识到这些深层次心理问题对安全的影响和重要性。

2012 年，Daniel Kahneman 发表了 Thinking, Fast and Slow[2]。在这本书中，Kahneman 不仅对自己一生的工作进行了可读性和有趣性的总结，而且对一大批科学家和思想家的工作进行了概述，这些科学家和思想家数十年来一直致力于研究真实的人们是如何思考和做出决定的。

Thinking, Fast and Slow 的核心是 Kahneman 对两种思维之间差异的概述：快和慢或系统 1 和系统 2。Kahneman 明确指出系统 1 和系统 2 不是他的创作❶，但他将其呈现为两个角色的方式是一种简化❷。不可避免地，一些受人尊重的学者和其他人在不同程度上对这两个系统的运作方式及某方面的区别持有不同的看法❸。科学将不可避免地向前发展，也许在不到 50 年的时间内，科学界对这些话题的认识与今天人们对其的认识之间会出现相当大的差异。

但这些都不会妨碍认识和理解这两种思维方式的特点及两者之间的关系，其为理解和提高当今工业中人的可靠性带来价值。

在承认科学界正在进行的辩论的同时，知识库足够丰富、足够详细、足够具有预测性，并且被广泛认为是真实的，因此，工业界可以认真关注它并开始寻求应用它来提高人类可靠性的方法。

本章及以下章节在这一部分分为三件事：

（1）本章简要总结了这两种思维体系的特点和差异，并以油气作业中它们可能发挥重要作用的情况为例加以说明❹。

（2）第 12 章和第 13 章考虑了与系统 1 相关的一些偏见，即尽管大多数时候对我们有效生活和工作的能力非常有用，甚至至关重要，但在其他时候，可能会导致我们做出可能带来重大风险的判断和决定。这些章节说明了这些偏见如何导致行业不同方面的风险评估和决策失误。

（3）第 14 章提出了一些关于直觉和专家判断的性质和使用的问题。

以下内容主要基于 Kahneman 的书。鉴于此处的目的，根本没有必要把网撒得更宽。以他在实验心理学前沿的独特经验和职业生涯，结合清晰的写作和应得的对他人的信任，

---

❶ 他承认这一术语最先由心理学家 Keith Stanovich 和 Richard West 提出来的。

❷ 如果你想知道为什么他认为采用系统 1 和系统 2 来进行分类在一定程度上是不恰当的，但仍然选择继续使用他们（甚至 Keith Stanovich 和 Richard West 现在也使用了替代术语），你就需要阅读这本书。事实上，如果你的工作涉及加工行业人力信度的话，无论如何，我建议你阅读这本书。

❸ 包括柏林 Max Planck 研究所的适应行为和认知中心的 Gerd Gigerenzer 及其同事，他们的一些研究工作在第 10 章进行了讨论。

❹ 如果读者想要更多地了解这两个系统的特征，或者想真切了解本部分提到的特征和属性，建议从阅读 Kahneman 的书开始。对于真正感兴趣的读者，其中提供了许多参考资料和其他指针。

Kahneman 为着手解决人类不可靠性的这些方面所需的所有科学提供了一个独特单一来源。他的书无疑为工业界提供了足够多的材料，可以让他们认真对待这些问题。接下来的讨论通过从工业界运作的经验和所涉及的一些操作的性质中提取的示例和材料，解释并试图说明卡尼曼提出的科学。

本章还简要讨论了与系统 1 和系统 2 思维相关的特征和偏见之间的关系，以及在过去 30 多年中，理解大多数关键安全行业中人为错误的主要方法。把人为错误分为有意错误和无意错误，把无意错误分为失误、过失和错误。

11.1 系统 1 与系统 2

思考和决策可以用两种不同的心理活动系统或风格来描述，许多心理学家称之为系统 1 和系统 2。

  系统 1 具有快速、直观和高效的特征。系统 1 总是处于开启状态。它会自动运行，且并不费力或无需有意识地进行控制：你无法关闭它。系统 1 无法辨别模棱两可的事情，看不到可疑之处，也不会提出质疑或进行核查。

系统 1 是借助于思想联想来工作的（也被称为联想激活或联想同步）：一种接近瞬时的心理联想网络，在这样的心理联想网络中，一种想法或感受又会引发其他的想法或感受。如果网络能够快速形成对正在经历的事情的解释或者能够感受到满意的答案，就会采用他。总结来说是一个未掌握全部事实就仓促下结论的系统[2]。

重要的是，系统 1 是情绪化的，容易受到多种类型的偏见和非理性的影响：系统 1 给你的印象往往会变成你的信念，并成为你的选择和行动的冲动源泉。它提供了一种关于发生在你身上及其周围的事情的心照不宣的解释，并将目前发生的事情与近期发生的事情，以及对不久的将来的期望联系了起来。它包含即时将事件评估为正常或异常模型。它是你做出快速而经常是准确的直觉的判断源泉。当你对活动还没有有意识的觉察之前，它就已经完成了大部分工作[2]。

与之相反，系统 2 的特征是慢速、懒惰、低效但谨慎和理性。它的开启是有意识的行为。系统 2 要求连续关注：如果关注取消，就会退出。

系统 2 是借助于有意识的推理来工作的。它会寻找证据，根据找到的证据来进行推理，并花费一定的时间来进行核查，随后对假设提出质疑。系统 2 意识到其中的疑点，在事件的解释不止一种或存在多个答案的情况下，会发现其中的模棱两可的地方。

系统 2 是你意识到的有意识思考问题的系统。从某种意义上说，系统 2 属于慢速思考系统，这是你有意识告诉自己正在发生什么的系统。系统 1 是快速无意识的思考系统，你不会意识到这一点。因此，如果系统 1 出了问题，你将永远也不会意识到这一点。

系统 1 和系统 2 之间的切换是需要付出努力的，尤其是在我们面临时间紧迫的情况下。你自己可能也经历过这种情况：当你知道自己对事物并无绝对的把握时，往往是不情愿地努力启用系统 2。你知道你应该进行核查，但你并不想那么做；或者你知道处理某件事需要你集中注意力并且比你当时准备做的更深入地思考它，但你把系统 2 放在一边，在你准备好之前继续做一些更容易一点的事情。对笔者来说，这样的情况会发生在审查文件、撰写报告或做家务的时候；或者，确实是发生在撰写这本书的时候。例如，在第 10

章的第一稿中，笔者从记忆中勾勒出识别启发法的例子。这很容易就会用到系统1。笔者在文本中留下了很多"XX"作为名称和详细信息的占位符，因为笔者知道在查看资料后必须返回并重新编写这些段落，以确保笔者获得的详细信息是正确的。这会一直持续到后期草稿（也就是在阅读和编辑整个章节数次并填写所有简单的部分），才真正启用系统2并思考所撰写的内容是否写了实际上就是笔者想表达的。在付出了努力后，笔者有意识地推迟了它。就这种情况来说，有两点使我感到好奇：

（1）一旦我付出努力并启用系统2，继续使用系统2（至少在疲倦或疲惫不振之前）并不比回到系统1更困难。

（2）努力启用系统2的意愿是受背景控制的：这取决于所做事情的重要性。因此，如果我正在做笔记，或者给同事写一封快速电子邮件，我可能会很高兴使用系统1，放下我的想法，并发送电子邮件，而不会启用系统2来检查我到底写了什么样的内容。但是，如果电子邮件不是发给关系密切且值得信任的同事，或者如果我知道如果在写电子邮件或报告时采用系统1可能会有麻烦的话，我知道我必须启用系统2这样的思考模式。此时的背景会鼓励我启用系统2。

这两个系统之间的差异似乎将系统1描绘成了某种反派角色，但情况并非如此，大部分时间人们依靠的思考模式是系统1。通常情况下，系统1的表现非常好，且很少让我们感到非常失望。事实上，在我们所做的事情中，有许多事情仅仅启用系统1就能完成。如果我们必须有意识地费力地来解释我们的体验，作出判断或作出决定，那么这样的生活对我们来说将是无法忍受的。只有启用系统1，专家的判断和直觉（将在第14章中讨论）才会起作用。

以上叙述简要总结了大量丰富、详细而优秀的科学论述。然而，就本书而言，这已经足够了。重要的是认识到系统1的力量和速度，以及克服其弱点所需的困难和努力。最重要的是要牢记第10章中关于石油和天然气工业的理性本质的讨论，并承认人类许多思想的非理性，以及随之而来的风险评估、判断和决策的偏见。

那么，这就是总结的两种思维方式：一个毫不费力、直观且始终有效的系统1；一个大多数时间都支持高效可靠的表现并支持专家判断的系统2。系统1容易产生偏见、非理性情绪，其不会怀疑或含糊不清，而且会妄下结论；系统2是缓慢的，需要有意识地努力启用，但其是理性的，并寻找证据、怀疑问题和检查假设。

请注意，在"深水地平线"事故的"总统报告"中，几乎所有的风险评估和决策参考都采用了系统2模式。他们如何处理风险评估和决策是在前线实时执行的，经常使用系统1的思想。

就人的可靠性而言，系统1倾向于偏见和非理性的程度，倾向于得出结论，没有怀疑，也看不到含糊不清的东西，因为这些东西可能会对安全至关重要。下面是Kahneman对石油、天然气和加工行业期望和要求的人的可靠性水平的引用：

（1）我们倾向于高估我们对世界的理解程度，低估事件中机会的作用[2]。

（2）由于系统1会自动运行并且不能随意关闭，因此直觉思维差错往往难以避免[2]。

（3）大多数人都过于自信，过于倾向于相信自己的直觉。他们显然发现认知努力至少会使其感到有些不愉快，并尽可能避开他[2]。

（4）当人们相信一个结论是正确的，他们也很可能相信支持这个结论的论据，即使这些论据存在缺陷。如果涉及系统1，首先是结论，然后才是论据[2]。

（5）对任务的强烈关注可能会导致人们看不见眼前所发生的一切，甚至是通常会引起他们关注的刺激性信息。人们对明显的事物视而不见，人们也对自己的盲点视而不见[2]。

（6）当人们在同时面对苛刻的认知任务与诱惑的挑战时，更容易被诱惑所左右[2]。

（7）一旦启用系统2，我们几乎会相信任何事情。系统1是易上当受骗的且偏向于相信[2]。

（8）无论是证据的数量还是质量对主观信心来说都没有多大的价值。个人对其信念的信心主要取决于他们在讲述所看到的事情时的故事质量，甚至是几乎未亲眼所见的事情。我们常常不允许出现丢失至关重要的判断用证据的可能性——你看到的证据都在这里[2]。

（9）当所有的选择都不好时，人们就会变得喜欢冒险[2]。

11.2 协调Kahneman和Reason的观点

Kahneman是这个时代最具影响力的心理学家之一。就工业安全的思考而言，特别是人为差错的特点和原因以及大多数重大事故的组织性质，Jim Reason教授在石油和天然气、加工和其他安全关键行业中同样受到高度推崇。

我相当确信，世界不再需要Reason教授的"瑞士奶酪"事故因果模型的更多出版版本。如果出版商、会议组织者和期刊编辑避免出版模型的任何新版本，工业安全方面的进展不太可能遭受严重挫折。在最近的著作《错误的生活》[3]中，Reason教授本人指出，在谷歌上搜索"瑞森瑞士奶酪"产生了惊人的2560000次点击。仅此一点就证明了他的工作有多大影响力。

"瑞士奶酪"模型，包括他对主动故障和潜在故障之间差异的认识，只是Reason教授在帮助行业思考和采取行动管理行业安全方面具有巨大影响力的见解之一。他的其他重要见解包括：

（1）认识到许多最严重的人为错误是无意的，构成无意错误的失误、过失和错误具有明显不同的特征。

（2）将无意错误映射到Jens Rasmussen提出的基于人因技能（SB）、基于规则（RB）和基于知识（KB）的三个级别[4]。

（3）认识到故意错误也有可识别的原因和特征（"偷工减料""优化""必要"和"例外"）。

（4）"心不在焉"错误的性质和特征。

（5）强调重视安全文化，包括建立"公正"文化的重要性，以此来鼓励人们诚实报告事故和未遂事件的情况。

（6）也许最重要的是，强调了大多数重大事故的组织属性。

所有这些都是优秀的成就，对航空、铁路、流程工业、医疗保健等行业的安全管理产生了深远影响。

Reason教授将非故意人为错误分类为失误、过失和错误，这一分类在流程工业中得到广泛的应用❶。然而，关于心理过程的支持性解释，以及可能引发每种错误的任务和情境的特征，可能还未得到广泛的理解。事实上，从笔者的经验来看，至少在没有人为因素专家参与的情况下进行的调查中，这是没有意义的，因为有心理背景的事故调查不仅要确定错误类型，还要考虑可能产生错误的心理过程。理解错误的心理基础对于正确理解错误的原因至关重要，因此，对于学习和知道采取什么行动来防止类似事件再次发生至关重要。Reason 的著作提供了许多必要的心理背景。不幸的是，这些材料并不像基本错误类型那样被广泛理解和应用。

在本章开始时，笔者建议理解 Daniel Kahneman 系统 1 和系统 2 总结的两种思维方式，这可能是未来几十年中提高石油天然气和其他加工行业人员可靠性的最重要步骤。这本书的读者很少有心理学或行为科学的背景。不过，很多人熟悉 Reason 教授的工作，最有可能的是瑞士奶酪模型，也可能熟悉将人为错误分为（无意的）失误、过失、错误和（有意的）违规行为。因此，有必要试图协调这两种关于人类错误的观点之间的关系。因此，有必要尝试调和这两种关于人为错误观点之间的关系。一方面，Kahneman 总结了与系统 1 思维相关的偏见和非理性；另一方面，Reason 描述了非故意错误的性质和特征。

尽管存在差异，但从实际角度来看，这两种观点是互补的。在某些方面，这种关系并不明确，并且可能存在一些分歧，特别是在假定产生不同类型错误的心理过程方面。在某些领域，需要比这里更详细的科学解释来正确阐明这两种观点。然而，这超出了当前的范围，对于本书的目的来说不是必需的。以下简短讨论不是科学批判，也不是支持或反对任何一种观点的论据。其目的只是让本书的读者了解这两种解决人为错误的方法如何相互关联。

下面是我对这两种观点之间的一些关键关系的简要概述。我直接引用了 Reason 教授最近的文章来说明他的想法[3]。

技能型活动涉及常规的和习惯性的动作顺序，且几乎处于无意识的状态[3]。

技能型差错，本质上完全是感知驱动型的，不涉及认知控制，就像熟练的网球运动员回球一样，与任何一种思考系统都没有联系❷。然而，依赖于认知的技能（包括在行业环境中所依赖的绝大多数技能），预计其会受到伴随系统 1 思维而来的大部分或全部差错和偏见的影响。

心不在焉的失误是我们为拥有思想而付出的代价，是我们将习惯性行为的控制权下放给低层次自动化程序而付出的代价。如果我们一直保持沉着的状态，对每一个小小的动作

---

❶ 如果您需要这些错误类型的介绍，英国健康与安全主管在这里有一个有用的总结：http://www.hse.gov.uk/construction/lwit/assets/downloads/human-failure.pdf. 在编辑本章的最终版本时，笔者也出现了遗漏。笔者下午 1：50 来到米切尔图书馆，一个由格拉斯哥市议会管理的优秀的公共图书馆，这是笔者最喜欢的写作地点之一。你可以将车停在街上的最长时间为 3 小时。因此笔者支付了停车票，进入图书馆并开始编辑。下午 4：50，笔者回到停车场时发现在笔者的车辆旁边有两名刚给笔者开了停车罚单的停车巡视员。事实证明笔者已经支付了停车费，但忘了将其放在挡风玻璃上。停车费是前 30 分钟 20 便士，然后每 10 分钟 20 便士，最长停车时间 3 小时。因此，笔者必须计算出需支付多少停车费，并在口袋中找到正确的硬币组合（机器只认硬币）。完成了计算需要支付多少费用的心算任务（笔者发现这是一个令人困惑的结果）并检查停车计时器上显示的结束时间以确保笔者算对了，笔者认为自己已经完成了任务，因此笔者离开了。当笔者告诉巡视员他在图书馆写一本关于人为差错的书时，巡视员确实看到了有趣的一面。

❷ 技能型涉及 Jens Rasussen 开发表现的技能、知识、规则、层次结构，其中 Reason 教授融入了他对人为差错类型的思考。有关 SKR 框架的介绍，请参阅文献[4]。

做出不一样的有意识的决定,那么这样的生活是不可持续的[3]。

也就是说,心不在焉的失误是我们为系统1付出的部分代价。系统1差错与Reason教授称之为"走神差错"之间的等效关系可以进一步说明:引起心不在焉的错误至少有两个必要条件。首先,一些认知规范下的注意力不集中、感觉数据不完整或知识不足;其次,存在一些局部适当的反应模式,这些模式受到其先前用法、最近激活或情绪电荷以及情景呼叫条件的强烈刺激[3]。

这是系统1可能受控的条件的理性总结。

绩效的三个等级❶的特点是:无论个人是否参与问题的解决,规则型与知识型只有在执行人员意识到问题时才会触发,也就是说,当他或她必须停下来思考时[3]。

这似乎意味着基于规则和基于知识的绩效都是系统2活动,尽管这似乎不太可能。更可能的是基于规则和基于知识的绩效都同样倾向于系统1模式。把某件事归结为错误或基于知识的错误有什么意义?这是否意味着个人所学的规则或他们所掌握的知识本身就有问题?或者是因为系统2没有正确参与,而系统1提供了一个快速、连贯的答案,感觉是对的,但实际上是错?如果规则或知识实际上是天生错误的,那么下一次出现类似情况时,个人肯定会犯同样的错误(当然,除非有学习)。系统1思维会干扰完美规则和知识的应用。

Reason将"强烈但错误"的错误(即类似技能的错误,涉及高度嵌入和频繁使用的潜意识图式,但也需要一些认知努力来解释世界或决定如何行动)描述为:

由于不恰当的诊断规则,过去证明可靠的规则,会在这些极不寻常的紧急情境下产生错误的答案[3]。

系统1的解释:在这些情况下,例如操作人员误解了周围实际发生的事情并依赖经常使用的技能响应,系统1一旦发现一致的解释并认知简单响应,就会停止问题的评估。这里似乎没有真正的区别,而只是一个语言问题,用Kahneman的话来说,系统1已经转而求助于"不恰当的诊断规则":技能型失误和知识型错误共用前馈控制,相比之下,规则型控制主要是反馈型的。这是必要的,其原因在于解决问题的人员已经耗尽了他或她拥有的解决问题的常规方法,并且被迫"在线"工作,使用慢速、连续、费力、资源有限的有意识的处理过程[3]。

这几乎是对系统2思维的描述。然而,不清楚为什么基于知识的绩效不应该同样倾向于与系统1思维相关的偏见。事实上,Kahneman和其他许多人研究过的大量决策和选择问题涉及到基于规则的思维,或者更常见的是基于知识的思维,包括著名的击球问题❷。

Reason充分认识到可能导致计划失败的广泛认知偏差,这些偏差会导致基于规则和基于知识的错误。Reason对它们的描述与Kahneman描述的偏见一致。举几个例子,这里是Reason对与他提出的计划中涉及的三个认知组件中的每一个相关的偏见的摘要的摘录:录

---

❶ Jens Rasmussen 的三级绩效等级:技能型(SB)、规则型(RB)和知识型(RB)。

❷ 这可能是Kahneman最广为人知的权力与差错的例证,可以与系统1联系起来。简而言之,问题是如果球棒与球加在一起的总费用是110美元,而球棒的价格比球多100美元,球的价格是多少?很多人会很快给出不正确的答案——10美元。而正确答案是5美元。仔细考虑一下吧,是不是这样的。Kahneman在 *Thinking, Fast and Slow* 一书的第48~50页讨论了直觉差错与类似的直觉差错。

入数据库的信息将偏向于那些源自激活模式的项目,这些与信息与计划的相关性相比,会更有效[3]。

用 Kahneman 的话来说,这(至少)是属于启动效应、可用性和锚定效应偏见❶:心理活动中的偏见源根据其生动性或情绪影响,计划人员会给予信息更多的推论性权重[3]。这是情感偏见。

偏见的计划来源:强烈要求为计划的合理性寻求确凿的证据,无视那些表明计划可能会失败的信息[3]。这是验证性偏见。

完美的计划是计划变更的强大阻力。当计划复杂,计划的变更费时费力,涉及的人员众多时,不愿意变更的意愿可能会更强[3]。这就是 Kahneman 的承诺偏见。

因此,虽然存在一些差异,但是通过 Kahneman 教授和 Reason 教授提供的范例说明两人关于人为差错的观点之间存在着相当清晰的关系。或许最简单的说法:走神差错通常与系统 1 有关。(如果我们努力启用系统 2 这样的思考模式,我们就不会出差错,其原因在于系统 1 处于受控状态。Kahneman 描述系统 1 相关的直觉思维简化捷径可能产生规则型差错和知识型差错同样,系统 2 本身可能会受到规则型差错和知识型差错的影响。

不过,请注意,在解释产生错误类型的潜在心理过程时,这两种模式之间的差异明显更大。然而,对这些差异的讨论远远超出了本书的需要。

参 考 文 献

[1] National commission on the BP deepwater horizon Oil Spill and Offshore Drilling. Deepwater: The Gulf Oil Disaster and the Future of Offshore Drilling. Report to the President; 2011.
[2] Kahneman D. Thinking, fast and slow. London: Allen Lane: Penguin; 2012.
[3] Reason J. A life in error. Farnham: Ashgate; 2013.
[4] Rasmussen J. Information processing and human-machine interaction: an approach to cognitive engineering. North Holland series in systems science and engineering. Elsevier Science Ltd; 1986.

---

❶ 这些偏见以及情感和承诺将在下一章进行讨论。

第 12 章　系统 1 的部分偏见

尽管系统 1 提供了一种高效快捷的方法来快速轻松地处理日常生活中所面临的许多常规判断与决定，但它存在非理性和偏见性的思考。

近几十年来，研究人员已经发现了大量的认知偏见和可能存在非理性思考的情况。比如异常正常化—倾向于接受(正常化)事件或情境，而这些事件和情境在以前被认为是具有高风险性的事件和情境❶，以及群体思考——在一起工作的一群人趋向于做出相同的(通常也是更危险的)决定。现在，这一现象已广为人知。许多组织对此很敏感，并试图采取一些措减措施。某些类型的非理性思考，比如验证偏见和承诺，已在前面的章节中讨论过。

本章着眼于与系统 1 相关的六种偏见的特征，这些偏见并不为人们所广泛认识或理解，但能够对行业中的许多日常活动产生重大影响，从高层领导到一线员工都可能存在这些偏见：

(1) 可用性；
(2) 情感；
(3) 锚定效应；
(4) 关联效应；
(5) 所见即所得；
(6) 框架效应与损失厌恶。

这绝不是唯一可能影响关键活动的偏见。人们广泛研究了许多其他类型的偏见，并发现在不同的背景下都会强烈影响人们的思考与判断能力。这里的目的仅仅是用这六个例子来说明与系统 1 相关的偏见类型的一些后果以及可能影响关键活动的风险评估、决策和判断的方式。在总结了各偏见的一般特征后，我们用假设的例子来体会各种偏见可能会对活动产生怎样的影响。

12.1　可用性与情感

可用性偏见与情感偏见是密切相关，因此最好放在一起来考虑。

12.1.1　可用性

我们的判断和决定受到我们是否容易联想到与情境或决定有关的实例或例子的强烈影响。

在调查、识别和分享事故调查的经验教训方面，人们投入了大量的精力。不管怎样，

---

❶ 有关异常正常经的一些背景信息，请参见第 3 章第 30 页。

近年来业界一直因为明显地缺乏学习能力而受到多次批评。事实上，一家公司在世界上的某个地区发生事故，并将书面经验教训报告分发给其在世界其他地区的业务部门，这并不意味着这样的经验教训对于在世界各地从事类似业务风险评估的团队成员的思考模式来说，在认知上是可用的。

个人经历，发生在家门口的经历，以及印象特别深刻的经历，比如受到媒体广泛关注的经历，在确定系统1的可用性方面特别有用。我们亲自经历的事情，从同事那里听说的事情，或者受到媒体广泛关注的事情，对于系统1来说，其可用性远远超过通过参与程度不高的活动所获得的数据、经验或知识。

在可用性科学中有一个奇怪的悖论：当人们被要求提出更多的论据来支持一个选择时，人们对这个选择就不那么自信了[1]。想象一下以下场景：由于时间和预算的原因，项目经理实际上是不希望执行设计变更建议的，即使这样的设计变更建议得到了设计审查团队成员的一致支持。因此，要求审查团队列出六条很好的论据来支持这一设计变更建议。在一次艰难且精神高度紧张的会议中，他们最终提出了六条很好的理由。但在执行的过程中，他们却变得不那么自信，即他们的建议确实是一个很好的建议吗？他们好不容易想出了六条理由，但因缺乏容易性和可用性，而使得团队对这一建议变得不那么自信。矛盾的是，如果只要求其提出2~3条论据，那么做起来会容易一些，他们对建议的信心应该会很高。对于希望避免项目后期的设计变更的项目经理来说，这提供了一个有用的心理技巧。

12.1.2 情感

第10章仔细考虑了情绪对人们的思维、决定和行为的强大影响力。Kahneman概述了风险感知心理学研究方面的权威Paul Slovic教授领导的大量研究工作，涉及情绪（心理学家喜欢称之为情感）影响风险认知的方式。

情绪反应本身在很大程度上取决于可用性：各种风险想法浮现在脑海中的容易性和对这些风险的情绪反应是密不可分的。人们很容易想起令人害怕的想法和印象，流畅而生动的危险想法加剧了人们的恐惧心理[1]。

当我们进行风险评估时，越容易地想起的负面例子，负责例子的风险性也就越高。对于大众来说，可用性与媒体报道的影响力有关。问题的关注度越高，公众就会相信它的风险性也越高，对此它的情绪反应也越强烈。Kahneman列举了Slovie教授的一项研究结果，公众对不同类型健康风险的普遍看法：即使哮喘导致的死亡人数超过龙卷风的20倍，但龙卷风仍被认为是更频繁出现的杀手。

判定事故的死亡人数很可能是糖尿病死亡人数300倍以上，但真正的比例是1:4[1]。

为了在油气行业的背景下对其进行解读，我们需要做一些推测。我们可能会将普通大众等同于业内人士，但并非该领域的资深技术专家。我们可以将媒体等同于这类业内流传的各种信息源，即工作场所信息（安全简报、工作场所宣传画、当地领导的电子邮件）；来自公司总部的函件；事故的经验教训；监管机构的简报（OSHA，HSE等）；来自贸易协会、跨行业倡议、工会或专业团体的通信。当然，也包括报道重大事故的外部媒体，无论是本地媒体还是国际媒体。

我想起几年前有关火线事故致人死亡的大量信息。术语火线描述了人们可能被移动物体撞击或击中的一般情况，比如落物、锤子或手指被圆锯割伤。具体案例与当时的情境有关，即期望牢牢固定在支架上的螺栓或其他物体，在压力下弹出并击中了火线人员，经常会导致其死亡。这种类型的火线事故在行业中仍未绝迹。虽然并不常见，但常常会产生可怕的后果。我记得当时参加了各类项目会议，其中讨论了尽可能降低火线事故风险的设计方案。这样的做法明显是明智的。团队非常正确地将其注意力集中在他们能够做些什么来使其设计的设备出现此类火线事故的可能性不大❶。但是，它似乎证明了可用性偏见对项目的风险意识和风险评估的影响。

与不是专家的要员相比，专家更不容易受情感启发法的影响。就制定与风险有关的政策决定方面，就哪些群体更容易受到影响这一点来说，在学术界仍有争议。油气开发活动的正式风险评估通常会利用其专业知识，至少在建议方面是这样的。不管怎样，在油气业务中，经常出现这样的情况——在资本项目期间的管理和一线操作中，关于风险的判断与哪一类风险拥有优先级的决定，容易受到其他人（这些人不是这方面的专家）的强烈影响。除非相信所涉人员在这方面不同于其他的人，否则必然会预料到可用性和情感启发法会偏向于系统1中很容易获得的风险。

12.1.3 油气行业的可用性与情感

60%的检查是在项目HSE经理就一名员工手部受伤情况进行项目范围的说明后的第二天举行的，受伤的员工在参与该项目后刚刚返回海上。受伤的照片与手术细节是非常可怕的。在检查期间，令人惊讶的是发现的手部潜在伤害风险源的数量。

风险评估为3A级❷：可能存在相当严重的后果，但室内并没有人听说过类似的事故。

风险评估为5D级：与会人员都记得发生在Piper Alpha的灾难性死亡事故。

设施经理在炼油厂网站上分享了在其职业生涯的早期发生的一次事故对他的影响，当时，他的一位同事因高处坠落而身亡。他定期来到现场，以确保每位员工都了解高处作业的风险并遵守正确的作业程序。他没有注意到容器的进入程序已经过期，导致操作人员采取的行动引发了此次事故。

12.2 锚定效应

锚定效应是一种奇怪的现象。如果我们必须对某些事件进行数值估计（比如针对炼油厂来说，操作人员操作设备100次，发生走错设备的次数），但仅仅接触与我们估计的事件无关的数字（比如2015年参与压裂施工作业的英国公司数量），这将会影响我们的估值

---

❶ 更常见的情况是，可依赖的主要保护措施是经过培训的操作人员，这些操作人员知道风险并会按照潜在危险所表现出的迹象和警示给予的提示行事。这些都是弱防御措施。由于管理意志和更多的创造性思维，通常更多的工作是工程设计方面的工作。

❷ 油气开发商通常采用类似的方法来评估风险，使用可能性—后果二维维度的通用二维风险矩阵。通常情况下，矩阵的每个维度分为五个等级。对于一个5×5矩阵来说，风险2B意味着后果（按1到5的顺序越来越严重）和可能性（按A到E的顺序也越来越大）在两个维度上都被评估为第2级。Tong Cox2008年的论文《风险矩阵的错误是什么》[3]包括对其设计和使用的描述，以及存在的许多局限性。

情况。告诉一个人，2015年在英国有8家公司参与了压裂施工作业，另一人被告知有36家。由于锚定效应的原因，第一人将有可能估计操作人员走错设备的频率接近8%，而第二个人的估计正好相反，为36%。这简直令人难以置信。

然而，科学证据又是令人难以抗拒的。用Kahneman的话来说，锚定效应是实验心理学最可靠和最稳健的结果之一，估值接近人们认为的数值[1]。

人力资源主管进行说明后，宣布年度奖金为12%，管理层认为项目失败的可能性大概在10%左右；在项目会议的财务报告中，项目花费了分配预算的22%，在接下来的议程中，项目团队估计在项目的前三个月内，四名新员工中可能会有一名会离开项目团队，因此，要求人力资源部确保新员工的足额补充；首席主管报告，最后一批运送的牛排中有95%不达标；在最近大修后的未来几个月内，在估计主要涡轮机的可用性时，工程经理估计可用性有望达到98%左右。

12.3 关联效应

接触文字或想法不仅使我们更有可能认识到或想起类似的文字或想法，实际上，这也会影响我们的感受甚至行为，这被称为关联效应。

就关联效应来说，已在许多不同的情境下对其进行了广泛的研究，使用了各种不同的问题与响应。就人们的思考方式和采取的行动，以及做出的选择来说，关联效应对它的影响是强大的；情感的影响不是很大，但它却是可衡量的和一致的。比如，情感广泛应用于广告或试图影响投票模式的场合。

在2013年，在电视上，采用小样本测试(英国广播公司重复了John Bargh教授于1996年首次进行的经典实验)用来说明关联效应。实验证明了单纯阅读文字会怎样改变老年人的行为——走得更慢。

项目负责人在给项目小组介绍情况时强调，项目正处于快速发展时期，强调按时交付和预算的重要性，避免一些锦上添花的行为或进行一些不必要的无价值的额外活动。提前告诉项目团队做好走一些捷径的准备，并将他们不明白的活动和标准视为是不重要的。

在开始工作前的当班班组班前会上，重点关注与手工操作和手部受伤有关的风险。潜意识告诉工作组提前做好将更多的注意力放在提升风险与手的使用方面，而不是高处作业或落物方面的风险。

危险与可操作性(HAZOP)研究小组的成员最近参加了一个供应商的说明会，供应商强调其产品的可靠性和从未发生出了名的事故的悠久历史。如果他们在设计产品时，就等着可预料到的随之而来的高可靠性吧。

一名HAZOP团队负责人在会议开始时基于该供应商的产品安全事故进行了安全说明。危险与可操作性团队的成员就预料到的设计产品的低可靠性提前做好了准备。

12.4 所见即所得

Kahneman所说的所见即所得(WYSIATI)指的是系统1仅利用其立即可用的信息做决定的趋势。它不会提出挑战，也不会询问缺了什么，也不会检查可用信息是否充足或确实充足到可以做决定的程度(这些由系统2来完成)。系统1根据当时即时可用的信息做出判断——所见即所得。系统2的任务是询问信息是否充足或是否合乎要求。无论如何,系统1将直接给出结论,如果系统2没有通过有意识的努力参与,系统1的响应将被采用。

所见即所得有助于实现连贯性和认知的容易性。它解释我们为什么能够快速思考,以及我们怎么能够理解复杂世界中的部分信息[1]。

通常用于说明所见即所得的例子(适合油气行业背景),例如,John是一位经验丰富的技术人员,拥有出色的安全记录。当考虑他是否是一位合适的、可单独安排来采集润滑油过滤器油样的员工时,提到了经验丰富和安全记录出色这两个词组,并且需要技术人员来采集样品(John是一名技术人员),这样的话,系统1可能会很快形成一种正面印象,你很可能会决定John确实是这份工作的理想人选。也许你已经倾向于这个观点。但是,当然,你知道(或者你的思考系统2知道)对此还需要更多的信息。你的系统2应该会"问"你是否真的有足够的信息来做出这样的决定:或许过滤器位于海上生产平台,尽管John经验丰富,但他从未在海上工作过;或者也许约翰是一名电气技术人员?或者让我们假设你的系统1明白这样的背景——你正在海上石油生产平台上工作,John是一名机械技术人员,与你的当班时间是相同的,因此你知道他是合适的技术人员,但是当这项任务需要他单独来完成时,或许他还没有能力在无人监督的情况下从事这项工作;或者也许他刚上了一个12小时的夜班,并且程序禁止他在规定的休息期结束之前开始工作。

所有这些信息以及更多的其他信息都是真正需要考虑的信息,以便做出决定,做出一个好的、安全的决定。在这里细节不是重点。关于所见即所得的重点是系统1会很快形成印象并提出意见,而不用担心是否具有关于工作或John的所有必要信息。

系统1成功的量度是它讲述的故事的连贯性。故事所依据的数据的数量和质量完全不重要。当信息稀缺时,这是一种常见的现象,系统1就像一台机器,在未掌握全部事实的情况下就仓促下结论[1]。

控制室操作人员注意到容器的液位增长速度快于预期。从图形显示器中看到:容器有两个输入阀,一个输出阀,并且三个阀门都被要求保持50%的开度。他需要通过将两个输入阀的开度降到25%来降低进入容器的流量。30分钟后,高位警报声响起,操作人员无法从显示器上看到:即使输出阀仍维持50%的开度,并且显示的也是50%的开度,但实际上输出阀是处于堵塞状态的。显示器显示的是阀门开度的指令状态,而不是实际状态。操作人员忙于工作,并且处于长夜班的末期,使用了显示器上容易获取的可用性信息——所见即所得。她并未启用系统2,并且凭借她对装置的了解来推断输入阀的直径是输出阀直径的50%,因此流量应该是相同的。

调查报告驳回了操作人员疲劳是引发事故的可能因素之一,因为事故发生在11:00,当班班次记录显示操作人员接班时间为06:00。调查人员没有通过检查来看看操作人员前几天的睡眠情况。她实际上连续上了14个夜班(夜班时间为12小时),事故发生在她上班的第一天。事发时,她已经有26小时未合眼了。

在超过预定时间的会议结束后,项目团队决定新版产品适合在设计中使用。制造商告诉他们这是一个新发布的改进型产品,与许多类似应用中已经使用的产品几乎相同,规范似乎也基本相同，但团队并没有问会存在什么样的差异。实际上，它是由碳钢制造的，不耐高温氢蚀，也不是所要求的合金钢。

虽然这是一个匆忙的招聘过程，但该公司很快决定雇佣新的人员。他很热情、面试成绩好、资历符合要求、看起来经验丰富。他给人留下了很好的印象，且短时间内就可上岗。但过了一段时间之后，公司才意识到他缺乏条理、承压能力差且无法满足最后期限的要求。但在做出快速决定时没有人提出过这些问题。

12.5　框架效应与损失厌恶：前景理论

商业公司需要在避免损失（如安全、环境溢出、收入或声誉）和收益最大化（储备、生产、收入、市场份额、竞争地位等）之间不断寻求一种令人满意的平衡状态。

在现实世界中，复杂操作所面临的风险绝不会是单一的风险，总是会面临很多风险源。有些是相对稳定的，这类风险源是广为人知的，且随着时间地推移不会发生很大的变化。其他的风险可能是短期性的和短暂性的，因为它们只存在于特定的条件下或正在进行的具体活动（非平衡深水钻井作业期间；过程单元启动期间；检修期间；正在进行平行操作之时）。相对风险状况必须持续进行实时排序和管理。任何经验丰富的作业团队都拥有在过去遭遇并处理各种高风险情况的丰富经验。

我们对信息的情绪响应可能会受到信息呈现方式的强烈影响或约束。对于完全相同的信息来说，呈现的方式不同，引发的情绪响应也是不同的。Kahneman将框架效应定义为偏好的巨大变化，有时是源自在所选问题的措辞方面出现的微不足道的变化所致[1]。

例如，在一次项目会议上，出现无事故完成手术的概率是90%这样一句话，与手术中受伤的概率是10%相比，前一种措辞使我们更倾向于继续手术。从理性的角度来看，系统2会告诉我们风险是完全一样的。但除非我们小心谨慎，否则因系统1而产生的情绪响应会使我们支持继续进行手术的决定，尽管没有合理的理由来支持它。因此，用不同的措辞来表述同一种风险可能会在情绪上影响我们对风险的反应和基于情绪反应做出的决定。

当与另一类偏见——损失厌恶相结合时，框架效应尤为重要。科学清楚地说明：涉及财务损失或与之一致的财务收益之间作出选择的多种场合下，大多数人会将更多的时间用在损失的避免上，而不是用在收益的获得上。这是最初使Tversky和Kahneman名声大振的核心内容，Kahneman也因此获得了诺贝尔奖，即前景理论（前景理论发展背后的故事令人着迷，但遗憾的是，超出了本书的内容）。

图12.1说明了损失厌恶的动态特性，图中绘制了收益或损失的相对心理强度与个人的财务价值之间的关系曲线。损失大约是同等收益心理影响的两倍。因此，如果1英镑收益的正面心理强度为1，那么1英镑的损失将在刻度相同的情况

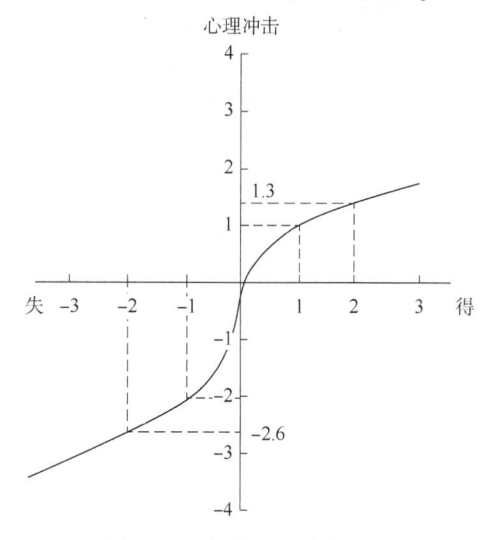

图12.1　损失厌恶动态图

下获得的负面心理强度约为 2(为了获得相同的收益,我们将尽其所能加倍努力工作来避免损失,以此来获得同等的收益)。

人们已经对前景理论及其影响进行了广泛的研究,最常见的是个人面对的涉及个人收益或损失的财务选择,而且也应用于各种各样的其他场合。这显然是有限制的,例如,专业交易人员和赌徒似乎就不会有相同心理反应。但对大多数人来说,这一理论在广泛的背景下有着大量的科学依据。

前景理论与油气开发活动的安全性和可靠性有什么样的关系?具体的油气开发活动不涉及个人财务收益与损失之间的二元选择。如果公司进行二元财务选择,这会涉及其他人的钱(基本上是股东的钱)。它们是在理性经济分析的基础上,由金融和商业专家作出的,不是由表达自己选择的个人做出的。

人们感兴趣的是前景理论在作业风险评估和排序中的应用,特别是在面临时间压力和其他压力的情况下,一线的风险评估与排序。当一线作业团队就其所面临的实时风险做出判断时,前景理论所描述的相同或类似的心理偏好是否适用?不惜一切代价来避免损失,而不是获得收益的心理偏好会主宰人们采用一种与面临的实际风险完全不一致的方式来进行判断、思考、推理和决策吗?它会导致注意力、精力和资源过度集中在错误的事情上吗?

作业团队无法选择是否对风险进行管理(所有重大风险都必须加以管理),但是他们能够(他们也必须)决定哪些风险是最重要的,需要优先考虑的,并根据其优先顺序来分配注意力、精力和资源。他们特别关注知觉风险最高的活动:他们优先考虑并监控与这些风险相关的防御系统可能无法发挥预期作用的迹象。如果有迹象表明被评估为具有最高优先级的风险未按所期望的方式来进行管理的话,这将很快引起高层领导的关注。组织注意力、能源和资源的分配涉及基于知觉风险优先级的选择。

这些显然是不同于个人的选择,个人必须在等价的经济价值的收益和损失之间做出选择(但这仍然是一种选择)。前景理论的心理动力也有可能适用于这些一线作业环境吗?关于如何分配注意力、努力和资源的决定和采取的管理实时风险的最佳行动可能会受制于相同或类似的心理驱动因素吗?

为了说明前景理论如何在实时作业风险管理情况下发挥作用,可以想象一下下文中所说的场景(完全是假设的场景)。在实时作业环境中的风险排序(假设性场景):承包商的维修队伍几周来一直从事一项大修作业任务,作业地点是一家大型化工厂,主要维修大型工艺装置。涉及的大型工艺装置是用来加工剧毒化学品的(任何化学品释放事故都可能是灾难性的)。由于存在极其严重的后果,考虑将维修区域按安全等级定为红色。在作业期间,谁也不允许进入无可呼吸空气的区域,并且该套大型工艺装置位于正压建筑物内,旨在防止任何进入大气环境的泄漏事故。虽然这是一次专门进行的维修作业,但对于维修队伍而言,这是属于相当普通的维修作业。他们专注于这类装置的维修,具有良好的安全记录,并且享有很高的评价。

这项工作面临一系列的延误和意外问题。工期远远落后于计划,且费用也远超预算。维修队伍的所有成员都渴望尽快完成这项工作,这样就可以休假了。转移用于下一项工作的专用设备也面临着压力。

其中的一项工作延误源自用作专业维修设备支撑的部分钢结构件,有三次不得不停下工作来进行梁的结构检查。现场所有方担心,如果钢结构的完整性受损,可能需要重建整栋建筑,且涉及的直接成本也是很高的,以及该套大型工艺装置长达6个月的停产期。

承包商的维修队伍刚刚完成维修,所以工作即将结束。只剩下三项需要完成的工作:(1)维修测试,以确保其100%的气密性。(2)拆下并移开专业设备。(3)移交给现场运营方。

在这一点上,维修队伍的领导层专注于两个主要风险:(1)确保维修的气密性。(2)确保在不损害钢结构件完整性的情况下,完成整个维修作业。

请注意,第一个风险——确保维修的气密性,防止气体逸出并不是真正的风险。相反,这是一个需要完成的任务(一个目标)。只有在未正确完成此项工作的情况下,才会产生这样的风险。

维修队伍如何察觉这两个风险?就这两个风险来说,维修的气密性问题可能会产生严重的后果,这可能会直接导致工人和周围社区人员死亡的事故。无论如何,维修队伍对他们所做的工作充满信心。在此次事故发生前,进行的多次维修作业都是安全的。也许,他们的潜意识告诉他们:如果存在泄漏,那么在启用前进行测试的过程中就会发现泄漏问题。而且,它在一个封闭的建筑物内,因此维修队伍不会想到化学品释放到大气环境中的事故确实会发生。假设这些后来的安全防御措施在必要时会起到应有的作用,他们能够想象到的最糟糕的情况是他们会被叫回去,虽然他们的公司会为此付出代价,并且公司的声誉也肯定会损害。

另一个风险——钢结构件的完整性受损更令人担忧。他们知道,如果完整性受损,现场所有方将面临巨大的成本和生产损失。没有什么可以阻止它发生。此外,他们在工作中有三次不同的经历,当时梁的完整性受到质疑。他们肯定会想象到发生了什么情况:这样的情况很容易被系统1捕捉到。

前景理论在这个假设情景中会发挥怎样的作用?前景理论指出,人们将更加努力地防止损失,而不是努力获得同等的收益。假设上文中确定的两个风险,人们觉察到它们的风险程度相差不大。不管怎样,钢结构件损坏的可能性更大(他们肯定能想到这一点。鉴于以往的工作经历,系统1会立即捕捉到它),那么在这种情况下,有可能应用前景理论吗?也许需要同时考虑下面两个问题,其中一个问题——钢结构件损坏,将被视为潜在损失,而另一个问题——完成维修测试,将被视为是收益。从完成这一步到能够完成后两项任务,最后完成这项工作来说,这将是一种收益。

为什么这个例子很重要?这是一种(可能)从未发生过的假设性场景。任何参与深水钻探作业的读者,或者许多上游行业的读者都会很快意识到,虽然所描述的场景完全是虚构的,但它与导致2010年"深水地平线"事故的某些事件很相似[2]。这是油气勘探历史上最具灾难性的事件之一,当然,这是从英国石油公司、越洋公司和哈里伯顿公司的财务成本和声誉损失这样的角度来看的,并非从环境损害和对墨西哥湾沿岸社区的社会影响角度来看的。

"深水地平线"团队面临的与此假设性情景中的问题相同的问题是:
(1)确保固井作业是安全的(其收益是允许他们进入下一个工作环节)。

（2）压裂地层与收益损失（在整个作业过程中，人们一直关注的潜在损失）。

这次事故是因固井作业失败与期望的后续防御措施失效所致，其中涉及人为因素和防喷器失效。

当然，在影响现实世界一线操作的风险感知与决策方面，前景理论也许会以引起人们联想的方式发挥作用，但这也仅仅是一种猜测。关于导致"深水地平线"事件所涉及操作人员（或现实中具有相同心理学背景的其他操作人员）为什么会做出那样的决定并采取那样的行动，鉴于能够提供满意的解释的重要性，这一推测似乎是有道理的。

个人和组织在任何时候能够处理的事情都是有限的。因此，必须根据风险的优先级来进行选择。前景理论心理学会影响做出这些决定的过程吗？前景理论提出的建议会导致组织的领导者（无论有意识还是无意识）加倍工作，投入双倍的注意力和精力，以此来时刻避开时刻风险最大的风险源，牺牲那些评估为低风险的风险源吗？

我不知道这些问题的答案❶。如果前景理论确实这样应用的话，那么这不仅会提出确保实时风险评估精确排序的重大问题（因为任何时候评估出的最大风险源都会引起人们给予不成比例的关注和投入不成比例的精力），而且对实时一线操作的管理也是如此。

值班主管要求初级操作人员调查气体警报，同时他和高级操作人员集中精力重新启动压缩机。

管理团队就避免压裂地层的风险进行排序。他们更重视存在的风险，而不是确保固井作业的顺利完成。

所有支持这一决定的风险评估表明，成功率在 60%~80% 之间。如果我们停下来想一想，并且认识到失败的可能性高达 40%，那么这个决定就永远不会得到认可。

参 考 文 献

[1] Kahneman D. Thinking, fast and slow. London: Allen Lane: Penguin; 2012.
[2] National Commission on the BP Deepwater Horizon Oil Spill and Offshore Drilling. Deepwater The Gulf Oil Disaster and the Future of Offshore Drilling: Report to the President; 2011.
[3] Cox T. What's wrong with risk matrices. Risk Anal 2008; 28(2): 497-512.
[4] Schwartz A, Goldberg J, Hazen G. Prospect theory, reference points, and health decisions. Judg Dec Making 2008; 3(2): 174-80.
[5] Barberis N. Thirty years of prospect theory in economics: a review and assessment. J Econ Perspect 2013; 29(10): 173-96.

---

❶ 也许科学界和研究界正在或者已经以这种方式来着手处理前景理论的这一应用问题。不管怎样，简单的文献检索未能找到一篇单纯的学术参考文献针对工业安全应用中正在使用的理论。我从来没有遇到任何案例，在这样的事故调查过程使用了前景理论来试图理解事件涉及人员为什么会做出那样的决定并据此采取相应的行动。不管怎样，前景理论在医学决策中的应用有很多（见参考文献[4]）。前景理论已应用于患者根据对相关风险和利益的感知决定是否接受医学治疗的背景中。2013 年，Barberis[5] 回顾了 30 年来在实验环境中应用前景理论的经验。在讨论主流经济学中缺乏被广泛接受的应用案例时，他总结了从业者在将前景理论从实验室环境转移到应用环境中所遇到的一些困难，其中之一就是确切知道怎样来定义收益和损失。Camerer[5] 撰写了关于前景理论在实际环境中的应用文章；也就是说，实际环境中的应用，而不是来自实验室的实验数据。不管怎样，所有的例子都涉及显性财务选择、投注或保险决策，而不是一线行业风险管理中所涉及的隐性选择。

第13章 专家的直觉与经验

本章简要论述了系统1对另外两个主题的影响，以及这两个主题在油气行业与加工行业的风险评估和决策中可能拥有的重要作用。Daniel Kahneman 在 *Thinking，Fast and Slow*[1] 一书中提到了自我体验、自我记忆以及专家直觉心理基础之间的差异。

13.1 自我体验与自我记忆

在油气行业中，人们对其提出的一些批评或是指责多数是由于人们不能汲取经验教训。除了前两章概述的内容以外，Kahneman 另一个研究领域可能在其中发挥作用。人在实际工作经历中会获取很多经验，但这些经验有多少会被人牢牢记住不得而知。Kahneman 在这一领域中主要对人的实践工作经验和最终人们能实际记忆的量之间的差异进行了研究，这种差异也就是 Kahneman 所说的体验自我和记忆自我之间的差异。

人们对于实际体验的记忆可能与事件发生时的那种体验之间存在很大的差异。记忆在很大程度上取决于人们常提到的"峰—终"效应，其由以下两个因素共同决定：

（1）事情发生时的体验强度峰值。
（2）事情结束时人对这一事件的体验有多么强烈。

在这一研究中令人奇怪的是，在一次体验中，持续时间的长短与人们对于这次体验记忆的深刻与否几乎没有什么关系。

为了说明为什么这可能与工业背景相关，假设在两次工作轮班之后立即由同一个操作人员写出了两张便条 A 和 B，下面对这两张便条进行分析❶：

便条 A：本次值班经历非常糟糕。工作过程中计划不周、资源不足、分包商能力差。我们在本次值班中多数情况下需要在恶劣的环境中工作，几乎所有可能出错的事情都出现了错误。有人辞职，并且投诉也很多。同时，我们也经历了一些非常可怕的瞬间，由于其很容易造成灾难性事故，因此每个人都会担心个人安全。但幸运的是，这种情况并没有发生。由于两天前我们的运气很好，因此此次值班顺利结束。过去的两天非常好，确切地说是阳光灿烂。

便条 B：总的来说，这次的值班经历很不错。一切都非常顺利，团队很棒、组织良好、领导得力、工作安全。遗憾的是，我们的运气有点差。这次轮班是在昨天晚上的大暴雨中结束的，这也太让人心惊胆战了。但是我很高兴回家了。

---

❶ 在此背景中，术语"工作轮班"是指连续工作的天数，通常为 14 天、28 天，有时可能为 56 天。也就是构成一个计划工作与休息的班次表，通常包括白班和夜班。轮班的地点可能会在海上平台，工人轮班时居住的工地等远离个人住所的地方

如果我们在这两次轮班期间能测量出每次值班时的操作人员工作体验强度，其可能与图13.1中的假设数据类似，其中情绪强度值越大，意味着体验感越差。对比同一记录者的两次轮班经历可以发现，轮班A过程中情绪强度超过轮班B的时间更长，即轮班A的体验感更差。在这两次轮班的后期，轮班B时轮班人员的情绪强度明显升高，在轮班后期值班B与轮班A过程中情绪强度相等的情况只出现了一次。

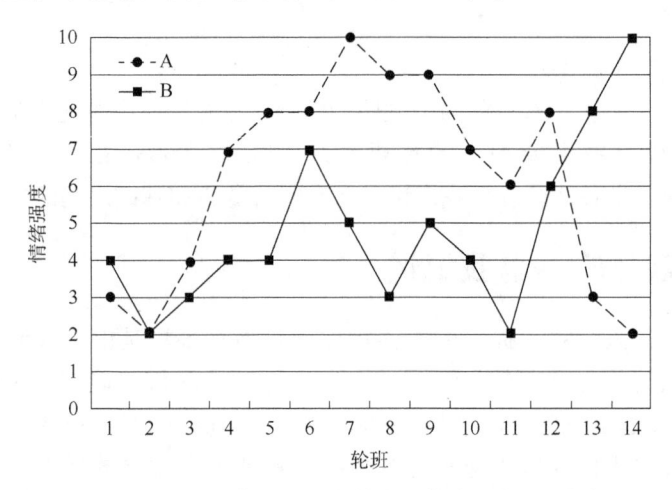

图13.1　同一操作人员两次轮班的情绪强度假设数据

如果我们想象这一操作人员在未来的某个时间回顾这两次的轮班经历时，我们告诉他将不得不重复其中的一次经历，那么你期待他选择哪一次？依据峰—终效应，操作人员可能会更愿意选择第一次轮班经历，即轮班A。虽然第一次轮班过程中的累积情绪强度高于第二次，但是峰值相同，在轮班末期，轮班B的情绪强度高于轮班A。这是自我记忆（操作人员在未来的某一时刻回顾这两次经历）与自我体验（在当时的实际经历）之间的差异。人们的选择是受自我记忆引导的，而非自我体验：

自我体验没有发声。虽然自我记忆有时是错误的，但自我记忆是能够保持痕迹并管理人们从生活中学到的知识的一种记忆方式，而且也是指导人们做出决定的一种记忆方式[1]。

想象一下油气开发活动中的自我体验与自我记忆。当我们在进行风险评估时，我们完全忘记了在那次的工作中灾难离我们到底有多近。我们只记得其中的非常棒的事情。只有当我们看到实际的报告时，我们才意识到我们曾经是多么的幸运。

13.2　专家直觉

专家一词常被误用和大量地滥用。专家一词的滥用可能会对各级组织的风险意识、风险评估和决策产生重要影响，对于一线作业来说，也许尤其如此。

在油气行业中，对专业知识的依赖是很常见的一种现象，有金融专家、法学专家、人力资源专家、销售与营销专家、医学专家、工程专家、工艺专家、化学专家，甚至还有风险专家等。这些专家占据的都是关键岗位：在总部制定政策和策略、开发并发布技术标准、并就业务决定提供建议；在项目工程中领导工程师团队，评估技术风险，下达指令取消技术解决方案；在一线作业过程中指导初级员工、监督作业以及在意外事件发生时进行识别、解释和干预。

对安全性和可靠性方面至关重要的活动中，油气行业非常依赖专家的判断力。特别是在有可能发生重大事故的快速移动的前线事件中，更是依靠专家的直觉。

维基百科中对专家的定义：被广泛认为是技术或技能的可靠来源的这些人，他们所拥有的正确、公正或明智的判断或决定的能力被同行或公众赋予其在所在领域内的权威性和地位。定义的核心是个人在其专业领域的专业技能必须得到其同行或公众的认可。

专业技能的概念也是相对的。例如，公司和其他组织能够认可且确实也认可了某人拥有足够的技能、知识和经验，而凭借这样的技能和经验，可以授予他批准风险评估、技术标准和规程的权力，或批准针对风险评估、技术标准和规程的变更或取消的权力。将某人委任为某方面的专家可能与公司的需求以及同事的知识和经验有关，并无任何绝对的标准。

真正的专家隐藏在情况评估、推理和决策背后的心理过程（特别是直觉）是与某些缺乏真正专业技能的人执行这些任务的心理是不同的。为了填补组织空白，直接任命某人为专家任命他有权提出技术建议或做出或批准决定与实际拥有心理学能力的人对情况的判断与直觉并不相同。

那么，在油气行业与加工行业，对系统 1 和系统 2 的心理觉察与专业知识和专家判断的使用之间具有怎样的关联性？

美国心理学家 Gary Klein 关于专家在实时紧急情况下做出直觉决定的方式的研究不仅好评不断而且也极具影响力。他的研究成果不仅被学者、应用心理学家和人为因素专家阅读和应用，而且在许多安全管理领域也得到了广泛应用。Klein 一直认为，在具有实际专业知识的背景下，人们通常会利用基于过往经历的情境近乎瞬时再认立即做出直觉决定。与这些观念相关的研究和思考领域被称为自然决策（NDM）领域[2]。

在 Thinking, Fast and Slow 一书中，Kahneman 列出了自然决策动作与他所代表的思想体系之间的分歧。他讲述了他和 Klein 之间的合作，其目的是探讨支持专家判断与直觉的本质与心理机制。这里，我们不需要进一步深入了解自然决策心理学或其追随者对认知偏见与心理启发法的观念之间的分歧❶。

在这里，就油气行业与加工行业依赖专业技能的背景来说，人们感兴趣的是 Kahneman 和 Klein 就怎样开发专家直觉以及何时信任专家直觉方面所达成的一些结论。Kahneman 和 Klein 认为技能专家直觉的开发需要做以下三件事情：

（1）环境或决定的背景必须具有足够的规律性，而这样的规律性又是可预测的。

（2）专家必须对环境有充分的了解，以便能够通过长期的实践来了解其规律性。

（3）环境必须对所采取的有用的、可用的行动尽快提供反馈意见，以便专家知晓其所采取的行动哪些是有效的，哪些是无效的。

如果上述三个条件得到满足，那么决定的背景就是有规律的和可预测的，个人也能充

---

❶ 除了 Thinking, Fast and Slow 一书，感兴趣的读者应该阅读 Klein 出版于 1999 年的著作 Sources of Power: How People Make Decision[3] 或他发表的许多其他的文章。

分了解其规律性,并且能够提供快速且有用的反馈信息。随着时间的推移,系统 1 将识别出环境中高度有效的线索[1]。其会记住哪些行动是有效的,哪些行动是无效的。随着时间的推移,对这些线索和过去不同行动过程中发生的事情进行识别与内化,使得系统 1 在发生类似的事情时能够快速、轻易地识别出来。其是通过驱动系统 1 的想法的视即时联想来实现的。并且由系统 1 产生的想法的视即时联想,系统 1 是专家判断与直觉的基础。

依靠直觉的决策可能会带来很大的风险。风险一般发生在个体认为他们了解情况而本能地要做出行动的情况下。但实际上,发生这种情况一方面可能是没有所需的固有规律性,个人也没有对此进行充分的了解,因此没有正确识别出极其有用的线索,另一方面可能是专家们未收到足够多的针对这种情况所采取行动的反馈信息。在这些情况下,系统 1 仍然会产生令人信服的、直觉上很吸引人的解释,但实际上这些解释是错误的。

Kahneman 从替代过程的角度来进行了解释:如果面对很困难的局面,系统 1 潜意识里会利用一个比实际局面更容易的局面来替代他,从而对这种很困难的局面作出快速响应。

这就是为什么主观信心缺乏诊断准确性的原因,也可能会非常有信心地做出错误的判断。

在行业活动的背景下,理解专家判断与直觉的心理性质、形成这样的判断与直觉的必要条件以及当这种判断和决策不存在时的风险,可能会对决策造成重要的影响。许多作业活动(在新地层钻井,首次启动新工艺装置或对安全关键设备进行 5 年一次的维护作业)既不具备规律性(发生的频率),又不具备开发技能直觉所必须的反馈信息以及信息的准确性与及时性。任命一个人作为组织的主题专家或某人自称自己是专家,这都与产生专家判断和直觉的条件无关。如果这些人参与授权或者对至关重要的安全管理决策产生了影响,那么,在实施决策之前需启用系统 2 对专家的直觉和判断进行核查,即:人们对自己直觉的信心并不是判断直觉有效性的可靠指南,不要相信任何人,包括你自己。告诉你,应该在多大程度上相信专家的判断[1]。

当高级工程师拒绝批准设计时,尽管他当时不能指出这份设计究竟有什么问题,但总觉得有些不对劲。结果证明他是对的:他们在某些地方使用过合金钢,而在其他地方使用过碳钢。对此工艺来说,使用碳钢是不适合的。

危险与可操作性的结论:操作该套装置的人为失误的风险也许是可以接受的。参与的操作人员不这样认为,但无法说出其中的原因。我们一致认为:如果他们无法就这一问题做出解释,那么我们就不能证明变更的合理性。结果证明操作人员的看法是对的。

当班领导召集会议审查异常读数。他想要按计划的方案进行。操作人员表示他们知道该怎么做:他们过去曾处理过这种情况,得出的结论是风险处于可控状态,读数异常的原因是仪器出了故障。操作人员决定相信自己的专业技能。

操作人员凭直觉知道泵的某些部件存在严重问题,但他并不知道具体是什么问题。他关闭了泵,并电话通知了控制室。

操作人员的直觉告诉他在操作过程中不要按照规程操作那一个步骤以及在启动设备时超过其极限值是安全的。在此之前,他们仅仅启动过此设备一次,那也是五年前的事了。这次他们遇到了与五年前相同的问题,他们通过超过其极限值的方法使问题得到了解决。

我们认为他拥有这方面的专业技能,所以我们相信他。

参 考 文 献

[1] Kahneman D. Thinking, fast and slow. USA:Penguin;2012.
[2] Klein G. The naturalistic decision making process, In:Wiley Encyclopedia of Operations Research and Management Science;2011. Published online 14 Jan 2011,http://onlinelibrary.wiley.com/doi/10.1002/9780470400531.eorms0410/abstract.
[3] Klein G. Sources of power:how people make decisions. USA:MIT Press;1999.

第 14 章 第 3 部分小结

第三部分探讨了心理学和行为经济学领域的一些证据，这些证据表明许多偏见和非理性类型会影响我们感知和解释世界，评估风险以及做出判断和决定。

知识库是广泛而可靠的。它是由全球数百名工作在实验室和应用环境中的科学家和研究人员建立的，已有四十多年的历史。虽然这些证据可能跟我们认为的不一致，但是，我们认为证据应该是不可反驳的，这些证据中的偏见和非理性都是真实的。也就是说，它们适用于大多数人，不受年龄、性别、文化或信仰的影响。当然，这并非每时每刻都适用。两个系统都是这样。但是当人们有可能使用系统 1 这样的思考模式时，我们应该会预料到他们的想法会受到认知偏见和其他非理性源的影响。

这一研究体系的一大优势是：研究中形成并使用的测试和问题可使我们体验到偏见与非理性对我们的影响。他可能是属于个人的令人激动的经历。Kahneman 关于球棒与球的价格的问题的这一简单例子也许是最著名的例子。许多其他的非理性源也是如此：这很容易体验到。如果我们认为我们受到不公平的对待，我们都会知道这是一种什么样的感觉。我们反应是情绪化的，且往往是消极的。

如果我们不了解科学，我们可能会怀疑许多认知偏见的真实性。例如，在讨论关联效应时，Kahneman 向那些可能对仅仅接触文字或思想就能真正影响自己的思维方式、甚至行动持怀疑态度的人提出了一个重要观点：你不相信这些结果适用于你自己，因为他们与你的主观经验完全不相符。但是你的主观经验主要由系统 2 告诉你发生了什么样的事的故事所组成的。关联效应出现系统 1 中，并且你也是在无意识中接触到它们的。

因此，这是一个广泛的且科学有效的知识体系。关于我们为什么会受这些非理性的影响、心理过程是怎样的以及调查诸如文化变异等话题方面，科学界继续实验、争论、辩论和理论化。但是出于改善工业人力信度的目的，没有必要挑战他。现有的关于非理性和偏见如何影响人们思维方式的知识已经被风险管理人员充分证实为事实。

总的来说，如果这个庞大的事实体系普遍适用于人的话(尽管也许不适用于所有的人，当然也不是每时每刻都适用)。关于在油气行业和加工行业工作的人或这些行业的运营方式，有什么能够使他们的活动在面对这些影响时会变得更加强大或适应性更好？确实，参加过许多或大部分实验的实验人员绝大多数是学生，这是很多心理学研究的特点。然而，这并不意味着这些证据不能推广到现实世界中的工业活动。事实上，这种影响很容易自己体会到，这本身就表明石油和天然气行业也不例外。

正如我在第 11 章中所描述的，我在很多演讲中都用过这种材料的例子。我在世界各地与来自不同业务的许多团队的讲话、演示和人的问题的培训课程中都使用了这些材料的例子。我的经验是，大多数参加我的演讲的人都经历过这些。石油和天然气行业的员工及其运作方式并没有什么不同，这使得他们能够抵御偏见和非理性的影响。

事实上，我怀疑至少在某些场合下会出现相反的情况：从事关键工作的人比普通人更容易受到系统1偏见的影响。轮班工作时，通常涉及12h轮班（有时时间会更长），在白班和夜班之间轮换，在许多行业中都很常见。许多人连续进行14次或28次12h轮班工作，经常在轮换期间至少有一次白班与夜班的轮换。在到达海上工作地点或遥远的工作现场开始轮班之前，许多人会在路上花费很长的时间，有时会涉及多个时区。由于这些和其他原因，疲劳❶越来越被认为是整个行业的重大风险❷。

目前还未找到任何研究关于系统1中疲劳与认知偏见和非理性倾向性之间的关系。在实验心理学的文献中可能有一些，但如果存在的话，在工业应用方面研究疲劳对人力绩效的影响的人也很少应用它。

系统1和系统2之间的根本区别在于需要费力地启用并应用系统2。疲劳的最重要影响之一是人们的动力与精力（做事的意愿或能力）的普遍下降。你不需要成为心理学家就可以推测到疲劳的影响之一可能是人们不太愿意在关键（在任何）情况下努力启用系统2。

疲劳的人更可能受到认知偏见的影响，也更可能采用对周围环境、可用证据或信息的非理性反应来解释周围环境、做出判断、评估风险和做出决定。因此，与生活中的其他许多领域（包括大学生活）相比，石油、天然气行业与加工行业的人实际上更容易受到偏见和非理性思维的影响。

根据Kahneman的优秀著作，还有最后一点要观察。这涉及一个明显的悖论，这个悖论通常被认为是良好的人因工程设计做法。事实上，对于任何人因专家来说，这似乎都是无需动脑的。为了便于阅读，要求在计算机屏幕或其他信息显示屏上显示信息和文本，这一要求似乎是很容易理解的。

在关于认知容易度的一章中，Kahneman讨论了Shane Frederick的认知反射测试❸。这包括三个测试：著名的"球棒与球"的问题和其他两项测试，包括如下测试：如果5台机器需要5min才能制作5个小部件，那么100台机器制作100个小部件需要多长时间？100min还是5min[1]？

40位普林斯顿大学的学生被要求阅读电脑屏幕上显示的测试题。对其中一半人来说，题目很难读懂，测试题采用字体是灰色印刷的小字体。另一半人的测试题则采用的是清晰易辨的正常字体。明显自相矛盾的是，对于三道清晰易辨的测试题，20名学生中，90%的人至少有一个错误，而对于辨认困难的三道测试题，20名学生中，仅有35%的人至少有一个错误。使用辨认困难存在设计缺陷的显示屏，学生的实际表现会更好！对此的解释是，与清晰易辨的测试题相比，辨认困难的测试题对学生的认知要求更高。而且认知压力，无论其来自何处，都会启用系统2，因而更有可能拒绝系统1给出的直觉答案[1]。

---

❶ 医学界、科学界和工业界都普遍认为疲劳是由睡眠不足引起的。国际石油工业环境保护协会健康委员会[2]将疲劳定义为由睡眠质量差或睡眠时间不足、失眠过度或身体每日的昼夜节律引起的警觉性和个人表现逐渐下降的过程。

❷ 美国国家标准协会与美国石油协会共同制定了炼油和石化行业疲劳管理标准[3]。能源研究所[4]和国际油气生产商协会[5],[6]已就实施和监控疲劳风险管理系统的表现提供了指导。国际石油工业环境保护协会卫生委员会制定了疲劳风险评估指南[2]。

❸ 详细回顾了人们回答这类问题的方式背后的心理学，包括对认知能力个体差异的讨论，请参阅参考文献[7]。

我不知道这个实验是否曾经被重复使用或将其应用到更具操作代表性的情况。如果没有，这将会是一个很好的学生项目。无论如何，它确实对人因工程在工业领域中的应用提出了挑战。这是人的问题的另一个例证。

在前面的三章中，我试图只简要描述人们怎样做出判断、评估风险和做出决定的几个心理学问题。我只是谈及一个庞大的、完善的、可信的知识体系。涉及偏差标准化和群体思维等偏见还没被讨论。这些偏见以及其他偏见已经得到人们的广泛认可和理解，并且也广泛意识到在整个加工行业中与之相伴的风险。学术界和研究界对此仍然存在分歧和争论，也有许多关于这些偏见性的非理性思考模式的问题，而这些问题的答案仍不清楚。这一学科仍然有大量待研究的课题，无论是基础研究方面的还是应用研究方面的。

不管怎样，核心知识（特别是人的想法与决策）有许多是非理性的。事实上，在这方面几乎没有什么争议。许多知识库正在影响各国政府和国际机构的战略、政策和决策。其中一些已经被用来影响油气行业高层的思考和决策。

各个行业都在进行风险评估、判断与决策，这样的风险评估不仅对行业安全性至关重要，而且对可靠性和盈利性也至关重要。通常情况下，它们甚至是由未意识到他们正在评估风险或做出关键决定的人来实施的。它们是在公司办公室、资本项目、业务管理和一线进行的，随时都在做出这些决定。当然，在项目环境中做出这些决定的方式恰好有可能会受到启发法与认知偏见的影响。这些章节中描述的"简化直觉思考的捷径"，就像其他任何地方一样。事实上，如果可能的话，更应该考虑疲劳对轮班人员的影响。

关键是，在资本项目中做出的许多决定会直接影响人们对安全防御中人的角色期望。因此存在双重危险性：在项目中做出的决定可能会受到各种偏见的影响；在实时操作中所进行的思考、风险意识和做出的决定也可能会受到相同偏见的影响。

Kahneman曾经审查过大量的认知偏见。他认为这些认知偏见都倾向于引导我们作出风险更高的决定，而不是在纯理性基础上做出的决定。他们都更偏向"鹰派"而不是"鸽派"。

有理由相信提高对这一知识体系的认识和应用可能是该行业在未来几十年中为提高人类可靠性所做的最重要的事情之一。

我希望通过回到本书的主题来对本部分进行总结：人的可靠性受到工作环境设计和设备界面的强烈影响，进行安全或关键生产活动的人员需要参与其中并与之交互。而且，我想重申一下这样的建议：通过在设计过程中更多地关注人因工程，业界有机会在提高人的可靠性方面迈出更重要的一步。

那么，风险评估、判断与决策心理学与本质人类可靠性设计之间会有什么样的关系？从人们的许多想法与决策的偏见性的非理性属性的理解来说，怎样用它来提高资本项目风险评估、判断和决策的质量？仅有一个答案是不够的，至少有三个答案都是必要的：

（1）在设计期间，做出关于关键任务出现人为差错的可能性和安全防御措施中人的角色的决定时，保持对系统1的敏感性并找到一种避开系统1的方法。

（2）在设计期间认识到，执行一线安全关键活动的具体操作人员可能倾向于系统1。通过寻找可以融入工作环境和设备界面的机会，这样的机会有可能实时有效地中断一线人员的系统1，激发系统2。

（3）在事故调查中，辨认出系统 1 的非理性和力量。

如果没有这样的认识，那么可用性启发法和我们的自我记忆将始终对项目决策有偏见，这些项目决策反映了人为差错对安全性和可靠性贡献真实基础率。

参 考 文 献

[1] Kahneman D. Thinking, fast and slow. London：Allen Lane；2012.
[2] IPIECA. Assessing risks from operator fatigue：an IPIECA good practice guide. IPIECA；2014.
[3] American National Standards Institute. Fatigue prevention guidelines for the refining and petrochemical industries RP 755；April 2010.
[4] Energy Institute. Managing fatigue using a fatigue risk management plan；2014.
[5] Oil and Gas Producers Association. Managing fatigue in the workplace. OGP Report 392；2007.
[6] Oil and Gas Producers Association. Performance indicators for fatigue risk management system. OGP Report 488；2012.
[7] Frederick S. Cognitive reflection and decision making. J Econ Perspect 2005；19(4)：25-42. http：//dx. doi. org/10. 1257/089533005775196732.
[8] Sykes M A, Welsh M B, Begg S H. Don't drop the anchor：recognizing and mitigating human factors when making assessment judgements under uncertainty. SPE 164230, Society of Petroleum Engineers；2011.

第 4 部分　屏障思维中的人因

工业化过程中，以人为本的核心思想深深植根于人们的管理工作中。鉴于工业化的悠久历史和过去四个世纪以来建立的方法技术、工作做法、产业关系以及法律，组织难以准确地认识到员工的期望。同时随着人们融入工业程度的加深，员工的职责深入组织结构和组织活动，组织更难准确明确它对员工的期望。

为显著提升人力信度，公司需要清楚它对员工的期望，需要引导这些期望，以确保这些期望是切实可行且合理的，并且通过精心设计的技术、操作系统和组织结构来给予适当的支持。

本部分关注对于确保安全性和可行性方面，组织对员工的真实期望。该部分包括六章：第 15 章通过一个简单的本不应该发生的人为差错例子来介绍利益相关方的期望。阐述了怎样洞察人们如何陷入设计诱发型人为差错处境，以至于到了几乎不可避免犯错的地步，尽管这样的人为差错是不应该发生的。第 16 章将人因问题放在防御层次的背景下来观察。其总结了屏障思维的基本思想，并探讨了蝶形图分析方法作为一种主动性工具的应用。目前，蝶形图分析方法已广泛应用于说明组织所依赖的控制和防御层来保护他们的资产。以第 16 章中成熟的蝶形图分析方法为基础，第 17 章和第 18 章展示了蝶形图分析方法中确定的控制措施是如何体现员工行为以及员工和组织所期望的。这些章节利用重大事故调查中的发现来说明对人力绩效的期望是如何出现偏差的。关注工作环境和设备界面的设计，本章展示了组织就人们会有怎样的行为与表现的隐性期望与防御层失效之间的直接关系。讨论表明，在资本项目过程中，这些期望在现实世界中会受到怎样的挑战。第 19 章关注在资本项目中哪些依赖于人力绩效的控制措施可合理发挥其预期的作用。第 20 章关注出现于第 16 章至第 19 章中的事故。事故的讨论类似于第 3 章提到的台塑公司事故，试图运用局部理性来解读涉事人员的内心想法。

第 15 章 员工的期望

图 15.1 展示了安装在船舶发动机舱内的报警面板布局。花点时间研究一下左侧两列的警报布局。猜想一下，问号标记的警报会是什么？

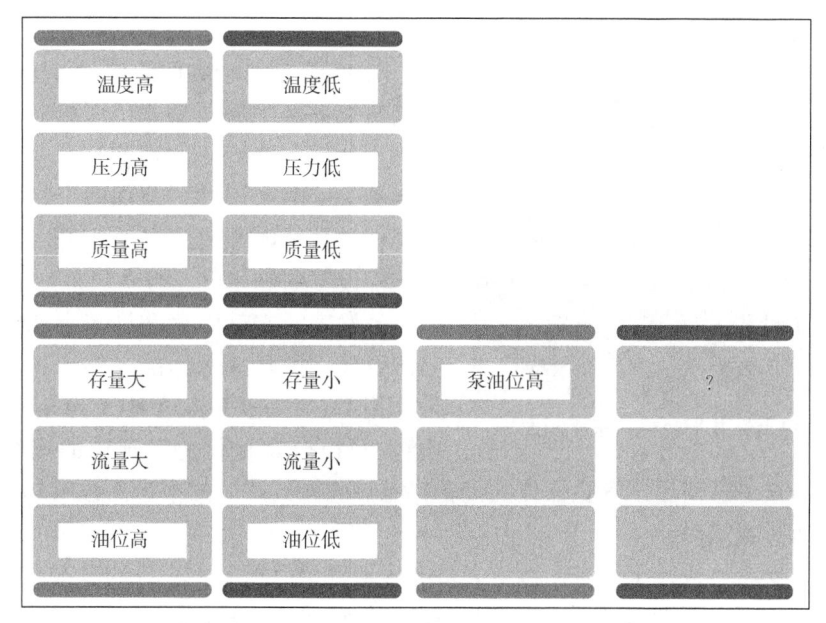

图 15.1 发动机舱报警面板上的警报布局

实际情况并非你想象的那样，这是熄火保护装置锁定，而泵油液位低警报实际上位于泵油液位高警报的下方，而不是旁边。图 15.2 所示的是实际警报面板布局图。

图 15.2 实际警报面板

在实际面板中，左侧两列显示的是锅炉的性能参数，并全部按照左高右低的顺序进行排列。但在下一列中，泵油液位低的警报实际上位于泵油液位高警报的下方，而不是在右侧。位于泵油液位高警报右侧的是熄火保护装置锁定警报，其实与泵的油位无关。

一位刚到船上工作的工程师注意到熄火保护装置锁定报警指示灯亮，但由于推测所有的指示警报均采用左高右低模式，于是下意识认为是泵油液位低指示灯亮着。当问到这个错误时，他坚持认为自己已经看过报警信号，且指示泵油液位低，并据此采取了行动。

如果这个错误引发的事件严重到需要调查的地步，那么可能会出现这样的结论，即事故由工程师在响应过程中缺乏经验或注意力不集中所致。但事实并非如此。这是一个设计诱发型人为差错，属于几乎任何人在某个时候都可能会犯的错误。制造面板的公司完全可以通过设计警报器的布局来避免错误。

图 15.3 是一个类似的例子，这个例子来自海上钻井平台上的司钻室。面板包含四个用于控制入井钻井液流量的控制杆，每个控制杆有开启和关闭两个位置。顶部两个控制杆和右下控制杆，其表现形式为左关右开，而左下角的控制杆设置刚好相反，为左开右关。

已发表的文献中存在许多类似的会诱发差错的设计。许多技术标准提供了相应的原则和设计指导，以避免将这种人为差错带入设备中❶。可以合理地认为，现代的锅炉及相关仪器的制造商，或者任何用于安全操作的设备都能够确保其产品的报警面板布局不会出现上述明显的人为差错陷阱。

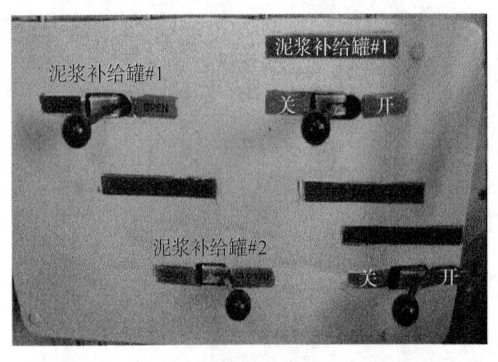

图 15.3 海上钻井平台司钻室控制面板

如果对此次事故进行了调查，调查人员会发现整个面板上不一致的警报布局是促成这一差错的主要原因。不管怎样，在没有绝对动力的情况下，采取任何行动让公司重新设计面板布局的可能性并不大❷。将这些学问反馈给制造面板的公司的可能性很小，更不要说让个别工程师决定并批准修改面板上警报表现形式。如果有的话，也几乎没有关于这种避免诱发差错设计的实用知识。

15.1 事故调查中的人因

大多数加工行业公司，每当发生严重错误、事故时，或是发现它经历了一次具有重大

---

❶ 就这些指南来说，许多已存在了多年，并经过了时间的检验。比如，1981 年的人因工程学硕士生，Van Cott 和 Kinnade1972 年的著作 *Human Engineering Guide to Equiment Design* 属于该学科核心读物，该书的第一版包含大量有价值的资料，但现在已过时了。1981 年主要由 Wesley Woodson 编写的 *Human Factor Design Handbook* 于 1992 年进行了修订，修订后的第三版于 2015 年出版，并修改书名为 *Human Factors and Ergonomics Handbook*。Gavriel Salvendy 著作的 *Handbook of Human Factors and Ergonomics* 也被人们广泛使用并受到好评。还有大量其他最新的、容易获取的人因设计指南，不过，其中的一部分针对的是具体行业或应用。

❷ 尽管在事故审查中发现了这一原因，并要求航运公司做出修改，对所有采用高、低报警方式的报警信号，全部采用左高右低的表现形式，这一建议最终也没有得到落实。

安全隐患的未遂事件时，就会对其原因展开调查❶。调查的方式通常取决于事件的严重性或是所察觉到的事件严重性。事故公开报道的程度则主要取决于涉及国家和行业规定的程度。就公司的商业利益而言，通常是不会公布事故或是未遂事件的；尽管负责任的公司意识到无论法规是否要求，为了吸取教训并避免未来发生损失，进行调查是对公司有利的。

事故或大概率未遂事件的调查技术包括：根本原因分析、因果学习、三脚架、"ABC"或"5W"，这些技术都有专门的软件工具、独立顾问和专业培训课程加以支持。不那么严重的事故或被评估为小概率的事故倾向于进行较为宽松的调查，但即使采用了同样正规的工具和方法，其使用的严格程度也远不如重大事件那样，且很少使用到❷。

对于纯粹的技术故障，比如：压力容器泄漏、传感器失效或高低位故障、阀门因黏住而保持开启或关闭状态、管道腐蚀泄漏、防喷器不能按设计要求动作或是飞机外部皮托管冻结，调查通常能够准确确定发生了什么，其精准程度和技术精度同样很高，如果进一步分析，这些故障常常包含人为原因和管理原因，而并非纯粹的技术原因。尤其在航空领域，考虑到现代飞机的先进性、复杂性及其失效的条件，很容易发现技术故障的根本原因。

而导致事故的人为因素和组织因素，要达到类似程度的精确性和准确性要困难得多。详细的调查通常应精确地确定引发事故的一系列人及事件，以及他们做了什么或没做什么。但要客观地确定他们为什么做或不做是一种挑战。事实上这种调查几乎是不可能的，除了恐怖主义、有意为之的事故或操作人员事后意识到他们采取的行动是不安全的。人为因素总是或多或少与人们的知识、动机、能力、经历或是当时的精神状态有关。

本书的一个主题是"让人们能够在油气行业中从事公司期望他们执行的工作"。人类心理复杂性，包括大部分想法与决策本身的非理性与偏见属性，都会影响人们的所作所为。通过行业和监管机构提升人们对世界的看待方法与解读认知，从而引导员工做出合适的决定，觉察和理解行动背后的心理复杂性，对于人力信度的显著改善来说是必要的。

很显然，不仅要找出事故中的关键人员做了什么或没做什么，还要找出他们为什么做或没做的原因，这一点在当前和将来都很重要，对于重大事件来说尤其如此。遗憾的是，如何精准理解技术所造成的故障，仍是摆在人们面前的挑战，或许超出了大多数组织的能力。除了收集必要的事实和证据这一挑战外，还需要一定的技术知识和经验，以及分析技能和洞察力，而期望大多数公司具备上述能力是不现实的。

为了给非专业人员提供一种结构化的手段来识别事故的人因贡献，市场上已出现了一些技术和工具，如针对能源领域的壳牌公司三脚架 β 法和阿伯丁大学的人因调查工具(HFIT)[5]，而美国运输部开发的人因分析与分类系统(HFACS)，用于考虑航空事故中的人因贡献[6]。人因分析与分类系统后来被应用于包括国防领域在内的许多其他的领域。

然而，事实是调查事故的人因贡献是一项专业性很强的工作，不能简单地通过应用方法、完成软件的学习课程或参加研讨会来获取。诸如人因调查工具、三脚架 β 法和人因分

---

❶ 识别未遂事件，这本身就可能是一个重大挑战，它取决于诸如组织文化、奖励制度、雇员关系、雇佣条款、规定和行业最佳做法等因素。

❷ 未遂事件是指事故发生的可能性远高于公司或计划预计，这本身就是主观性的。其依赖于风险评估、对事件发生可能性的判断和决策。所有这些从根本上会受到第 3 部分讨论的各种非理性和认知偏见的影响。

析与分类系统等工具，只有掌握在那些经验丰富、具备分析技能的人手中才会发挥其应有的作用。事实上，人们可能受到臆想的推断或科学表象的误导。此外，无论采用何种方法来识别事故的人因根源，结论几乎都会受到法律、科学或来自其他动机的挑战。

就许多目标而言，了解究竟出了什么问题、如何提高人力信度、人力信度损失的根本原因，未必是必要的。就事故人因贡献的调查来说，一种更简单、更务实的替代方法已经在工业上得到了广泛的应用，这种方法并不要求调查人员拥有丰富的专业知识，相反，它是以工业安全的思考方法为基础，即屏障思维。屏障思维旨在寻求员工的期望这一问题的详细答案。作为预防事故发生的防御层策略这一部分，关于组织依靠的员工行为与表现的期望是什么，这些期望是否是切实可行和可信的，以及如何确保这些期望得以实现，将在本章的其余部分进行解释说明。

15.2　囫囵吞枣式的阅读

将"他们的期望是什么"的测试应用于图 15.2 所示的锅炉报警面板事故之前，有必要简述一下从这个事故推导出的关于人的感知和认知属性的另一个重要观点。

第 10 章描述了人的感知和认知系统如何导致人们对面前的事物视而不见，事后来看某些人实际并未积极参与其中。网上有很多例子，说明了在什么样的情况下，人们会对面前的事物视而不见。也有很多人有时能注意到视错觉，包括许多能够产生不同认知的视错觉，这样的认知取决于人们是将视错觉作为图形来看待，还是作为背景来解释。而验证偏见是我们使用与我们期望看到的相一致的方式来解释世界，否定实际存在的是什么。在我们的母语中，我们通过阅读某些东西，也能明白一些与文字的实际意义不同的东西。

在图 15.2 所示的锅炉报警面板的例子中，出错的工程师坚持他查看过警报。不管怎样，他认为这意味着给水泵油液位低并据此采取了相应行动，但实际上他看到的是熄火保护装置锁定。对于母语为英语的人来说，很自然地会按从左到右、从上到下的方式来阅读文本。如果在发动机舱的短暂经历中，该工程师曾经观察过警报面板的话，那么他可能下意识会按左高右低的布局来确定警报的位置。当你研究如图 15.1 所示的报警面板布局时，你可能也是这样考虑的。因此，当一个明显配对的且与其他警报具有完全相同的视觉配置的右侧报警灯亮时，工程师的思考系统很快就会给出泵油液位低报警这样的解释，甚至在他看到文本时，也是这样辩解的，这看来是一种非常自然的现象❶。

15.3　他们的期望是什么？

幸运的是，例子中锅炉报警面板引发的事故并不严重，无人受伤，无破坏性损失，无环境影响也没有停产停工。但它发生在一个商用远洋船上，船上有严格的规定与措施、设计与认证标准、安全管理体系与操作程序，以及系统的培训能力。不能因为他没有任何后果或仅仅是其中的一件事就轻易将其丢在一边。那么让我们来看看什么样的期望可以避免

---

❶ 在本书讨论的多起事故中，人们明显看到了信息，但又进行了错误解释的现象属于一种反反复复发生的现象。

这个简单差错发生。

关于为什么一名有能力从事发动机舱工作的工程师会出现这样的差错,相当多的利益相关方都给出了合理的预测。以下列出了一些明显的利益相关方:

(1) 工程师本人;
(2) 工程师的直属主管(可能是船舶总工程师);
(3) 船长;
(4) 持有该船的团体;
(5) 持有该船的团体股东;
(6) 签约该船的团体;
(7) 签约该船的团体股东;
(8) 购买锅炉和相关仪表的公司;
(9) 购买锅炉和相关仪表的公司股东;
(10) 负责认证船舶安全和适航的人员;
(11) 设计和制造锅炉及其相关仪表的公司;
(12) 制造锅炉及其相关仪表的公司股东;
(13) 负责仪表设计的工程经理;
(14) 设计报警面板的工程师;
(15) 负责确保锅炉及其相关仪表板的设计符合必要的标准和规定的人员;
(16) 负责给船投保的公司;
(17) 负责给船投的公司股东。

这是一个很长的名单,但并不全面,还有诸如提供培训和能力保证的人、监管机构等。假设上述列出的利益相关方都没有预料到会发生这样的错误,涉事人员的核心期望也只能是这样的错误是不可能发生的。利益相关方都希望工程师能正确完成这项简单的任务。如果没有其他措施来阻止工程师根据对警报的错误判断来采取错误行动的话,他们必须期望任务在任何时候都能够顺利完成。那么他们期望什么呢?

很显然,我们无法确定,但会有一些想法。表 15.1 的左侧是工程师的期望和询问少数利益相关方后做出的合理的假设期望。在表 15.1 的右侧,试图说明在现实世界中,报警面板的设计过程和最终会怎样投入使用,本列列出了经常导致期望破灭的事情。

介绍报警面板上泵油液位低这一例子,目的在于洞察与人为差错有关的问题,即他们的期望是什么?值得反思的是,这个错误出自一名从事关键安全设施工作的合格工程师。对这艘远洋船而言,他也许是一名新手,但是无论是工作的难度,还是他的工作适应能力,都不会有人将他与这简单的错误联系起来。事实上,人们也不会预料到这样的错误,毕竟这样错误不应该发生,也不可能发生。

这个简单的例子说清楚了整个价值链中利益相关方的期望和他们怎样确定关键岗位的工程师。如果工程师处于这样一个环境,出现设计诱发型错误的几率会增加。就这一案例而言,人们关于报警面板设计无误的期望是有缺陷的。由于在关键操作环节中形成了这样的环境,任何一位工程师,无论他们能力、经验和警惕性怎样,也无论组织和企业安全文化如何强大,如何具有支撑力,都有可能在某些时候犯这样的错误。

表 15.1 利益相关方对报警面板设计的期望和实际情况

相关方	利益相关方存在什么样的期望	实际发生了什么
从工程师的角度来看	公司不允许使用可能导致操作工出错的设备	公司无意中这样做了，正如本书中的例子所证明的那样，这种情况比人们想象中的要多得多
	具有多个报警装置的面板，报警装置的布置应保持一致。如果操作人员知道这样的模式，应该能够从某个报警装置相对于其他报警装置的位置来预测这个警报的类型	通常可以这样做。但是也有很多情况无法这样做，相对少见的不一致的布置方式使操作人员在面对如图15.1所示的布局时，极大可能出现源自思考系统的差错
从船只所有人及其股东的角度来看	工程师在采取行动前，会阅读报警装置上的标签，了解其含义	这种期望与大脑在现实世界中的思考方式不一致。人可能会对熟悉事物视而不见，也可能会进行囫囵吞枣式的阅读。面对类似显示面板的操作人员可能会使用惯用的认知
	关键设备的设计符合行业标准，会采用合适的人因设计标准来设计设备的人机交互界面	人因标准通常写入了设计合同，但往往没有严格遵照执行。制造商通常遵守包含在标准中的技术规范，如将报警装置安装于何处才便于查看，体积大小，最大工作载荷，噪声大小等。但是仪表或报警面板的设计和布局中严格遵守人因设计原则的情况并不常见。对于设备加工制造商来说，严格遵守包含在同一技术标准内的要求，例如进行关键任务分析或用户测试这样的人因设计活动并不常见
	设备在被交接之前已经过检查，以确保其符合合同的技术标准	油气行业与加工行业很少针对人因标准进行测试。但这在其他行业是一种普遍现象，比如军事设备、消费品，更多的是在医疗设备的开发
	设备制造商有良好的声誉。我们以前从他们那里买过这种设备，如果他们的设备容易让人出错的话，我们应该能听说过这样的事情	未必。人为差错事故往往归咎于缺乏培训、注意力不集中或未按程序执行，通常不会认识到设计对人为差错的影响。就算认识到设计因素影响人为差错，也几乎不会有改变设计的建议或行动，更不会进行深入的持续学习
	该设备通过了安全审查。如果设计可能导致操作者犯错的话，那么应该会被发现并加以纠正	未必。这取决于审查人员的经验，包括他们对人为差错的性质和原因的认知程度，以及他们花了多长时间审查一个设备项或有没有充分考虑到各种操作背景
从设计、制造和销售锅炉及其仪表的公司与公司股东的角度来看	我们的设计的设备是有投入使用基础的。如果存在严重错误的话，我们的客户或现场工程师会告诉我们	操作界面与工作环境问题很少被视为严重的设计问题，除非它们与重大事故之间存在直接的关系。一旦设备安装就位，操作人员就得忍受这种使用起来困难或是易混淆认识的设备，它被视为自己工作的一部分。如果他们遇到困难，或者看到同事有困难或犯错的话，很可能会将其归因于培训、经验或粗心大意。大多数人为差错并不会导致重大事故，更多只会导致停产损失。如果很少就这些事故进行彻底的调查，就几乎不会发现可反馈给供应商的设计问题

续表

相关方	利益相关方存在什么样的期望	实际发生了什么
从设计、制造和销售锅炉及其仪表的公司与公司股东的角度来看	我们聘请的工程师具有多年设计类似设备的经验。可以信任他们会根据经验设计出合适的人机交互界面	并非总是这样的。 没有工程师或设计师愿意被拖入存在问题的设计之中,但现实中,工程师和设计师必须在时间、预算和资源的限制下做出权衡与妥协。 人机交互界面通常是不同工程学科的产品聚集的唯一场所,如电气、机械和管道、软件等。在资本项目中,任何一个技术学科都有责任来保证用户的体验。其结果就是,通常没有一个学科会问关于用户如何体验和怎样与设备互动这样相对简单的问题
从负责仪表板设计的工程经理的角度来看	进行警报面板设计的团队里包括一名人因工程的设计师	显然不是,或者他们没有参与布局的审查,这是一个基本的设计差错。 许多组织在招聘人因工程师时,所设置的门槛要低于其他工程学科。工程师有时在未经相关专业培训的情况下,就被指定为人因专家。人因工程是一门专业的工程学科,并非工程师就能成为一名人因工程师。人们不会希望由人因工程师来设计电气系统,期望未经专业培训的电气工程师提出令人接受的人因工程标准,同样也是不现实的
	设计有一位独立的人因专家审查,如果出现严重错误的话,他会发现	专家要么声称他们没有这方面的能力,所以工作做得不好,要么他们的建议未被采纳

第 16 章将以报警面板为例,把"他们的期望是什么"这样一个挑战性问题纳入到油气行业和其他加工行业中广泛应用的关键系统设计方法中,即屏障思维;将阐述屏障思维如何纳入关键系统设计,以及人们需要怎样执行任务来达成安全性和可靠性的显性与隐性期望;将展示怎样运用屏障思维中的概念来更好地明确组织对执行关键工作员工的行为与表现的真实期望。一旦明确了这些期望,采用相对简单的方法来对员工进行测试,看一看在实际工作中,这些期望是否合理可行。本书第 22 章说明了当事故发生时,如何使用类似的方法来了解所依赖的人力绩效期望是否现实合理,以及未来如何做才能使其更加切实可行。

参 考 文 献

[1] van Cott H P, Kinnade H. Human Engineering Guide to Equipment Design. Washington, DC: American Institutes for Research; 1972.

[2] Woodson W E, Tillman B, Tillman P. Human factors and ergonomics design handbook. 3rded. New York: McGraw-Hill Professional; 2015.

[3] Salvendy G. Handbook of Human Factors and Ergonomics. 4th ed. New York: John Wiley; 2012.

[4] Stichting Tripod Foundation, facilitated by the Energy Institute, at http://www.energypublishing.org/tripod/home.

[5] Gordon R, Flin R, Mearns K. Designing and evaluating a human factors investigation tool (HFIT) for accident analysis. Safety Sci 2005; 43: 147-71.

[6] Shappell S A, Wiegmann D A. The human factors analysis and classification system—HFACS. Department of Transport Federal Aviation Administration. DOT/FAA/AM-00/7; February 2000.

第16章 屏障思维中的人因

近年来，防御层或屏障思维的概念越来越多地集中在关于安全性和可靠性方面。其不仅适用于工业过程，而且几乎适用于所有可能发生重大事故的行业，从核电、航空航天、国防到医药和保健行业。屏障思维概念与 Jim Reason 教授的"瑞士奶酪"事故因果关系模型不谋而合，当其中一系列防御层中的"孔"排列成一条线时，安全性将会受到影响。

目前，有一些相对正式的方法，可用来开发和评估防御层的安全性和完整性❶。其中最正式和最严格的是保护层分析(LOPA)技术，就上述的方法来说，大部分方法的基础是一种表示防御层的蝶形图概念❷。

本章以及后面的章节将使用到蝶形图概念，尤其是用蝶形图分析技术探讨与防御层相关的一些人因问题，说明在通常情况下，安全管理依赖人力绩效的严重程度。这些章节说明，当组织选择依靠人力绩效作为防御层策略的一部分时的意图和期望，以及怎样为评估和确保这些人力控制措施的有效性提供手段。尽管解决人力信度问题的不同方式存在差异，但这些章节中阐述的核心问题，对于大多数方法来说都是通用的。

16.1 蝶形图概念模型

蝶形图概念模型至少有两种方式。如图 16.1 所示，是英国健康与安全执行委员会开发的模型❸。

这一模型可进行威胁、事件和损失识别。蝶形图的中心是一个事件，可以是气体泄漏、火灾、落物或任何受关注的事件。蝶形图的左侧代表可能导致事件发生的所有原因，而右侧代表事件结果，如人员伤亡、财产损失、声誉受损等。事件本身并不一定导致损失：如果从高处掉落的落物未击中任何人，则不会有任何损失，尽管高空落物是不可接受的，必须采取措施加以防止。同样，如果发生气体泄漏事故，但在着火前就已经散去也没有损失，当然气体泄漏肯定是严重事件。

---

❶ 英国健康与安全执行委员会[1]编写的《重大事故风险控制背景下的保护层分析》报告回顾了许多基于保护层的分析技术。IEC 61511《过程行业部门的功能安全——安全仪表系统》[2]规定了通过使用仪表来确保工业过程安全的做法。IEC 61508《电气/电子/可编程电子安全关联系统的功能安全》[3]规定了适用于大多数行业的安全标准，并包括安全完整性等级的详细信息。这两项 IEC 标准都大量使用了防御层概念。

❷ 2001 年，化工过程安全中心(CCPS)发布了《保护层分析：简化过程安全、评估(CCPS 概念书)》[4]，其中包含保护层分析的概念以及如何实施保护层分析的通用指南。2009 年，Buncefield 燃料储库发生事故后，英国健康、安全与环境实验室(HSE)分析了英国燃料储库运营商提交的保护层资料，并将结果发表在研究报告 RR716《保护层分析(LOPA)审查——燃料储罐分析》一文中[5]。

❸ 2006 年前后，Rob Miles 首次发表了这一模型，随后被列入 HSE 研究报告 213《海上油气行业人因安全维护计划选择指南》[7]。

在蝶形图的两侧，模型列出了三种通用的威胁控制或防御措施，需注意的是可能存在多组相同类型的控制措施。如图 16.1 所示，控制措施从左到右，重要性或预期控制力度依次增强：工程防御措施位于第一层通用控制措施，也是最强大的控制措施。工程防御措施可以有效降低或消除危险，例如，避免在过程中使用危险或腐蚀性物质。工程防御措施也可能是物理屏障，如钢的质量、防腐涂料、机械或电子联锁装置。组织制度位于第二层通用控制措施。这些属于局部安全管理体系要素，包括团队组织、工作安排、工作危险评估、工作程序、工作指导等，通过采取这些措施来控制工作的执行方式，如腐蚀检测计划，重涂防腐涂料的频次，或在开始具体工作之前，获得主管批准和签署的作业许可证。人力防御位于第三层通用控制措施，其可以确保工作是由经过培训、有能力、经验丰富的员工来执行。工作时员工处于企业强大的安全文化环境下，并且处于良好的工作状态，能确保腐蚀检测计划已按要求顺利完成、防腐涂料按要求正确涂抹。人的行为与表现常常是确保安全和确保生产与业务绩效实现的关键因素。相反在风险管理方面，依靠人力绩效的防御措施可能是最差的事故防御措施。

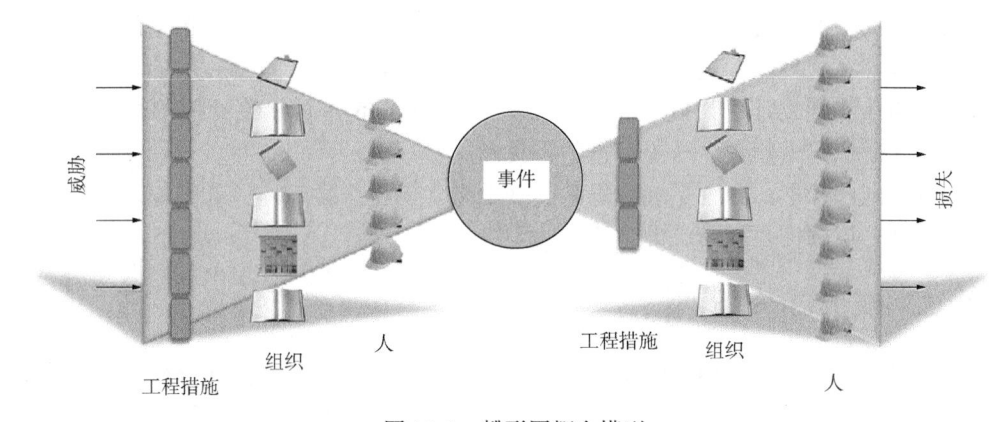

图 16.1　蝶形图概念模型

这三种类型的通用控制措施综合起来构成抵御威胁的防御层，每一种类型都能给出多个实例，但人为因素可以击败上述三种防御措施。对于本书最令人感兴趣的主题：在项目开发过程中企业对员工有怎样的不切实际或过于乐观的假设和行为；系统设计的缺陷如何直接导致或促成上述三种防御措施失效。如图 16.2 所示，举例说明了人为因素可能突破各种控制措施的方式。

如果设备的设计方式使得员工无法看到或接触到期望从事的操作；如果员工不明白设备显示信息的含义或现在的状态，如阀门是打开还是关闭；如果员工因身体原因无法完成想做的事情，也许是这样的任务太费力，或者由于工作空间导致其被迫采用无法用力的工作姿势；如果员工想看却看不见或看见却误解了信息；如果报警面板上的警报布局与实际情况不相符；出现以上情况人们就可能会突破第一层工程控制防御。

许多人为因素会突破组织制度，虽然其独立于设计方式，例如培训和能力，但有些人为因素会直接受到设计的影响。当设备的书面或操作的程序过于复杂，以至于无法理解时，其用于工作现场是不恰当的。或者用来识别设备项目的标牌位数过于复杂，导致在识

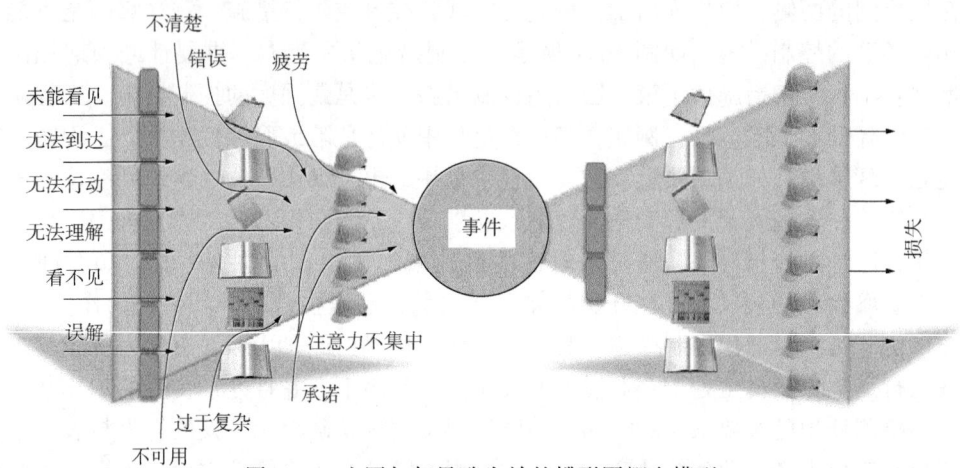

图 16.2　人因如何导致失效的蝶形图概念模型

别设备或工作许可证上的设备时出现差错❶。

有多种方式会突破人力防御，如缺乏培训和能力、疲劳、注意力不集中和认知偏见以及有意为之等。在项目开发过程中，需要考虑上述因素导致人力防御失效的可能性。人力防御也可能直接受到设计的影响，例如，工作环境或设备界面导致身体的过度疲劳或不适，或是产生了影响人们关注重要信息的干扰源。

第一种形式的蝶形图介绍了屏障思维的基础概念模型；第二种形式的蝶形图说明人因问题击败所有三层通用控制措施的方式。

16.2　蝶形图分析

第二种蝶形图被广泛应用于安全工程和安全技术方面，作为表达和分析组织资产免受特定重大危害的手段，它通常被称为蝶形图分析。有许多与蝶形图分析有关的公开信息，因此在这里不做更多介绍。

蝶形图分析类似于上述的蝶形图概念模型，只是所使用的语言和图形表示有所不同。重要的是，蝶形图分析不仅是概念分析，而是一个详细的工程分析，旨在识别所有期望，以此来管理与特定危害相关风险的各种控制措施。此外，蝶形图分析也是为了确定突破这些控制措施的方式，以及采取何种额外控制措施来防止控制措施失效。

最重要的是，蝶形图分析是主动的，而非被动的。也就是说，其预先对组织意图和期望采取控制措施以防止特定威胁的出现，并纳入蝶形图的控制措施，使其将风险降低到组织能接受的程度。在某些国家，风险管理受监管机构影响，要不断将与危险有关的风险降低至最低合理可行（ALARP）❷的水平（进一步降低风险所需的成本和努力与风险降低程度

---

❶　7±2 被认为是短期记忆数字的极限位数，心理学家认为其位数应该更少。标牌位数明显大于 7±2，但只有最后一位数字是唯一用来识别具体项目的数字。这种复杂的标牌数字在许多方面都有可能引发人为差错，包括源自计算机显示屏的读取错误或与计算机显示屏上错误目标之间的互动。

❷　最低合理可行（ALARP）在概念上可能是很复杂的。不同的国家采用的解释方式略微不同，除此之外，这还取决于监管和法律背景。更详细的讨论超出了本书的范围，然而大多数最低合理可行方法遵循或源自英国健康与安全执行委员会制定的方法。有关最低合理可行概念在英国有明确定义和大量的应用信息，详情请访问 HSE 网站。

严重不成比例的水平)。

蝶形图一旦确立并使用,即表达了组织一个强烈的意向:组织打算如何确保其资产与运营的完整性,并保护可能受影响的每个人的健康和安全及其运营环境。不要忘记,2005 年得克萨斯城炼油厂的爆炸和火灾事故,2010 年墨西哥湾 Macondo 井的井喷事故和随后深水地平线钻井平台事故导致 BP 这一全球性大公司的财务和声誉双重受损。许多油气公司清楚地意识到,如果 Macondo 事件发生在自己身上,必然陷入万劫不复之地。项目中形成的蝶形图或一系列蝶形图已成为组织防止此类事件发生的手段,但必须确保蝶形图所包含的工程防御措施和其他防御措施尽可能合理、强大。

实际上,蝶形图是组织向股东、其他利益相关方、许可运营方和公众表达意向的手段之一。因此,有必要要求组织确保其控制措施的有效性,以及贯彻实施这些控制措施。在英国,这反映在 1999 年健康和安全执行委员会颁布的《重大危险事故控制法规指南》中的第 4 条规定:如果依靠人作为必要措施的一部分,则应该像技术和工程措施一样严格处理人因问题,包括人力信度[8]。

鉴于蝶形图在公司管理层和股东中间的重要性,监管机构要求组织在处理蝶形图依赖的人因问题时,其严格程度应与技术和工程措施相同。

16.3 蝶形图分析基础

表示蝶形图分析结果的示意图如图 16.3 所示,当顶层事件的两侧存在多个危险源时,会出现蝶形图的视觉类比,即示意图给人的视觉外观类似于蝶形图的形状❶。

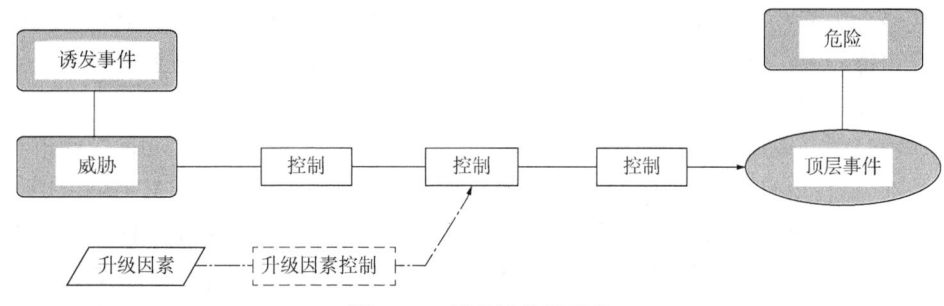

图 16.3 蝶形图分析要素

各示意图都与一个特定危险源和单个顶层事件相关。顶层事件是释放危险的方式之一,单个危险源可能诱发多个顶级事件。

安全威胁是指如果事件不能得到阻止,则很可能导致发生顶级事件。

诱发事件(IE)是指可能触发威胁的事件。

控制措施位于蝶形图的左侧,图中给出了将顶级事件发生的可能性降低至可接受水平的所有事情。蝶形图的右侧,给出了防止顶层事件演变成不愿见到的后果的所有事情,有

---

❶ 为简单起见,本章和后续章节中的讨论仅涉及蝶形图的左侧,也就是可能导致发生顶层事件的因素。相同的要素与论证也适用于右侧,也就是防止顶层事件升级为不愿预见的后果。应用的控制措施同样是工程的、制度的和人为的。当然,所涉及的具体控制措施与右侧的具体控制措施是不同的。

时左侧的被称为控制措施,右侧的被称为恢复措施。与蝶形图概念模型一样,控制措施可以是工程的、制度的或人为的。

升级因素是可能导致控制措施无法按预期完成的事件。控制升级因素旨在防止升级因素干扰控制措施发挥其作用。

屏障思维的本质是不要期望单个控制措施是百分之百可靠的,部分控制措施在某些场合是会失效的。屏障思维的想法来自这样的事实,即由多个独立的控制措施提供的保护水平和可靠性,比最可靠的单个控制措施要高得多。

除了控制措施的图形表示和标识外,蝶形图分析通常还有三个额外的结果输出:

(1) 关键设备清单。这些是在蝶形图中识别出的物理结构或设备项,用来触发控制措施或直接支撑控制措施,例如:防爆墙、压力容器、传感器和启动器。

(2) 重要活动清单。这些是识别出的必要的人力任务,以确保结构或设备控制措施的完整性。关键活动范围广泛,可在资产生命周期中的多个时间点执行。除了设备的检查、校准和测试等一线活动外,关键活动还包括运行计划,以及备件的规格选择、采购和管理。

(3) 关键职位清单。这些是识别出的负责执行关键活动的角色,他们活动在运行、运行支持、维护以及由承包商执行的工作中。

16.4 资本项目中的关键活动

在资本项目上开展的许多活动都是关键活动,包括蝶形图的确立、审查和批准,以及设计、规格、采购、施工和控制措施的启动前测试。如果未能按标准完成上述任何一项任务,均有可能导致控制措施的失效。资助、管理项目的人员往往无法理解这一点,工程承包商也可能无法理解这一点。

许多项目团队成员都有这样的假设:如果在危险与可操作性分析、项目设计审查或设计规范的准备过程中出现重大错误或忽略了关键问题,项目的后期仍有机会来识别遗漏并加以纠正。项目也依赖于大量的假设,即项目的供应链通过遵守相关技术标准作为设备设计正确和运行正常的一种保障措施。这两个假设在现实世界中是脆弱的。例如,有许多情况会加快项目进展,这意味着人们可以执行设计、分析和审查工作的简化方案。项目也经常被视为现有设施或现有设计的副本或剪切粘贴版本。有时会认为,由于原始项目正确完成了所有关键活动,因此后续项目不需要采用相同的流程。事实上,即使在流程、技术和工程要素方面是相同的,仅从人的行为与表现来说,复制粘贴版而成的新项目也肯定与原版不相同。

16.5 蝶形图分析示例

将易燃燃料注入大型储罐的操作用初始蝶形图分析呈现,如图 16.4 所示。这里的危险源是易燃燃料,顶层事件是可能发生的燃料泄漏事故。在油罐注油的过程中可能会发生顶层事件,包括通过管道输送至油库的过程。诱发事件是油罐灌装,具体的安全威胁是在油罐灌装过程中油罐注入燃油过多。图中识别出了七项控制措施:

(1）燃料输送计划一致。除了规定要输送的燃料类型和数量外，计划还应记录预计开始输送时间、计划泵排量和预计到达时间等详细信息。

（2）当输送开始时，通知现场操作人员。

（3）由经验丰富的操作人员来监督整个输送过程。

（4）控制室内配备电子测量装置，实时显示储罐液位。

（5）基于油罐液位测量值，高位警报会在油罐液位接近其设定的最高液位时提醒操作人员❶。

（6）当油罐液位达到设定的最高液位时，第二个高位警报会再次提醒操作人员。

（7）如果燃油液位超过预定的最高液位，独立关闭系统将自动关闭所有的油罐供油阀，中止油燃油加注过程。

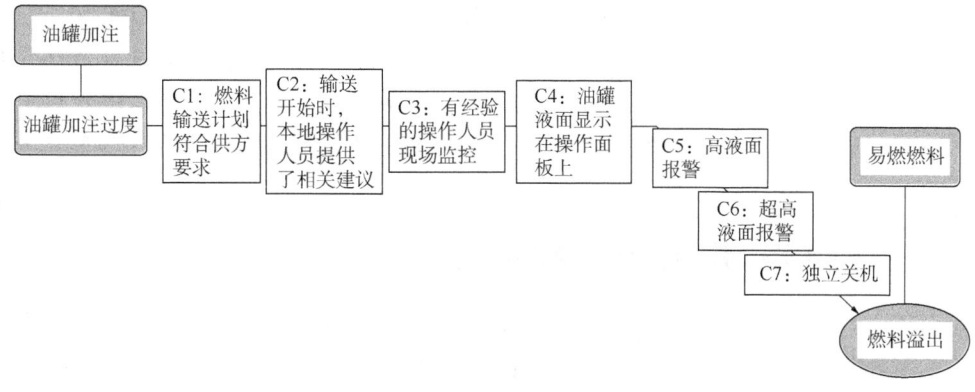

图 16.4　燃油泄漏初始蝶形图分析（仅限左侧）

许多来自英国的读者知道这个例子：2005 年 12 月 11 日，英格兰 Buncefield 燃料储库发生火灾爆炸事故❷。下一章节将比较详细地介绍此次事故的经验教训。

一些读者可能对图 16.4 显示的蝶形图依赖人力绩效程度的这一特征持怀疑态度（七种控制措施中的六种直接依靠操作人员的干预），但肯定的是，在许多实际的蝶形图中，绝大多数控制措施直接或间接依靠人力绩效。这反映在 2009 年英国 HSE 的 716[5]研究报告中，该报告评估了英国燃料储库灌装的现场保护层分析实例。除其他审查外，本次审查的结论是在这项工作所评估的所有保护层分析研究中，人因似乎主宰了许多诱发事件的频率和条件变形差错概率。

虽然系统的自动化程度越来越高，但迄今为止，人力绩效仍然是预防重大事故风险最常用的控制措施。因而，如图 16.4 所示的假想蝶形图肯定是具有代表性的。

---

❶ 术语"警报"是指需要操作人员采取行动的事情，与有时称为"信息警报"的事情是不同的，信息警报不需要操作人员采取任何具体行动。

❷ 图 16.4 至图 16.6 不是 Buncefield 管理层实际使用的蝶形图，他们仅用于说明他们的目的。在少数情况下，他们补充了一些材料，用来说明或支持当局报告中未包含的讨论。

16.6 确保人力控制措施的力度

如果将控制措施并入蝶形图并依靠控制措施来进行安全管理，则还需要满足一些要求。不同的防御层分析方法应用不同的准则，准则通常取决于各类分析的性质和目标。一般来说，要将某些因素作为可以接受的控制措施，需要满足如下三条要求：

(1) 必须是有效的。

(2) 必须是独立的。

(3) 必须能够经得起审查或作出保证❶。

三条要求的顺序符合自然逻辑，如果事实证明控制措施实际上无法阻止威胁，那么没有必要在这样的控制措施上进行努力。如果两种不同的控制措施实际上作用是相同的，即它们不具有独立性，那么也无需继续努力来确保这两种不同控制措施的有效性。

无论如何，从讨论的角度来看，需要从不同的顺序来考虑它们。本章的其余部分将分析依赖人力绩效的控制措施，考虑其独立性的要求。第17章和第18章将着眼于与屏障有效性相关的问题。第19章将考虑在资本项目实施的过程中人因工程学产生的屏障审查与确认任务。

16.7 独立控制措施中的人因

简而言之，如果某项控制措施会导致不只一项控制措施失效或性能下降，那么这些控制措施就不具有独立性，实际上仅代表一项控制措施。

在分析油罐过量灌装事故蝶形图时，如图16.4所示，控制措施C4、C5和C6很明显是不符合独立性要求的，它们均依赖于油罐液位传感器的数据。如果传感器发生故障，这三项控制措施也将失效。因此，图16.5是将控制措施C5和C6合并后，通过警报引起控制室内操作人员对油罐高液位的关注。控制室内的储罐(C4)液位显示装置纳入了操作人员监控控制措施。(警报具有独立性要求，而储罐燃料液位所需的数据来自同一个传感器，因而作为安全防御措施来说，这样的警报并没有什么额外的价值。不管怎样，正如下一章所讨论的那样，这样的显示方式可能具有独立的价值，可作为操作人员检查传感器是否正常的一种手段)。

如图16.5所示，控制措施C2、C3和C4都依赖于控制室操作人员，可能还有C1，这取决于谁参与了计划的制定过程。除非全部活动只涉及一位员工，否则这些活动也是不符合独立性要求的。他们实际上只代表一项控制措施，如果员工缺席、睡岗或者参与了其他活动，则三项控制措施都可能失效。

这还出现了一个重要的问题。从人力和组织因素的角度来满足独立的标准是极其困难的。近年来，人们对安全领导和安全文化以及组织层面的决策(例如集体谈判协议、轮班结构和奖励系统)对操作人员行为和可靠性的作用有了极大的了解。即使不同的控制依赖

---

❶ 燃料储库安全和环境标准的附录2[9]是英国过程安全领导小组(PSLG)的最终报告，旨确定开发指南和定义最佳做法，以此来防止未来发生类似于Buncefield的事故，其中包含在保护层分析背景下对这三个准则的详细讨论。附录还包括人力绩效作为保护层要素有效性的一系列详细讨论。

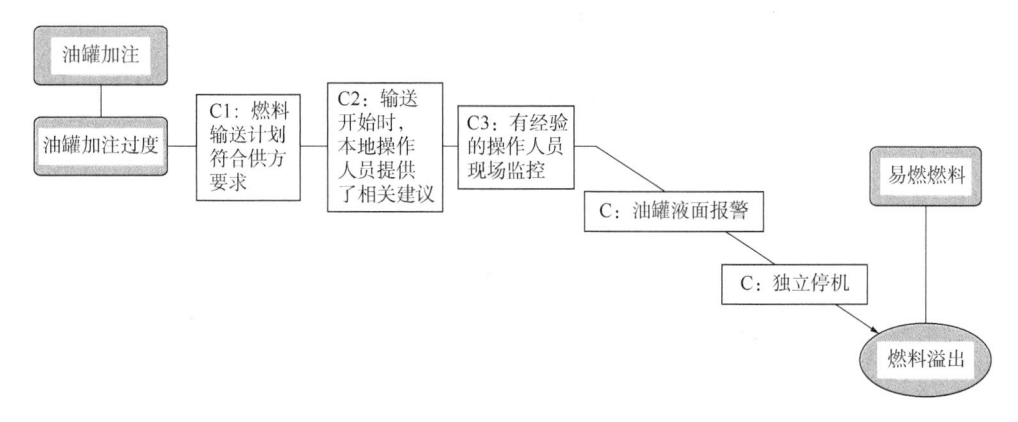

图 16.5 燃油泄漏蝶形图分析（在实施屏障技术独立性测试后）

于不同的个人甚至不同的承包商，在不同的时间、地点和使用不同的技术执行任务，也很难确保这些人不受相同的组织影响。因此，如果关键的组织因素失败了，例如，如果一个组织实施了奖金制度或无意中将鼓励冒险行为的内容写合同，所有依赖于经营者行为的控制都可能处于风险之中。

再例如，大量依靠交叉检查作为整个安全管理系统的通用控制措施，要么期望操作人员之间相互检查对方的工作，要么期望监督人员检查团队成员的工作。从表面上看，交叉检查似乎具有独立的表象，可以监督任务的预期目的。遗憾的是，在现实世界中，交叉检查的独立性可能会受许多原因影响而削弱。英国过程安全领导小组（PSLG）[9] 的最终报告的附录 2 特别考虑了交叉检查作为控制措施的价值❶。过程安全领导小组认识到：用交叉检查降低风险的程度通常达不到人们的预期。要求操作人员之间相互检查的规定很难实施，而且检查人员可能倾向于相信第一位操作人员已经正确地完成了任务。因此，检查过程的预期独立性实际上可能无法实现。在开始输送之前，进行阀门状态确认的监督人员也可能会犯类似于第二位操作人员所犯错误[9]。

虽然不排除交叉检查在降低人力信度风险方面的作用，但过程安全领导小组得出结论是：在进行保护层分析时，保护分析团队需要警惕执行任务的人与检查任务的人之间的隐性依赖关系。例如，对特定阀门关闭状态的亲眼验证可以确认阀是关闭的，但未必能够确保关闭的阀是正确的。检查人员也许会被执行任务的人所暗示[9]。

实际上，从人因意义上来说，对控制措施完全独立的严格要求在大多数情况下是不现实。不管怎样确定适用于控制措施的人为要素准则的可能性是存在的。

重新回到更新后的油罐过量灌装事故蝶形图，如图 16.5。即使 C3 的监控和 C4 的油罐液位警报都依靠同一位操作人员，二者之间也存在明显的区别。警报旨在努力吸引操作人员的注意力，操作人员对警报的响应是被动的。监控则依靠操作人员主动而积极查看油罐液位的变化情况，甚至是在无警报的情况下。从这个角度来看，如果这两项控制措施运

---

❶ 过程安全领导小组是在 Buncefield 事故发生后创建的，目的是让工业界、工会和监管机构共同提出建议和开发实用指南，以此来改善英国燃料储存及其相关活动的过程安全性。

用得当，就可以被视为独立的控制措施；如果报警装置失效，但操作人员主发现了油罐液位的变化情况，则可以避免燃油溢出事故的发生。

另一方面，如果操作人员未能积极查看油罐液位的变化情况，但是报警装置设计合理并且按设计要求正常工作，即报警装置能够成功引起操作人员的注意，同时操作人员也有足够的时间来采取行动，同样可以防止燃油溢出事故的发生。

当然，与技术上完全独立的措施相比，这些措施的效果会差一些，这来自过程安全领导小组的建议[9]。在符合有效性和可审查性要求的前提下，实施上述措施还会面临其自身的挑战，如果在设施的设计与开发期间，以及运行管理方面都给予足够重视的话，那么这些问题是可以克服的。如果上述措施得到正确实施的话，那么与目前的情况相比，这些人力控制措施的效果要好得多。

从人因的角度来看，为了实现控制措施的独立性❶，也许最希望的是以下几点。

（1）没有两项控制措施会依靠同一个人或同一群人。即仅有一项控制措施会依赖采取主动行为的操作人员，或仅有一项控制措施会依赖对警报作出响应的操作人员。

（2）就控制措施的有效性来说，一个人或一组人有一个一线监督或直线管理的共同点❷。

（3）如果控制措施依靠的人是检查他人行动的人，则检查要求应记入附带程序，并且程序应该要求：

① 检查应在被检查活动所在地进行，例如仅依靠主管签署许可证来证实一项活动已经完成而不亲自前往工作场所的检查是不可接受的。

② 检查人员需确认已检查设备的来源，诸如来自位于工作现场的标牌编号或其他设备标识。

③ 检查人员能够客观地确认已检查设备的状态，不依赖于先前的知识、期望或假设，例如阀门实际状态指示，或者能够确认物理防护已就位或电气断路器已被断开。

图16.6表示完成屏障独立性测试后，油罐燃料溢出威胁的假想蝶形图的最终版本，并考虑到了上述人因独立性标准。其中的控制措施仅有四项，而非先前的七项。

图16.6还包括各项控制措施的升级因素示例以及为降低各升级因素风险而可能实施的附加控制措施类型❸。

（1）灌装计划有可能因意外情况而发生变更，而现场操作人员并不会知道这一变更。针对这一风险的主要控制措施是加强供应商与现场控制室操作人员之间的沟通。

（2）操作人员可能不会全程监督输送过程。针对这一风险的控制措施包括：

---

❶ 技术独立性要求依靠同一技术的控制措施仅有一项。由于在不同设备的制造商和供应商之间所使用的人因设计标准存在很大的差异，因此也可以认为不存在两项控制措施依靠同一供应商的人员操作或维护的情况。但出于商业和供应链的原因，在许多情况下这也许是不切实际的。但是，更为重要的是资本项目要确保这些技术的供应商在设计中切实遵守着人因工程的要求，控制措施的独立性是由行业标准来定义的。

❷ 源自军事术语，有时称其为指挥链，尤其是钻井行业。

❸ 在现实世界中，对于单个升级因素就可能导致控制措施失效的假设，通常过于简单。

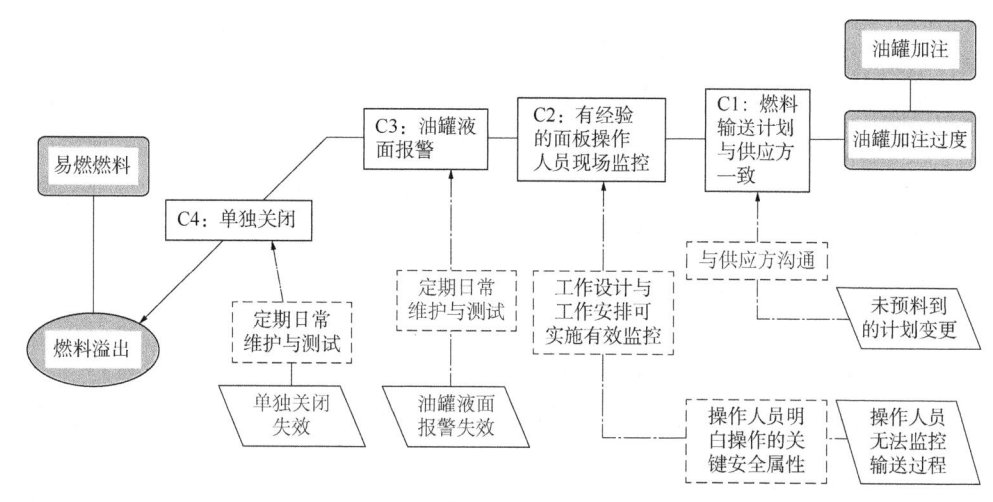

图 16.6 燃油泄漏蝶形图分析

① 操作人员了解操作的安全关键性质。
② 支持有效监控的工作设计与工作安排。
（3）油罐液位传感器存在失效的可能性。针对这一风险的主要控制措施是按照制造商推荐的维护计划定期进行维护和测试。
（4）针对独立关闭开关失效的主要控制措施是根据制造商推荐的维护计划，定期进行常规维护和测试。

图 16.6 是现实世界中许多蝶形图的典型形式。需注意的是：如果针对此例进行严格的独立性测试，并且将人为干预仅作为单一防御措施来对待的话，则油罐燃料溢出风险的防御措施明显不如初始蝶形图的防御措施。这一现象强调了行业在保护资产免受重大事故损失方面存在的人因依赖性。

这些控制措施中的至少三项（C1、C2 和 C3），在一定程度上仍然依赖人为干预，分别是计划、监控和报警响应。事实上在此次事故中，就是 4 名在很大程度上依赖于人力绩效的员工导致所有人力控制措施都失效了，最终导致溢油与火灾爆炸事故的发生。下一章将更详细地分析 Buncefield 事故，那时我们将更加清楚认识这一点。

16.8 多米诺效应

在使用与控制措施独立性相关的蝶形图或任何其他深度防御策略方面，还有另一个重要要求。控制措施不仅要具有独立性，而且每一位负责管理安全关键操作的人都需要了解控制措施并认可其独立性的重要性。最关键的是，不得假定其他的控制措施百分之百会发挥作用。如果完全期待每项控制措施会按预期的标准发挥作用的话，可能会导致整个深度防御策略失效。

Ander Hopkins 教授在 2012 年出版的 *Disastrous Decisions* 一书中[10]讲述了深水地平线这

一灾难事故,笔者认为过分信任控制措施正是引发事故发生的原因❶。类似于倒下的多米诺骨牌,它说明了潜在的人为因素和组织因素是如何导致所有控制措施失效的。这些控制措施不仅可防止井喷事故,还可避免事故扩大化。Hopkins教授在讨论钻井人员未能监控到可能发生的井涌迹象时指出:在钻井液和天然气开始失控溢出到钻井平台前的近1h内,有明显迹象表明将会发生什么。如果人们一直进行溢流监测就应该发现这些井涌迹象并采取相应的预防措施[10]。他认为这种监测是深度防御策略的关键部分。

设计基于一个假设,即钻井人员会随时进行井涌监测,并且很快就会发现何时会出现失控现象[10]。

他解释为什么钻井人员不执行这项关键活动的原因:对钻井人员来说,这口井已经钻完了,并两次宣告其安全,工作结束了。钻井人员刚刚完成钻井作业,从他们的角度来看,没有必要继续密切监视井下情况[10]。

Hopkins教授的观点:那些能够切实防止此类事故发生的控制措施未发挥应有的作用,根本原因是操作人员并未将它们作为独立的控制措施看待,没有赋予应有的关注,因为他们明里或暗里假设其他控制措施已经或将会发挥作用。因此,他们未能确保每项控制措施都能正常工作。

Hopkins的结论是整个深度防御策略失效的原因,可能会在依赖这一策略的许多其他情况下发挥作用[10]。也许确实如此,除非:

(1) 控制措施是完全独立的或满足人因独立性的合理要求。
(2) 测试并实施的控制措施,可以确保实际效果符合人们的预期。
(3) 在一线实时操作过程中重视并确保控制措施的独立性。

这些条件本身就要求开发工作系统的过程中要严格遵守人因工程标准,以此来为安全关键操作提供保障。

16.9 蝶形图表示方式

还有另一个人为因素的问题,其实蝶形图本质所固有的本身可能鼓励这种多米诺效应。如图16.4至图16.6所示,蝶形图的表现形式会通过控制措施的相对动作时间或相对强度来暗示其优先顺序。看起来位于蝶形图左侧的控制措施比右侧的控制措施动作时间更早、强度更强。蝶形图的表示方式表明,如果所有控制措施同时或依次失效,顶层事件才会发生。因此,其中的任何一项控制措施失效似乎并不那么重要,示意图结构本身会诱导人们相信,要么动作早的控制措施会发挥作用,要么动作晚的控制措施会发挥作用。正如Hopkins认为的那样,这样一种信念可能是极其危险的,虽然在技术和逻辑上可能是正确的,但即使最强的防御策略也会失效。正如在深水地平线事故中那样,在许多其他的事故中也存在这样的情况。

---

❶ Hopkins远不是唯一提出这一观点的人,不过,他在深水地平线事故的背景下提到它,引起了人们的广泛关注。

图 16.7 是另一种蝶形图分析的替代方式，以此来避开这种心理依赖陷阱。图 16.7 与图 16.6 中的威胁、控制措施、升级因素和升级控制措施完全相同。但图 16.7 中的控制措施采用的是并行方式表示，并非顺序表示。顶层事件已经从关注的特定问题转变为更普通的问题，但从深度防御策略的观点来看，仍等同于严重的事件。一项或多项控制措施失效本身就是一个重大事件，不管其实际上是否发生泄漏事故。

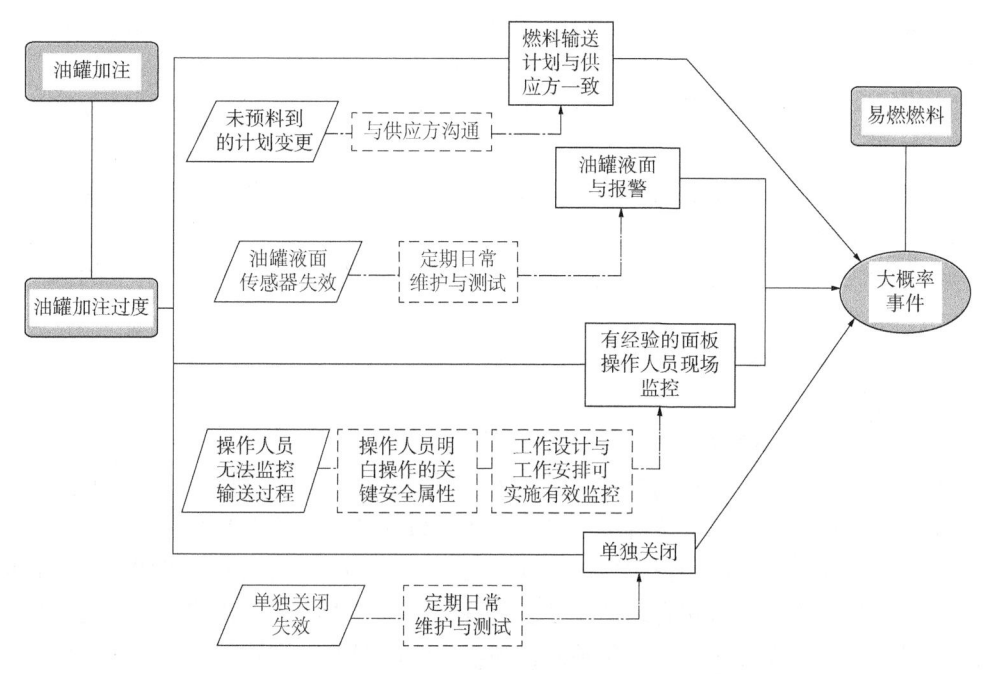

图 16.7　强调独立性的蝶形图替代表示方式

人们可能会争辩说，若将每一起设备故障或轻微错误都当作高风险事件来对待会给组织带来不合理的负担，情况确实如此。在竞争激烈的市场中，任何商业企业，甚至整个社会都无法承受这样的要求，因此这样的期望是完全不合理的，也是不切实际的。但这种说法没有抓住要点，重点是，蝶形图(或组织使用的其他表示)是一种明确的声明，(对组织本身、员工、承包商、股东、监管机构和最终给它运营许可证的整个社会)，组织自己选择并打算在其防御策略中实施的控制。对于可能发生重大事故的地点，发布蝶形图是一个组织可以做出的最重要的意图声明之一。对于可能发生重大事故的地点，发布蝶形图是一个组织可以做出的最重要的意图声明之一。

因此，所有作为控制措施的手段都必须符合：(1) 独立性准则；(2) 确保其尽可能合理有效。因此，如果一个组织不想考虑操作人员未能监测到井涌迹象或未能对过程安全警报作出响应是一起严重的高潜力事故的话，那么监控活动或操作人员警报响应就不应出现在蝶形图中，这属于组织的选择。如果一个组织选择依靠人力绩效来作为深度防御策略中的一部分，那么组织也有义务做他能够做的事情来确保其人力绩效在需要时的持续性和可靠性。除此之外，在资本项目期间，还应合理可行地做好每一件能够做的事情，以此来确保执行或支撑这些控制措施的人力信度。

16.10 小结

本章对蝶形图的概念进行了总结，说明了如何进行蝶形图分析，并从人因的角度来解释，控制措施独立性要求意味着什么。讨论的要点包括：

（1）蝶形图是将三种不同类型的控制措施或屏障之间的关系概念化的有用方式，这些控制措施或屏障通常依赖重大事故防护措施：工程的、制度的和人为的。

（2）屏障思维的动力源于这样一个事实，即由多个独立的控制措施提供的保障水平和可靠性，甚至比最可靠的单个控制措施还要高得多。

（3）蝶形图分析是主动说明组织打算依靠什么样的控制措施来保护其资产免受重大事故影响的有力手段。

（4）蝶形图一旦发布就是组织向其股东和其他利益相关方作出的最重要的意图声明之一。

（5）人因可以击败所有三类通用控制措施。

（6）蝶形图中的每一项控制措施都必须充分地面对挑战，以确认其实际上能够按期望标准执行并具有所期望的可靠性水平。

（7）在蝶形图分析中，控制措施和升级因素控制措施对人的依赖是非常普遍的。

蝶形图或任何其他的深度防御措施表现形式只包含已使用的控制措施。通过在蝶形图中注明某样东西是一种控制是很重要的。这带给人们一个明确的态度，说明了该项目的安全控制能力，组织将尽其所能合理地设计、实现、支持、维护和操作控制，以确保它足够强大，以预期的方式发挥作用。如果控制措施或升级因素控制措施被标记在蝶形图中，则必须对其进行彻底的实施，以确保这样的控制措施尽可能地强大。正如下面的章节所表明的那样，这对人因工程在资本项目中的作用具有重要意义。

就本书的目的来说，真正感兴趣的是三个问题：

（1）蝶形图分析能告诉我们关于一个组织的意图和人们在其安全防御中的角色的期望，以及这些人应该如何表现。

（2）在资本项目实施过程中，一个依赖于防御层策略的组织应该做些什么来确保依靠人力绩效的控制措施是有效的？

（3）更具体地说蝶形图揭示了资本项目在确保工作环境和设备接口要素支持人类绩效方面的关注程度。

本部分的其余章节将考虑这些问题。

参 考 文 献

[1] Health and Safety Executive. Lines of defenses/Layers of Protection Analysis in the Comah Context. Available from: http://www.hse.gov.uk/research/misc/vectra300-2017-r02.pdf.

[2] International Electrotechnical Commission. Functional safety-safety instrumented systems for the process industry sector. IEC 61511; IEC; 2003.

[3] International Electrotechnical Commission. Functional safety of Electrical/Electronic/ Programmable Electronic

Safety-related Systems IEC 61508; IEC.

[4] Centre for Chemical Process Safety. Layer of protection analysis: simplified process safety assessment (A CCPS Concept Book). CCPS; 2001.

[5] Health and Safety Executive Research. A review of layers of protection analysis (LOPA) analyses of fuel storage tanks. RR716; 2009.

[6] Miles R. The graphical representation of safety. Unpublished; 2002.

[7] Health and Safety Executive. Human factors guidance for selecting appropriate maintenance strategies for safety in the offshore oil and gas industry. RR213; 2004.

[8] Health and Safety Executive. A guide to the control of major accident hazards regulations 1999 (as amended): guidance on regulations. HSE Books; 2006.

[9] Health and Safety Executive. Safety and environmental standards for fuel storage sites. Process Safety Leadership Group Final Report. HSE Books; 2009.

[10] Hopkins A. Disastrous decisions: the human and Organisational causes of the gulf of mexico blowout. CCH Australia: CCH; 2012.

第17章　意图、期望与实际

第16章确定了适合纳入重大危害防御层策略的各项控制措施所需要满足的三个必要条件：有效性、独立性和完成性。本章将详细讨论依赖人类表现的控制独立性相关的问题。本章和下一章将从控制措施的人为因素角度来探讨有效性要求究竟意味着什么。

17.1 控制措施的有效性

有效性要求意味着每一层防御策略中所依赖的控制都必须能够实际完成预期的工作。只要控制措施在需要时按预期执行，它就可以成功地防止已识别的威胁导致的顶部事件（如第16章所述，很少期望单个控制措施是100%可靠的）。

首先有必要简要说明作为控制措施的人为因素的有效性与完成性之间的区别。在第16章中介绍的油罐过量灌装事故中，其中的一项控制措施涉及加注过程的监控。如果操作人员能够对加注过程进行监控，发现存在问题，并及时干预，关闭燃料注油泵，那么这样的控制措施就是有效的，可避免储罐过量灌装现象。然而，确保所有这些步骤都能在实际情况下发生，即作业者在特定的时间、特定的情况下真实地监测燃料注入情况，认识到可能出现的过量灌装现象，并及时采取必要的措施停止泵入，则完全是另一回事。有效性评估是要确信控制措施能够发挥人们所希望的作用。相比之下，完成性是要确保控制措施尽可能按照项目组所期望的频率来执行，也就是说，在假定计划的控制措施已经就位的条件下，将导致顶部事件的威胁降低至在风险评估过程中给定的风险等级（这种风险评估越来越普遍采用事故安全预防演练中最低合理可行的方法）。

再看一下图16.6所示的燃料油泄漏蝶形图分析，即针对储罐燃料加注期间储罐过量灌装威胁的假想蝶形图，包括扩大因素及其控制措施。共涉及四项控制措施：

（1）与供应商商定加注计划；

（2）由经验丰富的操作人员来监控整个加注过程；

（3）当油罐中燃油液位接近并达到预设值，控制室内的警报会响起；

（4）如果燃油液位超过最高液位值，独立关闭系统将自动关闭注油泵，阻止油罐接收更多的燃油。

项目组如何确定这四个控制措施符合有效性要求？如何确保每项都能单独阻止油罐过量灌装事故？首要问题是，从人为因素的角度，我们对人在这些控制措施中的作用所知甚少，无法对其可能的有效性进行合理评估。实际上定义仅仅是对控制措施的简要介绍，并不能反映项目组的真实意图。因此问题不是这项控制措施是否有效而是实际的控制措施是什么，对于依赖于人为因素的控制措施来说十分重要。为了使示意图和相关文字记录尽可

第17章 意图、期望与实际

能简单,项目组通常只会简要记录他们想要控制的内容。

对于涉及固定结构或自动化系统的控制措施,这可能不是一个大问题。通常情况下,物理的或自动化的控制措施拥有详细的技术规范并符合相应的行业标准,以及与其设计、制造和测试相关的严格的工程和验收测试标准。它们被视为安全关键要素,具有相应的性能标准,并且可对其进行严格的技术评价,包括与设备有关的安全完整性等级(SIL)评价。

就控制措施的人为因素而言,任何事情都不可能是相同的。通常,所有内容都是对控制措施的简要介绍,如图16.6所示。对于进行蝶形图分析的团队实际想要和期望的控制,很少有完整的描述。其原因在于信息的缺失导致关键性沟通的中断,一方面是参与开发和批准蝶形图的项目组成员(以及项目的资助组织)之间的沟通中断;另一方面是参与实施和交付控制措施的其他人员(参与设计、规格说明、采购、制造、安装、调试、保障和操作系统的人员)之间的沟通中断。当蝶形图中负责的组提议并接受将人为因素作为控制措施或控制措施的要素时,丢失的关键信息是真正的意图与期望。

例如,制作油罐过量灌装蝶形图组的真实意图并不仅仅在于安装油罐液位报警装置,真正意图包括:

(1) 报警功能可靠,并在需要时会发出警报;
(2) 能够成功吸引操作人员的注意力;
(3) 操作人员有足够的时间采取行动;
(4) 警报能使操作人员意识到问题所在;
(5) 操作人员知道根据警报采取什么样的行动;
(6) 操作人员实际上会及时采取相应的行动来防止过量灌装现象的出现。

这些意图似乎是显而易见的。但即使对于像操作人员响应警报这样很简单的例子,也常被认为是理所当然的。因为任何曾经研究或了解事故人因问题的人都非常清楚,就警报有效所需的步骤来说,其中的每个步骤都可能失败了很多次,因此不能被视为理所当然。对于各种人为因素控制措施来说,都可以得出同样的结论:有必要清楚理解提议、审查和批准人为因素作为蝶形图元素的真实意图究竟是什么。

实际上沟通中断的问题会越来越严重。即使确定操作人员所期望实施的控制措施也是不足够的,要么无法对控制的有效性作出合理的评估,要么无法确保采取的步骤能按预期运行。表面之下隐藏着一系列的期望,对于任何人为控制措施的有效性来说都同样重要:实际上会有人对警报做出响应;他们会保持警惕并处于采取行动的合适状态;他们不会出现注意力不集中,注意不到警报的情况;他们会认真对待;期望报警装置会得到适当的维护;如果发现作为应对严重威胁的控制措施的报警装置存在问题,其问题将会很快得到解决;若同意将警报作为蝶形图上的控制措施,项目组一定会期望如果操作人员知道警报系统出现故障,决不会实施油罐灌装作业。

真正的控制措施不仅仅是蝶形图或相关文件中简要描述的那样,不单单是将关键活动分配给关键角色的过程。实际上,蝶形图表达的意思:提出和批准蝶形图的组织是什么意图?以及他对控制措施有效性的期望是什么。

— 173 —

17.2 意图与期望

我用了两个不同的术语来表示项目组在蝶形图上标出的控制措施的真实意思：意图和期望。有必要明确这两个术语的含义：

意图是指能够合理预期发生在开发并发布蝶形图后的资本项目影响范围内的事情。这包括期望项目负责做的事情，或确保完成（尽可能合理可行）蝶形图中有效的控制措施。

期望是指资本项目本身通常不会对其负责的事情，但是，为了使人为因素的控制措施有效，仍然假设他是正确的。

如果项目组提议将报警装置作为控制措施，那么必将采取正确的步骤来确保报警装置的有效性，以此来支撑人为因素。项目组肯定希望报警装置能够有效吸引操作人员的注意力。因此需要确信控制措施在合理的工作范围有效：报警装置及其信息内容的知觉属性、执行报警功能的计算机系统的人机界面设计以及支持监控活动的控制室与工作环境的设计和布局。以报警装置能够正常工作的方式来设计和实施所有的这些要求。

另一方面，项目团队可能认为，如果操作员知道报警系统有故障，就不会进行加油操作。项目本身无法确保这是实际情况（除非项目组决定实施连锁或设计其他功能，即如果发现报警装置存在故障，就会取消油罐灌装操作）。这是一个操作问题，依赖于对资产将如何操作的预期。

对于具有人为因素的控制措施来说，意图和期望几乎总是与重大的人为因素风险相关。意图的实现在很大程度上依赖于项目如何有效地将人因工程的原则应用到工作系统的设计中，这些工作系统支持整个工程设计、施工的控制以及项目的调试阶段。

17.3 蝶形图分析如何揭示人类行为的意图与期望？

确定依赖人为因素的控制措施是否有效，意味着要明白制作、审查和批准蝶形图的项目组的意图，以及在需要时控制措施能执行规定动作的意图和期望。那么，就准备这种蝶形图的项目组的意图与期望来说，油罐过量灌装蝶形图（图16.6）会提供什么样的建议来使项目组确信控制措施是有效的？表17.1列出了一些建议。

表17.1 油罐过量灌装事件的可能期望与可能意图

控制措施	升级因素控制	可能期望	可能意图
与供应商商定的燃料包转移计划		所涉及的每个人都能意识到燃料输送是一项安全保障操作； 商定并记录燃料输送计划，包括燃料量和泵送费率； 正确记录要求输送的详细信息	将有IT支持来准备和配置燃料输送计划
	与供应商沟通	如果在填充期间发现任何意外的填充计划变更，现场的运营商应联系供应商； 在未事先通知运营商的情况下，供应商不会更改商定的转让计划的细节	在燃料输送过程中，操作员将以快速，可靠和安全的方式与供应商联系

续表

控制措施	升级因素控制	可能期望	可能意图
经验丰富的面板操作员监控灌装过程		操作员知道何时开始输送以及预计需要多长时间； 操作员定期检查输送，以确保其按照商定的计划进行	操作员可获得监控控制室中灌装所需的所有信息； 操作员将能够确认他们已准备好接收燃料以便开始输送； 控制室(包括相关的仪器和显示器)将被合理设计和布置，以便操作员可以看到监控传输所需的信息
	操作员了解操作的安全保障性质	如果输送出现问题，操作员将采取必要的措施，包括在必要时停止输送或降低流速； 操作人员将知道输送何时接近结束，并可以在完成时采取任何必要的行动	如果操作员有疑虑，他们将能够停止输送； 当输送接近完成时，操作员能够从控制室的信息中分辨出来
	工作设计和工作安排可实现有效监控	操作员将有时间监控填充； 操作员将充分警觉他们能够监控填充； 运营商不会有激励措施导致他们将时间和注意力放在最低优先级	
油罐液位报警	日常维护和测试	操作员将报告他们在报警系统中发现的任何故障； 如果没有及时修复报警系统的故障，操作员将建议管理人员； 管理层将确保有足够的资源来确保所有安全保障设备的工作状态符合预期； 管理层将定期检查以确保所有安全保障系统运行状态符合预期	将显示储罐液位信息，以使其对操作员可见，清晰且有意义； 操作员将知道警报系统是否起作用
独立关断		供应商将确保我们拥有所需的所有信息和知识，以确保系统可以安全地运行，维护和测试，同时不会影响开关执行其功能的能力； 关闭人机界面，包括工作空间和与之相关的任何交互设备，都将被设计为最大限度地减少人为差错的可能性	控制室操作员将知道独立关闭是否不起作用； 如果系统不工作，控制室操作人员将无法将油罐调整至接收燃油的状态
	日常维护和测试	受过训练的技术人员不可能在不知情的情况下使系统处于在日常维护之后无法执行其预定功能的状态	

表17.1仅用于说明，其远不够全面，且未涵盖所有关键利益相关方。一些利益相关方关注控制措施是否完成，而非有效性。在某种程度上，表17.1中的内容并不真实，列出的条目并非现实中任何组织明确表述的真实意图或期望。但是对于油罐过量灌装例子，

这些条目似乎又是合理的。重要的是它说明了蝶形图上的控制措施如何反映组织的意图和期望。如果组织对所提议的控制措施态度严谨，那么这些就是组织的意图和期望，如果这些控制措施有机会来发挥其作用，那就是有效的。

就所涵盖的人为因素和组织因素来说，表17.1中列出了广泛的期望范围，包括组织设计、与供应商和承包商沟通、培训与能力、工作量、工作设计与疲劳。所显示的期望是在资本项目中可能需要做出和依赖的假设，即人们在第一线的行为和表现如何，关键的安全操作是有效的控制。表中还列出了一系列的意图，涉及控制室的设计与布局、屏幕图形设计、操作人员可用的信息与控制选项、关键仪表人机界面。这些意图直接涉及人因工程技术标准在工作环境和设备界面设计中的应用。

例如，表中与供应商沟通这一栏，一旦灌装过程开始，对于非计划性变更风险的控制措施的期望如下：在灌装期间，如果发现任何非计划性的变更，现场操作人员应与供应商沟通。

这不是需要在蝶形图上记录的东西：这样做会很快使其失去可用性，并失去其作为摘要的价值。但它带来了直接的设计影响（如果这个蝶形图在设施的设计和开发过程中可用），可能会被认为在项目团队的职责范围内。这一预期依赖于作业公司能够识别灌装计划发生了意外。因此，询问操作员需要哪些信息才能识别这种变化是合理的。操作员从哪里得到这些信息呢？是否需要控制室提供，或者假设其他人会告诉控制室操作员？如果是这样，那么这个人从哪里得到这些信息呢？是否需要在设计中提供满足这一期望所需的信息？如果不是，项目团队还能通过什么方式确信这个期望实际上会得到满足呢？如果他们不能确信它可能会被满足，对控制有效性的评估意味着什么？如果要认为操作员的这种期望是合理的，那么这些都是在设计过程中应该解决的重要问题。

再举一个例子，控制措施为经验丰富的面板操作员监控灌装过程的意图是操作员可获得监控灌装过程所需的全部可用信息，且这些信息在控制室内清晰可见。

再者，这带来了需要在设计开发过程中解决的直接影响。它会影响控制室布局的人体工程学（考虑到可能存在眩光源等干扰影响的情况下，从预计的观看距离观看，显示的信息应清晰可见）。它会影响单个油罐屏幕图形的设计与布局：也就是说，数据需要以易于定位和显示的格式出现，并且能够快速传递操作人员需要的信息，尤其是在操作人员可能忙于其他任务的时候。❶ 这是许多人机交互设计标准中讨论的一个重要差别，大脑能够更有效地处理在认知与知觉和认知过程属性兼容的信息，而不是原始数据。它还影响了过程控制系统的人机界面的设计，该界面支持操作员监控多个同时执行的任务，并可能通过导航和与图形交互以支持在监控加油过程中同时执行的其他任务。

作为最后一个例子，定期日常维护与测试作为应对独立关闭失效风险的升级因素控制措施。表17.1包含与这一控制措施相关的期望，即在日常维护后，技术人员不可能在不知情的情况下使系统处于无法执行预期功能的状态。

因此，项目组需要了解在维护和测试系统时的一些细节，包括在维护和测试期间是否

---

❶ 这里需注意油罐液位数据（例如表示油罐内燃油体积或其灌装百分比这样的数值）之间的差异，以及作为信息的数据是如何呈现给操作人员的（即大脑可以直接用于思考和推理的图形或其他的表示方式，通常未必是空间信息）。

有必要拆下、绕过或禁用开关。如果是这样的话，则需要在资本项目生命周期的不同阶段采取行动。例如在设备的规格说明和采购期间，在操作界面的设计包括标识的使用期间以及在预调试检测期间，以确保这种期望确实是合理的，并且设备的设计或实施不会使其产生认为错误。

17.4 期望、意图与实际：来自邦斯菲尔德事故的经验教训

2005年12月11日英国邦斯菲尔德燃料储库发生的火灾爆炸事故是在和平时期英国历史上规模最大的火灾事故，本节将其作为油罐过量灌装的例子来加以讨论。上一章的蝶形图和可能的组织期望是一种假设的情况。但是，它们的基础是来自报告《邦斯菲尔德：为什么会发生这样的火灾事故？》的材料，该报告由英国卫生与安全局以主管当局战略管理小组[1]的名义发布于2011年2月。报告列出了隐藏在事故背后的根本原因，并针对这些高危活动管理人员详细解释了源自此次事故的重要经验教训，这至少在英国是如此❶。

根据英国《1999年重大事故风险控制(COMAH)条例》❷。邦斯菲尔德燃料储库被列为高危工作场所。调查事故原因的报告包含多条说明，表明主管当局对管理英国高危重大事故风险控制条例工作场所组织的期望。

将图16.6所示的假想油罐过量灌装蝶形图分析及其由此合理派生出的人为因素期望与从邦斯菲尔德事故中学到一些经验教训进行比较是有意义的❸。由于邦斯菲尔德事故的性质和原因，这一讨论涵盖了大量的人为因素和组织因素。就本书的目的来说，在资本项目中，未充分重视人因工程学会怎样直接降低项目的安全性和可靠性，笔者将关注那些按理属于资本项目影响范围内的问题。

笔者关注蝶形图左侧的控制措施，即应防止油罐过量灌装的控制措施失效的问题。讨论的目的不是为了详细分析邦斯菲尔德事故中的人因问题，相反，要说明蝶形图中所有控制措施(或用于表示防御层的任何方法)中的人因普遍性，以及考虑这些控制措施中隐含的人为因素期望与意图的收益。类似的方法也同样适用于蝶形图右侧的控制措施。无论如何，对油罐过量灌装蝶形图右侧的分析超出了本书的需求。

---

❶ 由邦斯菲尔德重大事故调查委员会(MAIB)进行事故的正式调查，委员会主席是布伦特里的Lord Newton。包括32条建议的完整调查报告于2008年分两卷出版，报告名称为《2005年12月11日的邦斯菲尔德重大事故调查委员会的最终报告》[2]。主管当局的报告《邦斯菲尔德：为什么会发生这样的火灾事故？》[1]包含有关事故根本原因的详细信息，因为涉及当时正在进行的刑事诉讼程序，因此重大事故调查委员会的最终报告中未包含这些信息。

❷ 重大事故风险管理控制条例于1999年4月1日颁布实施，并于2005年和2008年进行了修订，是英国在1976年意大利塞维索重大事故后在欧洲实施的塞维索Ⅱ号指令。条例旨在防止并减轻可能涉及对人或环境造成严重伤害或损害的物质的事故影响。重大事故风险管理控制将工作场所分为两个等级，高危和低危工作场所。针对高危工作场所来说，对事故的控制和报告以及公共信息(包括现场安全报告的准备和定期更新)的提供，有更严格的要求。工作场所安全报告记录了如何控制重大事故风险，如果发生了这样的事故，则可以减轻其危害程度。据报道，2013年英国有360个高危工作场所和576个低危工作场所。

❸ 必须认识到，前面的蝶形图及其从中派生出的期望源自对斯菲尔德事故报告内容的了解和事后的事故分析。无论如何，按理本该可以由一位知识渊博且经验丰富的分析师(他并不知道邦斯菲尔德事故的实际演变过程)来进行事故分析。也就是说，只要分析师拥有足够的人因背景，包括其他重大事故调查(给予了人为因素与组织因素足够的重视)方面的知识和觉察能力。

17.5 事故

2011年12月10日(星期六)18：50，在邦斯菲尔德燃料库开始将一批无铅燃料注入912号油罐。燃料输送管线来自供应商的三条入库管线(Finaline管线)中的其中一条，这些供应商来自英格兰的不同地区。另外两条管道也正在同时向其他油罐输送燃料。对于大型燃料库来说，这一做法是很常见的。供应商根据不同的合同安排向燃料库提供燃料。第二天早上05：37，输送的燃料超过了912号油罐的容量，燃油开始从油罐顶部溢出。06：00，当形成的蒸气云着火燃烧时，已有超过250000L的燃料从油罐泄漏出去❶。

由此产生的火灾吞没了另外20个燃料罐，燃烧时间持续了5天。幸运的是，无人员死亡，但有40人受伤，且在环境、社会和经济方面的损失非常严重。爆炸发生在星期天的早晨，如果发生在工作日，受伤和死亡的人数可能会大大增加，附近工业区的人员或到访附近工业区的人员会受到波及。

那么为什么会发生这样的事故？主管当局认为邦斯菲尔德燃料库拦油设施失效源自如下两个原因：

(1) 自动储罐计量系统(旨在为控制室操作人员提供油罐液位实时显示，并且在油罐液位超过预先的设定值时，提供电子数据启动报警装置)故障。

(2) 独立高位开关(IHLS)故障。设置独立高位开关的目的：如果油罐燃油液位达到不可接受的高液位值，将自动停止灌装过程。

主管当局查明了促成事故发生的许多其他缺陷和事故的根本原因。人因问题是核心问题。通过人因工程"透镜"，将设想的油罐过量灌装蝶形图(图16.6)与这一真实事故进行比较，笔者在一定程度上偏离邦斯菲尔德事故的纯事实，因为这些已经发生了。笔者会及时推进至一假想情境，并假设组织已经决定了一项开发、升级或扩建燃料库或油罐区的资本项目(并不缺少这样的项目)，并假设项目明确要求采用防御层策略来消除发生油罐过量灌装事故的可能性❷。笔者设想该设定项目已经进行了蝶形图分析，并且也绘制了如图16.6所示的蝶形图示意图。

蝶形图包括针对可能的溢油事故的四项主要控制措施。项目组很满意控制措施符合要求的独立性标准：

(1) 燃料输送将根据供应商与运营商之间商定的计划进行；

(2) 接收油罐上将安装液位传感器来监控油罐内的燃油量，并在关键点位会启动控制室内的报警装置；

(3) 由经验丰富的操作人员在控制室监控整个灌装过程；

(4) 如果油罐中的燃料液位超过允许的最高液位设定值，独立关闭系统将自动关闭注油泵，阻止油罐接收更多的燃料。

---

❶ 引火源是一个火花的想法，源自火灾警报响应过程中的消防泵启动所致。

❷ 还必须假设设施不在英国。在邦斯菲尔德事故之后，在英国，针对燃料储存设施的新标准要求和法规的实施，其中尤其是过程安全领导小组的工作，以及对此类事故中人因促进作用认知的不断深入，目前可以预料到的是：英国的设施在面对这些章节中讨论的问题时，其抵抗力明显高于其他监管领域中讨论的问题。

本章的其余部分将分别介绍(1),(2)和(4)。在安全管理(以及生产控制)中操作人员的作用是至关重要的,因此(3)将在第 18 章中进行较为深入的讨论。

17.6 燃料输送控制

协定的燃料输送计划有许多重要的目的,其明确输送的燃料数量、排量,有时也包括起始时间。燃料输送计划将明确各方责任,特别是当偏离了协定,双方各自应该做些什么。燃料输送计划可能会明确何时双方需要正式的沟通和协调,以便掌握输送情况,尤其是否需要变更计划。最重要的是,计划需尽量避免意外的出现,如果出现问题,要确保有一个明确的流程来控制或停止燃料的输送。

如果其他控制措施失效,要确保输送的燃料数量不超过商定的数量,并且流量也不能超过接收系统的接收能力,防止可能出现的过量灌装现象❶。

这种控制措施以及防止计划失败的控制措施(依靠现场与供应商之间的沟通能力)涉及相关各方的行为以及如何履行其职责的隐含期望。例如,它意味着:

(1)制定和批准计划的个人将记录正确的细节,包括交付燃料的数量、流量,若涉及输送管道,还包括所使用的管道情况;

(2)负责接收燃料的操作人员知道何时开始输送,预计需要多长时间;

(3)燃料供应商在没有事先通知接收方操作人员的情况下,不要对可能产生安全影响的交付行为作出重大改变。

这些期望是合理的,它们都是有可能出现导致控制措施失效的人为差错。它们也都会引发这样的问题,即导致项目组有理由要求评估这一控制措施是否有效的问题。其中最重要的是如何支持供应商与燃料库之间的信息沟通。是否会涉及某种形式的自动化?例如,在输送开始或批准改变泵排量之前,期望双方采取什么样的行动?纯粹依靠供应商与燃料库之间的语音沟通?如果答案是后者,那么控制措施的可靠性完全依赖于操作人员,因而期望供应商与燃料库加强沟通,主动记住怎么做,而不是因为太忙、太疲劳或分心而忘了怎么做。由此可以得出这样的结论:实际上,这个屏障是不可靠的。它根本不属于一项控制措施。

就邦斯菲尔德事故来说,调查发现了燃料输送控制措施的许多问题。例如:提前规划来自 UKOP 管线的输送方式应该是很困难的,有时几乎是不可能的;排量变化很大,有时 HOSL 主管也未接到通知。例如,在爆炸事故发生前不久,UKOP 南部管线的流量在主管不知情的情况下从 550m³/h 上升至 900m³/h❷。油罐灌装系统名不符实。考虑到这是防止燃油泄漏的唯一最重要的过程控制系统,这是在重大事故风险控制上出现的严重管理问题[1]。

就邦斯菲尔德事故而言,采用事先商定的燃料输送计划以及依赖现场与供应商之间的沟通能力的控制措施,在实际输送过程中都是无效的。确保制定充分计划的重要性是否会

---

❶ 前提是计划的细节是准确的,并且不考虑可能与燃料输送相关的其他潜在顶级事件,例如管道泄漏。

❷ 请注意,正如稍后将会简要讨论的那样,由于证据表明操作人员根本没有主动监控灌装过程,因此流量的增加仅会导致溢流事故提前,不会直接导致燃料溢出或加重溢流事故。

受到资本项目的合理影响，这是可以辩论的。但是，如果一个项目决定将计划作为控制措施，那么可以合理预期会提出的一些问题，这些问题是关于支撑它的组织安排的有效性与人为因素的可靠性。如果这些期望是不合理的，则不应该依靠这种控制措施，而应该将其从防御层策略中去除。

17.7　油罐液位报警

如图 16.6 所示，假想蝶形图上的第 2 个控制措施是与储罐[或如邦斯菲尔德事故中的自动化储罐计量系统（ATGS）]液位传感器相关的报警装置。液位传感器的实际目的有两个，即：

（1）控制室内的操作人员利用它监视油罐内的燃料数量；

（2）在油罐液位到达各关键点位设定值时，通过报警装置发出报警信号来提醒操作人员。

在上一章关于屏障独立性的讨论中，这些被视为不具备独立性的控制措施，其原因在于它们都依赖于同一个传感器。因此液位传感器实际上只是提醒操作人员储罐内的液位处于高位水平。为了将操作人员监控作为一项控制措施，使用操作人员监控措施还要利用其他的信息源，不要依赖于显示的储罐燃料液位信息。

就邦斯菲尔德事故来说，有三个操作人员警报级别：用户—高（需要操作人员注意的级别）；高（刚好低于油罐的最高工作液位）；高—高（刚好低于期望自动化系统进行干预并停止油罐灌装行为的液位）。

上述油库项目背后的组织可能持有的一些期望，以证明依赖于这种控制可能包括：

（1）报警系统的安装和维护正确；

（2）根据适当的油罐液位来设置警报；

（3）操作人员会发现、理解警报的意思并作出正确的响应；

（4）由于其在现场执行的一项最安全关键操作中的作用，控制室操作人员需知道传感器及其相应的报警装置是否失效；

（5）如果操作人员知道传感器失效，则会报告传感器故障；

（6）报告的液位传感器故障得到及时修复；

（7）如果故障未处理，负责管理燃料输送的操作人员会将问题报告给管理层；

（8）管理层会认真对待此类问题，并确保传感器的问题得到迅速解决。

与警报管理相关的人因问题可能很复杂。人因问题是众所周知的，有详细的记录，同时也有行业标准❶。多年来，人们已经认识到在重大事件发生前后那一刻操作人员会面对警报泛滥的问题，至少从发生在 1977 年美国三里岛工厂的核事故开始，人们就发现了这一问题❷。有近期过程工业经验的人因专业人员都知道，虽然在减少控制室的报警次数方面，无疑取得了进展，但仍然面临重大挑战。

---

❶ 例如，参见来自异常情况管理联盟[4]和工程设备与材料用户协会（EEMUA）[5]的指南。

❷ 众所周知，在那次事故的关键时刻的报警次数会导致硬拷贝打印机也需要几个小时才能将所有的警报打印出来。

就邦斯菲尔德事故来说，警报泛滥并不是问题。这既不是操作人员忽视或不信任警报的问题，也不是操作人员不相信或未发现警报的问题，并不是人的问题，即他们与此警报无关。实际情况是没有警报。油罐自动计量系统失效：在12月11日(星期天)03：05，自动储罐计量系统显示的油罐液位已经不再变化，也就是说，虽然油罐仍在继续灌装，但它已停止记录油罐内燃料液位上升的情况。因此，三个自动储罐计量系统报警信号，并未发出。

因此导致控制室主管并未注意到油罐存在过量灌装的风险。油罐内的汽油液位在未受检查的情况下继续上升[2]。

从人的因素和对人的表现的期望的角度来看，一个组织在使用警报作为安全关键操作的控制时，最重要的不是液位传感器和相关的警报失效，而是：

（1）控制室操作人员没有注意到这个关键传感器已经失效的事实；
（2）这些报警装置在使用过程中曾经多次出现失效和不可靠的问题；
（3）知道报警装置不可靠的控制室操作人员仍然依靠它。

以下内容来自调查报告，其中总结了与油罐传感器报警装置失效有关的一些问题，即伺服计量计被卡住了(因而导致显示的油罐液位不再变化)，这并非第一次出现此类问题。事实上，从2005年8月31日油罐维护后投入使用算起，至2005年12月11日，计量计被卡的问题已经发生了14次。有时候，主管通过将计量计提升到最高位置，然后再让它重新回到原位来解决计量计被卡问题，这种做法称为装填法。有时候，主管将计量计被卡现象作为问题记录下来，而其他时间又并未这样做。操作协调员设计了电子缺陷日志，但主管没有正确使用它。在事故发生前的三个月内，912号油罐上的自动储罐计量计被卡住了14次，但在电子缺陷记录中并没有记录，而且业务经理也不知道其失效的频率[2]。

将这些陈述与第270页中列出的期望进行对比。如果事先询问了现场的所有方，他们肯定会表示，如果操作人员知道关键警报的故障，他们就会记录下来，然后修复。对于燃料储库，或其他高危操作来说，基本不会采用替代方案。然而，就邦斯菲尔德事故来说，这些期望一个也没有得到满足❶。

正如前面的控制措施(有燃料输送计划)一样，支持操作人员警报有效性的期望显然超出了合理预期的资本项目影响范围：它们是一种期望而非意图。但是，如果项目在适当的时候，运营管理依靠其作为防范重大事故的一部分，那么它们可能会受到合理的挑战，并成为作为资本项目活动启动保障流程的一部分。如果这一挑战表明这些期望可能无法实现，那么就不应该依靠这种控制措施，也不应该将其列入蝶形图。

17.8 独立关闭措施

如图16.6所示，假想蝶形图中给出的第4项控制措施属于一个系统，用于油罐燃油液位高于最大安全液位时自动切断油罐燃料注油泵。很明显，只有在所有其他的控制措施都未发挥作用的情况下，才需要这种控制措施。那么组织合理的期望是什么来确保控制的有效性呢，除其他方法外，至少：

---

❶ 已经发现许多重大工业事故属于这种情况，已知关键报警装置存在缺陷，但未进行修理，仍然继续使用。

（1）参与设备规格说明、设计、采购、实施、维护和测试的每个人都要知道其目的是防止重大安全漏洞的最后一道防线。因此，似乎有理由期望所有这些利益相关方能够确保设计符合要求，并且正确安装、维护、测试和设置。

（2）正如操作人员警报一样，控制室操作人员应该知道设备工作是否不正常，操作人员会报告设备出现的任何故障，并在下次输送燃料前消除这些故障。

就更为详细的期望来说，有理由期望选择来实施这一控制措施的技术确实适合这项工作。不过可以肯定的是，这是那些负责评估包括在资本项目防御层策略中的控制措施的人员应该考虑的问题。就这一控制措施来说，只是用来检测储罐内的燃料是否超出其容量。由于工程或操作原因，完全有理由要求所选择的技术还拥有其他功能（比如检测油罐内的燃料液位是否低于预期的最低液位）。但是，如果是这样的话，这与技术的实施或操作并无关系，而这样的技术能够在蝶形图中作为控制措施来使用。当然，没有任何事情会导致经过培训的技术人员使设备处于非工作状态，或者处于无法发挥其作用的工作状态。不过，这样的事情却在邦斯菲尔德事故中出现了。

请注意，这不依靠操作人员监控来支持这项控制措施。如果储罐中的燃料液位触发了传感器，则期望控制装置能够自动停止灌装过程。但是，这项控制措施确实依赖人为因素来确保其安装、维护和配置正确。最终，正如我们看到的那样，导致邦斯菲尔德事故中的这项控制措施失效的原因是传感器在常规测试后投入使用过程中的人为因素出了问题。

就独立关闭措施与油罐液位报警措施来说，我认为有理由期望负责燃料输送的操作人员知道其所依靠的技术是否有问题。几年前，笔者承担了一项铁路公司的研究项目，是关于使用数字闭路电视摄像机来控制城市轨道列车车门的关闭行为。铁路公司计划通过在火车上安装数字闭路电视摄像头来取消安全人员。显示器安装在驾驶室内，以便驾驶员确定何时关闭车门是安全的。由于驾驶室内可用空间的限制，设计理念是利用一台监控器（直径为14in）来显示来自四种不同的闭路电视图像，四幅图像各占一个象限。从人因的角度来看，人们对这一想法有点不放心，比如司机是否能够从相对较小的闭路电视图像中看到正在通过车门的人（或其身体的一部分）。因此笔者对此进行了研究，包括文献查阅、进行一些现场调查和技术方面的人因评估。

很快就发现了一个很明显的问题，即数字闭路电视图像（至少当时的技术现状是这样的）是存在延时的，也就是说，屏幕上的图像不能实时更新。如果驾驶员不知道图像存在延迟现象的话，这明显就是一个令人担心的问题。在这种情况下，驾驶员可能会相信：在图像显示几秒钟后，再关车门是安全的。这也许会为其他人留下足够通过车门的时间，而驾驶员并不知道此时仍有人会通过车门。因此，我们得出的结论是：在不考虑其他因素的情况下，非常重要的是驾驶员应随时知道驾驶室显示屏上的图像是实时图像还是延迟图像。因此，能让驾驶员清楚知道图像是否是延迟图像的一些系统是必不可少的。

这个故事的要点是：对于实施依靠操作人员来监控自动化过程的系统的人员，完全有理由期望他们认识到操作人员需要清楚地知道自动化过程是否正常，处于何种状态。因此，系统设计人员需要确保在系统中内置一些合适的、可靠且有效的方法，以便操作人员知道设备何时处于非工作状态。这是工业上的常见做法，比如航空业。

在邦斯菲尔德选择执行这一功能的技术在多大程度上满足了这些期望？它没有。系统功能完全符合设计要求，但是经过测试发现，系统在高燃料液位时是不会动作的，事实上也是这样设计的。测试设备的技术人员和依靠此设备的控制室操作人员都不知道设备处于什么状态。想了解发生了什么以及为什么与本书的目的直接相关，则需要多看一些与传感器设计相关的资料❶。

17.9 独立高位开关

如图 17.1 所示，其是安装在邦斯菲尔德 912 号燃料储罐上的独立高位开关（IHLS）的工作原理。油罐配备了浮顶，随着罐内燃料液面的上升而上升。悬挂在磁体下面的重物的移动导致开关动作，重物位于浮顶上方。当罐内充满燃料时，浮顶会接触到磁体下面的重物，磁铁上行，引发开关动作。开关动作启动紧急关断系统。

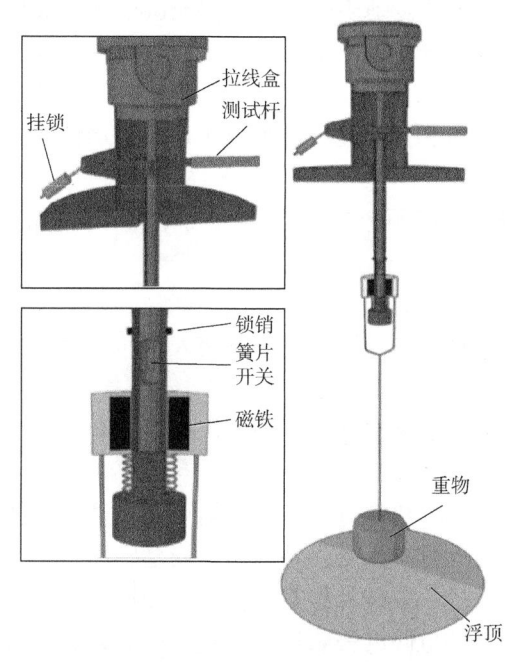

图 17.1 独立高位开关工作原理

如图 17.1 所示，安装了一个手动测试杆，以便进行开关测试。开关在油罐内燃料液位处于高位状态时动作，即正常工作状态时要求测试杆处于水平位置。提供挂锁将开关固定于此位置。开关测试包括取下挂锁，测试杆置于垂直位置，启动报警电路。测试结束后，测试杆又重回水平位置，并重新锁上挂锁。测试杆也可以移至较低的位置，这样可进行罐内燃料液面的低位检测。

在 12 月 11 日储罐灌装前，进行独立高位开关维护的技术人员并未意识到挂锁将测试杆锁定在水平位置的重要作用。在取下挂锁并进行开关测试后，未重新锁上挂锁。测试杆在重力作用下降至较低的位置。一旦发生这种情况，在油罐灌满燃料时，开关无法启动紧

---

❶ 有关设立独立高位开关的问题的完整描述见主管当局报告[2]的附录2。

急关断系统。用主管当局的话说:"由于那些安装和操作开关的人并没有完全理解它的工作方式,或者挂锁的重要作用,因此在测试之后开关仍然处于非工作状态。912号油罐的独立高位开关安装时并无挂锁,工作人员认为这是出于安全的原因,即防擅自改动"[2]。

开关功能符合设计要求:它没有损坏,但开关当时所处的模式并不是其作为防止油罐过量灌装控制措施所需的模式。

因此,作为防止事故发生的最后一道防线,采取完全依靠自动化,不依靠人为因素的唯一一道防线也失败了,其原因在于技术人员未能重新锁上测试杆。这是英国有史以来规模最大的发生在和平时期的火灾,对所有负责储库运营的公司来说,引发了大量的环境问题,也面临重大的财务和声誉损失。

从表面上看,这似乎是一个简单的人为差错,并且要确保其不会再次发生也不难。不管怎样,主管部门的最终报告清楚地表明,组织的失误存在了很长一段时间,导致技术人员无法使用挂锁。这里只是部分引用来说明隐藏这一简单人为差错背后的组织问题[2]:

(1) TAV知道其开关用于高危设备,因此可能对安全来说,是至关重要的。

(2) TAV应该询问开关的预定用途,并形成了对其适用性的看法。在这种情况下,仅适用于高液位监测。

(3) 双方的订货过程都未能预料到对这种高危环境下使用的安全关键设备的期望是什么。

(4) 他们不了解开关的弱点或挂锁的功能。

(5) 在邦斯菲尔德,设计人员、制造商、安装人员和维护人员并不非常了解设备的使用环境。

主管当局还明确指出,关于独立高位开关失效的问题不仅限于运营管理,而且还有许多设计问题[2]:

(1) 如果设计变更经过了严格审查,设计缺陷可以在早期阶段根除;

(2) 开关的设计、安装和维护给人一种虚假的安全感;

(3) 安全关键设备的设计,安装和维护与操作过程控制一样重要;

(4) 不仅开关存在潜在的危险的失效位置,存在可能无法使用的意外风险,而且这也是未必会发生的风险。

本章前面关于高位报警失效的讨论指出,不仅驱动报警装置的自动储罐计量系统是不可靠的,而且操作人员也知道它是不可靠的,因此不能依靠这样的报警装置;事故发生前的三个月内,其失效次数已经达到了十四次之多。这与独立高位开关的情况类似。

存在缺陷的程序和做法没有得到妥善处理。自动储罐计量系统的失效问题就意味着更加依赖独立高位开关;由于独立高位开关经常处于无法使用的状态,因此又更加依赖于自动储罐计量系统。这两个系统都不能依靠的事实意味着对罐装过程的整个控制系统受到严重削弱。

到2004年4月的第1周,据了解,油罐912的独立高位开关没有工作,但油罐仍在使用中,并且直到2004年7月1日,才安装了新开关。同样,发现在灌装911号油罐之前,常用的无铅汽油储罐,至少有九个月的时间处于无独立高位开关的状态[2]。

事情怎么会这样?经培训且经验丰富的操作人员在自己的生命可能面临风险的情况下

怎么会接受这样的安排,他们将负责安全关键操作,知道其所依靠来避免潜在灾难性事件的关键系统中不是一个,就所有四项控制措施都失效会发生什么样的后果这样的问题,我会在第19章中提出我的看法。针对这一点有一件事必须引起注意,似乎令人震惊的是当现场的客观事实表明工作不可能安全进行下去(事后看来,事件未涉及人为因素时似乎是合理的),组织(这不仅限于一线操作)仍然愿意继续此项高危作业。至少严重依赖于操作人员的运气和好运。

17.10 挂锁作为最后一道防线

关于邦斯菲尔德独立高位开关失效的问题,最令人惊讶甚至吃惊的事情之一是对简单挂锁的依赖程度。油罐溢出事故的最后一道防线依赖于安装挂锁的操作人员。但是,在与操作挂锁有关的活动中,测试过程出现了一些这样的机会,即会出现某些事情出错的机会。笔者不知道所涉及的挂锁是用钥匙开启的锁或密码锁,不过油气资产使用的挂锁通是用钥匙开启的锁,这样便于实施挂牌操作,也便于情况跟踪。

挂锁的使用意味着站在储罐顶部平台上的技术人员需要取下挂锁。取下的挂锁怎么处理?拿在手上?以某种方式重新将它挂在开关上?放在平台上?放在口袋里?如果带有钥匙,取下挂锁时又会发生什么?可以用戴手套的手轻松取下挂锁和钥匙吗?如果钥匙或挂锁掉在地上或放错地方又会发生什么?无论关于操作人员捡起掉落的钥匙或挂锁的工作做法、文化、程序或期望怎样,导致操作人员无法捡起并重新将挂锁或钥匙放回原处的原因(其中尤其是人们的健忘)有很多。一旦取下挂锁并放置好后,仍然可以看见挂锁吗?如果可以看见,这可能会具有视觉提示效果,说明需要重新将挂锁放回原处(毕竟挂锁是必须要取下来的)。如果看不见,则更多的是依靠操作人员能记住这一点,人们总是会忘记自己做过的事。

没有理由怀疑在邦斯菲尔德发生过这些事情。但它们都是属于采用钥匙挂锁进行的物理操作。这些操作本身就是很容易出问题的。很多是应用于需要使用挂锁的油气资产,其中尤其是资产隔离的设置与取消。对于大多数目的而言,物理操作挂锁和钥匙的问题并不重要。要不是作为防御威胁的最后一道防线的关键特征是挂锁,以及这样的威胁是按照与英国一样严格的安全法规,事先清楚知道在高危重大事故风险控制现场存在重大事故风险隐患的威胁?这似乎是不可思议的。这是一个工程解决方案,只能在操作背景下来加以理解,在这样的操作背景下,所涉及的所有关键利益相关方都没有严重质疑有关人为因素的期望和意图,这些期望和意图必须得到满足,这样所依赖的深度防御策略才是有效的。

17.11 小结

本章考虑了资本项目如何评估这些依赖于人为因素的深度防御策略中的控制措施是否有可能是有效的:它们是否可能在需要时发挥其应有的作用。本章要点包括:

(1) 出现在蝶形图和相关文件上的依赖于人为因素的控制措施通常要求很高,以至于无法正确抓住项目将其作为控制措施的真正意思究竟是什么;

(2) 为了评估人为因素作为控制措施的有效性,有必要明确隐藏在人力控制背后的意

图和期望;

(3) 意图是指期望开发和发布蝶形图分析的资本项目负责做的事情,或期望确信项目做了(尽可能合理可行)蝶形图中有效的控制措施;

(4) 期望是指资本项目本身通常不会对其负责的事情,但是为了使基于人为因素的控制措施是有效的,仍然假设它是真实的;

(5) 蝶形图(或其他防御层表示方式)提供了一个坚实的基础,通过这样的基础可采用一种能够挑战项目的方式来明确确定对人的行为与表现的关键意图与期望。

为了说明如何从蝶形图中提取出意图和期望,本章详细讨论了油罐过量灌装假想蝶形图中的其中三个控制措施(共有四个控制措施):有燃料输送计划、油罐液位报警和独立关闭系统。本章重点介绍了2005年12月11日发生在邦斯菲尔德燃料储库的爆炸与火灾事故的调查情况,以此来证明项目组针对这三个控制措施对有关员工行为与表现所持有的期望是不合理的。

下一章将讨论油罐过量灌装事故假想蝶形图上给出的另一个控制措施:操作人员监控。随着自动化技术的日益成熟,操作人员监控正在迅速成为人们在工业过程中的关键角色。然而,正如下一章所阐述的那样,在监控工业过程方面,就控制室操作人员满足组织期望的心理要求来说,这可能是需要面对的一个重要挑战。

参 考 文 献

[1] Health and Safety Executive. Buncefield: Why did it happen? The underlying causes of the explosion and fire at the Buncefield oil storage depot, Hemel Hempstead, Hertfordshire on 11 December 2005. http://www.hse.gov.uk/comah/investigation-reports.htm.

[2] Buncefield Major Incident Investigation Board. The Buncefield Incident 11 December 2005: the final report of the Major Incident Investigation Board; 2008. Available from http://www.buncefieldinvestigation.gov.uk/press/news.htm#dec11-08.

[3] Health and Safety Executive. Safety and environmental standards for fuel storage sites. Process safety leadership group final report. HSE Books; 2009.

[4] Abnormal Situation Management consortium "Effective Console Operator HMI Design Practices." Available from https://www.asmconsortium.net.

[5] Engineering Equipment and Materials Users Association. Alarm Systems, a guide to design, management and procurement. 191, 3rd ed. EMMUA; 2013.

第 18 章　主动性操作人员监控

本章着眼于项目团队的意图和期望,从前面章节中包含在油罐过量灌装风险蝶形图分析法中的控制措施的人类绩效影响出发,全面考察了当选择依赖操作人员监控时背后所隐藏的含义,同时还考虑了设计对人因工程的某些影响。

从表面上看,操作人员监控似乎很简单。可以认为几乎任何人都可以做到这一点,当然这种观点建立在让训练有素且经验丰富的操作人员来完成任务并支付他们相应报酬的基础之上。所需要做的就是让操作员定期检查油罐中的燃油量,确认是否超过油罐的灌装油量。如果是,则采取一些行动来减少灌装量或停止灌装,该任务不涉及过程控制措施。如果操作人员要进行干预,那么任务就不再是监控任务,其中有什么困难呢?

遗憾地是,当事情确实出现问题时(无论是像邦斯菲尔德那样的灾难性事故或其他重大事故,还是频繁导致股东投资回报损失的生产问题),操作人员无法监控和明白正在发生的事情是一种普遍存在的现象。第 9 章讨论和说明了与操作人员监控和监督控制措施有关的一些心理挑战。最重要地是,操作人员监控并不像最初看起来的那么简单明了。

困难主要来自现场,控制室操作人员在进行长时间监控任务的同时(就邦斯菲尔德事故来说,当发现油罐溢出时,满罐灌装时间已将近 11 个小时),需要处理许多其他分散注意力的活动和事情。任务本身的特点再平常不过了,例如,油罐燃料注入是操作人员每天需要完成的核心工作,且很少出现严重错误。由于自动化手段的投入与使用,以及未能充分认识到自动化条件下操作人员心理需求的复杂性,操作人员监控也可能变得困难。有时候,操作人员对用来监控的仪表根本没有信心。

本章探讨了在基本工程项目期间可以做的一些事情,以此来确信操作人员监控这一简单但重要的活动将尽可能合理有效地发挥其应有的作用。也就是说,如果是按项目团队的期望与意图来执行的话,那么仅就预防燃料储罐过量灌装事故来说是有效的。❶

18.1　操作人员监控究竟意味着什么?

当项目团队选择依靠操作人员监控作为防御层策略中的控制措施时,它的真正意思是什么❷?他们的期望是什么以及他们的打算又是什么?

---

❶ 请记住,实际上项目很少假设任何一项控制措施每次都会 100% 起作用,尽管它当时确实按预期运行时是有效的。

❷ 必须明确这个讨论仅限于操作人员监控,尽管包括简单的手动干预,诸如停止灌装过程这样的操作。它不关心操作人员在过程或设备控制中的作用。监督控制(无论是在正常稳定运行期间还是在非稳定状态或异常情况下,例如处理装置的开工或停工期间,或处理异常情况期间)都是另一种情况,并且情况要复杂得多。本章不尝试涉及与自动化过程中操作人员控制有关的人因工程问题。那远远超出了本书的范围。

项目团队以及运营复杂流程的公司对操作人员监控风险的能力寄予厚望。事实上，如果有员工能够符合集所有利益相关方（包括股东、管理层、工程师、承包商、供应商等）期望于一身的话，那么肯定会出现某方面的超能力员工：一贯的良好表现、永不疲倦、能够理解并记住被告知或应该阅读的所有内容，以及知道要问自己因有经验和称职而没有被告知的事情。他们接受和处理的信息量不受限制，或者他们能够同时执行的任务数量不受限制；他们总是拥有良好的人际关系、决策能力和沟通技巧；他们从来不会情绪化，除了每天都在竭尽所能地做着自己的工作以外，在他们的生活中也没有别的事情需要考虑。最重要地是，他们的思考模式与行事总是理性的、符合逻辑的和具有连贯性的。

把所有这些期望放集中到一个员工身上，这显然是不切实际的；但是，当组织决定依靠操作人员监控时，人们会多大程度上认识到潜在人为出错的几率，这是值得我们仔细思考的地方。如果操作人员监控被列入蝶形图，那就意味着组织在每次面临风险时都打算依靠它。就这些章节使用的油罐过量灌装例子来说，燃料储库经常发生燃料输送的事情。

当然，组织和项目团队对控制室操作人员在监控燃料输送或任何其他危险过程中的行为与表现有许多合理的期望。从期望在整个灌装过程中控制室确实有一名合格的操作人员且时刻保持清醒状态，并且知道燃料输送正在进行中，以及预计结束的时间（即使同时进行多个燃料灌装操作）开始。项目团队可能合理地抱有两个意图和两个期望似乎特别重要：

（1）确保分派给操作人员其他任务的期望及其工作条件不会干扰其实际监控输送的能力（这是工作设计）；

（2）确保操作人员能够获取他们所需的所有信息以便监控传输过程；

（3）期望控制室及其相关仪表设计满足操作人员能够轻松获取其所需的信息和控制措施，并与之交互的意图；

（4）期望操作人员能够经常主动检查灌装进度，以便他们有时间干预并且主动及时发现问题迹象。

本章的其余部分将逐一考虑这些问题。在此过程中，笔者将再次利用主管当局对2005年12月邦斯菲尔德燃料储库爆炸事故的调查报告[1]作为一种手段来说明一些方法，而这些方法在此次事故中并未支持这些意图和期望。

18.2 工作设计

顾名思义，工作设计是社会技术系统开发过程中的一项独特活动。至少从20世纪50年代建立这一专业学科以来，它的各个方面就已成为人因—人机工程学工具包必备的部分。工作设计的目的之一是寻求以最佳、系统和科学的方式在人与技术之间分配任务，该方法应认识到每个人的长处和局限及其在整个系统中的作用：称为功能分配活动❶。

工作设计试图考虑能够创造良好工作的各种因素，力求平衡人们的需求和期望——满足基本的身体、情感和社会需求，展示自己获得的来之不易的技能和专业知识，从工作中获得满足感；职业发展以及良好的工作—生活平衡——为这项工作提供资金的组织。工作

---

❶ 作为使用功能分配的一个例子，Andreas Bye 及其同事[2]描述了哈尔登反应堆项目开发的一种方法，应用于基于核电控制室的操作人员所需信息量多少的评估。

第18章 主动性操作人员监控

设计试图确保在可接受的约束条件、资源和承诺范围内满足组织的需求，同时确保人们不会因为其执行的工作量或工作安排而承受到无法忍受的压力；试图确保与工作相关的激励和报酬能够支撑工作目标的实现，并与雇佣方的价值观和商业原则保持一致。设计一份好工作并不是一件容易的事。

对于诸如国防工业这样的行业来说，负责投送作战能力的部门在一定程度上拥有对执行和支持投入任务的人员的所有权。因此，人们通常能够从整个生命周期的角度了解自身在他们采购或开发的系统中所扮演的角色。这就是为什么诸如国防计划（例如 MANPRINT）和人力与人事整合（大致等同于国防工业中石油和天然气中人因工程）可以从更广泛的角度看待基本工程项目中人因工程的原因。例如，购买新型军舰、攻击机或坦克将考虑所需的人员类型，如何招募和培训他们以及提供怎样的职业发展途径，这样的职业发展途径不仅具有足够的吸引力确保可以招募到所需的人员并能够留住他们，而且也能够源源不断地输送未来需要的经验丰富的高级人员。

就开发满足随时可投入使用的基本工程来说，从严格的工程角度来看，很少（如果有的话）将工作设计原则系统地应用于操作角色❶。

分配给基本工程项目工作的运营人员会花费大量时间来计算需要多少人来运行与维护系统、他们的来历和组织方式。在绿地项目期间，运营人员通常要解决的两个关键问题是：

（1）需要多少人？
（2）人从哪里来？

通常，第一个问题的答案是人员要尽可能少。雇佣人员的费用昂贵，且雇佣的人员也会犯错。最好策略是尽可能使人远离伤害。因此，尽可能少地参与其中可以减少风险。有时候，答案很大程度上是事先确定的；财务评价中包含估计的人工成本，以确定项目是否具有足够的吸引力来获得资助资金。这些估算不仅包括直接的就业成本，还包括整个基本工程项目生命周期中的差旅成本以及其他成本❷。

当然，项目团队的操作人员会根据财务预测中的评价情况来独立评估所需的人员数量。通常这些评估是基于与当前运营和行业基准的比较。例如，通常的做法是根据过程控制系统所设控制环路的数量应用经验法则来估计新控制室投入使用后需要多少人❸。

第二个问题（新基本工程所需的人员来自哪里）的答案往往来自承包商。运营团队通常会将自己的员工安排在关键岗位上，同时依靠承包商提供施工团队、维护技术人员和其他支持人员。运营团队往往不负责这些承包商的人员招聘或职业发展路线，因此几乎没有什么意愿来按国防工业那样，从生命周期角度来进行系统设计。

当然，负责任的运营团队会严格规定来自承包商的每一位就职于基本工程关键岗位的员工的技能、培训和能力要求。但是，仅在最近几年人们才真正意识到（根据重大事故调

---

❶ 工作设计原则可以应用于油气行业以及其他加工行业，但应由人力资源专业人员而不是基本工程项目来进行的。

❷ 这就是为什么过去设计离岸工程时，没有足够的床位来容纳实际需要操作和维护这些人员的原因之一。

❸ 一些咨询公司可以提供这样的服务，他们利用掌握到类似的系统当前所需人数以及控制系统中控制环路的数量来预测控制室需要的人数。这可能是一个存在严重缺陷的方法。

查得出的冷酷现实)在某些工程项目上，有时对员工的培训与能力方面的要求处于一种危险的境地。这是一个严峻的事实，油气行业(或至少其中的某些部分)正在努力纠正这种情况。

总而言之，在新基本工程的设计和开发期间，很少见到将工作设计原则教条般应用于控制室操作人员的工作。也就是说，确保工作、工作安排和激励措施能够相互协调达到最优化，这是现代过程控制系统中控制室操作人员的核心功能：充当监督控制人员。

控制室操作人员的工作通常不是被设计出来的，而是取决于操作人员期望完成的全部任务，这些任务一旦能够自动化就可以采用自动化控制。控制室人员角色的定义确实考虑了每个角色所需的技能和知识，试图确保所需的能力与技术领域保持一致，同时也借鉴来自现有类似基本工程的经验。如果要完成的事情数量明显超过了一个人的能力，或者所需的技能和能力明显需要借助于不同的技术领域，则应创建其他操作人员角色来执行附加功能。通常对于新工艺来说，需要特别关注所需人员的数量。在新基本工程投入初期配备的人数高于正常运行后所需的人数，并且一旦工程达到稳定状态并掌握工程运行的操作经验后，就会有意减少人员数量。

18.3 工作安排

与操作人员监控相关的第一个期望是分配给操作人员的其他任务及其工作条件不会干扰他们实际监控操作过程的能力。有两种与操作人员监控相关的工作设计原则，就邦斯菲尔德事故的事后了解来看，特别值得注意的是：操作人员必须能够保持必要的警觉水平，以在规定的时间内监控燃油的传输；不应鼓励操作人员出现与监控燃料灌装过程的要求相冲突的行为或表现。

18.3.1 警惕性与疲劳

这两个工作设计原则中的第一个原则至少涉及两个问题：(1)警惕性；(2)疲劳与轮班安排设计。警惕性是指在一段时间内集中注意力的能力，以便发现意外发生的罕见事件或极小概率事件。即使所有其他变量都尽可能好，但期望任何操作人员都能够持续关注长期以来极小概率事件的可能性是非常现实的，而这种可能性实际上是不可能的。特别是操作人员认为，如果极小概率事件真的发生了，那么其他控制措施无论如何都会进行干预。

疲劳取决于上白班时所处的时间段❶和一个人未合眼的时间，以及他或她在过去几个小时和过去几天内的睡眠时间❷。邦斯菲尔德事故的调查结论是轮班安排和操作人员的工作时间是导致事故发生的原因：操作人员每班工作12小时，在持续监测油罐灌装与抽空情况的同时还有其他的工作。操作人员被迫连续工作五个班次，由于加班，有时会在七天内工作84小时。没有安排固定的休息时间；当操作条件允许时才能休息。操作人员频繁加班，并且团队拒绝雇用新的操作人员，因为这会导致收入减少[1]。

---

❶ 在一天中的两个时间段(午后和清晨)，大多数人的大脑会出现生理低潮现象，很难集中注意力。

❷ 为油气行业及相关行业制定了一系列指导原则，包括疲劳的原因与影响，以及疲劳风险管理和疲劳风险评估的方法[3-6]。

仅仅因为疲劳而引起的警惕性丧失就能够打破操作人员在 11 小时内充分监控燃料灌装情况的期望。John Wilkinson 当时是参与英国 HSE 对邦斯菲尔德事故调查的人因工程检查员，他在邦斯菲尔德举行了多场与轮班工作和疲劳相关问题的会议报告❶。一直以来，似乎没有强有力的证据表明疲劳是邦斯菲尔德操作员监控失效的主要原因。

18.3.2 诱因

两个工作设计原则中的第二个原则是不应鼓励操作员出现与监控燃油传输需求相冲突的行为或表现。然而，调查报告中的以下引文表明，这确实可能正是邦斯菲尔德事故中所面临的情况。

操作人员中存在这样的认识：为了避免因 UKOP 管线输送能力下降或停止而引起的工资绩效考核，被迫使 UKOP 管的线输送优先级高于 FinaLine 管线。这样的认识又加剧了这一倾向[1]。

在油罐溢出之前，向 912 号油罐输送的管线为 FinaLine 管线。至少有一段时间使用 UKOP 管线进行了同步输送燃料操作，期望控制室操作人员同时对两条输送管线进行监控。从过程安全的角度来看：两条输送管线的蝶形图分析都是一样的，都存在过量灌装风险。虽然现场的任务安排似乎为操作人员提供了一个事故发生的直接诱因，使操作人员以牺牲监控 FinaLine 管线灌装为代价而优先关注 UKOP 管线。

因此，总而言之，与邦斯菲尔德的控制室操作人员工作设计相关的一些因素促成操作人员监控失效的可能性（至少，可能是因为疲劳现象和绩效激励措施导致操作人员的注意力主要集中在其他事情上，而不是优先集中在 912 号油罐燃料输送的监控上）。

当然，对于一个新项目来说，通常情况下基本工程项目存在影响操作人员疲劳程度的可能性，这样的可能性决定于运维策略、人员配置水平、轮班结构等这些操作人员所做的工作。但是，这对运营期间基本工程与其供应商之间达成的商业协议几乎没有影响。

尽管它们可能很重要，但是这些工作设计问题似乎并不是邦斯菲尔德的操作人员监控时所采取的控制措施失效的主要原因。

18.4 操作人员必需监控什么样的信息

将操作人员监控作为灌装控制措施的团队可能持有的第二个期望是操作人员可以获取他们需要的所有信息以便监控灌装过程。这还必须包括以下三个期望：

(1) 操作人员知道通过什么信息来了解燃料灌装是否符合预期的要求（无需依靠储罐计量系统）；
(2) 操作人员知道从何处获取信息及如何获取这些信息；
(3) 操作人员确实能够访问、理解和使用这些信息。

如果这些预期望中的任何一个期望未得到满足，则不能将操作人员监控这样的控制措施视为有效的控制措施。

那么控制室操作人员可以获取什么样的信息来保证操作人员监控的有效性？（请记住：

---

❶ 参见 Wilkinson2011 年能源研究所关于重大事故危险工业中人因工程的会议上的演讲材料[7]。

不能依赖用于触发报警系统的油罐燃料液位测量数据；否则，这属于非独立控制措施。)一种方式可能是利用燃料灌装时间来进行控制。只要操作人员知道灌装的燃料数量与期望的泵流量，就会知道燃料的灌装时间。他们可以利用这些知识用作决定何时以及怎样检查燃料灌装情况的基础。有证据表明邦斯菲尔德操作人员在控制室放了一个小闹钟，并用它来跟踪FinaLine管线所灌装油罐的油品液位，并且偶尔还会提醒操作人员灌装的燃料数量已接近油罐的容量[1]。

显而易见的是，操作人员需要在控制室内放置闹钟来支持这一对安全至关重要的监控任务。如果一个项目团队通过严格的评估过程来检查操作人员监控是否真正发挥作用，那么他们可能会认识到有必要采取一些手段来提醒操作人员燃料灌装过程的结束时间❶。如果通过设计将一些解决方案融入工作环境来提醒操作人员余下的输送时间还有多长，那么也可能包括一些提示操作人员在实际工作中主动检查燃料灌装进度的手段(当然，独立于油罐计量系统)。

然而，能否利用燃料灌装可能的需要时间作为监控指标，这取决于灌装过程的稳定程度和对实时灌装情况的了解。遗憾地是，正如以下来自调查报告中的引证所表明的那样，邦斯菲尔德事故的操作人员对事故发生前几个小时的情况并没有清晰的了解。

有证据表明，在事发当晚储库正在接收来自FinaLine管线和UKOP南线的大量无铅燃料，然而进行监控的操作人员并不清楚燃料输送管线相对应的正在灌装的油罐。鉴于操作人员承受的压力越来越大以及控制室缺乏足够的数据，因此这种混乱的情况很容易理解。

理论上，UKOP管线的流量可以根据油罐的灌装速度来确定，但这并不是一件容易的事情，其原因在于UKPO管线灌装的油罐的同时也可以向油轮货舱供油，并且每次灌装的油罐都可能不只一个，流量也可能会因外部因素而发生变化。

操作人员还必须应对无法预测UKOP管线工艺参数这样的事情，进而无法预测这些输送管线内的燃料性质。

灌装过程中面临的上述问题带给操作人员的压力是相当大的[1]。

考虑到所有这些情况，仅仅将燃料灌装的预计时间作为信息源来支撑操作人员的有效监控也许并不像起初看起来的那么简单。

在油罐灌装现场，操作人员监控的有效性不能依靠油罐液位报警或液位计作为控制室内的显示数据，因为它们都依赖于自动计量系统。但是，检查实际工作的液位计也许是有用的信息源。知道正在工作的液位计，能够保证液位读数是准确的，并且在需要时可能会发出警报。另一方面，发现油罐计量系统无法正常工作，将会(或肯定会)促使操作人员进行进一步的检查，以确保正在进行的灌装作业进展符合预期要求。

若设备可靠性高且操作人员经验丰富，没有理由期望操作人员定期检查设备是否按预期正常运行。但这并不是问题的焦点。Lisanne Bainbridge[8]在其1983年发表的关于自动化讽刺的文章(见第9章)中问道：

谁会去关注警报系统何时停止工作？如果操作人员对自动化装置长期以来的运行情况

---

❶ 这意味着使用时间作为信息源来支持操作人员监控的能力符合项目团队的意图(项目团队负责提供这样的信息)，而不是期望，这超出了项目团队的能力。

感到满意的话,那么他就不会去监控自动化装置❶。

正如第17章所指出的那样,邦斯菲尔德储库的油罐计量系统(控制室内显示了912号油罐的液位数据,并支持油罐液位报警功能)在燃料灌装的过程中停止了工作导致自动化控制失效。第9章讨论监督控制(见图9.2)时指出,就高度自动化的系统来说,除了进行过程监控(就这一案例来说,是燃料灌装过程)外,操作人员还需要监控自动化的状态。除了监控灌装过程外,邦斯菲尔德储库的操作人员还应监控计量系统的状态。对于可靠性高,进而很少出问题的系统来说,这都是一项艰巨的任务。再次引用利兹安·班布里奇❷[8],甚至在1983年前的数十年人们就已经知道了这句话,即即使是工作积极主动的人,要对一个很难出现的信息源保持持续半小时以上的有效的视觉注意力,这也是不可能的事情。这意味着对于极小概率事件来说,由人来执行基本的监控功能是不可能的[8]。

但正如我们已经看到的那样(以及其他一些重大事故中也是如此),邦斯菲尔德储库的报警系统并不可靠。在过去的3个月里,已经发生14次漏报警。令人惊讶地是,明知关键的报警系统存在漏报问题,但是并没有操作人员发觉到油罐计量系统已停止工作这一事实,采取相应的措施。计量系统上油罐液位的显示值实际上在03:05时就已经不再变化:在燃料油从912号油罐中溢出前的2小时30分钟,在爆炸前的2小时55分钟。这表明操作人员在爆炸前近3个小时内未检查液位显示情况。主管当局报告指出,与912号油罐有关的液位计显示面板位于或靠近一组油罐(四个油罐)显示窗口的后面[1],也表明它没有受到监控。

当然,还有一系列其他信息来源,这些信息源有可能支持操作人员主动监控燃料灌装过程,包括他们可以致电供应商来进行检查,或要求现场操作人员检查油罐液位,或者应该制定一个协议,要求供应商告诉现场交付的液位计具体位置(当然,这不会是主动性的或监控的,但仍然可以作为控制措施)。遗憾地是,就邦斯菲尔德储库的实际情况来说,这些信息源要么不可用,要么未使用。

18.5 控制室设计

将操作人员监控作为油罐灌装控制措施的团队持有的第三个期望是:控制室及其相关仪表的设计需确保操作人员可以轻松地与其所需要的信息和控制措施之间交互。当然,这仅仅是一种意图,而非期望。就因开发或升级燃料储存配套设施的基本工程项目来说,肯定会期望这样的基本工程项目负责控制室及其相关仪表设计的部分工作(如果不是负责全部设计的话)。其中包括向控制室操作人员提供有关管道中燃油流动以及油罐和其相关设备状态信息的方式,它将涵盖操作人员如何访问信息系统和控制措施并与之交互。这些问题完全在项目工作范围之内,并且会明显影响设备的开发和安装。

因此,确保控制室和信息系统支持操作人员监控任务是一种意图,而非期望。它完全

---

❶ Bainbridge 还指出:强制操作人员关注稳定系统的一种经典方法是要求其记录日志。遗憾地是,人们会写下一些数字,但不会注意到这些数字究竟意味着什么[8]。

❷ 由于过去30年来技术(尤其是计算机技术)的快速发展,以及在某种程度上对人的认知、推理和决策属性的认识进一步加深,Bainbridge 的许多关于自动化讽刺的经典文章现在有点过时了。然而,在 Bainbridge 发表在1983年的论文中,对于与控制室操作人员角色有关的问题,仍然有很多深刻的见解,值得过程工业好好反思。

在项目团队的控制之下。如果项目选择依靠操作人员监控作为控制措施，那么有理由期望其做一些事情来确保控制措施的有效性。

（1）控制室内操作人员能够监控灌装情况；

（2）操作人员可以很容易地看到(或者听到，甚至在进行现场操作时能够闻到)信息并理解其含义；

（3）如果确实需要操作人员进行干预，他或她可以在可用的时间内有效地做到这一点；

（4）所提供的工作环境会给予监控任务适当的支持，比如：它的设计方式不会因为噪声、人员移动、活动或在控制室之外进行的操作而分散注意力。

18.6　控制室与计算机人机界面设计中使用的人因工程标准

关于如何在控制室和相关仪表系统(包括报警系统)的设计中应用人因工程学，已经有了大量的良好标准和设计指南以及庞大的完善的科学研究体系。特别是与控制室的空间布局和工作环境设计有关的部分材料已经使用了多年。其他的材料(比如那些涵盖外观、布局和通过机器人机界面(HMI)与过程控制系统交互手段的材料相对较新。涵盖与更先进且自动化更高的与人因工程有关的标准和指南与在第9章中作为共享认知系统来讨论的材料相对较新，有的甚至仍在开发中。

就现代过程操作规模来说，燃料储库操作是一个相对简单的操作。是否可以合理地预期，为运行易燃易爆燃料存储系统而建立的基本工程项目实际上会符合上述期望？这实际上将确保用于控制和监视过程的控制室和信息系统为操作员监视提供合适的环境：不仅要监控灌装过程，而且还要监控自动化状态。在将人因工程学应用于控制室和相关数控系统设计的过程中，遵守相关行业标准与良好的实践，这是否合理？当然是合理的。完全有理由期望项目(项目资金来自有能力的运营商，项目的目的是开发支持操作人员监控控制室及其相关系统的关键安全活动)采用并遵守这些标准。

遗憾地是，这些人因工程标准和设计指南的遵守仍非日常工作。许多事故调查已经发现，在控制室和信息技术显示器的设计中，人因工程学应用上的问题促成了事故的发生。根据笔者个人经验看来，不遵守这些标准的情况并不像人们想象得那么常见。

笔者审查过具有重大潜在危险装置的控制室设计项目，这些装置的设计承包商甚至没有意识到相关人为因素控制室标准的存在，更不用说应用这些标准了。笔者也经常审查承包商的控制室概念或设计规范(声称它们符合相关标准，从 ISO 11064[11]到运营团队自己的人因工程标准)，而实际上并没有一项要求得到满足(除通常的工作环境技术规范外，包括噪声、供暖、光线和奇怪的墙壁配色方案)。笔者曾看过一个重要烃类工程控制室的升级项目，控制室操作人员突然发现他们的计算机显示器及其相关的报警系统在一夜之间就被更换为新系统，但并未就新系统开展过任何培训活动，也未对新系统进行过介绍。笔者曾见过这样一个项目，该项目开发了一个大型壁挂式高科技情境觉察显示屏，旨在让控制室内的每个人坐在工作站就能够一目了然地看到整个工作站运行情况。但是，工作站的设计方式使得每个操作人员无法从其座位上看到显示器。笔者甚至审查了控制室的设计概念(声称符合相关的国际标准)，通过几个简单的人机工程学测量可以清楚地看出，大多数操作人员的膝盖无法伸入桌子下面。

就油气行业或加工行业来说，这些例子肯定不具代表性，或甚至不具典型性。就整个工业来说，拥有许多精心设计的控制室及其相应的信息技术系统。但是，即使是由最大运营团队运营的项目，使用经验最丰富的工程承包商以及世界领先的控制系统供应商，上述状况也经常发生，毫无疑问，改进的空间还很大。任何具有油气行业或大多数其他加工行业经验的人因工程专业人员都会有类似的经历。

18.7 平衡操作人员偏好与技术标准之间的关系

在本书中，笔者曾多次指出，与其他许多操作任务一样，在监控和控制实时操作方面，操作人员的任务涉及感知和认知过程，这样的感知和认知过程可能比人们通常了解到的情况要复杂得多。为什么仍然以不能充分支持这些心理过程的复杂方式来设计控制室，原因之一是人们普遍相信确保带计算机显示器的控制室设计的最佳方法就是直接询问操作人员想要什么，或者更好地是让操作人员来设计它们。理由是操作人员了解这项工作，因此他们知道自己需要什么。然而，现实是当操作人员明白其工作过程中涉及的内容，当然也拥有丰富的操作经验和敏锐的洞察力（当然，只要新系统和过程与他们知道的工作没有太大的差别），他们却很少（不过，也不能绝对）去了解自己的工作方式。他们很少理解如何最好地支持大脑与感知系统寻找、理解、解释和处理信息、决策或在许多竞争性任务中合理分配有限的注意力资源的方式。他们也很少能够像其他操作人员一样来看待其工作。我们都有一种天生的倾向，认为自己可以代表所有未来会使用该系统的用户。关于技术标准中包含的规范与要求的关键在于它们利用了如下三方面的知识：

（1）关于普通人而非特定人群特征的正确的科学知识；

（2）从事故调查中获得的知识；

（3）多年来，从一系列的操作过程中，获得的来之不易的知识和实践经验。

英国国家空中交通服务局（NATS）出现了一个戏剧性的例证，说明在遵守技术标准和操作员意见之间的平衡与技术标准之间距离太远时会发生的困难。NATS 投入 6.3 亿英镑用于调整整个英国空域的空中交通管制覆盖范围，其中包括在英格兰南部新建一个大型设计控制中心。

就高品质的计算机显示器来说，最重要的设计参数之一是屏幕字符（字体）设计。人们非常清楚怎样设计出在各种观看环境中都能清晰的字体。其中关键参数是单个字符的大小、高度、宽度与间距。NATS 非常了解人因工程学，以及怎样在设计项目时应用人因工程学：具有良好的内部标准和内部专家团队，其职责之一是为项目提供建议。

但是，当涉及计算机显示屏的设计，以此来支持新系统支持的操作人员角色时，人因工程设计规范就被放宽了，更倾向于操作人员偏好。为了在屏幕上获取更多信息，项目决定使用比 NATS 自己的人因工程技术标准中推荐的字体小得多的字体。公司的高级人因工程专家编写了一份报告，报告将问题通报高级管理层，并建议这一问题需要加以解决。不过，在系统启动前并未采取行动。

当新系统投入使用时，空管员很难读取显示屏上的一些信息。新系统投入使用前 9 天，英国健康与安全局的首席检查员写信给 NATS，表达了对工作站的人机工效和显示屏显示数据清晰度的担忧。商报《计算机周刊》[10]中引用了检察官的信:"我们认为,当前设备的操作使用可能导致健康问题,例如眼睛疲劳和肌肉骨骼症状。我们也认为这些设计缺陷可能会影响航空安全。"

该杂志还报道称,对 300 名空管员进行的调查发现:
(1) 76%的空管员有过眼疲劳经历;
(2) 50%的空管员曾抱怨过头痛;
(3) 36%的空管员认为有必要在轮班期间或之后通过服药来缓解头痛。

也许这个故事中最令人感到忧虑的问题(对于像笔者这样确实对飞行有恐惧感的人来说),不仅是 NATS,而且民航管理局也报道说这个问题属于人机工程学问题,不构成安全风险。国家空中交通管理组织可以考虑用于空中交通管理的计算机系统设计(无论是与飞机积极互动的空管员,还是通过规划路线支持他们的这些人)是一个安全问题,这一事实是非常明显的❶。

在这些事件发生后不久,针对潜在安全问题的内部报告泄露出来,NATS 不仅更换了系统,并且也更加重视人因工程。NATS 人因工程小组有可能成为欧洲空中交通管理中最强的人因工程学组织,也支持其在其他空中交通管理组织中的发展。

当然,在控制室及其相关仪表的开发过程中,具有操作经验的人员的全面参与是至关重要的,这可能是成功应用各项人因工程技术标准的唯一最重要因素。但是,如果不能正确理解与应用这些标准的各项要求和技术规范(包括设计分析和测试要求),那么操作人员的参与并不是确保与目标设计解决方案相匹配的有效手段。

总而言之,依靠操作人员监控作为防御层策略中的控制措施的组织,必然希望控制室及其相关设备能够更好地支持操作人员监控。然而,从自身经历和其他事故的经验教训不断证明:由于这些领域的优秀技术标准和设计指南的历史及其可获得性,这些期望得到满足的情况并没有人们想象得那么好。通常情况下,人们在设计控制室及其相关信息系统的过程中,经常不会严格遵守人因工程标准。

那么,就邦斯菲尔德事故来说,控制室设计得如何?如图 18.1 表示控制室操作人员与其期望用来监控燃料灌装过程的设备之间的空间关系❷。红色(实线)显示工作中非常重要且要求全程或即时关注的操作人员交互;灰色(虚线)显示工作中重要的但不要求时刻关注的操作人员交互;细的虚线表示不频繁出现的交互,或工作中非重要的操作人员交互。尽管图 18.1 提出了可以改进支持燃料传输的设备布局的建议,但这并不意味着借助于目前的设备布局操作人员无法获得其所需的信息。这并没有表明控制室设计本身受到了干扰,或者说期望操作人员能够监控燃料灌装情况是不合理的。

就邦斯菲尔德储库来说,更重要的是采用了能够显示 912 号油罐燃料液位的显示器。请记住,监控 912 号油罐的燃料灌装情况只是操作人员上班期间必须管理的众多工作内容之一,包括另一项同时进行的燃料灌装活动。以下内容来自主管部门的最终报告:

---

❶ 据报道,NATS 指出今后将收集涉及计划空管员的各种差错并加以纠正。这是第 16 章讨论的多米诺骨牌效应的一个例子,当假设其他控制措施正常工作时,也就失去了控制措施的独立性。

❷ 这种示意图称为链式示意图。链式示意图广泛应用在人因工程方面,用来表示操作人员及其所用设备和需要与之进行沟通的其他操作人员之间的链接。

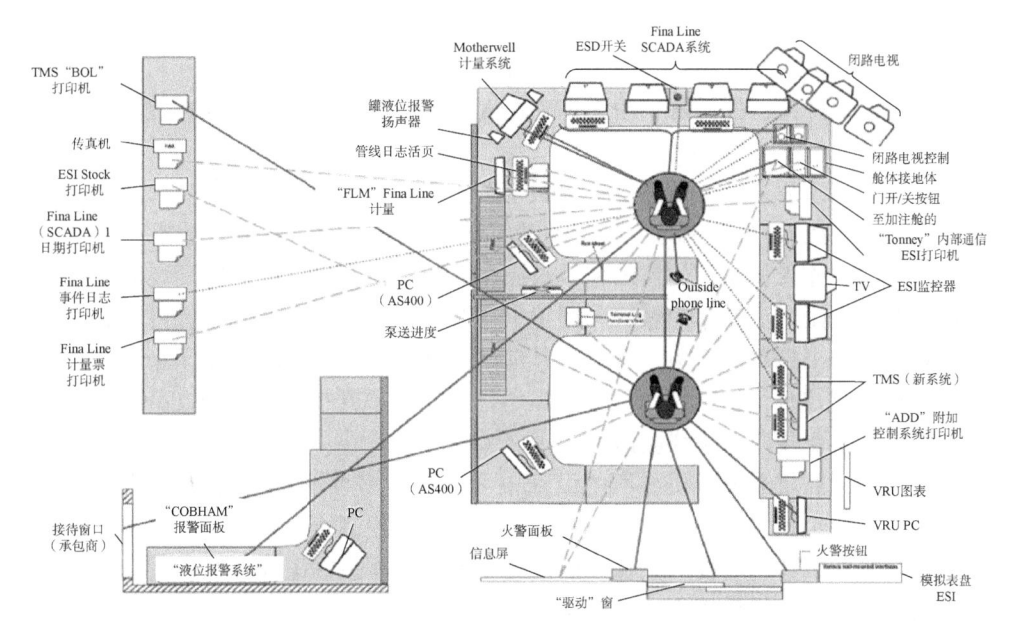

图 18.1 邦斯菲尔德燃料库控制室链式示意图

仅有一个视觉显示屏用来显示来自各油罐自动计量系统的数据，这意味着一次只能查看一个油罐的状态。在事故当晚，912 号油罐的显示窗口与同组的另外三个油罐的显示窗口是叠放在一起的，且它的显示窗口在最后面或靠后的位置。

操作人员在一个显示屏上查看油罐自动计量系统的数据显示图像，同一时间内显示器只能查看置顶的图像，任何时候都无法看到两个或两个以上的油罐状态。通常情况下，三个或四个窗口会叠放在计算机显示屏上，一个窗口紧跟另一个窗口的后面，这样操作人员必须有意识地决定是否查看隐藏在前几个显示图像后的显示图像[1]。

因此，邦斯菲尔德储库操作人员用来监控 912 号油罐燃料液位的数据图像来自显示器界面上的其中一个显示窗口。这一点未必很重要，毕竟操作人员在值班期间需同时执行多项任务。912 号油罐的灌装时间(持续了 11 个小时)相当长，一旦开始灌装，就很少或根本不需要操作人员进行干预。控制室布局与显示罐内燃油液位信息的手段都不是最佳的，但这一事实也不应该妨碍控制措施发挥作用。如果操作人员主动监控并主动搜索信息以检查油罐灌装情况(这正是控制措施独立性所要求的)，可能可以避免事故的发生，但相对来说这两个因素应该并不重要。当然，这也许会出问题，但仍不应该使这一控制措施失效。

18.8 主动性监控

第 16 章得出的结论是尽管操作人员监控与油罐液位报警依赖于同一个装置，但它被认为具有足够的独立性，因此在如下两种情况下作为控制措施是有效的：
(1) 操作人员监控与油罐液位报警依靠的是不同的数据源；
(2) 操作人员的行为是主动性的，即操作人员并不是简单地对报警信号做出响应，而是在没有报警信号提醒的情况下，积极寻找监控灌装情况所需的信息。

这告诉我们邦斯菲尔德储库作为控制措施的操作人员监控失效的根本原因在于操作人员实际上根本没有进行主动监控，而是采用警报响应这样的被动式监控。由于在控制室中采用警报响应的被动式监控做法，控制室监控人员并没有注意到油罐存在过量灌装风险这一事实[1]。

就邦斯菲尔德事故来说，依靠操作人员监控作为重大事故控制措施是失败的。疲劳、错认、控制室布局以及与计算机系统人机界面设计，都可能是促成事故发生的原因。但是，从根本上说操作人员监控失效的原因是操作人员没有主动监控燃料灌装情况。

通过报警监控是广泛使用的做法。近年来，有些举措支持和鼓励主动性监控，避免让操作人员对警报做出简单的反应。例如，异常情况管理联盟（ASM）制定了帮助在过程控制室内实施主动性监控政策指引[9]。尽管此类举措确实离不开技术方面的支持，但其中大部分依靠的仍然是操作规程和工作实践。

在控制室和计算机系统人机界面的设计中可以做很多事情来促进和鼓励主动性监控。这些事情甚至可能包括具有相关的健康效益，远离一种控制室操作人员在上班期间大部分工作时间里是坐在工作站面前的文化氛围，进而转向更积极的工作环境。

但是到目前为止，设计也仅能做到这样了。主动性监控会受到许多因素的影响，包括地方文化和工作习惯，以及由于其他活动导致的操作人员过于忙碌、烦躁或注意力不集中。当然，重要的是确保控制室配备了适当的人员和资源，以使操作人员有时间进行主动性监控，不会因工作量过大而出现注意力不集中或工作量过大而占用过多时间的情况，并且他们有合理的机会保持警觉和主动。所有这些都可能面临重大挑战。

如果团队选择依靠操作人员监控作为其深度防御策略的显性控制措施，那么无论这种策略是通过采用蝶形图分析法还是其他某种方式来表示，有必要尽量明确团队究竟期望操作人员有什么样的表现。就基本工程项目而言，需要密切关注在其工作范围内提供工作环境与关键设备界面的机会，以充分支持期望和要求积极主动的人类绩效。

18.9　小结

本章探讨了当依靠操作人员监控作为防御层策略中的控制措施时，在确保其有效方面可能会涉及的内容。从可能出现的意图与期望角度详细考察了项目团队决定依靠操作人员监控的一些影响，此外还考虑了设计对人因工程方面的一些影响。

有效的操作人员监控取决于许多因素。其中一些属于组织因素，比如工作设计与工作安排，以及能够确定操作人员优先事项和激励措施的商业协议。与工作环境和设备界面的设计有关内容里，最重要的是控制室的设计与布局，以及借助于数控系统的人与信息之间的交互。

但是，从根本上说，操作人员监控独立于警报响应，它取决于操作人员的主动性行为——主动寻找检查操作状态所需的信息。已公开的证据表明，在2005年邦斯菲尔德燃料储库发生油罐过量灌装及其随后发生爆炸与火灾事故，操作人员未能采取主动性行为是导致作为控制措施的操作人员监控失效的原因。

实施并确保操作人员主动性监控是面临的一项重大挑战。这是一项控制措施，即运营公司不应该假定会采取这项控制措施，或准备依靠这项控制措施，但又没有给予足够的重视和关注。在控制室及其相关信息系统的开发和设计过程中,在工作设计与组织安排以及日常运行管理时,需要给予重视和关注。

最后,针对油罐过量灌装事故控制措施(依赖于人类绩效)有效性的讨论值得我们反思。控制室操作人员监控过程和操作(即使知道这样的操作非常重要)的工作很少用适当的词来设计。实际情况是,操作人员根据自己及其同事的经验,就现有基本工程发生的情况创建、塑造或组合而成的控制室工作。大多数情况下,假设情境确实非常相似,这是一个非常合适的方法。

但是当操作按设计、计划和预期进行时,大部分时间并不是这样的,是当事情不按计划或不按预期行事的时候,导致(或有可能导致)重大甚至是灾难性的后果。幸运地是,这些情况很少发生,至少在导致灾难性后果的时候是这样的。许多公司都知道他们离灾难是多么的近,当他们所依靠的防御措施全部或大部分失效时,要么通过少数仍在工作的防御措施,要么仅仅靠运气来避免灾难的发生。在这些情况下,加深对人类绩效心理复杂性的理解具有明显的好处:笔者试图在本章和本书中阐述这一详细理解人类绩效的心理基础。在这些情况下,基本工程项目可以而且应该在期望执行或支持关键活动的操作人员工作设计过程中采用更加系统的、周密的和科学的方法。

参 考 文 献

[1] Health and Safety Executive. Buncefield: why did it happen? The underlying causes of the explosion and fire at the Buncefield oil storage depot, Hemel Hempstead, Hertfordshire on 11 December 2005. Available from http://www.hse.gov.uk/comah/investigation-reports.htm.

[2] Bye A, Hollnagel E, Brendeford T S. Human-machine function allocation: a functional modeling approach. Reliab Eng Syst Saf 1999; 64(2): 291-300.

[3] Oil and Gas Producers Association. Managing fatigue in the workplace. OGP Report 392; 2007.

[4] Oil and Gas Producers Association. Performance indicators for fatigue risk management system. OGP Report 488; 2012.

[5] IPIECA. Assessing risks from operator fatigue: an IPIECA good practice guide; 2014.

[6] Energy Institute. Managing fatigue using a fatigue risk management plan; 2014.

[7] Wilkinson J. Buncefield: the human factors, In: Presentation to Energy Institute Conference on Human Factors in Major Accident Hazard Industries. Manchester, England; December 2011.

[8] Bainbridge L. Ironies of automation. Automatica 1983; 19(6): 775-9.

[9] Abnormal Situation Management consortium "Effective Console Operator HMI Design Practices." Available from https://www.asmconsortium.net.

[10] http://www.computerweekly.com/feature/Things-are-going-extremely-well-says-Natschief-officer.

[11] International Standards Organisation. Ergonomic design of control centres ISO 11064.

第 19 章　确保员工屏障

第 17 章和第 18 章从人因工程的角度较详细探讨了防御层策略中控制措施有效性的具体要求。当项目团队选择依靠人类绩效，而不是选择通常包含在蝶形图分析或相关分析中的控制措施时，要对这些控制措施是否有效做出明智的判断，同时需要深入了解这些控制措施的真正含义。这意味着要清楚项目团队的意图和期望是什么。2005 年 12 月邦斯菲尔德储库事故表明，这些期望和意图有时与实际情况相距甚远。

确定一项控制措施是否有效与确信在实际需要的情况下能够完成预期工作的信心大不相同。本章的主题涉及完成性与审查，探讨控制措施正常工作所需的人类绩效。

19.1　完成性与审查

完成性与审查指的是不同的事情：完成性是指在整个基本工程和设备的设计、采购、建设、调试和启动过程中需要做的事情，以确保控制措施的实施能够达到预期的效果（当然，需要根据设计意图进行维护和给予支持）；审查是指检查控制措施及其所需的支持与其他资源是否确实已经到位、是否按需在特定的时间对特定的部位进行维护和给予支持。审查通常具有一定程度的严谨性。审查意味着对被审查事项相关的证据进行独立的、有组织的和正式的评估或分析。

对运营工程项目的控制措施进行审查显然是一件非常重要的事情，因此投入了大量的时间和资源来进行行业的安全审查和其他许多类型的审查，并认真对待审查过程中采取的行动和提出的建议。本章着眼于在基本工程项目的实施过程中可以采取的措施，以此来确保控制措施所需的人类绩效与设施的设计工程师一样可靠。确保控制措施在经营工程项目有效的审查不属于本书的范围。

19.2　人的可变性

人的可变性是指某一个人以及人与人之间人类绩效的不确定性，这种不确定性可能对工程学构成挑战。就确保与防御层策略中所依赖的与控制措施相关的人类绩效来说，这一挑战可能是最为严峻的。

完成性要求是关于确保开发与实施的控制措施能够在需要时做出预期的事情。需要时意味着每当需要它的时候，只要控制措施能发挥其作用就行。这意味着不仅仅是所有的设备和传感器按设计工作的时候还包括以下几种情况，（1）当训练有素、最有能力且经验丰富的操作人员可用的时候；（2）当操作人员全神贯注且没有人注意力不集中的时候；

(3)当操作人员面对的情况是明确的且得到诊断确认,并且操作人员看到的风险与设计人员看到的风险一样的时候;(4)当涉及的每个人都需要时间来做出反应和理性思考的时候;(5)当操作人员所依赖的设备不能按预期工作的时候,已知有故障的仪器尚未修复的时候;(6)隆冬季节天气恶劣的凌晨 4 点;(7)当情况不明或可能被误解的时候;(8)当所有其他屏障都失效的情况下,操作人员没有意识到高风险的时候;(9)当操作人员工作量过大且注意力不集中、压力大或害怕的时候;(10)当时所涉及的操作人员缺乏经验或者不了解正在发生的事情的时候。

考虑到影响人的行为和执行方式的各种因素,这可能是人类绩效所面临的最大挑战。遗憾地是,没有简单的方法可以做到这一点。但是,在基本工程项目的背景下可以做的是确保如下两点:

(1)考虑到期望的可变性,就人类绩效来说项目团队要求控制措施达到设计人员预期的有效性所需要的人员信度水平的期望是合理的。

(2)工程项目在设计布局、设备界面与工作环境时,应合理考虑人的能力、优势和劣势的可变性。也就是说,要确保项目不仅仅是针对普通人,针对像他们一样的人或针对他们设计的最后一个群体设计的。

量化人为差错概率的目标通常尝试通过行为形成因子来解释人的可变性。但是,这种尝试的有效性是可疑的,这将在本章后面的章节中加以讨论。

19.3 最低合理可行或最高合理可行

越来越多的基本工程项目期望通过他们做出的选择以及设计决策和其他行动来展示他们为减轻人为错误风险所采取的行动。在某些国家或地区,基本工程的设计安全案例❶包含一个演示,以此来说明怎样将人为差错的风险降至最低合理可行的水平。在美国,目前还没有开发安全案例的监管要求,或者将人为差错风险降至最低合理可行水平。然而,职业安全与健康管理局(OSHA)普遍要求在过程危害分析中考虑人因工程[1]。越来越多油气行业和加工行业的运营公司对内部项目提出自己的内部要求,不仅要求基本工程项目形成设计安全案例,而且还包括基本工程项目如何通过设计来降低人为差错风险的演示。

提供人为差错最低合理可行演示的要求不可避免地将注意力集中在人们犯错误的方式或项目可能带来的典型性风险上。虽然这样的要求是可以理解的,但这是对人在系统中所扮演角色的固有负面看法。这样的观点也与系统中人在生产、安全和环境控制中的真正作用与价值不一致。在第一章中笔者提到了 Eurocontrol 的安全Ⅱ观点[2]。安全Ⅱ观点认识到实际上人类绩效总是正确的,而不要把人看作是一种风险或面临的安全和完整性风险。人们通常会依靠应对和适应意外事件的能力来确保安全。正如 Eurocontrol 所说:安全管理应该从确保尽可能少的事情出错转向确保尽可能多的事情正确[2]。

---

❶ 在使用中有许多相似的术语,诸如安全演示、安全报告等,实际上指的是同一件事情。设计安全案例是记录在案的信息记录,用于解释与设备或工程项目运行相关的主要危险,以及在概念选择、设计和开发过程中做出的决定与采取的行动,以此来避开风险或将相关风险降低至营运公司可以接受的水平。设计安全案例阐述了如何通过设计决定来避开或减轻风险,与运营安全案例不同,后者规定了如何在设施运行期间将剩下的风险降至可以接受的水平。

因此观点重点演示方法可以避免对系统中人的固有负面看法。其可优化关键活动中的人类绩效信度，即依靠人类绩效的控制措施信度。

如此一来，任务要求项目团队展示如何通过设计将人为差错风险降至最低合理可行的水平。这就要求团队展示自己所做的工作，以确保人为信度在设计上达到合理可行的程度（AHARP）。

第二个方法（最高合理可行方法）更接近支持防御层策略背后的理念，控制措施的实施可以防止风险演变成重大事故，而不是最低合理可行。重点从人们如何使控制措施失效转向切实确保控制措施尽可能地有效和可靠。

这种观点的转变也避免了将人因工程纳入蝶形图分析或其他代表性的防御措施时可能出现的混淆与不一致。例如，人们通常会将人为差错视为重大事故，就好像人为差错的存在是与任务或情境无关的，它只是在等待机会爆发。事实并非如此，这种认识从根本上误解了系统中人的作用。就蝶形图分析而言，人为差错是升级因素，人为差错能够破坏控制措施，但并不是风险。

将控制措施未能达到预期性能标准的原因归咎于人为差错是毫无作用的，并且会鼓励这样一种文化氛围，即在结果不符合预期的情况下寻找替罪羊。考虑以下说明：操作人员可能会在安装法兰时出现差错。如果他们未按规定扭矩来拧紧螺栓的话，可能会发生气体泄漏事故；要使法兰成为防止气体泄漏的有效屏障，操作人员必须按规定的扭矩来拧紧螺栓❶。

上面所描述的风险是完全相同的：气体从未拧紧的法兰连接处泄漏出来。首先会将气体泄漏的责任推给一线操作人员：这意味着设计人员提供了一个完善的控制措施，但操作人员差错使其失效，换言之人为差错成为一个升级因素。在许多项目中，以这种方式来说明风险可能会导致人们对培训、能力、遵守程序、强调关心操作人员的重要性的依赖，以及也许会依赖工作的交叉检查。

其次是承认控制措施的有效性严重依赖于人类绩效。这不是暗示人为差错能够使控制措施失效，而是强调人类绩效是控制措施绩效不可或缺的组成部分。如果操作人员有合适的机会在其有效性中发挥作用的话，这种描述控制措施的方式也使得识别需要满足的设计要求变得相对容易。例如：

（1）需要为操作人员提供接触整个法兰的进出通道，这样使得施加在所有螺栓的扭矩都符合要求（包括法兰背面和其他难于靠近的部位的螺栓）；

（2）操作人员需要知道施加多大的扭矩；

（3）操作人员需要必要的工具来向螺栓施加规定的扭矩值；

（4）操作人员需要知道在执行任务时施加的扭矩究竟有多大；

（5）操作人员要求作业场所（即法兰周围）光线充足，以便能够使用工具并读取相应的扭矩值。

通过专注于实现预期控制效果所需的人类绩效标准，而不是仅仅专注于出现人为差错的可能性，这会给我们带来丰厚的收益。

---

❶ 许多重大事故发生，要么是气体在未正确拧紧的法兰处发生泄漏，要么是由装错垫圈的法兰处泄漏引发的。

当然，人为差错作为导致控制措施失效升级因素的可能性是真实存在的，需要加以解决。许多既不属于控制功能自身的一部分，也不属于支持或维持控制措施所必需的违规行为或遗漏都属于这一类别。邦斯菲尔德储库的独立高位开关（IHLS）故障是由操作人员差错所致，其人为差错导致系统自动停泵的功能失效。

19.4　控制措施保障中的人因

为确保这些依赖于人类绩效的控制措施能够实实在在发挥人们所期望的作用，作为一门专业学科——人因工程学能做些什么？有两种通用的方法：

（1）项目团队就希望确保其合理性的人类绩效和信度水平所做出的期望与假设；

（2）确保影响人们行为与表现的工作环境、设备界面和组织安排得以优化，以支撑所需的人类绩效水平。

19.5　人因可靠性分析

在第17章中，有效性要求作为防御层策略中所依靠的各项控制措施能够切实完成对其预期的工作。不要期望控制措施100%的可靠，每一项控制措施，无论是人的、组织的还是工程的都有一个预期失效率。但是，如果控制措施能够在需要时完成人们期望它要做的工作，那么有效性就意味着它能够成功阻止风险演变成重大事故。对依赖于人类绩效的控制措施能够有怎样的可靠性期望？项目如何估计出可能达到的人因可靠性水平？这是人因可靠性分析（HRA）的目标，这是一个困难的、复杂的且颇具争议的话题。

笔者于1976年进入心理学本科专业学习，并于1986年获得博士学位，并从此一直从事人因工程专业工作。尽管1976年之前确实发生了许多重大的、悲剧性的工业事故，自从笔者开始研究心理学以来的近40年时间里，全球范围内又发生了也许是世界上最重大的工业灾难：1978年三里岛核事故、1984年印度博帕尔毒气泄漏案、1988[1]年北海大爆炸、1989年"埃克森·瓦尔迪兹"号邮轮泄漏事故、1986年切尔诺贝利事故、1986年挑战者号航天飞机灾难和2003年哥伦比亚号航天飞机失事、2005年得克萨斯城炼油厂爆炸事故以及随后的贝克小组报告和2010年"深水地平线"等。就这些事故产生的社会意识与社会影响，以及其对工业过程安全的监管和管理的影响来看，意义重大。

由于三里岛核事故及其后续又发生的多起事故，导致近40年的时间里事故相关分析工具、技术快速发展，研究人员和从业人员数量快速增长，他们致力于采用结合更广泛的工业系统整体可靠性预测的方式来量化人为差错风险。这种技术现已被大量使用，例如，2009年英国健康与安全执行局（HSE）发布了由健康与安全实验室准备的针对72种人因可靠性分析工具的审查报告[3]。仅凭这些分析工具的数量和多样性就充分说明了预测人因可靠性这一挑战的重要性。在审查的72个分析工具中，笔者得出的结论是：17个分析工具有可能对支持HSE检查专员的工作起作用[2]。

过去30年来，与大多数活跃的人因工程专业人士一样，笔者也偶尔会应用这些人因

---

❶　原文时间错误。

可靠性分析技术中的部分技术。笔者阅读了许多技术文章，并参与对其用途及其相对优点的讨论，明白了为什么会要求这样的预测以及如何使用它们。笔者也非常尊重许多研究并开发这些技术的科学家和从业人士，以及许多具有深厚专业技能并能够灵活应用它们的技术顾问。

但是，笔者发现尝试量化人为误差的可能性，其结果总是既难以令人信服又难以令人满意。这可能是由于笔者在博士研究过程中获得的最重要的经验之一——关于建模或预测人类绩效的尝试。创建数学模型或进行模拟当然是有可能的，只要模拟字长保持在规定的范围内，就可以产生令人满意的预测结果。不仅可以预测人类绩效，而且也可以预测诸如舒适度甚至愉悦感等感觉。但是，数学模型做出快速预测所需的假设数量非常大，而且从心理学的角度来看，其中的许多假设也许是非常不切实际的，甚至可能是不现实的。因为从数学的角度上看，一旦周围环境及其对人们的要求超出了相当有限的约束范围，人类绩效将变得高度非线性和不稳定。或者从心理学的角度来讲，尤其是在承受压力的情况下，人们会出现策略性行为、偶尔的非理性行为，即人们会调整对世界的观察和反应方式，行为和执行任务的方式，以此来反映环境的需求、当时的具体优先事项和目标，以及大脑感知世界并处理信息与任务需求的方式。

当然，如果这些预测基于足够大的证据数据库，那么大脑工作原理和人类绩效的可变性与如何获得人为差错预测结果之间的理论一致性也许并不重要。从足够大的样本中得出的结论表明，有关人为差错率的证据足以使人、环境和操作之间的可变性变得不重要。遗憾地是，事实远非如此，支持这种广泛使用的人为差错率预测类型的证据库，其数量和质量都受到限制。人因可靠性分析不仅影响预测人为差错率，还影响安全、环境和生产，而且也影响世界上一些大的组织的声誉和资金实力，因此认为支持大多数人因可靠性分析方法的证据的公信力就很不理想。

包括监管人员在内的评论家多次认可和表达了试图量化人为差错的困难和局限性。过去30年来一直推动人因可靠性分析技术的开发和使用的核工业中，人们已经广泛认识到，如果要继续在量化风险方面发挥真正作用，就需要改进人因可靠性分析技术。为了解决这个问题，美国核管理委员会（NRC）积极支持收集与核电厂运营有关的更广泛和更准确的操作人员绩效信息[4]。

2009年，《安全科学》杂志发表了Simon French和他的同事们对目前的人因可靠性分析方法进行的一次重要审查[5]。审查的目的是让管理人员和其他监管决策人员了解目前使用的人因可靠性分析方法的局限性，并且还提出尝试解决这些局限性的建议。他们的文章具有强大的说服力，有必要在这里重复一些关键论据。

由于认识到社会对主要系统的可靠性要求极高而且也会越来越高，French及其同事提出：为了设计和分析这样的系统，我们需要深入了解在其管理与操作的各种环境（源自）中可能出现的人的行为。这正是人因可靠性分析所面临的挑战。我们目前对人的行为的了解并不全面，更糟糕地是，目前的人因可靠性分析方法很少使用我们了解到的各种信息[5]。

他们总结了人们使用人因可靠性分析的两种常见方式：

（1）作为总结性分析，有助于评估系统的总故障率，以支持诸如批准操作或许可之类的决策。

（2）作为形成性使用，人因可靠性分析可以支持对人为差错可能性的相对判断，以改进设计和改善组织系统。

在总结人们对人因可靠性分析的上述两种用途的相对优点时，French 及其同事在声明中明确指出："只要提供在人的行为起到关键作用下一系列失效事件的有效概率，我们就会质疑人因可靠性分析作为总结性分析的能力。我们认为，目前的人因可靠性分析的总结能力存在相当大过度自信的地步，并且管理层、监管层和社会普遍需要认识到这一点，以免其在系统的监管、许可和管理方面做出依据不充分的决定。我们认为人因可靠性分析及其当前使用的做法不足以应付现代社会的复杂性，在对待风险和信度分析的总结性输出时应该有所保留[5]。"

本书的核心主题是油气行业与加工行业依靠的以及未来会继续大量依靠的人类绩效，其本身就具有感知与认知属性。这涉及复杂的心理过程，笔者强调人们的想法与决策往往具有非理性与偏见的特征。在第3部分中笔者讨论了心理学家广泛认可的两种思考模式对人的行为的影响——系统1和系统2的影响。French 和他的同事就这两种思考模式在评估人为差错的潜力时指出：令人担忧地是，在开发人因可靠性分析方法时，很少利用丰富的、基于经验为基础的文献资料。事实上，许多基于人的行为故障表征方法是假定操作人员正在使用系统2的思维，同时他们的直觉响应和行动则极有可能是受系统1指导的，人因可靠性分析方法应该对可能发生的思考与行为进行模拟，而不是对人们可能想到的、会发生的、更理性的、缜密的行动进行响应[5]。

对于任何有兴趣应用人因可靠性分析方法的人来说，French 的文章中还有很多这方面的内容。需要明确地是，这个论点并不反对使用人因可靠性分析技术。相反，就与系统或操作相关风险的总体定量评估来说，它反对将其作为试图评估人为差错贡献率的一种手段；正如经常会使用风险和可靠性分析工具的案例一样，有价值的见解来自于那些对系统特征驱动风险的系统性的且通常是定性的了解，并非来自风险评估本身[5]。

人因可靠性分析是一门复杂的专业学科。对于充分了解其背景并知道其预测的局限性与限制条件的人来说，人因可靠性分析在提高系统的可靠性和降低特定任务或活动出现人为差错的可能性方面无疑是有用的。特别是在基本工程项目期间，就不同设计场景中人为差错潜力做出的相对判断以及确定采取的提高人因可靠性的行动方面，是有其价值的。对于有能力的人来说，在确保操作环境下实现人因可靠性水平的期望方面，也是有用的。不幸地是，经验丰富的专业人士并未经常使用它，这体现在为了便于非专业人士（是指缺乏对产生和解释预测来说非常重要的背景、知识和经验的人士）使用而专门设计的工具和技术的数量上。

19.6 经验丰富的专业人员如何确保人力控制措施？

人因工程在基本工程项目中起着重要作用，它可以确保项目正常运行，以提供有效的控制措施所必需的人员绩效标准。那么项目应该做些什么来确保要求的人类绩效标准？应该什么时候做？怎样做才最划算？应由谁来做？

遗憾地是，就需要做什么的问题来说，并没有一个简单的、通用的、现成的答案。或者实际上是何时应该做这些事情的问题。这些问题的答案取决于项目的具体背景和组织，以及诸如地理位置、涉及的技术、操作的新颖性以及基本工程的社区、环境、监管和文化背景等标准。

本书无意成为关于如何在项目中实施人因工程的综合性手册❶。本章的其余部分将着眼于经验丰富的人因工程专业人士可能询问的问题，以及如果要求他们执行这项任务，他们会寻找的一些东西，而不仅仅是试图定义或推荐具体的技术、工具或方法。

那么，一个经验丰富的人因工程专业人士需要什么样的信息呢？他们会问什么样的问题来确定项目是否正在做正确的事情来确保通过设计来提高关键任务的人因可靠性，且这样的人因可靠性是合理可行的？本章的其余部分列出了人因工程专业人员用来确保依靠人类绩效的各项控制措施发挥其应有作用的五个问题。

(1) 实际控制措施是什么？

第一件事就是要清楚项目团队提议的各项依靠人类绩效的控制措施究竟意味着什么？团队期望人们做什么以及期望由谁来做？第 17 章和第 18 章说明了蝶形图分析对油罐过量灌装场景中所包含的期望与意图。

弄清楚项目团队的期望和意图的一种方法就是询问熟悉蝶形图分析的人。他们应该能够解释对各项控制措施有效的人类绩效期望以及可能需要控制措施的情况。人因工程专业人士也许试图让项目成员完成一份说明，这份说明利用以下要素来实现预期的人类绩效：

① 期望人类绩效作为控制措施的情况。
② 期望采取行动的是谁？
③ 他们需要采取什么样的行动？
④ 他们采取行动的频次是多少？
⑤ 需要对什么样的设备或其他系统组件采取行动来达到所需的效果？
⑥ 在执行或支持行动方面，期望使用何种工具、设备、程序或其他工作辅助或沟通设备？
⑦ 让每个人知道行动有效时的系统状态。

例如，控制（主动）操作员监控燃料传输（如第 18 章所述），这对邦斯菲尔德燃料储库事故来说是非常重要的，这样的说明也许包含以下内容：当燃料灌装正在进行时，控制室操作人员将使用 ATGS 显示器读取油罐液位数据，并至少每隔 30 分钟在值班日志中记录一次油罐液位数据，直到输送燃料的注油泵停止运行和油罐上的进油阀关闭时为止。

对高—高液位警报做出响应的控制措施说明也许是：如果高—高液位警报响起，控制室操作人员将关闭注油泵，并利用数控系统上的油罐面板关闭进油阀。操作人员将通过储罐液位显示器来检查燃油的流动是否已停止，并要求现场操作人员通过储罐上的液位计来确认液位已停止上升。

---

❶ 尽管第 21 章列出了通过设计提高人因可靠性所需的 13 个关键要素，还讨论了标准与指南的使用，以及与在油气行业及其相关行业中成功应用人因工程相关的其他问题，包括人因工程能够做什么、何时实施、怎样实施和由谁实施的问题。

(2) 期望是合理的吗？

人因工程专业人士想要通过深入的了解来评估与控制措施相关的期望是否合理。以下几种显然是不合理的：

① 期望每位操作人员在一段时间内保持对重复性的、缺乏固有刺激的或本身无吸引力的活动的高度关注和注意力的高度集中；

② 假设每位操作人员都能可靠地发现并识别出一个不太可能发生的意外事件(具有严重后果)，并在面对工作压力和意外事件存在明显的不确定性与疑问时，做出如何响应的正确决定；

③ 期望每位操作人员独自一人长时间持续关注显示屏，并能够准确发现过程参数的微小偏差；

④ 期望每位操作人员自己能够准确记住和想起复杂的信息；

⑤ 假设每位操作人员都会在面对工作压力或时间要求的情况下严格遵守很长的文件中列出的复杂程序(如果文件的设计存在问题，且使用的语言不是操作人员的母语时，尤其显得不合理)；

⑥ 期望操作人员连续值 3 次 12 小时的夜班后仍然保持警惕性，能够像最近已休息几天才开始值白班的操作人员一样迅速集中精力并做出复杂的决定。

但是，对于控制措施的描述过于详细，常常会导致无法清楚地解释究竟期望操作人员针对这些细节做些什么。项目团队经常会争辩说，直到项目后期才能获得所需的详细信息。如果是这样的话，那么试图评估控制措施的有效性是不合理的：如果不能证明其有效性，就不应该只依靠这样的控制措施。在这种情况下，如果要在防御层策略中使用这样的控制措施，有必要在项目后期重新尝试确保它能发挥其应有的作用。

不过，通常情况下，没有足够可用的设计细节来评估与控制措施相关的人类绩效的可能有效性的争论是不对的。如果知道他们正在寻找的人能够在正确的时间提出正确的问题，那么即使在项目的早期阶段也可以提取出大量的信息。

假设有理由在设计过程的早期阶段进行人因工程评估，理想情况是在前端工程结束之前，但是在诸如危险与可操作性分析(HAZOP)和其他研究完成之后，以此来识别和分析主要危险与风险。项目可能还没有开发出最后的蝶形图，虽然很可能已有了初始版本，即使仍未完全是针对基本工程的蝶形图。[许多(也许是大多数)油气项目是现有基本工程项目或其他项目的变体或类似项目。因此，可以通过参考项目所涉及的可比设施来获取大量的信息或做出大量的合理假设。]当然，每项控制措施具体实施细节会随着项目的进展而发生变化。但是，在前端工程开展期间，通常可用蝶形图中的大量细节来确保其人类绩效要素。事实上，对于项目团队而言，最好是不知道所有的答案。如果他们知道了所有的答案，那么如果针对尚未实施的设计特征进行需求识别的话，任何可能的变更识别费用比其应有的费用还要高。

(3) 控制措施意味着什么样的设计意图？

掌握有关项目团队依赖于人类绩效的真正含义的详细信息，并且检查了与其相关的期望是否合理之后，那么我们的人因工程专业人士可能想进一步探讨项目是否已经明确支持这些期望所必需的设计影响。例如：

① 项目是否认识到个人所需信息的重要性，或者他们执行活动需要采取的控制措施或其他行动？

② 项目是否知道他们会从何处获得信息，或者他们需要使用什么样的设备来施加规定的影响？

③ 如果希望操作人员采取行动来实现控制措施的有效性，那么项目知道操作人员需要什么样的信息来确认所采取的行动是正确的？

④ 项目是否知道其期望操作人员在不同的情况下做出什么样的决定，以及需要通过与谁互动来实施此决定？

⑤ 项目是否正确了解了操作人员可能面临的环境情况，而这样的环境会干扰任务的执行？

(4) 怎样确保设计意图得到执行？

工程专业人士想要采取的下一步措施是确保设计意图切实得到执行。他们应该确定项目团队可以做些什么样的事情来确保在其控制范围内设计的工作环境、设备界面和组织安排为期望实施控制措施的人提供必要的支持。相关问题的例子可能包括：

① 项目是否采用了合适的技术标准？

② 项目成员是否通过检查来确保支持控制措施所需的设备和工作环境的设计确实符合这些标准的要求？

③ 项目团队是否确保承包商和供应设备的制造商知晓这些控制措施（控制措施必须符合相关的人因工程标准）？

(5) 怎样实施设计意图？

最后一个问题是关于项目团队通过做什么来确保设计意图在设备的采购与制造、设施的布局与建设以及组织安排的实施过程中得到切实执行。例如：

① 参与采购的人员是否认识到人因工程技术规范需要纳入投标技术规范与合同授予文本及其重要性？

② 建筑承包商与参与建造和安装设备的其他单位是否意识到设备涉及控制措施？

③ 建筑承包商与参与建造和安装设备的公司是否确保正在建设工作环境与正在安装的相关设备符合设计意图和相关技术标准？

所有这些以及更多的问题都是在执行基本工程项目过程中可以合理提出问题的程序，以此来确保项目选择的依赖于人类绩效的控制措施在需要时能够发挥其应有的作用。

表19.1归纳了提出的五个挑战，这五个挑战是衡量所立项目是否提供必要的人因工程设计保证的观点的基础。以上所述和表19.1中归纳的内容并不意味着它是列出了挑战、问题或考虑因素的完整清单。它只不过是一个示例而已，列出了经验丰富的人因工程专业人士可能会问及的问题与查询的信息。

表 19.1 确保人因工程设计质量所面临的 5 大挑战

挑战	提示	设计保证
写一篇简短的说明，描述人们在控制措施执行过程中的作用	当[情况]时，[操作人员（角色）]将使用[资源]对[系统（名词）][采取行动（动词）]至少[频次]直到[结束事件]	项目团队应该能够在授权使用蝶形图分析之前撰写本说明。如果不能的话，那么认为此项控制措施是有效的

续表

挑战	提示	设计保证
期望有利于控制措施执行的关键角色是什么	在组织层次结构中的最低层级别，谁将负责在期望控制措施发挥作用时执行控制措施	每个识别个体如何知道并了解其在确保控制措施有效方面的作用
	谁需要提供信息	—
	期望谁来确认有进行干预的必要	他们的培训是否提供了承担这一角色的知识、技能和能力？ 培训是否确保在异常或紧急情况期间，可能发生的各种情况下的执行能力
	谁将决定该怎么做	—
	谁将负责采取行动	—
	谁将协助或支持该行动	—
	谁来检查或监督	—
操作人员需要什么样的信息才能执行控制措施	操作人员需要什么样的信息	哪些设备技术规范包含信息提供要求
	操作人员从何处获取信息	遵守什么样的技术标准来确保信息明确、易读、易得和可靠
	操作人员如何知道这些信息是最新的和准确的	—
	操作人员如何知道传感器或其他信息源是否有故障、不可用或是否处于不支持控制功能的工作模式	—
期望操作人员做出什么样的判断或决定，以便控制措施能够发挥其应有的作用	操作人员是否需要转换或处理信息，以便用它来进行推理，或者能够执行控制功能	遵守什么样的设计标准或指导来确保信息的呈现方式在认知上与做出的判断或决定在性质上是相容的？ 是否考虑了决策存在缺陷、非理性或偏见的可能性
	谁会参与决定的确定	—
	操作人员需要多长时间才能做出决定	—
期望操作人员采取什么样的物理行动来确保控制措施发挥其应有的作用	对什么样的设备或系统采取行动	哪些设备技术规范包含支持所需行动的要求
	行动是否涉及禁用或绕过任何安全防御措施？如果是这样的话，其他依赖防御措施的人如何知道它已被禁用？他们如何知道它已正确恢复至在用状态	遵守什么样的技术标准来确保控制措施符合可访问性操作、反馈和容错的基本人因工程标准
	操作人员如何知道设备的状态和采取行动前、后的状态	—

续表

挑战	提示	设计保证
期望操作人员采取什么样的物理行动来确保控制措施发挥其应有的作用	操作人员对采取的行动的效果有什么反馈	—
	操作人员如何知道他们正在操作的设备是正确的	—
	操作人员如何知道他们所采取的行动是否取得了预期的效果?他们什么时候才会知道	—

需要询问的实际问题在很大程度上取决于每个项目的特有因素。这包括大小、规模、监管环境,特别是过程与技术的新颖性,以及正在考虑的操作和维护策略的新颖性。就做一些合理可行的事情来确保人类绩效的有效性方面来说,事情的成功与否取决于项目团队中具备相关经验和能力的人,他们知道问什么问题以及什么时候问这些问题。有知识和经验的人知道他们的答案是否足以确保这些控制措施确实有可能有效。

19.7 小结

依靠蝶形图分析或其他形式的屏障思维模式的组织可以通过做许多事情提高任务的人因可靠性(依靠人因可靠性作为防御层策略的组成部分)。这些包括清楚控制措施有效所必需的人类绩效期望和意图;知道与这些期望和意图相关的人因工程问题的责任涉及谁,这涉及从事如下工作的人员:

(1) 设计控制措施的人;
(2) 采购和供应实施控制措施所需的设备的人;
(3) 实施充当控制措施的系统并将其与设施的其他部分整合在一起的人;
(4) 执行控制措施的规定功能的人;
(5) 维护和测试控制措施的人;
(6) 修理控制措施的人(确定控制措施未按预期要求动作);
(7) 以确保控制措施稳固可靠的方式来管理操作的人。
(8) 确保各利益相关方都意识到确保人类绩效有效性的重要性的人。
(9) 应用表 19.1 中列出的五项人因工程挑战来确保与控制措施相关的人因工程问题在项目的实施过程中得到有效解决的人。

巧合是件奇怪的事情。它们事实上是一起巧合的随机事件?还是我们更有可能注意到的与我们目前兴趣和近期的活动类似的事件?在完成本部分第一稿的那一天,笔者回到家中寻找 2014 年 6 月的《油气设施》(石油工程师协会(SPE)的出版物之一)一篇重要文章分析了 1984 年 12 月 3 日晚上发生在印度博帕尔的联合碳化物公司农药厂事件(历史上最致命的工业事故[6])。诸如事故、灾难和大灾难等词汇似乎无法形容那天晚上发生的事件及其在随后 30 年内来带给许多人的痛苦与损失。这篇文章是以考虑防御层策略怎么会在博帕尔失效为基础来撰写的。就发生在印度博帕尔的联合碳化物公司农药厂事故来说,将当晚的事故置于当时的法律、政治、经济和社会背景下来考虑无疑是正确的。

其中一个结论性意见如下:博帕尔工厂设备设计存在重大问题,但是设备设计在事故中只扮演了一个小角色,这是由于未能按照设计人员的意图来操作设备所致(特别是绕过了安全系统和在遵守标准操作程序方面普遍存在的违规行为)[6]。

笔者并不想介入联合碳化物公司农药厂事故的争论,令笔者感到震惊的是,文章并未采用笔者在这些章节中提议的方式来区分设计人员的意图和期望。笔者没有将设计人员真正意图(在设施的设计与操作过程中,有责任确保设计人员的真正意图得以实现)与他们的期望(操作人员会遵守标准操作程序)区别开来。

笔者引用这篇文章的理由是:这是两件事情巧合在一起的例子。首先,在无法预料的事故发生时,人们经常提到的是操作人员在操作设备时偏离了设计人员和项目团队的意图。其次,项目团队对人们如何采取行为和表现以使其保持在设计极限内的期望和意图是多么罕见。

参 考 文 献

[1] Occupational Safety and Health Adinistration. Process safety management of highly hazardous chemicals. OSHA Standard 1910.119.

[2] Eurocontrol. From safety-i to safety-ii: a white paper. Eurocontrol. September 2013.

[3] Health and Safety Executive. Review of human reliability assessment methods. RR679 HSE Books; 2009.

[4] Chang Y J, Bley D, Criscione L, et al. The SACADA database for human reliability and human performance. Reliab Eng Syst Saf 2014; 125: 117-33.

[5] French S, Bedford T, Pollard S, Soane E C. Human reliability analysis: a critique and review for managers. Saf Sci 2011; 49: 753-63.

[6] Duhon H. Bhopal: a root cause analysis of the deadliest industrial accident in history. Oil and Gas Facil 2014; 3(3): 24-8.

第20章　邦斯菲尔德事故反思

笔者和笔者的妻子都是热衷于打高尔夫球的人。笔者生活在苏格兰，很幸运在周围有很多高尔夫球场，可以去那里打高尔夫球。参加高尔夫球比赛使你能够融入通常完全由陌生人组成的队伍，比赛时间可长可短，一般不会超过4小时。在此期间，你会对你的对手有所了解。在最近的一场比赛中，笔者和笔者的对手谈到了他们各自行业的职业生涯。有一位队友曾是一家公司的项目经理，这家公司设计和制造的设备在加工工业中广泛使用。笔者与这位队友的交谈持续了较长的时间，笔者谈到了自己的职业，并提到正在编写一本有关设计影响人为差错的书。这位队友的反应让笔者想起了以前多次听到过的事情，通常是从项目工程师那里才能听到的。队友说："是的，但是最终人们也必须遵守程序行事。"当然，不管怎么说，队友是对的。但是距离项目结束还有很多天的时间，在整个设施与设备的设计、开发和实施过程中，有很多事情可以做并且应该做，这可以减少遵循程序行事的人员对安全和性能的依赖程度。

以2005年12月英国邦斯菲尔德燃料储库的储罐过量灌装及其后续的爆炸与火灾事故为案例研究，前五章考虑的是人类绩效在屏障思维和事故防御层概念中的作用。他们通过在设施的设计与开发过程中采取的行动来证明人因工程可以确保依赖于人类绩效的控制措施尽可能是有效的和稳定的。项目经理应确保人类绩效是设备技术规范的组成部分，而且是必要的和不可或缺的组成部分，人因可靠性要尽可能高，并且也是合理的和切实可行的，而不是仅将人视为使工程控制措施和系统控制措施失效的问题因素或升级因素。

邦斯菲尔德储库的调查及其经验教训为我们提供了一个实际案例，可以通过该案例来思考人类绩效在防御层策略中的作用。选择邦斯菲尔德储库事故基本上是随机选择的结果——当笔者开始开发第16章中的假想蝶形图分析时，邦斯菲尔德储库事故突然浮现在笔者的脑海里。笔者最终并未使用邦斯菲尔德事故来支持这次讨论：笔者应该选择许多其他（也许几乎可以选择）重大事故，只要它有充分的文字记录就行。因此，考虑前面各章节的讨论及其从中获得的各种知识与结论都将其局限于具体操作或英国的燃料储库的观点是错误的。

在前几章的讨论过程中得出的一个无法回避的结论，就是防御层策略在多大程度上依赖于高水平的可靠人类绩效。无论人类绩效本身是否作为一种控制措施还是支持或维护其他控制措施，情况都是如此。无论采用何种形式，可靠人类绩效的丧失都是导致许多（即使不是大多数）控制措施失效的一个升级因素。

与油气行业和加工行业的常见情况相比，将大量精力用于本质安全设计和确保人因可靠性的行业对人类绩效的依赖程度较低：从研究与设计，到制造、测试与调试，直至运行、检查和监管以及事故调查与经验教训。尽管近期发生的事故(诸如 2011 年日本福岛核电站事故，或 2009 年法航 AF447 航班坠毁事故)表明，甚至核电和航空业也仍然严重依赖于人类绩效与决策。邦斯菲尔德事件有力地表明，即使是旨在实现完全自动化的控制措施，例如旨在自动停止向 912 号储罐泵入燃料的独立高位开关(IHLS)，也会因简单的人的作为或不作为而失效。

在总结第 16 章蝶形图分析的概念时，笔者要求控制措施必须具有独立性。加工行业普遍认可了这一要求。通过讨论得出的结论是：就人们关心的可能导致安全或环境控制措施失效的人因而言，人的独立性要求是很难实现的，或许对于大多数实际目的而言，是不可能实现的。

在第 16 章中针对油罐过量灌装事件的假想蝶形图分析中，最初列出了七项控制措施。对许多项目来说，这些控制措施属于合理的典型控制措施。按独立性标准进行检查，因三项控制措施不符合独立性要求，因而由七项控制措施缩减至四项控制措施，并且允许认定由同一个人处理的被动性与主动性操作人员监控是独立的。就邦斯菲尔德储库事故来说，剩下的四项控制措施最终失效了，其原因还是出在人类绩效上。由于主管当局关于事故的最终报告明确指出，实际上当晚仅有一项控制措施可以防止这一事故的发生，即主动性操作人员监控。对于燃料灌装来说，并没有这样的安排。控制室警报无法引起操作人员的注意力，其原因在于提供报警电子数据的储罐自动计量系统(ATGS)未工作。操作人员早就知道储罐自动计量系统是不可靠的。独立高位开关(旨在自动停泵)处于工作状态，但技术人员无意中将其置于错误的工作模式，导致其无法检测出高燃油液位。

这意味着事故发生前唯一一项切实可用的控制措施是操作人员主动性监控，而不是被动地对警报做出响应。虽然操作人员可以监控油罐灌装情况，但是由于各种可能的原因，包括工作量和来自其他任务的竞争、商业激励、疲劳以及可能是控制室和计算机系统人机界面设计与实施，操作人员根本没有主动性监控灌装过程。他们依靠警报装置将他们的注意力吸引到高燃油液位。

对邦斯菲尔德储库事故的调查以及随后的起诉，凸显了该行业的许多重要经验教训。主要利益相关方共同努力，在吸取这些经验教训、制定新的技术与操作标准和程序以及实施工程与操作变更方面取得了重大进展，以确保与邦斯菲尔德储库类似的事故在英国不再发生。经验教训包括很多关于确保燃料储库和类似作业安全所必需的人为因素和组织因素的管理。

尽管如此，就人因如何促成邦斯菲尔德储库事故以及它们如何导致后续事故的发生，仍有许多亟待解决的重要问题。尤其是需要更深入地了解防御层策略中对人的实际期望究竟是什么，同时更深入地洞察这些期望可能落空的方式，以及在设施的设计与开发过程中采取什么措施(如果有的话)来防止或降低其失效的可能性。

为了对本书的这部分内容(涉及屏障思维和邦斯菲尔德储库事故中的人因)做一小结，笔者想简要考虑如下两点：

(1) 有可能应用局部理性来了解涉事操作人员的内心想法和理解 2005 年 12 月夜间继续进行的燃料灌装作业，对当时涉事操作人员来说，怎么会是有意义的？有可能了解受过训练和经验丰富的操作人员(他们自身可能面临安全风险)接受了这样一种情况，即他们负责关键性安全操作,且知道其所依赖的关键控制措施是不可靠的?

(2)基本工程项目中人因工程面临哪些挑战?这些挑战有助于防止或至少会显著降低操作人员在今后面临所有其他控制措施失效的类似情况下,接受并愿意继续从事关键活动的可能。

20.1 邦斯菲尔德中的局部理性

我们如何尝试理解邦斯菲尔德储库事故中操作人员的行为?我们如何才能理解为什么经验丰富的操作人员允许进行燃料灌装作业,却不主动监控燃料灌装过程(他不仅知道报警系统不可靠,而且作为最后一道防线的自动关闭系统也不可靠)?事前,在涉事运营公司工作的操作人员肯定会考虑到强大的拥有良好安全管理制度的安全文化。

看起来几乎不可能充分理解允许操作人员继续按既往方式继续工作的心理过程。在这种情况下,很难了解操作人员当时内心想法,也很难理解在当时的情况下操作人员所做的事情对他们来说是合乎情理的。这肯定是有道理的,更重要地是,他们一定相信他们在当时的工作方式与工作环境并没有使自己、设备或其他人面临严重的安全风险。否则,他们应该会有不同的行为。

这个问题值得仔细考虑并对此作一些推测。涉事的操作人员可能很累,经历强度高、长时间工作,同一时间执行多项任务,并且使用的商业激励措施导致最终出错任务的优先级低于其他同时执行的任务。他们的工作环境和使用的信息系统,从人机工程学或人因工程学的角度来看,虽然并不理想,但也许并不比许多等效设施差。

那么操作人员知道什么?或者我们可以从主管部门最终报告的证据中做出什么样的与事故相关的合理假设?我们可以假设他们知道:任何燃料溢出事件都是一起严重事故以及他们在防止事故发生方面所起的作用;FinaLine 管线正在输送燃料;储罐自动计量系统不可靠;使用的独立高位开关有失效史。

毫无疑问,还可以列出更多。但换一个角度来看待这一问题,再次使用主管部门最终报告中的证据:

(1)他们知道类似的储罐在未安装独立高位开关前已运行了 9 个月,并无什么不良后果;

(2)他们知道储罐自动计量系统经常失效,但并无什么不良后果;

(3)他们知道自己及其同事经常会工作很长的时间,疲倦现象经常发生,但并无什么不良后果。

掌握这些知识并继续进行关键安全操作的行为通常称为异常正常化,并被广泛认为是关键安全操作面临的重大风险。哥伦比亚事故调查委员会在 2003 年发布的 1986 年哥伦比亚号航天飞机坠毁事故调查报告发布之后,异常正常化概念第一次在全球范围内引起了人们的关注[1]。它涉及趋向于将不符合设计规范、安全限制和操作程序或标准的、但尚未导致任何不利后果的事件作为系统实际上仍在安全范围内运行的证据。

不会导致灾难性事故的异常情况被视为判断继续飞行合理性的有效的工程数据来源[1]。

尽管存在关键系统不可靠和操作人员疲劳的原因,我们仍可以假定邦斯菲尔德储库事故的操作人员知道现场从未发生过不好的事件。因此，我们似乎有理由假设他们一定是将2005年12月4日夜间的情境正常化了。他们可能没有意识到存在的高风险；他们肯定相信操作是安全的，否则他们肯定会进行干预；尽管安全设备存在失效记录，但他们知道以前并没有出现任何不良后果，而且他们的系统足够强大且适应性强，在某些关键系统出问题的情况下，仍然能够继续安全运行。事实上，他们也许根本不相信这些系统属于关键系统。也许是因为他们的直觉告诉他们，这些系统不是同时失效，如果只是其中任何一个系统出现问题，其他人会进行干预的。但是这样的事情确实就发生了。这就是使第16章中讨论的防御层策略失效的多米诺骨牌效应。

第3部分包括大量研究综述和其他证据，这些证据表明人的大脑依靠的是两种截然不同的思考模式。系统1具有快速、直观、未掌握全部事实就仓促下结论的特点，不会发现疑点或不确定性，也不会理性处理信息，使其当前的目的和对象相匹配；系统2是理性的、并能提出问题，其花费时间与精力去思考这些问题，如果存在疑问的话，会寻找证据，进行核对并加以确认。

在一项经典且重要的实验中，美国心理学家John Senders调查了操作人员如何在四台显示器之间分配注意力，每台显示器配备的计量表是不同的[2]。结果表明，在面对四台显示器的情况下，操作人员开发出驱动每台计量表的强制功能特性心理模型。基础过程心理模型允许操作人员根据强制函数的属性以合理和最优的方式将注意力分配给四台计量表。在现实世界（非实验环境）中，人们也只能推测系统1对操作人员在不同资源之间以最优且合理的方式分配注意力的能力的影响。不过，从对系统1的了解来看，似乎很可能无助于在多个竞争性任务之间优化分配注意力。

异常正常化不是简单地通过告诉人们多加小心就能克服的。结合第3部分讨论的许多偏见与非理性源，实时现实活动风险正常化的心理趋势更符合系统1。正常化属于一种既强大又自然的趋势。克服它需要采用系统2。系统1对导致2005年台塑公司设备爆炸和死亡事故的操作人员行为的可能影响，在第3章中已经进行了一定程度的讨论。基于系统1和系统2之间差异的类似解释有助于人们理解邦斯菲尔德储库事故发生时操作人员的内心想法吗？在凌晨的几个小时内，忙碌的、也许是疲惫的操作人员在执行任务时使用的是系统1吗？解释信息、做出决定、基于直觉在竞争性任务之间分配注意力、看不到疑点或不确定性。他们使用的是无需耗费精力的思考模式（与主动性核查相比，更不费力的方式是依靠警报的方式）？

他们是否受到潜在偏见的影响？如果停止或放缓UKOP管线的输送致使储库会面临财务损失的事实是否会导致他们加倍努力来避免这样的可能性，即牺牲对FinaLine管线的监控？

他们是否受到验证偏见的影响？也许他们（系统1）确实注意到油罐液位显示已经不再变化，但是他们的潜意识通过假定其原因是供应商临时性降低了燃料输送排量或停止了燃料输送所致，进而将此现象合理化。或者，也许是他们的系统1直接给出了这样的结论：显示器出了问题。他们的系统1是否已经意识到变平的液位显示线，其数据信号源与报警装置属于同一信号源（如果储罐液位显示器不工作，警报器也不会工作）？操作人员是否知道油罐液位显示和高液位报警的信号源自同一传感器？

当然，所有这些问题也仅仅是猜测而已。但是，这种猜测是源自大量的关于人们怎样思考的科学证据，这些证据是数十年来由世界各地数百名科学家收集起来的。证据表明，除非我们主动性地(通过努力)启用系统2，否则系统1通常会主宰我们的想法、判断和决定，以及我们如何在竞争性任务之间分配注意力。

没有证据表明邦斯菲尔德储库事故的操作人员做出了不好的判断或决定。他们似乎根本没有意识到他们的危险处境。他们过度依赖技术：他们的控制行为是被动的，只是对警报做出响应而已，而不是主动的、积极寻找信息并试图发现问题迹象(这属于第8章中讨论过的弱信号)，在弱信号可触发报警装置发出警报提醒操作人员关注问题之前。

系统1快速、简便、无需费力监控和搜索信息，基于对警报做出响应的习惯性工作作风非常符合系统1。换句话说，影响人们对于技术不可靠性的认识并积极寻找问题迹像是由系统2来完成的。系统2是知识型的、理性的和需要有意识启用的思考模式。也许多年来基于被动监控已发展出一种工作方式，但对警报装置与自动停机系统的可靠性的关注(系统2的关注)并不能妨碍他们继续工作。

当然，建议操作人员针对其任务采用系统1，并非建议他或她对其负责的所有事情，都采用系统1。在考虑一项任务时，采用费力的、合乎逻辑的和理性的思考模式，同时在处理其他的任务(属于当前的非优先任务)时，使用系统1，这种情况是很正常的现象。问题是关于系统1对在竞争性任务之间采用最佳方式来分配注意力的能力的影响。

20.2 人因工程的影响

就邦斯菲尔德储库事故来说，从依赖人类绩效的控制措施为什么会失效的讨论中，项目中人因工程会有一些什么样的影响？总结这本书的这一部分，笔者想对一些想法和挑战加以说明，然后再给出其他的一些想法。笔者发现四个关键挑战：

(1) 人因工程方案能够避免技术人员将独立高位开关置于无法对油罐高液位做出响应的工作模式，有这样的可能吗？

(2) 在控制室的设计中融入什么样的特征来支持操作人员主动性的监控？

(3) 在设计工作环境和/或设备界面时，当执行的任务属于防御层策略的一部分时，采取什么样的措施来中断系统1？

(4) 可以采取什么样的措施来确保人类绩效属于防御层策略的一部分的人都了解防御层起作用到时会严重依赖人类绩效？

20.3 人因工程方案有可能避免独立高位开关失效吗？

这个问题实际上包含两个部分：人因工程方案是否能够确定出现差错的可能？人因工程方案是否确实会引发避免差错或大幅降低差错的行动？

第一个问题的答案显然是肯定的。任何了解独立高位开关作用和重要性并且有时间与机会进行任务分析的经验丰富且合格的人因工程工程师都会知道需采取什么样的行动，以便技术人员能够对独立高位开关进行测试。他们很快就会发现发生差错(或产生遗漏)的可能。这样的分析花费的时间不长(最多几个小时)。所需的资源只是设计图和非常熟悉其功能与操作的人。

然而，第二个问题就要困难得多。这需要项目团队和设备制造商：(1)认识到任务分析结果的影响；(2)愿意并且有能力进行修改。这两项要求通常是人因工程工程师在参与项目的过程中所面临的主要挑战。出于理由充分，项目经理和设备供应商总是不愿意对他们的设备或设计进行更改，除非他们认为有必要这样做，或者更改的收益远远超过其更改所需的费用，特别是当设备已经投入大量使用的时候。

系统1及其随之而来的各种类型的认知偏见也会出现在项目环境中，以此来寻找不接受设计修改建议的理由。尤其是可用性，没有人能够想到出现差误的情境，或者没有人会想到经过培训的合格的技术人员也会出这样的差错。因此，通过评估后认为实际发生差错的可能性远远小于分析建议中给出的出现差错的可能性。人们会想出很多理由来为自己辩解、不相信分析结果。也可以应用团体思维，一旦整个团体都反对拟议的更改要求，阻力就会变得更大，导致人们接受风险性更高的结果，即高于个人反对的风险性。

当然，就任何项目来说，挑战和抵制更改都是非常正常的。这通常是一种很好的做法，可确保明智地将钱用在真正需要的地方，并发挥重要作用。但是，就人因工程来说，当拟议的设计更改可以降低发生人为差错的可能性时(提高人因可靠性)，还有另外一个因素发挥了作用。工程师、管理人员和供应商，有时是运营方，通常仅仅期望培训技术人员，使其取得相应的资格，遵守制造商提供的程序，这意味着拟议的设计更改似乎是合理的，这种情况很常见。在缺乏关键性证据的情况下，比如类似于诸如邦斯菲尔德储库发生的事故一样，基于人因工程设计分析的拟议设计变更通常是不被接受的。

如果对重大项目进行合格的人因工程分析，就会发现很多这样的现象。许多个别决定会拒绝通过设计来降低人为差错风险的机会，而倾向于通过培训和遵守程序来降低人为差错风险。设计降低风险的选项(是迄今为止最强有力的风险防御措施)一再被拒绝，而倾向于依赖人的能力和对程序的遵守(防御能力最弱的一种防御措施)。最终的结果是，就重大项目来说，有可能很难抓住机会和降低本来可以降低的潜在风险(或提高人们的人因可靠性信心)。

20.3.1　支持主动性监控的设计

第二个关键性挑战是在工作系统的设计中采取哪些措施来支持主动性操作人员监控，而不是仅仅依靠对操作人员的培训或操作人员对程序的遵守。确保工作环境和设备界面给予操作人员监控必要的支持和切实满足相关设计标准的要求，明显是实现主动性监控需要迈出的第一步。

第8章讨论了一种悠久的被称为信号检测理论(TSD)的心理学理论——组织可以做哪些事情来提高操作人员在检测和识别即将发生问题的弱信号的重要性的能力。弱信号属于微弱的、表面上不重要的迹象和指示，如果相关人员注意到了它的存在，意识到它的潜在意义并采取了相应的行动，就能够防止事故的发生，至少通过对事故的了解与事后才明白的事情来看是这样的。第8章介绍了信号检测理论两个核心的心理参数：

(1) d'(检出限)是指信号的感知清晰度，用来说明检测的容易程度。

(2) β(主观响应偏见)是指个人采用的主观标准，利用此主观标准来决定注意到的某些事情是信号或者不是信号,是否值得对其采取行动。

信号检测理论提供了一种思考和理解组织做决定及其做事的方式会怎样影响许多情况下的操作人员绩效的方法,其中之一是主动性操作人员监控。

人因工程范围内的许多问题会直接影响 d',即操作人员能够检测到监控过程或活动所需信息的容易程度。工作场所布局不合理,查看重要信息时视线会受影响的问题;显示的信息包含大量不必要的细节;显示信息的方式与大脑处理信息的方式不兼容;需从多台显示器上查看所需的信息,导致无法同时看到所需的所有信息;控制室存在各种各样的噪声和其他干扰源。

鉴于上述原因和许多其他的原因,如果存在设计缺陷,会使 d' 值变小,导致操作人员难以检测到监控所需的信息。因此,在演变成事故之前,操作人员是不太可能检测到微弱的问题迹象并发现它的重要性。

同样,本地管理层和高级管理人员采取的与组织设计有关的许多决定,也可能会直接影响到 β 值的大小,当操作人员认为事情也许不会如期发生时,影响操作人员进行干预的意愿。工作安排存在问题,导致操作人员要么太忙没有时间处理需要其处理的事情,要么工作乏味或枯燥而无法长时间关注它;不支持员工个人说出他的担忧或分享其他人的担忧的团队氛围;与按合同交付的要求有关的工作压力,以及基于商业安排给予任务的相对优先级;或鼓励冒险的文化氛围。

上述因素和许多其他因素会直接影响 β 值,进而确定如果他们认为已经注意到了某些异常现象,实施主动性监控的操作人员确实会进行干预的可能性有多大。

表20.1 针对期望操作人员主动性监控的情况,对组织决定会怎样直接影响期 d' 和 β 值的情况进行了归纳列表:从工作场所的设计与布局、计算机人机界面的设计和与信息系统互动的复杂性,再到商务安排和组织文化。

表 20.1 人因工程设计质量与组织决策对信号 d'(检出限)与 β(主观响应偏见)的影响

设计质量与组织决策	d'(检出限)	β(响应偏见)
工作场所布局(入口、视线、照明、姿势等)	√	
显示设计(认知兼容性、混乱、易读性、信息与数据等)	√	
互动复杂性(功能联想、能指、映射、一致性、顺序、反馈等)	√	
工作站设计(视角、眩光等)	√	
控制室布局(视角、照明、干扰、噪声等)	√	
设备可靠性(误报等)		√
自动化(模式、监控措施等)	√	√
远程监控(CCTV、机器人、传感器等)	√	√
工作设计(激励、厌倦、工作量、疲劳、监督等)	√	
团队动态(沟通、同行观点、非技术技能等)		√
工作压力(合同、成本、罚款、延误等)		√
组织文化(安全领导、风险承担、公正文化等)		√

主动性监控超出了针对控制室和计算机人机界面设计的标准要求。主动性不仅仅是指提供额外的提醒方式来激励操作人员查看信息源,这样做只是又回到了被动式监控,同时又有可能导致警报过载。所需要的是设计解决方案,其本身就是信息资源和工作环境的组成部分。它要求以这些人的身份来考虑问题并做出相应的努力,这些人是指参与了系统(系统支持监控,也依靠监控)设计的人。至少在概念上是如此,向高水平一目了然的情境觉察显示器(也称为生态显示器)转变的潜力是很大的。这些显示器是以所谓的感知对象为基础的:图形元素能够直接传递大量信息,并且采用了大脑容易处理并快速检测出异常情况的显示方式。

图 20.1 展示了一个简单的感知对象,目前已被广泛应用于过程控制系统。感知对象给出了参数与目标参考点的偏差。感知对象包含操作人员所需的所有信息,采用了支持快速觉察整个过程状态,且很容易检测出异常情况。现在有很多这样的感知对象可用。只要有一点创造性思维,这样的感知对象可能会更多。

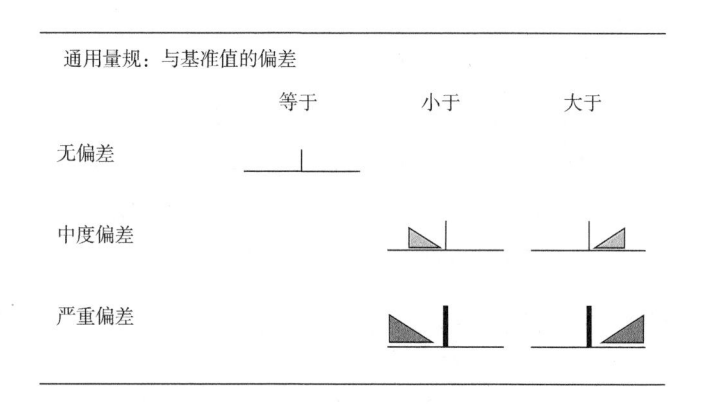

图 20.1 支持主动性操作人员监控的直接感知目标示例(使用许可自文献[3])

图 20.2 为炼油厂两台加热炉中物料流动的定性状态。通过加入感知对象来支持对整个加工区域或设备的状态进行一目了然的监控。感知对象显示当前值与控制值的关系以及偏离目标值的程度。不希望操作人员对图 20.2 所示的控制进行修改,其目的是支持操作人员快速监控和检测出潜在的异常情况(例如油罐达到或超过其容量),并且与其他的替代方法相比,投入的精力更少。

2005 年,美国 NOVA 化工厂模拟器开展了一项研究工作[4],针对加工设备比较了基于图 20.1 和图 20.2 所示的感知对象情境觉察显示器与传统机器人机界面(HMI)图形的使用情况。这项研究采用的是炼油厂两台几乎完全相同的乙烯装置高保真模拟器,参与研究的两组操作人员经验相当。研究模拟了乙烯装置四种异常情况,以此来测试操作人员检测出异常情况的时间及其解决问题的有效性。研究结果充分证明了高级显示器在检测出异常事件的数量及其快速解决问题方面的有效性。在 48% 试验中,操作人员使用高级显示器能够在报警装置发出警报前检测到异常事件,而使用传统机器人机界面的则仅有 10%。此外,在 96% 试验中,使用高级显示器时操作人员能够成功解决问题,而传统显示器仅有

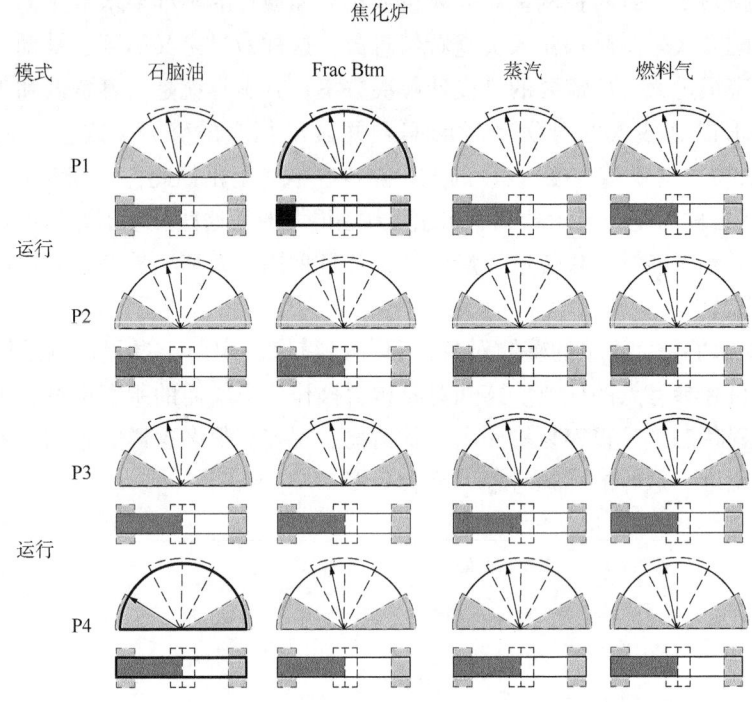

图 20.2　针对两台炼油厂加热炉，感知对象与一目了然的情境
觉察的集合体一览（使用许可自文献[3]）

70%。研究估计，对于相当规模的装置来说，改善人类绩效的经济价值约为每年 $109×10^4$ 美元。

对这种高级生态显示器的好处进行了更加正式的评估，同样也获得了类似的结果。例如，2008 年多伦多大学报告了为 OECD 哈尔登反应器项目（Halden Reactor project）进行的实验研究[5]。与 NOVA 化工厂的研究类似，哈尔登实验发现操作人员利用高级显示器检测出早期问题迹象的能力明显提高。与传统显示器相比，他们还发现使用生态显示器后，操作人员的工作量减少。但是，一旦检测出问题，哈尔登研究并未发现使用生态显示器后存在类似的改善现象。

这种类型的情境觉察显示器不仅需要相当高的设计技能，而且还需要相当高的实施技能。这与整个行业的操作人员已经习惯了的显示器截然不同。由于这样的原因，如果变更过程管理不善，操作人员会反对这样的变更。这意味着在引入显示器前，要确保操作人员了解其优点和目的，并全面参与新显示器的设计和实施。

但是，如果设计和实施得当，高级情境觉察显示器在这方面是有效的，即使控制室操作人员能够在其控制范围内全面了解到所有关键参数的状态，从字面意义上来讲，就是能够做到一目了然。当然，如果其他问题（工作量、疲劳、注意力不集中、控制室设计缺陷）不能阻止操作人员主动性工作的话，则可以有效支持主动性监控。

20.3.2 设计突入系统1

也许针对人因工程的最大挑战(不仅来自邦斯菲尔德储库事故的经验教训,而且也来自其他越来越多的事故)是在工作系统的设计中寻找一种手段来介入系统1,迫使或鼓励系统2在最需要它的时刻发挥作用。

油气行业经常向其他关键安全行业寻求改善其绩效和安全管理的机会,并经常与核电行业和航空业进行比较,与许多油气开发活动相比,普遍认为这两个行业的绩效、可靠性和安全性明显处于更高的水平。

在撰写本书的过程中,笔者遇到了很多来自道路及其与之相关的安全设备设计的例子,这些例子实现了在关键时刻介入系统1的目的。笔者在第3章中提到使用危险警示带和减速条对于司机在接近路口时启用系统2来说,似乎是有效的。在西班牙北部的路上行驶时笔者遇到了另一个例子,一种不同的解决方案,但同样是有效的。

笔者从帕斯巴斯克的格尔尼卡开车到拉里奥哈的洛格罗尼奥。这是一次愉快的驾驶体验,行驶的道路沿戈尔贝亚国家公园的山丘蜿蜒而行,路况很好,车速很快。有许多弯道,不过这些弯道的曲率半径大,且曲率半径一样。在通过这些弯道时,车辆的转向控制是非常容易的,也是可以预测的,并且速度也不会出现太大的变化。但是,有时候弯道的曲率半径很小,需要慢慢通过。有种情况是比较少见的,但会出现一些无法预料到的情况:你看不到前方的道路,所以无法预测通过弯道时的转向控制。

笔者驱车通过国家公园时花了一些时间。驾驶员熟练地驾驶着车辆、听听收音机或使用系统1考虑其他一些与前面的道路无关的事情,这种情况是很自然的。在道路的急弯处,有两个标志,有时是三组警告标志,含有4个>形标志(指向弯道的方向)。在弯道的始点,这些标志位于司机的视线范围内。>形标志为白色,背景为黑色。如图20.3所示,你能够在一定的距离内看到它。

图20.3 西班牙道路标志,警告驾驶员正接近少见的急弯

当你转过此弯道进入下一段道路时,下一段弯道的曲率半径太小超出你的预期,其标志的设计会略有不同。在第一次看到>形标志与进入弯道之前的间隔时间有5~10秒。在这种情况下,>形标志按照从左到右的顺序在车灯的照射下依次反光,这样你会看到红色的>形标志,每个>形标志的时间约为0.5秒(图20.3显示了第一个被车灯照射下反光的>形标志)。每个>形标志的这种按顺序依次反光形成了红色>形标志从左至右的移动现象。如果你正在说话或收听广播,这些明显移动的>形标志会干扰系统1,并且是非常有效的,这会迫使你主动关注前面的路况,也就是说,迫使你启用系统2。

这些>形标志和制作它们的设计师(他们的独特设计应该得到赞扬)给笔者的深刻印象

是：当驾驶员最需要它们的时候，它们就会出现在这样的背景中。如果将其放置在弯道转角处，它们的有效性就会大大降低。它们会突然出现在人们的视野里；它们能够有效地提醒你注意前面的路况，它们出现在这样的时刻（在你看见它到必须采取行动之前仅有几秒钟的时间）和地方（在你的视线刚好触及转角前）。这正是需要驾驶员被迫退出系统1并集中注意力关注前方路况，即启用系统2。

在世界各地的公路运输中还有许多其他的例子可以使用。毫无疑问，在我们的日常生活中还有许多不同的应用例子，不仅限于公路运输。有些是源于科学研究的结果，其他的则来自经验丰富的操作人员，他们会寻找方法来处理工作中的难点。有些将成为出现在并不广为人知的特定场所问题解决方案，推广这些实际解决方案也许对所在行业来说，具有很大的价值。

将特征融入关键时刻能够介入系统1的环境或设备界面，这一挑战的本质是这些特征必须在需要它们的特定环境中发挥作用，即在特定时间、地点并采取与任务不可分割的、相关的方式来发挥作用。因此它们需要与操作的本质、支持它的技术、环境和操作人员的工作、甚至是国家和组织文化相适应。尽管道路运输案例也许能够在全球范围内和不同的文化背景下使用，但油气开发与加工行业所需的许多案例则更具地方特色。尽管这代表了一项重大挑战，但在降低风险和保证人因可靠性方面，能够在关键时刻介入系统1并启用系统2的目标和好处远远超过所付出的努力。

20.3.3 创建关键角色自我觉察

围绕屏障思维中的人因的最终意见是必须考虑确保人们（依赖其采取行动或支持控制措施）充分意识到对他们的期望是极其重要的。正如邦斯菲尔德储库事故和许多其他的事故明确表明的那样，这些人不仅仅是在一线采取行动的操作人员和技术人员。他们也许包括工程师、经理、参与采购的人员和其他人员。他们也包括基本工程项目中的许多人员，这些人员能够影响和决定工作系统的设计、制造和实施。这些人执行一线控制措施有效性所固有的关键安全功能，他们同样容易受到系统1的影响，以及随之而来的非理性和认知偏见的影响，正如那些面临工作压力或疲惫的一线人员一样。

仅仅是鼓励这些人小心谨慎、注意力集中，或期望他们阅读和理解安全案例或蝶形图分析，作为确保其在需要时启用系统2的手段未必有效。需要更多具有创造性的有效解决方案，这些解决方案涉及期望其在开发、保证和审查控制措施的过程中实施控制措施的人。这些解决方案在帮助这些人意识到他们在采取控制措施时所做出的决定与采取的行动的重要性方面是有效的。这些解决方案在假定其他控制措施正常的情况下，一项控制措施失效不会引发多米诺骨牌效应方面是有效的。

这些都是要面临的重大挑战。但是，如果在实现这些目标方面没有什么进展的话，依靠人类绩效的防御层策略的效果就绝不可能完全体现出来。

参 考 文 献

[1] National Aeronautics and Space Administration. Columbia accident investigation board final report. Volume 1,

Chapter 8 History as cause: Columbia and challenger. Available from: http://www.nasa.gov/columbia/home/CAIB_ Vol1. html.

[2] Senders J. The human operator as amonitor and controller of multidegree of freedom systems. IEEE Trans Human Factors Electron 1964; HFE-5: 2-5, Reproduced in Moray N. Ergonomics major writings volume 3: psychological mechanisms and models in ergonomics. Taylor & Francis; 2004.

[3] Reising D, Bullemer P. Improve operator situation awareness with effective design of overview displays, In: Paper presented at the National Petroleum Refiners Association (NPRA) Annual Meeting, San Diego; 2008.

[4] Errington J, Reising D V, Bullemer P, et al. Establishing human performance improvements and economic benefit for a human-centered operator interface: an industrial evaluation, In: Proceedings of the Human Factors and Ergonomics Society 49th Annual Meeting; 2005.

[5] Lau N, Skraaning G, Jamieson G A, Burns, C M. The impact of ecological displays on operator task performance and workload. OECD Halden Reactor Project HWR-888; 2008.

第5部分 人因工程的实施

本书的前四部分介绍了人因工程的概念和相关内容,并探讨了一些与之相关的心理学方面的问题。由于这些问题的存在,通过优化人力信度和最小化潜在人为差错来进行工作系统的设计与实施是比较困难的。前述章节重点分析了最显著人为差错的心理复杂性,并强调了人力绩效的情境属性。分析认为改进人力绩效的关键在于,在整个工作系统的设计、开发和运行准备过程中,给予人力绩效心理学基础更多的认可、理解和支持。在第4部分中,所选择依赖的控制措施中暗含着期望和意图,通过更深入地了解这些期望和意图,并提早挑战这些期望和意图来预防重大事故,这对通过设计来改善人力信度有着重要的意义。

本书的最后一部分就如何改进人因工程实施效果和人力信度方面提出了一些建议。第21章介绍了如何在项目中提高人因工程实施效果的建议,并提出了13个必要的因素,这些因素对于通过设计来实现高水平的人力因素是至关重要的。第22章提出了一种调查事故中人因贡献的方法,与现有的方法相比,这一方法对人因工程学专业知识和技能的依赖程度更低。该方法以组织对控制措施的期望为基础,需要注意的是,这里的控制措施指的是已经就位、用来规避某一事件发生概率的控制措施。第23章从试图了解操作人员内心想法这一问题入手,认真思考了事故调查所面临的挑战。分析认为,对项目而言,有必要在工作系统开始设计之时,就尽可能地去了解未来操作人员执行关键任务时所面临的工作环境。同时,这一章还概括总结了前面章节所涉及的一些有待研究的议题。

第21章 在项目中实施人因工程

本章就如何在组织和单个项目中改善人因工程的实施效果提供一些意见与建议。这些意见与建议主要是基于笔者对油气行业资本项目的观察和经验,以及笔者职业生涯中从其他行业学到的知识,同时也适当地借鉴了现有的行业资料、国际标准与指南。

本章以一个假设为前提,即公司中有影响力的资深领导能够认识到设计诱发型人为差错不仅会影响健康、安全和环境,还会影响公司的商业表现和声誉。本章提出了这类领导应该考虑的一些问题和可能需要采取的一些行动,从而高效地实施人因工程,进而获得相应的业务绩效和商业回报。

本章是面向出资建设重大资本项目的公司和其他类似组织的,并不是直接面向工程承包商、咨询公司、设备制造商或建筑公司。实际上,这些工程承包商、咨询公司、设备制造和建筑公司是通过资本项目联系起来的,承担了大部分的工程设计、设备制造以及系统与资产的建设和试运行。商业承诺是在设计中实施人因工程并将其贯穿到资产运营中的基础,这里所提及的商业承诺是基于自身可获得的利益所作出的并得到了具备技术竞争力的基础设施和适当商业安排支撑。如果在合同交给执行资本项目的工程承包商和其他组织之前,这些基本要求尚未得到满足,那么人因工程就很难发挥出它应有的作用。因此,本章将聚焦于在资本项目中出资、拥有产品并从产品中受益的公司。

本章并不是为这些考虑实施人因工程的动机仅仅是为了合规或遵守项目发起人的强制性要求组织而编写的。这些组织难以具备理解或管理承诺的能力和水平,或者尚未准备好落实组织安排,并做出超过监管机构最低要求的必要变更。这本书主要是关于如何正确认识人因工程在诸多领域带来的利益,包括确保健康与安全、筑牢底线和提升公司声誉等,从而为公司带来一个可持续的、盈利的前景。需要再次强调的是,在实施人因工程的初始,做出严肃的组织承诺是十分有必要的,这是成功实施人因工程、获取上述利益的重要基础。

21.1 什么出了差错?

在这里,有必要简要回顾一下前几章中关于设计诱发人因不可靠性的争议。为什么设计与实施的一些工作系统会导致操作人员不按组织假设、期望和所依靠的方式来行事的可能性提高?也就是说,在关键任务中丧失人力信度的可能性明显高于其应有的水平。将前几章中的一些论点汇总如下:

(1)在做出设计决定时,缺乏对人力表现心理复杂性的认知和了解;在做出关于人力角色和人力表现支持系统的设计决定时,对实际操作情况的认识与经验、对操作环境的了解也是有限的;考虑到执行任务的具体环境,通常会假设操作人员的任务相对于实际执行过程会更加容易。其结果就是，项目对人力在整个操作环境中的工作可靠性，做出了不切实际、不合理假设。

（2）当项目进行风险评估并确定项目设计中的残余风险是否在可接受范围之内时，缺乏对潜在人为差错及可能后果的客观、循证的评估。并且其评估特别容易受到认知偏见、系统1和整个项目工程设计与运营决策过程中的主观意见的影响。

（3）缺乏对人力绩效的认识，包括人的想法与决策中所包含的情境性属性，且这些属性通常又是非理性的（正如第6章和第3部分所讨论的那样）。

（4）缺乏对相关期望和假设的预见性，主要是人的行为和表现以及控制措施的固有设计与组织意图，这些控制措施是项目团队所选择的用来确保操作的安全性与可靠性；未能充分测试假设、挑战期望，并未能确保这些意图是否在支持关键任务的系统中得到了遵守。

（5）在解决方案中以牺牲优化设计为代价，过度依赖培训、程序和行为安全来保证工作系统支持高水平人力信度。

（6）项目经常不遵守签订合同时采用的或选择采用的人因工程技术标准和规范。

（7）管理人员缺乏对执行人因工程项目所需的人因工程技术标准和进行人因工程设计分析的技术能力管理工作的正确认识；对项目中的人因工程缺乏足够的重视；管理人员对人因工程存在一个重要的、不切实际的期望，即人因工程可以通过任何传统工程学科来实施，比如，如果某个人是工程师，这个人就常常会认为有能力担任项目中的人因工程师。

（8）在项目的生命周期中，人因工程实施的时机太晚，或者仅仅作为审查现有设计的手段，此时仅剩下有限的机会在可接受费用范围内进行改进。

（9）当项目从设计、制造、建设再到投入运行的过程中，往往对商业承诺的保护力度不够，而这些承诺是用于实现人因工程设计意图的。项目的优先级，特别是资本支出，与设计中良好的人因工程往往存在冲突，这不利于通过人因工程获取相应的运营收益。关于良好的人因工程所带来的长期运营收益，往往被认为是没有用处的，因为人们倾向于项目的短期优先级，而不充分考虑其对运营和生产的长期影响。

（10）对工作系统设计中的人为差错贡献率所进行的调查是不全面的。相应地，人们对设计诱发型人为差错的发生频率和影响缺乏警惕性，设计和批准工作系统的人员之间也缺乏反馈与学习。

任何一个项目或任何一个组织都不可能存在上述的所有问题。有些问题很常见，也更重要。无论如何，它们都是人为差错发生的原因，而且在某些时候会同时出现。

21.2 正确的做法是什么？

那么，项目和组织应该做什么？如何通过设计获得高水平人力信度呢？以下是笔者认为的一些关键要素：

（1）强有力的领导力可确保在安全文化、行为安全（包括培训和能力）与工作系统布局及人因工程设计之间保持适当平衡。

（2）整个项目工程所涉及的部门（包括运营支持和采购部门）都要了解项目设计和开发过程中所做出的决定对人力信度产生的影响，形成一种通过构建一个系统来提供高水平固有人力信度的文化氛围。

（3）确保负责项目人因工程的人员与具有操作和维护经验的人员之间的互动协调。这包括人因工程与负责运营和生产的高层领导之间的直接汇报渠道。

（4）建立一个平衡的人因工程职能清单；广泛了解人因工程对于整个项目工程的益处、应用范围和原则，以及少数虽然不是技术专家，但有能力发起和管理人因工程方案的人；与少数资深技术专家一起来提供支持；确保在项目中安排了具备必要的知识、技能和经验的人，并在实施和捍卫人因工程的过程中发挥领导作用。

（5）从新设施最初的研讨、规划和设计阶段开始，就识别那些严重依赖于人力表现的操作，并尽可能明确那些期望人们去执行的、对于实现设施预期性能至关重要的关键活动（关于关键任务性质的讨论，请参阅第 7 章）。

（6）理解并在设计中应用人因工程原则，了解第 6 章中所提出的人因绩效的含义。

（7）确定所采用的技术标准和人因工程设计流程，然后确保它们得到全面贯彻实施和遵守。这包括在技术主管机构的支持下，确保权衡竞争优先级所需要的标准变更和减损得到妥善管理。

（8）在针对运营的设计和准备过程中，确保关于保证安全和可靠性所需的人力绩效假设、期望和意图经历了挑战和确认阶段（第 4 部分详细地讨论并举例说明了如何进行这样的挑战）。

（9）为项目提供人因工程设计分析所必需的时间和资源，通过人因工程分析将目标导向型人因工程要求转化为规范性的要求。

（10）确保采取了相应的行动来检验人因工程的相关要求是否得到了正确实施；新设施的设计、开发、制造和建设过程中，这些变更是否得到了妥善处理（包括模型和其他设计的审查、技术审查以及启动前和调试审查期间）；确保设施的建造和运营符合人因工程的设计意图，并且在建设或运营期间所需要进行的更改不违反人因工程原则。

（11）运营期间的变更过程管理需要包含一个明确流程，来考虑其对人力绩效和人力信度的影响。

（12）当影响人力绩效的事故发生时，确保从设计到人的行为与表现的潜在责任都是由具备必要知识、经验和分析能力的人来调查的，并且调查是合理的（第 22 章提出了关于在事故调查中完善人因工程注意事项的建议）。

（13）确保从事故调查中得来的经验教训已反馈给今后负责设施设计与运营的人，并与之分享这些经验教训。

上述 13 个要素，单靠其中任何一个都是不足以确保项目得到高水平人力信度的，因此这 13 个要素都是必要的。但是前 3 个要素是最重要的：明确承诺通过设计提供高水平的人力信度，在整个项目中形成重视和渴望高水平人力信度，了解设计决定对实现这一目标影响的文化氛围；项目人因工程的负责人与具有操作和维护经验的人之间的协调配合，包括人因工程的负责人与负责生产和运营的人员之间的直接汇报渠道。

本章的其余部分将探讨一些需要考虑的因素，这些因素是成功实施上述 13 个要素的重要基础：

（1）需要按油气行业的业务性质和资本项目的特点来定制人因工程实施方案；

(2) 人因工程要求的本质；
(3) 人因工程职能的归属；
(4) 人因工程技术标准的使用；
(5) 人因工程专家的作用；
(6) 资本项目的出资公司与承包商和供应商之间的商务关系。

21.2.1 量身定制人因工程的职能需求

人因工程的实施方案必须以从中受益的组织与项目的需求为根据来进行定制。这同样适用于项目的出资方，也适用于寻求实施特定人因工程方案的个别项目。如果实施方案不符合组织管理业务及其对业务施加影响的方式(包括商业架构与组织模式，工作时的法律与监管环境，组织、管理、培训和确保技术及操作人员能力的方法，评估和管理风险的方式，寻求与承包商和业务伙伴达成商业合同安排的属性，组织文化及相关人员的愿望，最重要的是与股东和更多利益相关方之间的关系)，那么对成功履行人因工程职能的渴望是没有意义的。

这表明需要定制的东西很多。在笔者看来，缺乏对定制重要性的认识，是组织在人因工程有效实施中遇到困难的主要原因之一。一些公司试图通过复制其他行业(通常是国防、铁路或核电行业)开发的流程、工具和方法来实施人因工程。他们招募了员工，或者聘请了具有丰富行业经验且对该行业非常了解的顾问。但是，这种方法的成功率往往不高，主要是因为油气行业的行业属性，包括所涉及的商务关系、监管方式及其为利益相关方创造价值的方式和资本项目的实施方式，完全不同于诸如国防和航空航天这样的行业，因为这些行业有更加成熟的人因设计标准、流程、工具和规定。

21.2.2 油气行业资本项目的特点

就油气行业与部分其他的加工行业的资本项目来说，其特点与诸如国防和航天行业的项目之间存在很大的差异，其原因在于这些行业拥有投入使用已久的人因工程流程和相应的工具及方法。大多数大型油气项目也与国际标准9241[15](第21章)所规定的以人为本的设计主题——基于计算机的软件密集型系统之间存在很大的差异。

以下是一些关于油气项目与其他行业项目存在不同之处的例子，其严重影响人因工程的实施方式：

(1) 在任何时候，大多数大型运营公司都会开展涵盖广泛资本支出的项目。绝大多数项目通常是针对个别资产进行的小型项目(小于100万美元或100万美元左右)；然而，少数项目可能是超大型项目，涉及的资本支出有时高达数十亿美元，由专门实施大型项目的部门、职能部门，或者甚至是整个企业来运作，且与大型工程承包商和设备的关系密切；同时，还有很多项目的资本支出处于二者之间。这里所面临的挑战是，需要找到一种人因工程的实施方法，这种方法可根据公司的所有项目组合来进行调整与应用。

(2) 大多数大型油气公司的业务遍布世界各地。他们希望其在世界各地的项目都使用相同的流程和技术，并且经常会使用相同的承包商和设备供应商。业务遍布世界各地还意味着，在一个国家实施的项目，需要开发出能够适用于各种环境的设施和设备，而且配备的操作人员拥有不同社会经济背景、体型、体力特征和文化期望(包括愿意承担责任的文化差异或遵守严格规则预期的偏好)。

(3) 油气项目通常以合资企业的形式来实施,项目资金与所有权涉及不同的股东,各位股东都有自己参与项目的理由。这种情况可能导致不同的、甚至是相互冲突的优先考虑事项。根据所有权和资金安排的情况,可能会导致项目期望遵守的设计与质量标准之间发生冲突。人因工程被一些合作企业视为"锦上添花"之举,这些合作企业不会与承担项目的伙伴达成共识和承诺。

(4) 油气项目很少从整个生命周期的角度来看待设计决定。权衡人因工程功能设计的资本成本,并与它在 30~40 年内带来的运营效益进行对比。与国防工业不同的是,如果为油气项目整个生命周期进行人因工程设计,这将使许多油气项目在经济上不具有可行性。因此,如果他们认为一旦资产投入运营,这些功能可以从运营支出中获得资金支持,那么就会寻找机会避免在功能设计上花费资金。这可能导致项目的人因工程仅存在于设计中。

(5) 根据不同的机会属性,获得业主所期望的投资回报的时间跨度会很广。如果设备只被要求运行几年时间,那么为了使 5 年的维护周期实施起来既容易、又高效,特地设计一套设施就没有意义了。(当然,与世界上许多地方的情况一样,也有最初预期设计寿命为 20~30 年的设备,其实际寿命往往比预期设计寿命长,因此不得不对其进行代价高昂的升级改造,从而延长它的使用时间,以便其能继续运行。)

(6) 大多数油气项目都是由现有解决方案演变而来的,而并不是全新的设计,而且这一趋势还会持续下去。虽然技术发展很快,但业界并不愿意使用新颖或未经证实的技术。另一方面,较为普遍的是,对于长期以来使用的成熟技术,人们也非常了解它的性能与特性,可以采用新颖的方式来应用它,或者扩大它的技术应用范围。

(7) 大多数项目所涉及的大部分设备均由供应商提供,且或多或少都是现成的,即他们采购的是已经设计好的设备,可能只需进行一些小的修改就能满足规定的要求,通常很少或没有机会改变这种现成设备的设计。实施人因工程的唯一真正的机会也许是,怎样在目前的现场布局中安排设备的安装位置。一些公司也有明确的策略,通过在全球活动中对主要设备项目进行标准化处理,来精简和降低资本成本。从人因工程学的角度来看,这意味着没有机会确保设备的布局符合目标员工的人机测量学,这也是人因工程的核心原则之一(参见 ISO 26800[4])。

鉴于上述原因和其他各种原因,仅仅利用针对国防工业开发的流程、工具和方法,或者国际标准所做出的规定,期望项目取得成功是不切实际的。项目需要量身定制以适应公司的特点、实施项目的方式和最终用户的具体能力和局限性,也就是与操作和维护设施的人,以及企业及其行业的性质相符。

21.2.3 人因工程需求的本质

就资本项目而言,需求通常意味着出资公司所规定的具体合同义务。原则上,人因工程需求是不存在差异性的,如果项目技术路线中包含人因工程需求,则表明客户的期望会被完成。

在现实世界中,许多人因工程需求被区别对待,它们几乎被视为仿佛只是客户的希望或愿望，而不是必须要做的事情。例如，挪威标准 NORSOK—S002 所包含的一项需求，即"所有工作区域的布局，必须为设施的操作、检查、数据读取及维护提供安全和容易的进出通道。[1]"

除了供应商以外，很难知道短语安全与容易在工程术语中的真实含义是什么，同样也很难知道所交付的产品是否确实足够的安全与容易。容易取决于许多的因素：容易针对的是谁？在什么样的条件下和需要经过多少次培训？尽管目前在消费品和软件产品领域相当常见，但容易性的概念是难以用适用于合同环境的方法来加以度量的（当然也包括油气行业与加工行业）。

在某些行业中，特别是依靠固定价格采购模式的行业，技术需求是被认真对待的。笔者花了许多年时间来捕捉、指定和管理人因工程需求，主要针对的是大型防御系统。在笔者的早期职业生涯中，曾参与了一家承包团队针对欧洲最大实时计算机系统的投标工作：新型海军护卫舰的指挥与控制系统。公司的总经理认识到，人因工程对客户来说已变得越来越重要，尤其关注的是人为差错问题，因为这件事发生在 1988 年美国文森斯号导弹巡洋舰击落伊朗航空公司 655 号航班后不久。他提出了一个主题作为营销工作的一部分，即我们设计的系统属于无人为差错系统。甚至对在用的、已证明其价值的系统来说，这都是一项非常大胆的声明，更不用说这个系统在应用前仍然只是一个概念，其设计与开发工作仍需数年的时间。复杂实时系统应该是无人为差错的，这一人因工程概念仍然受到笔者的持续关注。自此以后，近 30 年来发生的事件陆续证明了什么样的动机可以实现无差错系统。

笔者还研究了明确指定人因工程需求的方法，采用了可对其进行严格验证和核实的方式。在计算机系统和软件开发中，需求工程❶是一个公认的技术学科，通常将其视为系统工程的一个分支。它关注识别正确技术需求的捕获和验证过程：指定技术需求；在项目进行的过程中，跟踪与管理技术需求的变更情况；然后验证交付的产品确实满足指定的技术需求。需求工程师利用复杂的模型、程序和方法，并依靠先进的软件产品来协助管理所涉及的数据和过程。油气行业在应用需求工程方面，通常不像其他的某些行业那样严格或正式。

人因工程设计需求通常分为两种类型：（1）功能性的，系统必须允许用户执行的操作，如打开或删除文件；（2）非功能性的，与功能性需求相关的质量标准，如用户执行任务的速度有多快，可接受的差错率有多大。

完全严格指定人因工程需求意味着至少要明确：（1）目标用户的特征，包括面板操作人员、技术员、工程师等；（2）需要用户做什么，如拧紧法兰、确定正趋向于接近极限值的参数；（3）遵守什么样的性能标准，如时间、差错、舒适度等；（4）什么样的环境，如控制室内、露天工作等；（5）穿戴何种防护用品，如个人防护用品、防火手套、安全眼镜等；（6）得到什么样的支持，如 HELP 系统、提示卡书面程序等；（7）所需的培训次数。

这样严格的技术规范远远超出了大多数油气项目需求工程的最新要求。事实上，它是否有价值，这一点在很多时候都会受到质疑和挑战。在组织防范重大事故的过程中（见第

---

❶ 维基百科将需求工程定义为制定、记录和维护软件需求的过程[2]以及与此过程相关的软件工程子域。

4部分），尽管针对的是直接作为控制措施的关键任务（见第7章讨论），采用这样正式的需求声明肯定会使确保人为控制的过程更加严格。

挪威标准NORSOK S—002[1]区分了与工作环境设计相关的两类需求，即指定性需求和目标导向型需求。

（1）指定性需求。在执行设计中的规定时，会涉及一些必需的技术细节，而这些技术细节是可以提前指定物理（或软件）规格（空间、重量、光线、噪声、颜色等）来实现的。指定性需求通常包含在现行法规或技术标准中。遵守这些法规或标准足以满足指定性需求。

（2）目标导向型需求。不能够完全通过确定物理（或软件）规格来实现的需求。实现设计目标的解决方案取决于具体的设计或环境特点。因此，对于目标导向型需求来说，需要进行更详细的分析，以便明确实施拟定设计所需要的条件。

如图21.1所示，图中显示了与这两类需求相关的设计活动。该图说明了如何在设计过程中对这两种类型的需求进行不同的处理。对于指定性需求，只需要验证设计是否符合相关法规或技术标准中的规范要求即可。相比之下，对目标导向型需求来说，则有必要进行一些分析或研究，以便将目标导向型需求转化为指定性需求，这样就可以采用与指定性需求相同的方法来进行验证。

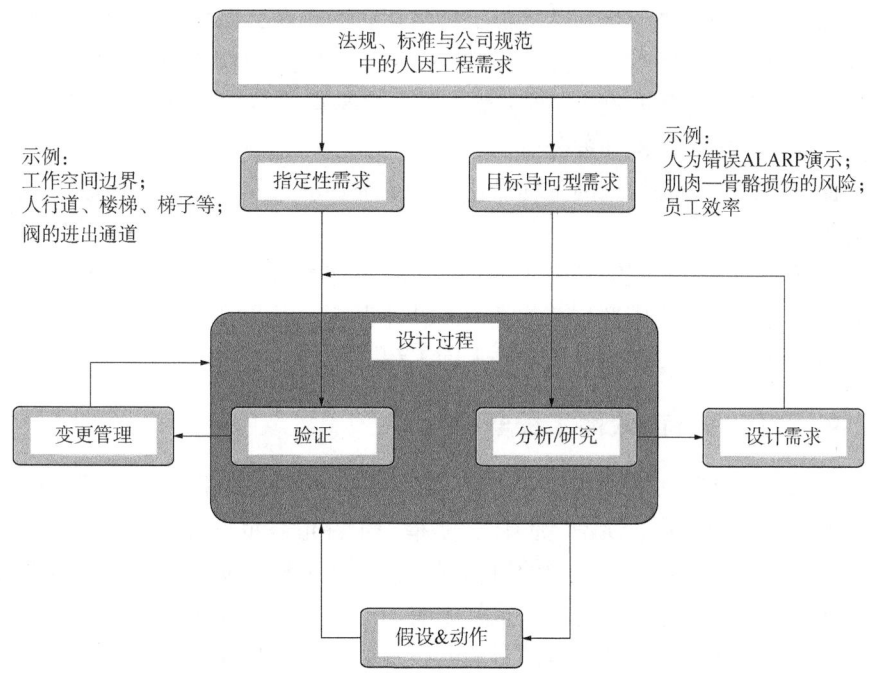

图21.1 与指定性和目标导向型人因工程需求相关的设计活动

在人因工程方面，指定性需求包括确定人们四处走动和接近设备所需的空间尺寸，同时，空间尺寸还可以满足操作人员手和眼睛协助执行任务的需求，以便操作人员能够安全高效地完成任务。此外，还包括了诸如操作控制措施所需的最大力量、支持不同活动所需的亮度和噪声水平等需求。现有技术标准包含大量的技术规范来协助实施指定性的人因工程需求。

目标导向型的人因工程需求则与之相反，它是与人力绩效相关的所有需求，对采购组织来说很重要，但在当时的情况下无法进一步指定准确的需求，比如展示的信息要清楚，人们的工作是安全的、高效的等。通常，目标导向型需求是在实现项目设定的投资价值和投资回报方面最重要的需求。以下是石油工程技术标准 ISO 10438[2]中关于目标导向型人因工程需求的两个例子。

（1）所有控制装置及仪表的位置与布局，要确保操作人员很容易看见它。同时，控制装置及仪表测试、调整和维护的可达性也需要满足操作需求。

（2）位于驾驶员控制位置的操作人员能够清楚地看见面板上的仪表。

如图 21.1 所示，分析目标导向型需求的过程会给出一些假设、期望和采取的一些行动。需要核查这些假设、挑战这些期望（第 16 章至第 18 章是以挑战项目对人们的行为与表现的期望为基础的），并需要完成这些行动才能确认目标导向型需求是否得到满足。

一旦明白这两种人因工程需求之间的差异，就会产生一些重要的影响。确实想要通过实施人因工程获取人因工程带来的好处的企业单位必须：

（1）像其他工程需求一样认真对待人因工程需求，并确保尽可能合理地明确指定人因工程需求。

（2）认可需要对项目进行规划并提供给项目相应的资源，以便将目标导向型需求转化为指定性需求，进而开展所需的人因工程研究与分析。这意味着各种各样的人因工程设计分析活动，均取决于目标导向型需求❶。最常见，也是最重要的，这意味着任务分析会出现一些变体，最常见的是关键任务分析。

（3）确保尽早进行必要的人因工程设计分析并按要求完成，并且与其他工程学科的指定性需求适当结合。

（4）承诺并证实人因工程需求确实得到了实施。这意味着，要确保关键验证活动充分考虑了人因工程需求，包括模型与其他类型的设计审查，以及对供应商提供的设备进行检查、启动前和调试审查等过程中涉及到的人因工程。

21.2.4 谁应"拥有"人因工程职能

人因工程职能，就其功能来说，无论是放在公司架构还是项目架构，都会对人因工程的成功实施产生重要的影响。所谓"拥有"，是指捍卫并最终负责实施人因工程的职能领导能力。人因工程职能可放在各种不同的组织部门，包括工程、项目、安全、健康或研发部门。究竟放在哪个部门更好或更合适？这并无明确的答案。这很大程度上取决于组织为什么要实施人因工程？想要实现什么样的目的？以及如何组织和管理其业务及项目？

不管怎样，人因工程必须放在职能部门，并且如果正确实施了人因工程，就会产生明显的效益。这种效益可以是降低风险或意外事件的发生、生产和设备利用率的提高以及避免生产受到计划外干扰。或者，可能会涉及公司在股东、合作伙伴、监管机构或公众中的

---

❶ 描述各种可能需要开展的人因工程分析活动超出了本书的范围。但是，这些内容可在大多数相关技术标准中找到。

声誉。由一位特别负责的且充满热情的高层领导兼任人因工程职能领导职务，这一策略不太可能是长期成功的。因为，当这位领导因工作需要调离时，人因工程成功实施的动力和支持也将会随他而去。不过，拥有从事人因工程职能的热情，这本身就会产生巨大的效益。

人因工程的成功实施需要来自公司最高层的明确承诺与理解。公司需要知道自己想要达到什么样的目标，因此要首先清楚自己为实现此目标需要作出什么层级的承诺。如果缺乏所需的意志与承诺，人因工程设计意图就难以弄清楚，有时即使重要意图和人因工程在合适的时间、在详细的工程层面上得到了很好的实施，预期的效果仍然无法达成。这是因为人因工程与组织的竞争目标发生了直接冲突，例如在设施的生命周期内，组织不愿意在项目上花费必须的资金，以确保合理的运营效益与运营支出回报。这些决定往往是在项目层面上做出的，并没有咨询设施使用组织的意见。

某项目正在开发一个占地面积相当大的新陆上设施。在项目的早期就制定了人因工程方案。由于地面条件不稳定以及极端的冬季天气，对于操作人员来说，在现场周围的走动是存在困难的。因此设计中包含了永久性进出通道，包括位于管道上的楼梯、人行通道和进出平台通道。在模型审查进行到90%时，也就是在设计即将被批准建设前，发现设计中包含的所有永久进出通道都被删除。工程团队通过这一决定来降低资金成本，但这些决定并未与业务部门协商。

不管怎样，工程师承认这样一个事实，也就是操作人员需要定期（但不是经常）进入设备区域。因此，他们找到了另一种花费不多的解决方案：一种被称为吊臂升降机的便携式设备（这种设备通常采用自供电方式，旨在提供高空进出通道），这一设备可以提供临时进出通道。然而，工程团队（包括人因工程工程师）没有相关的操作经验，或者不具备与吊臂升降机相关的重大健康与安全风险知识。虽然他们认为这是一个很好的解决方案，可以消减设计永久性进出通道的开支。因此，他们从设计中取消了永久性进出通道，并打算依靠吊臂升降机。

设计的吊臂升降机用于建立垂直进出通道，但是其水平位移被限制在相对较小的范围。当水平位移超过限制范围时，吊臂升降机就迅速变得不稳定且不安全，而且大量的事故都与此有关，其中包括许多死亡事故，特别是存在大的水平位移时。新设备的操作要求恰恰需要进行大的水平位移，操作部门知道这一点，并且操作人员发现这一变化时深感担忧。幸运的是，通过挑战此决定，在开始施工之前确定了一个折中解决方案。

这个故事说明了项目约束条件与运营需求之间的冲突是如何导致好的人因工程意图被取消的，这包括所执行工作的性质与频次，对可能的工作条件和工作经验的了解等。当然，一些妥协也确实是必须的，在上述这个项目中也确实如此。不管怎样，在人因工程设计意图上做出妥协，需要具有警醒和认知，了解妥协方案对人力绩效和人力信度造成的对相关影响。

就人因工程职能放在组织架构中的哪个部门来说，这样的决定应该在明确了组织想要达到什么样的目的之后再做定夺。如果主要目的是为了提高安全性，或者也许是为了遵守当地安全法规，那么把人因工程职能列在采购组织的安全职能中显然是有道理的；如果主要的动机是修复设备设计或布局中存在缺陷的，从而避免健康风险，那么将其放在健康部门似乎是一个不错的选择；位于墨西哥湾的部分公司发现，将人因工程职能放在采购组织的工程部门，可以有效确保人因工程被纳入新项目的最终设计中。将人因工程职能放在哪个组织架构中？这一答案取决于组织领导想要得到什么样的效果。以下是一些值得考虑的其他问题：

（1）谁想要它？谁相信它？

（2）如果人因工程做得好，哪个部门的收益最大？如果人因工程出问题，哪个部门损失最大？

（3）受影响的人如何看待所提出的功能？例如，如果项目团队的成员认为实施人因工程的目标是安全或健康，他们是否会认为人因工程对可靠性和生产质量的影响是有利的？或者当人因工程试图涉及与安全或健康无关的问题时，他们是否会有抵触情绪？

（4）部门的其他成员是否理解并支持人因工程？

（5）科学信誉在组织中又处于何种地位？人因工程必须以科学和证据为基础，因此重要的是，它需要与一种可看到的、理解的功能相关联，从而提供具有科学基础的方法。

有一种现象并不常见，但事实上确实会发生，也就是实施了人因工程，但却将人因工程放在操作或生产环节。这似乎有点奇怪，它反映了一个这样的事实，过去几十年来，改善人因工程设计的大部分动机与动力，来自人们对人为差错和安全性的关注，尤其是来自重大事故的经验与教训。前面章节中关于人为差错对生产的影响及其相关损失的论据，也就是只要无人员受伤、无环境影响，仅仅是设备问题导致的生产停止，人们是可以接受的，但是把人因工程的企业责任归咎于负责操作和生产的人员，还是会产生严重的争论。

利用生产来确定将人因工程职能放在什么样的部门，会降低人因工程在提高安全性方面的有效性吗？答案是绝对不会。重点应该是防止人为差错，并确保人力信度。人为差错会影响生产，有些人为差错还会影响员工的健康与安全，或者导致环境污染，但是没有必要去区分这些人为差错的类型，因为它们都会影响生产。通常，这样的差错是完全相同的，仅仅是运气好或当时的具体情况，决定了此差错是仅仅影响生产，还是也影响健康、安全和/或环境。

前几章曾经多次提到，人因工程设计需求与设计意图经常会面临挑战，而且这一挑战环节也常常因项目资金成本的原因而被忽略。挑战并接受妥协是任何项目的重要组成部分，解决方案必须基于实际情况量身定制。不管怎样，经常出现人因工程所带来的显著运营效益，经常被迫作为人因工程师捍卫设计需求或设计特征的理由的现象，包括是否可以使复杂任务变得更加容易且费时更少、降低非安全关键活动或非环境关键活动出现差错的概率，或者避免进行这样的设计——设计可以提供比规定方法更容易、不过可能是更危险的方法来实现目的。在这种情况下，人因工程需要直通高层领导，因为一旦资产投入运行，高层领导将负责资产的生产，如果资金来自项目投资，高层领导则是了解运营效益的人。如果弄清楚了人因工程设计意图，他们通常是直接受益的人。在项目的人因工程负责人与负责项目团队以外业务的这些人之间建立直接的报告关系，这一点也非常重要，其原因在于他们可以在更高层级上讨论具体情况。

将人因工程职能放在公司架构或项目架构中的何种位置？无论这一问题的正确答案怎样，都必须具备一个条件，即具有操作经验的且最终会操作与维护新系统的人员，与希望项目实施人因工程的人员之间要建立密切的工作关系。这可能意味着人因工程应与具体任务相结合，并与项目层面的具体任务之间建立良好的工作关系，不需要上升至企业层面。

总之，就组织中的人因工程职能应该放在公司层面的何种位置来说，这并无唯一的答案。正确的答案取决于公司希望通过实施人因工程来实现什么样的目的，以及公司希望如何实施、何处实施，公司才会受益。不管怎样，重要的是将人因工程职能放在采购组织的架构和实体中，这样在做出最后的设施设计决定时，人因工程议题和建议可以得到与工程设计问题一样的待遇和重视。

复制其他公司建立的模型也许是一个很好的策略。如果模型公司具有相同的目标，可以有效地提供非常类似的组织和文化。

21.3 人因工程技术标准的使用

多年来，良好的人因工程技术标准和设计指南已在业界广泛应用。前面几章已经指出，未能正确地遵守这些早已投入使用的标准，是系统继续实施以至于促成事故发生、并产生本可避免的人为差错的原因之一。本节确认了一些油气项目使用最多的标准与指南，但仅涉及公共领域内的国际、国内或行业标准与指南。许多大型的运营与工程公司都有自己的内部人因工程标准与指南。尽管这些标准通常是以公共领域的标准为基础的，但它们通常反映了公司特有的经验与需求，包括来自其所经历事故的经验与教训。

许多针对油气项目的、有价值的标准和指南是相似的，即使不是这样，在某些方面也是几乎完全相同的。对此并不需要感到惊讶，因为它们通常是基于相同的核心科学基础，事实上它们经常交叉引用。多种原因导致了不同标准中包含的技术规范存在差异，主要包括以下原因：

（1）不同类型操作的操作条件差异。由美国国家航空与宇宙航行局开发的人工操作航天飞行的标准，对于地面活动来说，其价值是有限的。与此类似地是，针对支持步兵作战的设备而设计的军事标准，与油气开发活动的关联性也是有限的。

（2）不同标准所支持的活动类型差异。对于海上钻井平台上使用的工艺单元设计来说，为支持办公工作开发的标准，或针对软件密集型系统而开发的标准，其价值可能也是有限的。

（3）事故调查中获得的经验教训，尤其是行业发生的重大事故。

（4）不同行业国内、国际法规的范围和性质，包括获得经营许可证所需的展示与检查程度。

（5）特定行业所使用的技术存在差异，包括系统内置的自动化与冗余程度。

（6）国家机构科研经费的历史性差异，以及标准制定机构的文化价值导向。

针对涵盖一系列设计主题的各种资本项目来说，最常用的标准和指南也许包括以下几个方面：

（1）人因工程设计原则；

（2）项目实施人因工程的过程和活动；

（3）工作场所的设计与布局以及设备界面的设计（包括标志等）；

（4）控制室和工作站的设计与布局；

(5) 计算机系统(包括报警系统)的人机界面设计；
(6) 程序和用户辅助工具的设计与布局；
(7) 支持维护与检查的特征设计；
(8) 居住性。

这里的目的不是回顾人因工程标准和指南，而是介绍一些广泛使用的标准和指南。具体而言，目的强调识别出哪些标准与特定项目或组织存在最佳关联性，进而拥有理解、应用这些标准并确保这些标准得到遵守的能力。

公司需要自行决定各种现有人因工程标准中最适合其业务需求及其项目运作方式的标准。重要的是，希望从实施人因工程中受益的项目，会对其拟采用的人因工程标准做出有根据的明智决定。这意味着，需从现有标准中确定具体的部分、条款，甚至是个别要求。核实并批准这些决定的人需要具有技术知识、经验和职权，以确保这些决定对预期的设计内容来说是充分的、合适的。一旦项目决定遵守一套特定的人因工程标准，或部分或全部遵守行业指南，那么项目的所有设计必须遵守这些标准或指南，并做到前后一致，这一点至关重要。这包括由分包商和设备供应商开发或采购的系统。

这本身就可能是一个挑战，尤其是在设备和子系统是现成的且很少改动或根本未改动的情况下。因此，需要有一个流程来管理变更，同时得到合适的技术知识与权威来源的支持，从而可以识别、审查并酌情批准对商定标准的减损。

这里简要说明一些应用更广泛的人因工程标准与指南❶。以下各节将介绍上一页中列出的前5个设计主题(提到的许多标准至少涉及前5个主题中的1个主题，其中，ASTM F1166 涵盖所有这些主题和更多的主题)。

21.3.1 定义人因工程设计原则的标准

人因工程设计原则可以在许多地方找到。ISO 在它的许多标准中规定了人机工程学设计原则。❷

ISO 6385《工作系统设计中的人机工程学原则》：将人机工程学的基本原则确立为工作系统设计的基本指导原则[4]。ISO 6385 定义了工作系统设计的一般原则，例如：考虑一人或多人与工作系统组件之间的重要互动，例如任务、设备、工作场所和环境；考虑将人作为主要因素和设计系统不可或缺的组成要素，包括工作过程与工作环境；人机工程学最初的功能是预防问题的，而不是在工作系统设计完成后用来解决问题的；在设计开始时，做出影响设计的最重要的决定，因此这个阶段的人机工程学的工作量应该是最大的；涉及的工人应参与各阶段工作系统的设计；面向广泛的设计人群来设计工作系统。

ISO 26800《人机工程学的一般方法、原则与概念》定义了四个对人机工程学方法至关重要的原则[5]。

(1) 人机工程学设计方法必须以人为本。

---

❶ 2012 年，Martin Robb 和 Gerry Miller 发表了关于大多数由油气行业与海运业开发的或针对油气行业与海运业开发的现有标准与指南的有用评论[3]。

❷ ISO 使用术语人机工程学而不是人因工程学，尽管二者的意思是相同的。

(2) 必须识别并描述目标人群。

(3) 设计必须全面考虑任务的性质及其对人的影响。

(4) 必须确定和描述系统、产品、服务或设施拟使用的物理、组织、社会和法律环境,并界定其范围。

ISO 9355《显示器和控制启动器设计的人机工程学需求》定义了 16 条人与显示器和控制启动器互动的一般原则,以便最大限度地减少操作人员的人为差错,确保操作人员和设备之间互动的有效性。

ISO 11064《控制中心人机工程学设计》的第 1 部分定义了控制中心人机工程学设计必须考虑到九条原则[7]。

ISO 15534《机械安全人机工程学设计》规定了人机工程学原则,以此来确定整个身体进入机器所需的开口尺寸[8]。

CEC/IEC 60447《机器人机界面、标记和识别的基本安全原则——启动原则》[7]列出了人工操作控制措施的 9 条一般原则,人工操作控制措施属于与电气设备有关的机器人机界面的一部分。标准中定义的原则必须在设备设计的早期阶段加以考虑,并明确其应用方式,尤其当其用于同一台设备或装置时[9]。

在美国,ASTM F1166《船舶系统、设备和设施的人因工程设计标准做法》[10]定义了多个学科的人因工程设计原则:

(1) 16 条员工行为原则——控制或影响员工在工作场所表现的行为基本原则;

(2) 管理控制措施设计的 11 条设计原则;

(3) 进一步提出了涵盖显示器、控制措施与报警装置整合的 18 条原则;

(4) 在设计中使用人体测量数据的原则;

(5) 10 条工作场所设计的基本原则;

(6) 计算机人机界面设计的 4 条原则。

美国航运局(ABS)《船舶系统人机工程学应用指导说明》[11]共确定了 68 条人机工程学设计原则:8 条涉及控制措施的使用;7 条涉及显示器;12 条涉及报警装置,10 条涉及将控制措施、显示器、融入控制台的报警装置和显示器;5 条涉及手动阀;5 条涉及标签、标志、图表与符号;5 条涉及楼梯、梯子、坡道、平台和舱口;4 条涉及维护设计;3 条涉及物料搬运;5 条涉及居住性,还有 4 条涉及设计过程中人体测量学的应用❶。

就控制室和控制中心的设计来说,EEMUA 201《利用计算机人机界面的过程装置控制台》[12]确定了应用于控制台设计的 6 条关键设计原则,进一步确定了屏幕图形设计的 8 条首要原则。EPRI 和美国能源部指导的《控制室和人—系统数字界面设计与改进的人因工程指南》[13],确定了控制室设计的人因工程方面的 4 条关键原则,进一步明确了控制室与人—系统界面现代化的 9 条指南或原则。

因此,国际标准和行业指导性文件中包含许多人因工程设计原则。虽然这些原则本身并不对工作系统进行设计与布局,但在项目的技术路线中包含这些原则可大幅度提升其价

---

❶ 美国航运局指导说明和 ASTM 标准之间存在很多重叠之处,因为 ASTM 标准是美国航运局的指导说明的来源之一。

值。它们提供了一个参考点来审查工作系统的开发设计会怎样考虑人因工程。项目、承包商或设备供应商需证明其如何实施要求的人因工程设计原则，对此来说，这一要求确实很有启发性，前提是客户拥有足够的能力和经验来评估答案。

正如不同的信息源所声明的那样，虽然其原则之间存在一致性和重叠性（至少在专家的眼中是这样），但它们的数量以及它们表达方式的多样性可能会导致一定程度的混淆和误解，导致这些原则在控制和指导人因工程设计方面的实用性受到限制。这就需要再次强调组织对于其打算遵守的人因工程标准所做出的明智决定以及随后确保人因工程标准得到执行的重要性。这不仅适用于将标准强加于承包商和项目出资方的情况，还适用于接受包含人因工程标准合同的公司与项目团队。

21.3.2 定义人因工程过程与设计活动的标准

除了包括技术规范外，大多数人因工程标准还包括项目应遵循的要求或建议，以及在项目生命周期内为在设计中实施人因工程而开展的活动。

ISO 6385《工作系统设计中的人机工程学原则》[4]明确描述了从目标的制定（需求分析）和功能分配，再到工作任务、工作岗位、工作环境、工作场所与工作站的设计活动。它还规定了工作系统的验证、实施和评估过程中涉及的人机工程学。

ISO 9241 的第 210 部分《人—系统互动人机工程学 第 210 部分：以人为本的互动系统设计》[15]针对的是以计算机为基础的互动系统，确定了以人为本的设计方法。

ISO 9241 的第 100 部分针对的是软件和软件密集型系统，提供了设计中与人因工程有关的众多国际标准和指南。

挪威工作环境标准 NORSOK-S002[1]针对的是油气装置的工作环境，涉及了分析、设计和验证过程中所开展的活动。例如，它要求对新设施的组织与人员配置、工作的心理社会需求进行具体研究，并对控制室操作过程中的工作肌肉骨骼需求和发生人为差错的可能性进行任务分析。

NORSOK-S-005《机器—工作环境分析和文件》[16]要求对机器有关的工作环境设计进行全面审查，例如进出通道、楼梯与梯子的设计，材料搬运和人机工程学等。

国际油气生产商协会[17]制定的《项目中的人因工程推荐做法》，描述了油气项目应用人因工程实用的、有成本效益的平衡方法[16]，并推荐了在项目生命周期各阶段进行的活动，以及针对项目实施人因工程涉及到的不同角色，确定了推荐的能力标准。

美国航运局指南的附录 2[11]规定通过分析、设计、确认和验证来解决工程设计背景下的人机工程学简化和结构化方法[11]。

美国航运局还发布了一份名为《海上设施设计实施人因工程》的指导通知[12]，提供了在设计过程中集成与实施人因工程的策略，作为一种提高人力绩效和人力效率的方法，降低与海上工作生活相关的安全风险。

许多标准专门针对控制室和计算机人机界面的设计，推荐了人因工程的实施过程：

（1）ISO 11064[6]基于活动的五个阶段，即 A 澄清、B 分析与确定、C 概念设计、D 详细设计、E 运行反馈，确定了控制中心设计过程中的人机工程学实施框架。标准还规定了各阶段的输入与输出信息，并推荐了实现各阶段工作目标所需的工具与方法。

（2）EPRI/美国能源部的指南[14]描述了一个全面方案，涵盖新设计的规划与管理以及现有控制室的现代化改造。

（3）EEMUA 201[13]制定了针对控制台和计算机人机界面开发的路线图，但未提供各阶段的行动或所用方法的细节。

（4）NORSOK-S002[1]要求控制室和机器人机界面（HMI）的设计应以功能的任务分析为基础。

虽然这些不同过程和活动之间存在很大的重叠，但即使是样本能够代表一系列令人困惑的人因工程设计过程与活动，微妙且细微的差别仍然可能会使非专业人士难以理解其相似之处。国际油气生产商协会文件是唯一一个相关的出版物，它建议在项目最初阶段采用筛选审查的方式来实施人因工程，以此作为开发人因工程策略的基础，针对各项目所涉及的范围与面对的风险来定制人因工程策略。

在 ISO、美国国防部和美国航运局等组织的建议存在冲突风险的情况下，笔者的经验是，利用由国际油气生产商协会所倡导的人因工程形式进行筛选，进而制定针对具体项目的人因工程策略，这应该成为任何人因工程方案的出发点。人因工程筛选是壳牌公司开发人因工程过程的核心，耗时 10 年以上，已经成功推广应用到壳牌公司在世界各地的项目中。

21.3.3 工作场所与设备设计标准

工作场所设计和布局（包括进出通道与空间要求、设备界面，以及本地控制面板上显示屏和控件的设计与布局）的技术规范和要求，可见于大量标准中，包括许多本身并非人因工程标准的工程标准。

人机工程学，以及工作场所与设备（要便于设备的操作和维护）的设计与布局要求，这对于油气行业来说并不陌生。许多长期以来使用的工程设计标准，包括诸如进出通道、可见性以及操作与维护的容易性等要求（例如本章前面的来自于 ISO 10438 中的两段话），通常这些都是包含在以操作经验和反馈为基础的标准中，而并非科学研究或人因工程分析的结果。然而，这确实意味着针对工作场所设计与布局的人因工程需求，已经出现在许多学科中。例如：土木工程师可能会负责逃生路线、走道、楼梯与梯子；管道工程师负责阀门、仪表、管汇、法兰和盲板等进出通道；机械工程师负责处理铺设区域和机械搬运；仪表工程师负责仪表、控制面板的设计，甚至负责控制室设计、屏幕图形和报警系统的设计。没有一个学科能够完成整个设计，因此，项目所用的人因工程技术规范之间的一致性也难以确保❶。

工作场所设计需求分散在许多不同的标准之中，这也意味着在验证人因工程需求是否执行到位时，通常没有单一的参考来源可用。试图根据人因工程标准进行设计检查的业务部门和其他部门，可能不得不搜索数十个标准来获得人因工程需求的全貌。Bert Simmons（是一位经验丰富的操作人员），当他担任加拿大壳牌公司一个重大项目的人因工

---

❶ 例如，在一项新的船舶项目中，由于安装在船舶不同位置的楼梯与梯子的设计存在差异，操作人员在从上层甲板下到下层甲板的过程中，可能会意外地以不同的角度碰到梯子，或者由于立管之间的间隙比他或她习惯的间隙要小，则有可能会受到伤害。

程领导时，确定了工作场所设计与布局的人因工程需求，这些需求涉及的技术标准与地方法规超过 35 种。在人因工程和工业卫生专业人员的支持下，他将所有相关需求整理成一份文件。这份文件就是广为人知的绿皮书(因为其封面颜色为绿色)，绿皮书被业务部门广泛用来检查新的设计是否满足所有的人因工程需求。绿皮书在公司及其承包商中广泛流传，并迅速成为各设计审查过程中实际使用的、可操作的标准。随后，壳牌公司针对其在世界各地的不同项目开发了许多变体绿皮书，明确包含工作场所布局的人因工程需求标准也迅速增至 70 多个。此后，壳牌公司制定了包含关键工作场所布局的人因工程技术规范单一标准。许多其他运营公司都有自己的绿皮书，例如，Chevron 有一本名为《设计安全》的综合手册。

就油气行业与加工行业的工作场所设计来说，目前国际标准化组织(ISO)并未开发单一标准来全面阐述其中的人因工程需求。虽然目前还没有开发这样一项 ISO 标准的计划，但国际油气生产商协会等组织已经认识到了这个问题。

NORSOK S-002[1]还规定了一系列一般工作场所设计需求，例如：

(1) 必须为所有在启动、正常运行、停机期间或紧急情况下需要操作人员关注的设备(包括接线盒、泛光灯、I 型照明设备、电动机、阀门、仪表、紧急停机开关、燃气/烟雾探测器等)提供永久性的进出通道。

(2) 应根据使用频率和关键性来评估永久性进出通道的必要性。对于需要频繁进出或进出容易性属于关键考虑因素，那么进出通道必须是永久性的。进出通道的设计必须符合设备的维护要求[1]。

(3) NORSOK S-002 附录 B 规定了工作场所在垂直与水平方向上的间隙与距离，例如，舱口在垂直与水平方向上的最小间隙为 800mm×800mm。NORSOK S-005 附件 G 包含一份设计检查清单，可用于确认是否符合 S-002 附录 B 规定的间隙尺寸要求。

有几个行业标准和指南可以全面涵盖工作场所设计需求，使用最广泛的也许是 ASTM F1166[9]和美国航运局的指导通知[11]。

国防工程标准，包括美国 Mil-STD 1472G[17]和英国国防标准 00-25[19]第 19 部分，也包含大量的工作场所设计需求，正如其可用于国防工业一样，其中许多需求也适用于工业工作场所。

21.3.4 控制室设计标准

控制室设计国际标准 ISO 11064[7]分为八个部分：
第 1 部分：控制中心设计原则；
第 2 部分：控制配套房间安排原则；
第 3 部分：控制室布局；
第 4 部分：工作站的布局与规格；
第 5 部分：显示屏与控件；
第 6 部分：控制室环境需求；
第 7 部分：控制中心评估原则；
第 8 部分：特殊应用的人机工程学需求。

ISO 11064 的重点是新控制中心的开发。虽然它可以应用于各种控制中心和控制室的设计,但它特别适用于反映新操作概念的控制中心的开发。以具有成本效益的方式将该标准应用于控制中心,无论是改造或升级后的控制中心,还是基于现有的操作和人员配备概念的控制中心,可能都需要相当高的技能水平❶。

就控制室设计来说,也有涵盖人因工程的各种行业指南。也许最全面的指南是电力研究院(EPRI)和美国能源部[14]联合开发的指南,涵盖了新开发的控制室与人机交互设备、现有控制室与人机交互设备改造的所有方面,包括维护、配置管理和培训。

21.3.5 计算机人机界面设计标准

就过程控制和其他工业应用方面的计算机人机界面而言,其设计的标准化程度普遍较低。

ISO 9241[15]的各部分关注计算机人机界面设计,尽管重点主要集中在基于办公室的工作上。

工程设备和材料用户协会(EEMUA)的出版物 *EMMUA 201* ❷[13],可能是在有效计算机人机界面设计方面最简单、最清晰和用户友好程度最佳的指南,已经发展成为实用性可用指南。它给出了在开发过程控制系统计算机人机界面时需要考虑的因素。然而,它并没有详细描述工程师在实际设计和实施计算机人机界面(HCI)时所需的技术细节。

由英国健康和安全局批准的 *EEMUA 191*(《报警系统-设计、管理与采购指南》)[20]涉及工业过程所使用的报警系统的设计、操作和优化等各个方面。

EPRI 第四部分和美国能源部的指南[14]包含大量关于过程应用中计算机人机界面的设计资料,包括报警系统的设计。

ASTM F1166[10]第 13 节也涉及计算机人机界面,包括报警系统。

异常情况联盟[21]出版的一份指南,总结了联盟成员的研发成果,以及其认为在开发先进过程控制系统图形显示方面的最佳做法。该指南旨在支持计算机人机界面的开发,此计算机人机界面支持高水平的情境觉察,使操作人员能够在过程操作出现意外的异常情况时,进行快速有效的识别、诊断与互动。

以上仅仅汇总了一些广泛使用的技术标准与行业指南,这些标准与行业指南可对油气行业和加工行业资本项目中的人因工程实施提供支持。许多公司会维护制定自己的内部标准与指南,这些标准与指南通常来自于上述技术标准与行业指南中的一部分,并与之保持一致。同时,也有其他优秀的人因工程设计手册可供使用,这些手册能够提供更多的指南和背景资料,扩大人因工程学与人机工程学设计数据的应用范围,诸如 Woodson 等[22]和 Salvendy 提供的资料[23]。Gerry Miller 及其同事也制定了一份详细的、虽然未发表的指南,《将人因工程(HFE)整合到海上构筑物设计中的通用方法》[24]试图告诉公司人因工程的价值,并详细描述了如何将人因工程整合到设计过程中去,并在操作离岸设施时,作为提高员工效率和安全性的一种方法。

---

❶ 挪威研究机构 SINTEF 开发了一套工具,采用危机干预与可操作性分析方法,主要按 ISO 11064 来确认和验证目前的和新设计的控制室。

❷ *EEMUA 201* 也获得了异常情况管理联盟的认可和推荐。

上述简要回顾的目的不是为了提供一份针对现有人因工程技术标准和指南的综合指南。相反，它只是简单介绍了一系列的现有公共领域的参考材料，这些材料可广泛适用于希望使用它们的项目。希望实施人因工程的项目与公司需要自行确定哪些标准与指南最适合他们的需求。一旦做出决定，他们需要努力成为一个智能客户，以便根据具体的项目需求来选择相应的应用标准。而且他们还需要能够验证和确认规定的标准在任何情况下都能够得到正确执行。

21.3.6　人因工程专家角色

人因工程在资本项目中的关键作用可保证项目在正确的轨道上运行。当设施或资产投入运营后，人因工程会传递正确的人力绩效标准，这是获取有效的控制措施的必要条件。那么，项目应该做些什么来确保人力绩效所要求的标准呢？什么时候做？怎样以最具成本效益的方式来做？而且，最重要的是，由谁来做？

这四个问题中，最重要的无疑是由谁来做，知道需要做什么，什么时候需要或能够做，以及怎样以最具成本效益的方式来做，这些在很大程度上取决于具体项目的特征与背景。项目中人因工程计划的实施存在一个最佳方式，在决定这一最佳方式时，需要考虑一系列因素，这些因素包括：

（1）项目的商业架构，诸如合资伙伴的作用和遵守当地法规的要求；
（2）危险与风险的性质，以及涉及的过程与技术的新颖性；
（3）项目团队的合同与组织架构；
（4）参与工程设计与设备供应的承包商与分包商的经验与能力；
（5）设施所在地的地理、社会和经济背景。

许多常用的标准和最佳做法指南提供了相关的指导，可用于项目中包含人因工程方案的活动。它们还定义了各种设计特征应遵守的技术规范与要求。不管怎样，定制满足具体项目需求的行动和技术规范需要一定的能力，成功的关键就在于是否具备这样的能力，包括商业、合同、组织和技术需求等方面的能力。在很大程度上，这依赖于项目团队的支持人员，支持人员拥有执行定制所需的技术与商业经验，这就是项目人因工程专家所扮演的关键角色。

何时开展人因工程活动的问题面临类似的挑战，也受到许多因素的影响。项目工程师和人因工程工程师在人因工程活动的时间安排上往往存在一定程度的分歧，相互之间的关系略显紧张。人因工程工程师总是希望尽早介入设计决策。理由是尽早介入的话，如果发现可用信息不足，还可以重新往后安排，这样总比介入太晚，发现已经没有机会对设计施加影响要好，至少，在可接受的成本内进行更改。因此人因工程工程师总是喜欢尽早介入。

另一方面，项目工程师经常争辩说："由于没有足够的信息可用，因此不可能按预定的时间来开展人因工程活动。"通常情况下，缺乏的信息包括：缺乏有关设计的详细信息；缺乏有关操作人员任务的细节。

在这些情况的共同作用下，人因工程活动经常会面临被推迟至项目后期的压力，此时操作人员的任务将更加明确，也有更多的设计细节可用。不管怎样，这反映了一个根本性的误解或不正确的假设，即人因工程的主要作用是审查现有设计，或对已知任务进行分析，评估发生人为差错的可能性。然而，情况并非是这样的。设计审查和任务分析可用来评估执行任务过程中出现人为差错的可能性，这肯定是任何人因工程方案的重要组成部分，但并不属于人因工程方案中最重要的要素。这在于如何确保以下两件事情：

(1) 从项目的早期阶段开始，项目有策略地来确定怎样解决以下问题：项目所面临的人因风险与机遇，需要遵守的标准，需要开展的活动，执行工作方案所需的资源包括获得具有相应能力的人员。

(2) 在设计阶段，尽早确定支持有效、高效和可靠人力绩效所需的条件，并在设计开发或采购合同签订之前，将其记录在相关的项目技术规范和合同中。

如果未做上述两件事的话，除了审查和请求修改现有设计外，人因工程方案几乎没有机会来提升项目的价值。

冒着受到咨询公司的朋友和支持人因工程学与人机工程学的各种专业学会冷落的风险，笔者从不认为大多数人因工程工作都需要人因工程专家的参与。人因工程专家不从事设备与设施的设计，设备与设施的设计工作由工程师和设计师来做。人因工程专家的一部分工作是进行详细的分析，帮助生成具有创意的设计解决方案，并测试和验证设计内容。虽然人因工程专家的主要工作、也许确实是最重要的工作，应该是帮助项目成员了解并考虑新设施使用者的需求与想法。这意味着项目和设计工程师必须提供设施的布局安排与技术图纸、指定并从供应商处采购的设备、评估风险并确保重大危险防止措施已就位且有效。同时，这还包括建造队伍，因为设施中人因工程设计意图需要依靠建造队伍来实现。

因此，人因工程在项目中的成功实施，人因工程专家在其中发挥了极其重要的作用。工程管理人员普遍不认为人因工程是一门专家型的专业学科(正如机械、加工或电气工程一样的专业学科)，这也许是项目中人因工程的实施效果不如预期的最常见原因之一。一个人经常被任命为项目的人因工程专家，其原因在于他是工程师，这是担任这一角色的唯一资格，也许他还接受过一些培训。然而，要成为一位合格的人因工程专家，需要接受教育、培训和拥有丰富的经验。如果缺乏必要的培训和经验，则不应该期望他能够胜任项目中人因工程专家的岗位，不过一些最出色的人因工程专家确实是工程师，或者实际上是操作人员。他们最初承担这个角色的时候，并未经过专业培训或没有这方面的经验，主要是出于个人兴趣，但随着时间的推移，他们已经学到了很多关于怎样确保人因工程取得成功的知识。通常情况下，他们拥有人因工程师所需的工程设计或业务能力，而缺乏相关背景的人因工程专业人员则不具备这些能力。然而，另一个不争的事实是，拥有工程设计或业务背景的人倾向于在更多的人因工程心理领域作斗争。

笔者以在油气行业以及军事与其他系统开发方面的经验表明，迄今为止，在项目中实施人因工程原则与标准的最有效手段是，让向项目提供建议的业务代表认可人因工程目标与他们对设施的要求是一致的，即要求设施操作容易、高效、安全和可靠。其结果就是在人因工程专家的支持和提议下，业务部门获得了人因工程的所有权和领导权。当必须在资本支出与运营支出和投资回报之间做出困难的决定与妥协时，这样做可以有效地平衡项目与业主的利益。

21.3.7　商务关系

公司应该考虑的最后一个问题是，公司是否真的致力于通过在项目中应用人因工程和寻求通过设计来确保高水平人力信度，从而提高公司的效益。这就是公司与它的设计和工程承包商及其依靠的主要系统供应商之间建立商务关系的本质。项目团队提供高标准人因工程设计质量的愿望，会受到合同与商务安排的干扰。

例如，一项重大项目会付出大量精力来设计屏幕图形，以便数字过程控制系统的计算机人机界面符合最佳做法和人因工程设计指南的要求。人因工程团队与运营人员，在人因工程专家支持下，从事屏幕图形的设计，并在实施前审查和批准所有的屏幕图形设计。

当时，该公司在不同地点使用或开发了许多类似的系统，系统的设计与供应商均相同。人因工程团队希望共享项目之间的信息，一是可以提高设计质量；二是可以避免对几乎相同的屏幕进行重复设计，进而节约成本。

经过几次成功的经验分享会议后，人因工程团队被召集到项目经理办公室，并被告知停止与其他项目团队就屏幕设计问题进行的沟通。这是因为与供应商签订的合同，明确禁止公司共享不同项目之间的设计信息。这是一个标准协议，意味着客户必须为各项目的所有设计与开发工作单独付费。即使在同一家客户公司内部分享项目经验与设计方案，这也是不符合供应商的商业利益的。

即使是帮助获得一次性设计成功的灵感，避免在开发后期或调试与启动前进行费用昂贵的变更，这样的愿望也可能不符合承包商的利益。即使是设计不符合合同的要求和相关标准情况下，当承包商确信会收到设计变更费用时，承包商几乎没有任何动力来确保设计符合人因工程需求并且一次成功。

因此，即使项目所做的事情都是正确的，包括在承诺、资源配置、提供合格的人员以及进行适当的人因工程设计分析和验证活动方面，其他的事情也可能导致无法提供高质量的人因工程设计方案。得到人因工程权力的愿望可能会与供应商的底线发生冲突。不管怎样，采购方法能够绕过这些问题，并能够激励承包商实现人因工程的一次性成功。

在笔者职业生涯的前半期，有将近10年的时间担任一家公司的人因工程专家，这家公司签订了一则固定价格合同，为英国海军的新型护卫舰开发指挥和控制系统。合同包括在整个系统的设计和开发过程中实施人因工程，这是皇家海军采购中第一次出现这种正式的合同要求。合同价格为固定价格，包括110项人因工程验收测试，公司必须进行并通过正式的演示，来证明设计符合合同中的人因工程绩效需求。这些要求和相关的验收测试是基于一项支持采购的研究计划开发出来的，这一计划当时由英国国防部研究机构负责，涵盖控制台布局人机工程学、屏幕图形符号外观，这里指的是船上各种传感器检测到的物体是什么？处于什么样的环境（水下、海面或空中—处于移动状态及其敌意评估）？以及与计算机人机界面互动的容易性。甚至还包括要求进行正式的展示，来展现指挥团队在值班时间（6小时）内的协作与有效沟通的能力。

公司在整个系统设计和开发过程中必须提供110项人因工程验收测试的知识，由于未能通过测试而导致的变更成本由公司承担。这能够有效确保公司遵守合同的人因工程需求，并投入必要的精力来实现设计的一次成功。最终公司做到了所有的验收测试一次通过。

21.4 留给投资者的一些问题

在序言中,笔者就明确了本书的主要读者是拥有油气行业及相关行业公司运营经验的投资者。实施人因工程后,一线操作人员及其周围社区人员的工作条件会得到改善,与健康、安全或环境有关的事故风险则会降低,他们由此从人因工程中受益。当出现严重问题时,他们就会变成受害者。

通过在这些公司的投资而导致资金面临风险的人,则有机会提高他们的财务回报。正如本章所提到的那样,他们可以通过影响和说服他们自己的公司,对人因工程做出认真的承诺来实现这一点,这也是通过设计来提供高标准人力信度所必需的条件。

下面列出了投资者可能会询问的一些问题。答案应该允许投资者形成一个观点,来判别本书中提出的论据是否具有实质性内容:

(1) 除了对健康、安全和环境控制的影响外,设计诱发型人力不信度也是造成生产停产损失的重要原因。

(2) 就公司在投资的资产和运营设施上的回报来看,设计诱发型人力不信度所导致生产停产损失是相当高的。

(3) 大部分设计诱发型人力不信度事故都是可以避免的。这些事故是设施设计和运营准备期间的决定所引发的后果,而这些决定是基于人力绩效与行为的假设及期望做出的。显然,这些假设与期望是不合理的,也未在实施前受到充分挑战。

这些问题未必就有简单的答案。但这些问题可以作为投资者与自己的公司领导之间进行沟通的引子。这些问题是每年都会提出的问题,涉及不同的层面,包括个人资产、个体企业、经营单位或整个公司。主要问题如下:

(1) 高级管理人员是否知道导致生产损失的事故,有多少归因于人们未按现场管理人员所期望的方式来行事或执行任务?

(2) 无论事故是否真的发生,他们是否知道防范事故的控制措施有多少次是由于人的行为或表现未能发挥其应有的作用?

(3) 他们是否知道这些事故的财务影响或对年度生产的累积影响?

(4) 涉及生产停产损失事故的调查,有多少次将人为差错认定为事故原因或事故促成因素?

① 人为差错在影响生产的事故中所占的比例是多少?

② 在这些事故中,认定是与工作场所、设备的设计或布局有关的问题,或者是人们未按期望的方式行事或执行,二者各占多大的比例?

③ 人因工程(包括与设计有关的因素)是由具备适当技能和经验的人员进行了适当的调查,并以此判断事故的事故贡献。就这件事来说,公司领导相信这一说法的可能性有多大?

(5) 为了最大限度地降低资产所面临的设计诱发型人力不信度风险,公司希望针对资本项目采用什么样的技术工程标准?

① 公司采取了哪些步骤来确保这些标准得到遵守,包括承包商和设备供应商?

② 公司雇用了多少拥有国际人机工程学协会联合会专业会员资格的人员?

21.5 小结

在资本项目交付的工作系统中，许多问题都可能导致潜在的设计诱发型人力不信度明显高于其应有水平。其中最重要的是，不了解在实际环境中执行任务的心理复杂性，以及在做出设计决定时缺乏对项目人力绩效假设或期望的可预见性。其他因素包括竞争性组织目标和资本支出压力，可能导致在制造、建设直到运营的过程中优秀的人因工程设计意图无法得到贯彻落实。

寻求获得在设计中有效应用人因工程所带来的好处的组织，有必要作出明确的承诺。组织需要采取必要的行动来确保承诺得到了项目提供方的理解和重视。就提供有效的人因工程职能来说，有三个至关重要的问题：明确承诺通过设计提供高水平的人力信度；重视和渴望确保可靠人力绩效，社区文化能够理解设计决定对实现这一目标的影响；负责人因工程工作的项目负责人和具有运营与维护经验的负责人之间的密切联系，包括人因工程人士与负责生产和运营的人员之间的直接报告通道。

人因工程的实施必须进行定制以适应具体的业务环境、运营和交付项目的方式。关键问题包括人因工程职能在组织架构中的位置，无论是在功能方面还是物理方面（经验表明，如果人因工程职能在物理上非常靠近工程团队的其他成员，这将有助于将人因工程集成到总体设计工作中去）。人因工程技术标准最适合项目或组织的需求和目标。组织需要就采用什么样的技术标准作出有根据的决定，然后强化遵守这些标准的能力与经验。组织还需要确保与合作伙伴和供应商的商务关系不会与通过设计提供高水平的人力信度的愿望相冲突。

参 考 文 献

[1] Norwegian Oil Industry Association. Working environment. NORSOK S-002. Standards Norway; August 2004.

[2] International Standards Organisation. Petroleum, petrochemical and natural gas industries-lubrication, shaft sealing and control - oil systems and auxiliaries——part 1: general requirements. ISO 10438. 2nd ed. International Standards Organisation; 2007.

[3] Robb M, Miller G. Human factors engineering in oil and gas—a review of industry guidance. Work 2012; 41: 752-62. http: //dx. doi. org/10. 3233/WOR-2012-0236-752.

[4] International Standards Organisation. Ergonomic principles in the design of work systems. ISO 6385. 2nd ed. International Standards Organisation; 2004.

[5] International Standards Organisation. Ergonomics—general approach, principles and concepts. ISO 26800. 1st ed. International Standards Organisation; 2011.

[6] International Standards Organisation. Ergonomic requirements for the design of displays and control actuators. ISO 9355. 1st ed. International Standards Organisation. 1999.

[7] International Standards Organisation. Ergonomic design of control centres. ISO 11064. 1st ed. International Standards Organisation; 2000.

[8] International Standards Organisation. Ergonomic design for the safety of machinery. ISO 15534. 1st ed. International Standards Organisation; 2000.

[9] International Standards Organisation. Basic and safety principles for man-machine interface, marking and

identification—actuating principles. CEC/IEC 60447. 3rd ed. International Standards Organisation; 2004.

[10] ASTM International. Standard practice for human engineering design for marine systems, equipment and facilities. F1166-07. ASTM International; 2013.

[11] American Bureau of Shipping. Guidance notes on the application of ergonomics to marine systems. Houston: American Bureau of Shipping; 2013, August (updated February 2014).

[12] American Bureau of Shipping. The implementation of human factors engineering into the design of offshore installations. Houston: American Bureau of Shipping; 2014, July.

[13] Engineering Equipment and Materials Users Association. Process plant control desks utilizing human-computer interfaces. 2nd ed. London: EMMUA; 2013 Publication No. 201.

[14] EPRI. Human factors guidance for control room and digital human-system interface design and modification: guidelines for planning, specification, design, licensing, implementation, training, operation, and maintenance. Palo Alto, CA: EPRI, Washington, DC: the U. S. Department of Energy; 2004. 1008122.

[15] International Standards Organisation. Ergonomics of human-systems interaction—part201: human-centered design for interactive systems. ISO 9241. International Standards Organisation.

[16] Norwegian Oil Industry Association. Machinery—working environment analyses and documentation. NORSOK S-005. Standards Norway; 1999.

[17] International Oil and Gas Producer's Association. Human factors engineering in projects. Report 454. London: IOGP; August 2011.

[18] United States Department of Defence. Department of Defence: design criteria standard—human engineering. Mil-STD-1472G. January 2012.

[19] UK Ministry of Defence. Human factors for designers of systemsis—part 19: human engineering domain. Defence Standard 00-25. July 2004.

[20] Engineering Equipment and Materials Users Association. Alarm systems, a guide to design, management and procurement. 3rd ed. London: EMMUA; 2013 Publication No. 191.

[21] Abnormal Situation Management Consortium. Effective operator display design. ASM Consortium; 2008.

[22] Woodson W E, Tillman B, Tillman P. Human factors and ergonomics design handbook. 3rd ed. McGraw-Hill Professional; 2015.

[23] Salvendy G. Handbook of human factors and ergonomics. 4th ed. New York: John Wiley; 2012.

[24] Miller G E, Associates A generic approach for integrating human factors engineering(HFE) into the design of offshore structures. May 2012.

第 22 章 人因事故经验教训

本书主要阐述了这样一个论点，即业界普遍没有意识到人因工程在资本项目中的重要性，没有给予人因工程充分的重视，忽略了人因工程对安全性、可靠性和生产力的重要影响。这就意味着，缺乏可用于设计工作系统的行业标准，并且对人们在工作中的表现和行为方式存在不切实际的或不合理的期望。这个论点不仅适用于与健康、安全和环境相关的事故，而且也适用于无人员受伤、无环境损害，但却导致了停产损失的事故。在第 5 章中，笔者还认为，当设计诱发型人力不信度相关的事故发生时，行业从业人员通常并不知道与之相关的财务成本及损失程度。

在第 15 章中，笔者认为，虽然有相关的技术来严格调查事故的发生原因，但除非使用这些可用技术的人具有必要的知识、经验和分析能力，并能够正确使用它们，否则这些技术很难发挥其应有的作用。如果调查人员缺乏这些知识、经验和能力，可能会产生误判，甚至会出现分析或科学上严谨的假象，而这些假象实际上并不存在。也许调查本来是要分析人因的问题，但除非调查人员具有必要的知识和经验，否则当他们分析设计期间的人力信度贡献决定时，极易产生有限的了解与认识，也就是不全面的了解与认识。

第 16 章至第 19 章比较详细的探讨了如何严格审查项目工程环境中的组织人力绩效期望，以此来评估和改进用来防范重大事故的控制措施的可完成性。本章说明了如何对这些组织期望进行类似的深入审查，这类审查对专业培训或人因工程专业背景的依赖性最低，可以加深人们对人的事故贡献的认识，以及在今后可采取什么样的措施来降低事故的发生率。

22.1 本章的目的

在笔者职业生涯中的不同时期，人因工程专业人士都会被邀请就可能促成事故发生的人因问题发表看法❶。当被邀请发表看法时，笔者最感兴趣的、也是最重要又显而易见的问题，往往与调查小组关注的或针对人的事故贡献要问的问题有所不同。

举例说明，某制造设施控制室的相关决定引发了事故，笔者曾经被邀请发表看法。制造设施控制室的一个过程单元发生了问题，但控制室团队的成员误解了过程单元中发生的事情，并采取了错误的行动。其结果就是发生了代价高昂的事故，导致了严重破坏、昂贵维修费和重大的生产停产损失，但幸运的是无人员受伤或环境污染。笔者首先想要了解的事情之一，就是操作人员当时是如何认知过程单元中正在发生的事情的，也就是操作人员可能会有什么样的情境觉察？控制室操作人员是否拥有可用的信息，如果他们发现并正确

---

❶ 例如，第 5 章简要介绍了笔者对信度事故数据库的一些观察结果。

理解了这些信息，就应该会明白正在发生什么样的事情❶。事实证明，他们不知道究竟发生了什么：尽管采用的是先进的控制系统，但控制室内没有屏幕或仪表系统来显示这些信息，操作人员并不能够直接了解过程单元正在发生的事情。操作人员必须借助于与过程单元性质和设备设计及性能有关的知识，通过推理来获得这些信息，这是一项艰巨的心智任务，即使他们有一个精确的过程与设备心理模型，但是很明显，这样的心理模型并不存在。调查小组中没有人想过要询问这些信息，而操作人员恰恰是依赖于这些信息做出判断、诊断和决定，显然，他们根本没有被询问过❷。

通过心理学和工程学的专业培训，以及 30 多年的人因工程专家工作经历，笔者阅读、研究和分析了许多涉及非预期人力绩效的事故。对这一庞大的研究与应用科学体系来说，笔者的研究确实做出了一些贡献。因此，当一份事故报告将人为差错列为引发事故的重要原因之一时，笔者就会很自然地提出相关的问题。对于任何具有丰富的应用心理学或人因工程知识的人来说，都会提出这些问题。我们看到了模式，联想并认识到与其他事故、科学知识或研究发现的相似之处。我们知道要问什么问题，问题的答案可能在什么地方，认识到什么样的答案才是合理的。对于任何技术学科的资深专家来说，都是一样的。

因此，本章的目的就是，使不具有人因工程学或应用心理学背景的读者能够洞察这类问题与注意事项，当专门研究这些学科的人从人因的角度来看待事故时，这类问题与注意事项是他们可能会问到的问题。本章说明了在试图了解事故的潜在原因或人力绩效发挥的作用时，笔者想到的各种问题，这些问题也许是大多数具有心理学背景的人因工程专家都会想到的。

22.2　原则上一切事故都是可以避免的

首先，需要设定一个前提，也就是所有事故都是可以避免的，这里描述的方法都是基于这一前提的。这也是目前许多大公司在组织愿望中设定的目标，例如目标为零（壳牌）、无人受伤（埃克森美孚）、零事故（雪佛龙）、零事故、零伤害、无环境破坏（BP）和 10 到 0（哈里伯顿）等。这些公司寻求建立一套全面的工程和系统控制措施，并以安全工作做法、培训、能力和监督、变更过程的管理、强有力的领导、强大的安全文化和强烈的安全意识作为辅助措施。这些控制、实践和文化可以用下列核心信念来表达，而且必须处于组织结构中的最高层级：

（1）组织已经制定了一套控制措施来防范各种危险源，因而员工不会受到伤害，不会发生任何涉及健康、人身安全、过程安全、环境或生产的重大事故，也不会触发相关的调查。

（2）如果这种信念是正确的，那么只有在以下情况下才会发生事故：
① 防范危险源的控制措施全部失效；

---

❶ 这就是 Mica Erdsley[1] 所描述的 1 级情境觉察——能够检测到反映实际情况的信息。我想知道操作人员是否有可能感觉到这些信息，这些信息能够直接告诉他当前的实际情况。

❷ 在开发过程控制系统的机器人机界面图形时，需要正确理解控制室操作人员的信息需求。

② 存在无效控制措施的危险源。

不要期望任何控制措施是100%可靠的。屏障思维的主要动力来自简单的统计事实，即只要控制措施是独立的❶，即使每项控制措施都有预测的失效率，与单项控制措施相比，多项控制措施的实施可明显降低发生危险的概率。针对每个危险源的控制措施数量，取决于与每项危险源相关的风险评估和每项拟议控制措施的可靠性预期。因此还有两种其他的可能性：没有足够的控制措施来显著降低危险源的风险性；有足够的控制措施，但并不如预期的那样可靠。

22.3　关于人的事故贡献的观点：四个关键问题

事故的发生给予我们一个机会，即可以了解相关控制措施的可靠性，并采取行动改变控制措施或强化已有的控制措施，也就是提高控制措施的可靠性。这里提出的方法试图回答以下问题：期望实施的人力控制措施是否确实已经就位，并且正常有效？也就是事故是否处于已知控制措施的不信度区域，期望的控制措施是否存在或者不会按期望的那样发挥作用？

为了解人力绩效作为事故控制措施的有效性，以下四个关键问题可以作为基础：
(1) 组织期望采取什么样的控制措施来阻止事故的发生？
(2) 控制措施的实际表现怎样？特别是人们做什么或不做什么会损害其有效性？
(3) 为什么期望的控制措施无法阻止事故发生？
(4) 在今后怎样通过强化控制措施来阻止事故发生？

回答上述问题未必就能够找到事故发生的真正原因，对上述问题的回答也无法替代对事故根本人因原因的正确理解。不管怎样，这有助于认识和了解组织对人力绩效与行为标准所持有的不切实际的期望，即这些标准在其创建的运营情境中始终是可以实现的，包括工作环境和设备界面设计。尝试回答这四个关键问题也有助于了解在项目开发期间，未充分重视人因工程可能产生的实际影响和成本。

22.4　情境确立

上述四个关键问题只能在事故的基本事实明确之后才能着手加以解决。对于人因要素的调查，这些事实至少要涵盖三个主题：究竟发生了什么？事故发生的背景是什么？涉及谁？

22.4.1　究竟发生了什么？

对于人因要素的调查，需要获取与事故有关的真实信息，才能明白究竟发生了什么，如下：
(1) 意外事件究竟是什么？
(2) 与事件相关的人力绩效出现在何处？

---

❶ 就同一个危险源来说，一项控制措施的失效并不会影响另一项控制措施的可靠性。

(3) 是什么时候发生的？包括一天中的特定时间段，值班时间，距离上次休息有多长的时间，一个工作周期的轮班次数。

(4) 涉及谁(直接或间接)？

(5) 涉及什么设备？

(6) 演变成事故的事件发生的时刻，比如是否发生在交接班？

(7) 实际后果是什么？

(8) 合理预期的最坏结果是什么？

(9) 什么能够阻止最坏结果的出现？

22.4.2 背景是什么？

人力绩效的原则是情境化，为了遵循这一原则，有必要了解一些依靠人力绩效的控制措施的工作背景。事故即将发生时会涉及一些操作人员，这些操作人员所期望的情境就是工作背景。从操作人员的角度来看，工作背景由众多因素来定义，尤其是组织和个人的激励与动机、特定任务的目的与对象、操作的新颖性或常规性、一天中的特定时间段和工作环境。以下是可用于探讨工作背景的一些问题：

(1) 在事故发生前，操作人员可能将什么东西视为主要目的或对象？激励他们的是什么？

(2) 事故发生时，操作人员试图完成什么？短期(秒/分钟)和长期(分钟/小时)的具体目标是什么？

(3) 事情发生或不发生的时间跨度有多长？或几乎是瞬间发生的，是在很短的时间内(几分钟)发生的，是在超过几分钟(几小时)的时间内发生的，还是在更长的时间(几天或几周内)内发生的？

(4) 是否有任何组织的、商务的或个人的问题，使操作人员感觉到压力？

(5) 操作人员对操作的熟悉程度如何？例如，是否曾经在类似的工作条件下，多次重复类似的操作？或者很少进行这样的操作，或者是第一次进行这样的操作？

(6) 如果这是一项日常活动，那么事故发生时的安排或组织方式与其他时间的安排或组织方式相比，有何不同？

(7) 在不同时间，活动所依靠的操作人员是否也不同？

(8) 近期是否有任何变动更改，可能会影响到工作的组织或执行方式？例如依赖于长期行为模式变化的组织安排发生了变化；减少了监督次数或使操作人员很难见到监督人员，或其他提供帮助或支持的资源发生了变化；其他变化，诸如设备、组织、沟通渠道、人员配备；或承包商的角色与责任，或可能影响诸如工作时间、加班或其他福利的激励措施。

(9) 环境条件是什么？

(10) 涉及人员的工作安排是什么？包括一天中的特定时间段、值班时间、连续轮班次数等。

(11) 在事故发生前，组织对工作支持、监督或检查的期望是什么？

(12) 希望操作人员在什么样的情况下寻求其他人员的帮助或支持？

(13) 如果是这样做，是否容易得到其他人员的支持？会为此付出大量精力或会产生其他的不良后果吗？

(14) 应该设置什么样的检查点？

(15) 监督人员是否容易见到员工？

(16) 监督人员有没有时间和"软技能"来对工作进行有效的监督和监控？

22.4.3 涉及谁？

从人因工程的角度来看，第三个需要背景信息来定义的情境是关于谁的问题。许多调查的局限性在于，往往并不清楚引发事故的事件究竟涉及到谁。或者更常见的是调查止于最后采取行动的一线人员。在调查考虑依靠人力绩效的控制措施时，也是如此。因此，调查中重要的一点是要了解事故控制措施的表现与谁有关，并且要求至少考虑三个不同的群体：

(1) 依靠其表现作为控制措施的人员，可能被视为主要参与人；

(2) 反过来又依靠其行为或决定的人员，例如，通过维护设备或提供信息，可能被视为次要参与人；

(3) 影响主要与次要参与人行为方式的人员。这些可以包括设定日常目的与目标的直接监督人员，协商并签订生产合同的人员，以及设定个人绩效目标并对个人绩效进行年度评估的经理。有许多人会有意或无意地导致人们的行为与组织公开声明的政策不一致，他们可能都被视为有影响力的人员。

这三个群体，究竟发生了什么？背景是什么？涉及谁？从所涉及操作人员的角度来看，都是关于情境确立的背景信息。其中没有一个群体会单独引发事故，也没有一个群体被认为是本应阻止事故发生的控制措施。但是，了解三个群体对异常表现发生条件的理解是很有帮助的。理解操作人员在采取行动的时候的想法和对情境的了解是了解人力绩效的基础。

22.4.3.1 组织期望采取什么样的控制措施来阻止事故的发生？

本章的其余部分将对如何解决前面列出的四个关键问题进行说明。一旦充分了解事故发生的事实与背景，就应确定组织领导期望采取什么样的行动来确保事故不会发生。确定这些期望并不意味着必须采访组织的高层领导，而且它既不依靠蝶形图（诸如第16章中的例子），也不依靠一些其他明确表述的预期控制措施。蝶形图分析通常只适用于资产所面临的最重大危险与风险情况。对于大多数事故调查来说，期望正式表述的这些控制措施是可用的，这是不合理的，也是没有理由的。尽管如此，屏障思维与防御层概念仍然可用于调查员工的事故贡献。

组织对其所依靠的人力控制措施的期望，可通过多种形式表达出来，如组织寻求开发的领导信息和组织文化；公司政策和企业标准；合同安排；工作层面的工作安排、工作做法、工作指导、工作许可和一线用来支持日常活动的工作辅助。在一般层面上，组织领导可能会期望做诸如以下的事情：

(1) 每个人都将接受培训并有能力完成指派的工作；

(2) 每个人都将处于适合工作的状态；

(3) 不鼓励或激励任何人走可能影响健康、安全或环境的捷径；

(4) 设备将按照行业标准设计，并符合其预期用途；

(5) 设备将按制造商的操作指南和技术规范进行操作和维护；

(6) 程序与工作指南在技术上是正确的，反映了操作经验，并对其进行了维护与更新，以及一旦需要，无论在任何时间和地点，都是可用的；

(7) 公司安全文化将确保每个人在进行危险活动时，其行为都是负责任的、谨慎的。

为了说明本章的内容，以第7章表7.2中的导致团队成员失去生命的清管器发球筒工作压力超高事故为例进行分析。以下是此次事故的关键环节：

(1) 管道检查组正准备使用在线检测工具（称为清管器）进行管道检查。检查组认为，管道阀门是打开的，于是开始利用氮气车泵送氮气以吹扫管道。然而实际情况是，清管器发球筒与管道之间的阀门是关闭的，以此来防止氮气经发球筒流入管道。

(2) 氮气车的安全压力设定为6000psi，清管器发球筒的最大允许工作压力（MAWP）为350psi。即氮气车可提供的压力远远高于发球筒能够承受的设计压力。如果安全压力设定值与发球筒匹配，一旦压力超过发球筒的设计压力极限值，泵送氮气过程将自动停止。而且清管器发球筒上并未安装压力安全阀。

(3) 当向发球筒施加压力时，清管器发球筒上压力表的数值（100psi）几乎瞬间就回到零点。清管器发球筒检查组误认为压力表的读数为零，说明无氮气从氮气车流出，因而要求提高压力。由于氮气流量增加，两分钟内就发生了压力释放事故。

这次事故所涉及的组织高层领导可能会有什么样的合理期望，能够有效、会或应该能够阻止清管器发球筒超压事故？当然，这一点无从知晓，但是这里有一些基于事故报告提出的合理建议：

(1) 涉及的检查组接受培训并有能力知道如何隔离清管器发球筒；

(2) 在开始工作之前，制定工作计划，并审查安全措施；

(3) 操作人员知道怎样调整阀门的状态，并做好管线吹扫的准备工作；

(4) 吹扫前，操作人员应检查所涉及的阀门状态，并通过查看阀位置指示器能够判断右侧阀门是否处于打开状态；

(5) 氮气车配备了压力安全装置，并确保其工作压力与发球筒和管道的最大允许工作压力相匹配；

(6) 位于预期工作位置处的操作人员能够从压力表上看到发球筒与管道的内部压力；

(7) 操作人员会使用压力表监控发球筒与管道压力；

(8) 所有清管器发球筒都安装高压安全阀（PRV），如果发球筒压力超过设定值，高压安全阀会自动升起，降低压力；

(9) 操作人员应了解与清管器发球筒相关的风险，并谨慎行事。如有疑问，他们会停止工作。

当然，一旦基于企业政策、标准、规程的组织期望和类似的组织期望明确化，就需要对其进行测试，以确定其是否与实际操作一致。现场实际发生的事情可能与组织在公司层面上所相信和期待的事情不同。考虑到事故发生时的实际情况是不同于模拟演练或假想演练的，测试过程中，公司就有可能学到很多知识，并可能对其期望进行调整。

然后试图回答第一个问题的结果就是，需要对组织期望用来阻止事故发生的控制措施进行总结，这甚至可以采用蝶形图的形式来表示。这反映了现场操作人员及其监督人员的真实期望。也就是说，应该认识到公司政策和标准与实际情况之间的差异。对于现场操作人员，在他们知道实际操作与公司期望之间的所有差异的场合，他们仍然必须相信有足够的、有效的控制措施来保护自己和同事的日常工作。

22.4.3.2 控制措施的实际表现怎样？

第二个问题是要了解期望这些人力控制措施实施后，它们在事故中的实际表现会怎样。这是关于事实收集方面的，因此没有必要解释或理解他们怎么会那样做或为什么会那样做，或为什么不能那样做。只需要与预期效果对比，确定究竟会发生什么即可。

控制措施的实际表现至少有三种可能性：

(1) 某些人力控制措施可能已经就位并达到了预期的效果；
(2) 其他的控制措施可能已经就位，但没有达到预期的效果；
(3) 有些控制措施可能根本就没有就位。

如果组织希望用来阻止事故发生的所有控制措施都没有就位，那么这本身就是一个沉重的经验教训。当然，还需要进一步调查，以确定这些控制措施为什么没有就位。

有趣的是，这需要理解人因是否会影响控制措施的表现。尤其需要了解控制措施执行方式中的人因贡献，以及为什么无法阻止事故的发生。这里有三个关键问题：

(1) 有谁未做期望他做的事情？
(2) 是否有人做了一些本来不应该或不希望他做的事情，但针对这些事情的控制措施被认为应该已经就位（例如升级相关影响因素及其控制方法）？
(3) 有谁做了一些完全出乎意料的事情？

这里需要对做某事这个短语进行全面的解释。它指更广泛的活动，包括可以在物理世界中观察到的活动，也可以是发生在心理空间中观察不到的活动，例如行动、决定或判断、假设、期望或信仰、沟通、遵守或未遵守的程序、避开行为、在存在问题迹象时仍然继续进行的活动和为看似不一致的数据进行辩解等。在事故发生前，辨识人们已做或未做的重要"事情"是什么时，可能需要一定的分析技能、经验和洞察力。

以上(2)和(3)之间的差异很重要。问题(2)是关于提前发现的事情可能会削弱或挫败一项控制措施，因此期望一些额外的控制措施来防止此类事情的发生❶。另一方面，问题(3)是关于未曾预料到的事情。它们确实是意想不到的事件，至少就组织针对此类事件的准备与计划来说确实如此，因而并无相应的控制措施就位。

回到清管器发球筒超压事故，表22.1的说明是针对此次事故的，回答了前面识别出来的两个问题：组织期望采取什么样的控制措施来阻止事故的发生？控制措施的实际表现怎样？为了进一步说明表22.1在回答问题(1)、(2)和(3)中的作用，表22.2从前几章讨论的四起主要事故中摘选了部分例子。

---

❶ 就蝶形图分析来说，这些是升级因素及其相应的控制措施。

第22章　人因事故经验教训

表22.1　针对清管发球筒事故的组织期望、控制能力和操作人员能力的可能答案说明

组织期望什么	实际控制是怎样执行的 （A——就位有效 B——就位但无效 C——未就位）	导致了这一事件的原因是运营商 做了什么还是未做什么 （A——做了预期他们不会做的事情 B——没有做他们预期会做的事 C——有什么意外吗）
在开始工作之前，将对工作进行规划并审查风险和安全措施	B	没有认识到氮气卡车线路过压的可能性(B)
操作员将知道如何排列阀门以准备清洗管线	B	未发现疏水阀已关闭(B)
在引入氮气之前，操作人员将积极确认所涉及的阀门的状态	C	
氮气卡车将配备一个压力跳闸，其设置将与发球筒和管道的最大允许工作压力(MAWP)相匹配	B	未设置卡车的压力跳闸点以保护发球筒或管道(它设定为6000psi的行程，远高于发球筒的MAWP)(B)
压力表将显示发球筒内的压力，操作员将使用压力表监测发球筒和管道内的压力		发球筒的团队误解了仪表上的0读数，他们理解这意味着压力表上的压力不足(A)
如果发球筒过压，则压力释放阀(PRV)将自动升起以降低压力	C(清管器发球筒没有安装PRV)	
操作人员将意识到与清管器发球筒相关的风险，并将谨慎行事。如果他们有任何疑问，他们将停止工作	B	当氮气从卡车流出时，没有质疑为什么压力表读数为0(B)

表22.2　重大事故中的员工期望示例

事故	地点	哪些事情是别人认为他们会做而未做的	做了什么事情（预计他们不会这样做）	做了什么出乎意料的事情
邦斯菲尔德燃料储存库爆炸和起火	第三部分：第16章至第20章	主动监控正在灌装的燃料罐	尽管知道两个警报系统都不可靠，但继续进行燃料输送	让独立高位开关处于错误的模式
台塑公司爆炸案	第2章至第3章	从当地控制面板上的标签上认出他们在错误的反应器	越过安全联锁(无需先获得批准)	在错误的反应器上工作
法航AF447航班坠毁	第9章	启动他们最近接受过培训的紧急程序	做了一系列突然和过度的控制动作，试图重新获得对飞机的控制	手动操作导致飞机失速
巨人工业炼油厂的火灾和爆炸	第6章	使用阀杆上的位置指示器确定阀门的状态	依靠阀门扳手的方向来指示阀门的状态	从阀门的位置指示器中取消指示，显示阀门打开，有利于认为阀门实际上是关闭的

22.4.3.3 为什么期望的控制措施无法阻止事故发生

相对来说，前两个问题比较直截了当。第三个问题可能更具挑战性，也就是为什么这些依赖于人力的、本该能够避免事故发生的控制措施，未能发挥其应有的作用。对此，人因调查需要重点关注如下三种情况：

（1）根本就没有控制措施。

就清管器超压事故来说，操作人员肯定会被期望在氮气进入清管器发球筒前主动确认阀门状态是否正确。在这次事故中，操作人员没有这样做，这意味着控制措施未就位。

（2）如果控制措施已经就位，操作人员做了期望其做的事情，但是这在防止事故发生方面并没有产生效果。

就清管器超压事故来说，在开始吹扫前进行的安全审查应该已经确定了所有重大风险，包括发球筒超压风险。同时，期望检查组确实会基于检查结果采取适当措施来降低各种风险。虽然进行了安全审查（控制措施已就位），但在识别或缓解超压风险方面没有产生效果。

（3）虽然控制措施已就位，但涉及的操作人员做了一些完全出人意料的事情，导致其未能发挥应有的作用。

就清管器超压事故来说，操作人员将压力表的零压力读数解读为无氮气流入（这是完全出乎意料的），因此操作人员请求提高工作压力。

人们会在事故发生前采取一些行动，关于为什么会采取这些行动，要试图发现其中的证据或事实总是存在实际困难的。影响人力绩效的许多因素可能是非常个性化的，每个人都可能不愿分享他们的情绪、行动与行为细节，如避开不安情绪和保护自己的形象，或者担心过错被人发现进而承担损失责任。

许多人力绩效，尤其是当人们进行日常或技能型的活动时，都涉及潜意识的认知与心理活动过程，情况也确实如此，这些是有意识的问询无法接触到的，这是系统 1 的特点。简单的例子就是视而不见，这与许多事故有关，例如汽车驾驶员在驾车驶入公路时撞上骑自行车或摩托车的人（汽车驾驶员通常会观察骑车人的方向，而且通常在视线良好的条件下，此时驾驶员处于高度警觉和全神贯注的状态）。尽管骑自行车的人对驾驶员来说是清晰可见的，但在很多情况下，驾驶员好像并未看见骑车人❶。因此没有理由认为操作活动，甚至是安全关键活动也不会受同一现象的影响。

真正的挑战在于如何理解局部合理性，这需要努力了解操作人员的内心想法或进入 Sydney Dekker 所说的"内部隧道"❷。调查人员需要尽力理解如何采用特定方式来解释事件，或者做出的一系列决定或行动，对于那些处于当时环境中的人来说，会有怎么样的意义。试图洞察人的事故贡献时，任何人都不得不作出判断或假设，这些判断或假设是针对事故的最可能解释的。遗憾的是，确实没有一种有效的方法能够正确测试这些判断和假设，这很可能会牵涉到许多复杂的问题，尤其是法律责任问题。无论如何，这里列出这些方法的目的，不是要试图确定事故在法律上的原因或分摊责任，而是帮助组织挑战并通过

---

❶ 对此的心理解释来自并发任务导致的选择性注意与赋予的工作记忆。

❷ 第 1 部分已经简要介绍了局部合理性原则。

挑战来了解组织对人行为与表现的期望。因此目的是确定如何去强化这些期望。在试图了解操作人员的内心想法时，需要建立假设或判断的心理、技术、法律真实性，但是这存在一定的困难，不过这些困难未必就能妨碍做出这些判断。但是对于所涉及的利益相关方来说，这些判断需要足够的合理性，这样有助于他们的理解、学习和改进。确立法律责任可能是完全不同的视角。

本章的其余部分描述了当笔者从人因工程角度来看待事故时，出现在脑海中的一些问题。试图了解涉及事故人员的内心想法，并试图了解在当时的情况下，他们做出的决定及其所采取的行动对他们来说具有怎样的意义。接下来的绝不是一套全面或完整的问题，它不构成调查方法。这只不过是笔者认为有用的且有见解的问题与注意事项的总结。认知科学家 Stephen Pinker 在 2014 年出版的《写作风格意识》一书中，他采用窥视我的意识流这个短语[4]来介绍他描述的思维过程，并试图解释为什么散文中某些段落能够产生预期的效果。笔者在这里也有类似的意图。这里的所有问题并不是时时刻刻都是适用的，肯定会在某些事件中存在其他问题。在笔者的职业生涯中这些问题属于所遇到的大部分人力绩效问题范畴。从这本书所使用的一起或多起事故的例子中就可以看出来。

在尝试探讨关于控制措施为什么未能发挥其应有的作用时，笔者提出了一些人因工程问题，这里是这些问题的总结。笔者也给出了一些提示，以便激发人们就此问题进行更为广泛的思考。

（1）为什么组织预期控制措施会发生作用？

为了弄清楚组织期望的控制措施为什么未能发挥其应有的作用，会问到的第一个问题是：为什么组织会希望有人不要做实际已做的事情，或者要做未做的事情？下面给出的一些可能性：

① 预期的工作现场的情况是否被认为醒目？（当地的标牌、警告、声音、气味、他人的观察）

② 程序、作业指导书、许可证等类似的事情是否被认为清晰明确？

③ 控制措施是否被认为是隐含的？因为它也构成了场地实践/文化/经验的一部分。或者希望其从明确的培训或从经验中获取？

④ 这些活动过去是否总是以这样的方式来做？

⑤ 是否期望有能力的人直接被安排来做这项存在问题的工作？

⑥ 是否相信除了正确的方法外，没有其他方法可以做到这一点？

⑦ 在所处的背景及设备与资源可用的情况下，期望的绩效或行为标准是否合理。例如，希望有关人员：在当时的背景下，会严格遵守书面规程或工作指南；能够识别并持续关注与工作有关的各种风险；能够正确划分相关风险的优先级（尤其是事情发生后，明确该风险的优先级设置是否正确）；在可用的时间内，能够在现有的工作环境中完成预期的工作量；体力和精力能够满足工作要求，包括能记住细节、有精力转化并整合来自不同信息源的信息；在存在不确定性的情况下，能够检测并理解细微变化的含义；

⑧ 在其监控的不同信息源之间能够实时合理地分配注意力；

⑨ 在工作期间能够保持警惕性、能够集中注意力和保持良好的工作状态；

⑩ 能够明白自己在工作中的角色和责任，以及期望其从事的其他角色和责任；

⑪ 能够理解并遵守用非本国语言编写的书面指南？

（2）有意还是无意？

将人们做什么或不做什么的决定与期望及其持有这些期望的理由进行比较，Jim Reason 的关于有意还是无意人为差错之间的区分[2]，为更深入地了解可能发生的事情提供了有用的分析框架❶。也许有迹象能够表明他们是否是有意这样做，还是有意不这样做。例如，有人会因做或不做这些事情而获利❷？

个人是否可以利用工作环境的设计或布局方式，或者使用随时可用的设备或工具等很自然地节省时间或降低劳动强度或使生活更轻松的机会？例如：

① 站在管线上操作阀门。

② 工作时使用错误的工具。其原因是这些工具取用方便，而没有去寻找合适的工具。

③ 是否能够不使自己陷入不利的处境，无论是身体、情绪还是人际关系？

④ 薪酬/奖励制度是否会鼓励这样的行为？

⑤ 是否存在有可能会鼓励这种行为的局部工作安排（例如：尽快完成任务以便赶在餐馆关门前完成工作或赶上最后一班公交车）？

同样，也许有迹象能够表明他们是否是有意这样做还是有意不这样做。例如：

① 也许是失误，即本打算做正确的事情，但在做的过程中出错了，比如太早、太晚、不准确等。

② 也许是遗漏，即忘记了活动或活动中的某个步骤。

③ 也许是错误，即打算按照自己的方式行事，但其意图是不对的。

④ 规则型错误，人们在这种情境下采用了错误的规则。也就是说，人们认为其所处的情境是不同于既有规则的，或者人们对情境的判断是错误的，如可用时间等。

⑤ 知识型错误，基于情境的知识误用。

（3）心理与认知背景。

到目前为止，有三种建议方法可用来理解为什么期望的控制措施未能阻止事故，这三种方法主要探讨了三件事：①为什么组织预期的控制措施会发挥作用？②在当时的背景下，对于拟承担这项工作的人来说，这些期望是否合理？③涉及员工的行事方式是有意的还是无意的？而剩下的问题是需要深入探讨的问题，需要更多地了解事故的心理与认知背景的问题。

这不可避免地会面临更大的技术挑战，对于那些缺乏心理学背景的人来说，就更不用说了。任何事故都可能面临大量的心理问题，这些心理学问题对事故的发生有促进作用：从检测、处理和理解这些感官信息所涉及的感觉与知觉过程，到人的个性、人际关系问题，以及团体和组织的社会动态。当然，从心理学的角度来看，就同一过程来说，往往也存在许多不同的理论观点。这些并非简单的问题。不管怎样，这里的目的是谈一谈对问题

---

❶ 有关 Reason 教授的人为差错模型的介绍，包括失误、遗漏和错误的性质与特征，请参阅他的 2013 年出版的《差错中的生活》[2]。

❷ 当然，出于恶意的有意行为，战争行为或出于政治抗议的故意行为，不适用此方法。这些和其他与安全相关的问题需要以不同的方式进行调查和管理，而不是通过了解一个组织在选择管理其运作方式时对人内在表现的期望。

的见解，具有心理学背景的人因工程专业人员可能会想到这些问题。本着这种精神，有必要进一步简要列出一些问题，进而可以开始着手解决经常导致事故发生的一些心理认知问题。

至少有五个关于心理认知的主题值得探讨：
① 风险意识与评估；
② 认知偏见；
③ 情境觉察；
④ 注意力与疲劳；
⑤ 人际交往与沟通。

挑选出这些主题显然不是由经验和证据驱动的，是根据许多事故调查技术和识别事故真正原因所必需的条件来挑选的。但它们反映了人因工程原则，尤其是第 5 章讨论的人力绩效硬道理对人力绩效的强大影响力：
① 人力绩效是情境化的；
② 设计影响行为；
③ 人们会找到更简单方法（即使风险更大）；
④ 不能假设人们是理性的。

当然，重要的是避免结论受到事后聪明和验证偏见的驱动❶。研究人员需要避免仅仅寻找支持理论的证据或迹象，即可以通过情境觉察的缺乏、认知偏见或其他事情来解释人们的兴趣表现。调查目的不是要确认是否涉及这些问题，相反，其目的是确保会适当地考虑这些问题，以及会考虑在探讨这些问题过程中产生的其他问题。证据是重要的，无论它是否支持其中任何一个涉及人员，或者证明他们不是事故发生的一个因素。

（4）情境觉察。

以下是一些拟议的问题和提示，这些问题和提示有助于探究情境觉察的丧失对事故的促进作用。
① 所涉人员需要什么样的信息，才能够确定与其目标相关的真实情境？
② 实时的过程、操作或设备状态、危险等。
③ 非实时的停用设备、过程或设备特性、限制等。
④ 期望从何处获取信息？
⑤ 工作交接班或其他操作人员。
⑥ 仪表、信息系统。
⑦ 规程、工作指南或许可证。
⑧ 无论何地何时，需要的信息都是可用（这是关于 Mica Endsle 所定义的 1 级情境觉察，即指示环境状况的信息意识）。
⑨ 设备的标志明确、清楚且正确。
⑩ 信息可见且清晰，且处于视线范围内、光线好、语言正确。

---

❶ 在他的《黑天鹅》[3] 一书中，Nassim Nicholas Taleb 将验证偏见称为验证差错，其意思是只寻找验证期望是什么的信息，而不是挑战无知。

⑪ 有理由期望个人注意到这些信息。
⑫ 如果信息只是暂时可用(例如语音信息)，人们也许在关键时候会注意不到这样的信息。
⑬ 疲劳会明显降低人们的警惕性，以至于人们未能注意到这些信息。
⑭ 在目前的情境下，有可能人们不明白或理解信息或数据究竟意味着什么(这是关于2级情境觉察的，正确解释信息的含义)。
⑮ 信息直接可用(例如，在仪表或显示器上的信息，并且这些信息呈现给操作人员的格式使这些信息浅显易懂)，还是必须对来自其他数据的信息进行解释或计算，才能明白其含义。
⑯ 为了工作能够开展，不得不做出一些假设。
⑰ 实际信息与期望的信息不一致。
⑱ 使用的信息格式与来自其他信息源的信息核实是否一致(例如摄氏和华氏)。
⑲ 由于记忆所使用的感官通道导致信息含糊不清或不完整(例如，在听或写的过程中可能会误听或误读 B 和 3)。
⑳ 掌握理解这些信息所需的技术或科学知识。
㉑ 掌握与正确理解这些信息相关的操作状态、前期事件或其他必要事件的知识。
㉒ 预期他们会通过努力(持续密切关注或进行艰难的心理转化)来获取隐藏在数据中信息(即将数据转化为可推理的信息)。
㉓ 有无反馈或其他沟通渠道可以确认需要信息的人确实注意到了这些信息，并明白了这些信息的意思(如语音回拨协议)？
㉔ 就今后可能发生的事件或他们行动的可能后果来说，他们是否有可能不了解这些信息的含义？(这是关于3级情境觉察，及时预测世界的现状以预测未来的事件或状态)。
㉕ 掌握相关技术或科学知识或接受过培训，理解其可能的含义。
㉖ 操作或过程心理模型是否与现实世界一致？
㉗ 是否会专注于错误的目标或信息来源，导致其没有意识到正在发生的事情？
㉘ 所涉人员有可能没有注意到环境或过程的变化，而这样的变化可能会影响他们的工作方式。
㉙ 发生了一些会改变工作执行方式的事情。
㉚ 在工作开始后，操作人员意识到情况并非如预期的那样。对他们来说，有可用的信息来识别这些变化。
㉛ 所涉人员基于别人告诉给他们的情况(例如，交接班期间)，或来自工作现场的指示(诸如隔离标签挂错了阀门或设备的外观)，导致其相信这与实际情况存在显著差异。

(5) 风险意识。

以下是一些拟议的问题和提示，有助于探究缺乏风险意识或风险评估不充分对事故的促进作用。

① 期望所涉人员通过什么途径来知晓与活动相关的危险与风险？
② 培训与能力；工地标牌和警示；班前会或安全简报等。
③ 期望他们通过什么途径来知晓事故中涉及的具体风险？

④ 可能会同时知道和管控的其他风险有哪些？

⑤ 与已经发生的事情相比，认为所有风险都具有更高的优先级，还是认为所有风险的后果更严重？

⑥ 期望人们知晓发生后实际后果的理由是什么？

⑦ 就操作人员的经验、培训与可能的警惕性，以及事故前的背景与条件来说，是否有理由期望所涉人员有意识地了解到所面临的实际危险及其后果？

(6) 认知偏见。

以下是一些拟议的问题和提示，有助于探究认知偏见对事故的促进作用：

① 有迹象表明认知偏见可能会影响信息的搜集及解释方式、做出决定或风险评估。

② 有证据表明有人会选择性忽视，或不相信与其想象的实际情况不一致的信息，或者在完成操作的过程中产生严重问题的信息（验证偏见）。

③ 有证据表明有人会注意不到问题迹象，或不会针对问题迹象采取行动，因为他们之前曾经遇到过类似的情况，因而认为这是正常的（正常化）。

④ 有证据表明有人似乎过分信任选定的行动路线，尽管有证据表明此行动路线并不合适（承诺）。

⑤ 有证据表明有人似乎错误地确定了不同风险的优先级，导致过于专注于防范他认为最大的风险，而忽视了对其他风险的管理（损失厌恶）。

⑥ 在开始工作前，评估操作中的相关风险或向人们解释操作中的相关风险的方式，导致其将过多的时间和注意力分配给事故发生前、实属低优先级的风险？（关联效应）

(7) 注意力与疲劳。

以下是一些拟议的问题和提示，有助于探究注意力不集中或疲劳对事故的促进作用。

① 在事故形成的整个过程中，由于部分负责的一些事情，而导致所涉人员注意力不集中（例如，争夺注意力的并发任务、正在与他人交谈、广播节目或警报）。

② 因他人的活动或非自己负责的事情而导致注意力不集中（例如同事、访客、现场的其他活动）。

③ 任务本身缺乏足够的吸引力或刺激，枯燥无味的任务使人们很难保持对任务的关注度或很难改变人们的行为方式。

④ 受到疲劳的影响，尤其是因处理事故发生前的事件而导致的疲劳（即睡眠不足导致的困倦或失去警惕性）。

⑤ 工作环境会带来困倦（例如温暖、黑暗、舒适、安静、无刺激性的工作）。

⑥ 使用个人电子设备（例如手机等）导致注意力不集中。

(8) 人际行为与沟通。

最后，这里有一些拟议的问题和提示，有助于探究人际行为和沟通对事故的促进作用。

① 有迹象表明人际行为会影响有效信息的沟通或信息共享，或者影响人们的决策或行为。

② 尽管其他人更了解情况，但主流人士的意见所拥有的影响力太大。

③ 尽管他们经验丰富、有资格或能获得更多的信息，但却没有咨询或接受来自职位

相对较低的个人的建议或信息。

④ 拥有相关信息或经验的人,因职位的权威性相对较低,而不愿意提供信息或挑战前辈(例如,因为他们不相信有人会倾听他们的建议,或他们的建议会受到重视)。

⑤ 由于缺乏人际沟通技能而缺乏互动或存在人际冲突。

⑥ 不愿意挑战别人的观点或说出自己的观点,以免他人感到尴尬或失面子。

⑦ 拥有相关信息或经验的人因工程契约限制而不愿提供信息或挑战他人。

⑧ 存在妨碍有效沟通的文化因素(例如尊重权威、不愿意看起来像批评人似的等)。

22.4.3.4 在今后,怎样通过强化控制措施来阻止事故发生?

就了解事故的人因贡献来说,第四个也是最后一个关键性的问题,在寻求回答前三个问题的过程中收集到了很多的信息,而第四个问题涉及对这些信息的仔细思考。这个问题的目的是,确定今后可以采取什么样的行动来强化事故防范控制措施。结果表明,对于寄予厚望的控制措施,人们可能无法令人满意地洞察其失效原因。不管怎样,明确采用何种控制措施来防范事故,以及这些控制措施在实际环境中是如何失效的,上述分析过程能够给予我们深刻的洞察力和丰富的知识。

第四个问题可以总结为几条决定性的挑战,它利用了尝试回答前三个问题所收集到的信息:

(1) 组织对其依靠的控制措施的存在性与有效性的期望是现实的吗?

(2) 控制措施确实已经就位,在当时的环境下,控制措施是否起到了应有的作用?

(3) 如果未能阻止事故发生,那是因为其效果并没有人们想象的那样好,还是实际失效率与期望的失效率不一致?

(4) 在事件发生时,是否存在与具体背景或环境有关的某些情况,导致控制措施失效?或者,在其他的情况下,支持控制措施的期望是不切实际的?也就是说,这是一次性的、针对特定情况的控制措施失效现象,还是这些控制措施本身就不如以前认为的那样有效?

(5) 现有控制措施需要保留,但需进一步强化,或者它们是基于对人行为与表现的不切实际的期望,因此不应该将其作为可以依靠的控制措施。

(6) 有可能其他控制措施会阻止事故发生。

(7) 什么样的其他控制措施能从学习中受益。

表22.1对清管器发球筒超压致1人死亡事故中的控制措施的表现进行了总结。组织有理由期望采取七项控制措施来防止此类事故发生,从表中可知,其中有两项控制措施实际上并未就位,而另外五项控制措施虽已就位,但效果不如人们的预期。人们必定会认为,第一项控制措施,也就是在投入使用前进行了现场安全审查,作为发现所有重大风险的手段是有效的,能够确保涉及的每位员工都了解它们并知道控制它们会涉及到什么。在开始工作前进行这类安全检查是非常普遍的,并且许多行业都依赖于这样的安全检查。在这种情况下,为什么还会出问题?这是一次性事件吗?当天的检查方式或当时参与检查的人员有何不寻常的地方?安全检查作为提高风险意识和确保风险得到控制的手段,是否有效?如果控制措施已经就位,且控制效果符合人们的预期,但控制措施的有效性低于100%,这种情况下会掉入无效区吗?或者,这是否只是许多事故中的其中一起事故,其

原因是否在于现场安全检查的有效性低于行业预期,或在提高现场风险意识方面没有发挥充分的作用?如果是这样的话,必须重新评估这些检查的价值和执行情况。

考虑表 22.1 中确定的最后一项控制措施,也就是操作人员知道与清管器发球筒相关的风险并谨慎行事,发现可疑之处就会停止吹扫作业。如果这项控制措施到位了,那肯定是没有效果的。查看压力表的人员得出的结论是:清管器发球筒内无压力,要求增加氮气流量。这一结论本身是没有问题的。操作人员不会选择不相信压力表读数,他们肯定会相信流量为零。但实际情况是压力太高,导致压力表无法提供正确的压力数据。由于确信压力为零,导致操作人员的警惕性不高,未停止作业并质疑即将进行的下一步工作,导致自身面临验证偏见风险,这样的思考与决策特征源自系统 1❶。如果客观事实表明(事后看来)事情并非如此的话,期望经验丰富的操作人员,执行日常甚至是潜在高危险性任务,并持续保持警惕性,且发现疑点并停止工作,要做到这一点,可能吗?

目前,笔者并没有任何回答这些问题的依据。这属于重大挑战,这些挑战涉及安全关键行业怎样管理一线操作风险的众多核心内容。但是,这些挑战是合理的,尤其是在明确组织期望采取什么样的控制措施,并探究这些控制措施在事故发生的现实环境中的实际表现过程中。

22.5 小结

本章是对本书前三部分的补充。它描述了一种了解人对事故促进作用的方法,减少了人们对人因工程学或应用心理学知识与经验的依赖性。本章旨在部分洞察各种注意事项,即其职业生涯都专注于这些学科的人,当其从人因工程角度来看待事故时,可能会问到的各种注意事项。

所提出的方法是对第 4 部分的补充,考虑如何将人因思考融入屏障思维,包括蝶形图分析和在资本项目中使用的其他类型的屏障分析。项目期间采用的方法是以挑战项目团队的期望与意图为基础的,从而确保防范重大事故所依靠的控制措施的有效性。

本章中拟议的从事故中学习的方法,也依赖于明确的组织期望与意图,然后挑战这些组织期望与意图。挑战这些组织期望与意图需要借助于发生的真实事故。采用本方法的前提是组织认为所有的重大事故都可以避免的。因此,并无任何需要调查的事故,如果有事故发生,其原因要么是组织所依靠的一项或多项控制措施未就位,要么是控制措施的效果不如人们的预期。

本章并没有阐述调查人对事故促进作用的新方法或原创性方法。其中的大部分方法是以笔者多年来从科学家、研究人员和其他从业人员那里获得的信息为基础演化而来的。如果本章中有任何原创性内容的话,也许,挑战防御层思维的半结构化方法可以算作原创性内容,这一方法可作为调查人的事故促进作用的方法。这一方法以屏障思维概念为基础,并得到了人因工程知识库中的问题和注意事项的支持,非专业人士可能会发现,这一方法

---

❶ 在试图理解为什么人们会采取事故中的行为方式时,也许会反复唤起系统 1。当然,出现这种现象是有可能的。不过,本书第 3 部分已经论证了关于系统 1 对人们的日常想法与行为的主导作用,大量科学知识与证据表明,周围也许确实存在许多隐藏的问题。

在探究人对事故促进作用方面是有用的。

事实上，调查人的事故促进作用的最有效方法之一，是对事故的任何促进作用反复问为什么。这是丰田汽车公司开发的"5个为什么"技术的基础。对于经验丰富的人来说，在严格执行"5个为什么"技术到足够深的层次时，就会得到对于"5个为什么"技术更加深刻的理解。然而，其中的一个局限性，尤其是对于经验不足的人来说，是依赖于人们的洞察力，甚至会依赖于调查人员的想象力。调查人员不仅需要找到问题的答案，甚至还需要知道什么时候问什么问题、哪些问题值得进行更深入的探讨，哪些问题可能会陷入僵局？本章中列出的问题和提示也许对这类人是有用的，即没有太多人因工程经验，但需要针对人的表现与行为，决定问什么问题，以及找到部分问题答案的这些人。

参 考 文 献

[1] Endsley M R, Bolte' B, Jones D G. Designing for situation awareness. 2nd edn. London: Taylor and Francis; 2012.

[2] Reason J. A life in error. Farnham: Ashgate; 2013.

[3] Taleb N N. The black swan: the impact of the highly improbable. Penguin Books; 2008.

[4] Pinker S. The sense of style. London: Allen Lane; 2014.

第 23 章 结 论

在前面的章节中,介绍了人因工程所涉及的范围和技术内容,并对该学科的一些做法进行了解释。同时,就如何改进学科的应用提出了一些建议,尤其是作为防范事故的控制措施的人力绩效保证与验证方面(第 16 章至第 18 章),以及在事故调查过程中的人因工程学应用方面(第 22 章)。总之,笔者强调了人力绩效的心理基础,以及试图设计和实施支持涉及心理过程的工作场所与设备界面的重要性与挑战性,举例说明并解释了人因工程(在设计中正确实施人因工程并承诺人因工程会发挥其应有的作用)能够带来的重大价值和投资回报。

23.1 局部理性反思

贯穿本书的一个反复出现的主题是理解决定产生的影响的重要性,这些决定是在设计与运营管理方面、针对操作人员做出的决定,人们期望操作人员在当时的环境条件下执行关键任务。人力绩效是高度情境化的,在很大程度上取决于涉事操作人员在评估信息、作出决定和采取行动时所认可的情境。在第 2 章关于台塑公司爆炸事故和第 16 章至第 18 章邦斯菲尔德燃料储库爆炸事故的讨论中,利用了 Sydney Dekker 的局部理性概念(见第 1 部分)。探讨了是否有可能了解涉事操作人员内心想法,这很大程度上得益于心理学家称之为系统 1 和系统 2 之间差异(在第 3 部分中进行了总结与探讨),这有助于理解其对当时情况的解释,以及在当时的情况下,其采取(或不采取)措施的决定与行动对他们来说是明智的。这必须是明智的:如果涉事操作人员相信会面临任何异常风险的话,他肯定会采取不同的行动。

在写这些章节的时候,笔者在西班牙北部一所西班牙语言学校停留了一周的时间,参观了巴斯克地区南部的格尔尼卡小镇毕尔巴鄂。格尔尼卡小镇对笔者有着巨大的吸引力。1937 年 4 月 26 日,在西班牙内战期间,纳粹德国空军的神鹰军团对该镇进行了 3 个多小时的空袭,导致约 1600 人死亡。对于其他的许多人来说,那天发生的事件,反映出了战争的非人道性。特别是当人们得知德国空军计划了称之为实验的此次空袭,是为了测试闪电轰炸战术的效果,这是一种在即将到来的第二次世界大战期间广泛使用的战术。

对笔者来说,毕尔巴鄂是一个存在于西班牙北部一个爱国的小乡村社区,在历史上是抵抗佛朗哥共和党力量的中心,却成为一个拥有强大军事实力的、残暴的纳粹德国手中的试验对象,遭受了致命与毁灭性实验,这是一个鲜明的对比,说明了一些有关人性深刻而可怕的真相。

格尔尼卡中心的帕尔克德洛斯普埃布罗斯公园,也称为和平公园。笔者坐在这个公园一边晒着太阳,一边想着 1937 年 4 月 26 日发生的事件,试图了解空袭指挥官的思考模式、价值观和信念，以及他的目的和目标，以至于能够让他计划和实施这样的空袭行动(在几乎没有防御能力的社区实施这类极具破坏性的且令人感到恐怖的空袭行动)。其目的无非是使人感到害怕与恐惧，而害怕与恐惧的程度又足以使社区不能或不愿继续进行抵抗。据报道，德国空军也对空袭结果感到满意，并赞扬了神鹰军团的努力。空袭行动距今大约有80年的时间，并且世界也发生了很大变化。笔者发现自己正在图从现在的角度来了解此次空袭行动的指挥官的内心想法，看看能否在当时的情况下，理解此次空袭对他们来说是有道理的。

城市公园有两个著名的雕塑：和平纪念碑和 Henry Moore 的避难所里的母亲雕塑。位于和平纪念碑后面，通过雕塑可以看到公园(图23.1)。笔者试图理解发生在格尔尼卡的实验(对德国空军来说)，并认为也许是有其道理的，这一想法与将局部理性概念在台塑和邦斯菲尔德事故中的应用有相似之处，对此笔者感到震惊。因为，它们是完全不同的人类条件与思维模式，但面临的挑战是一样的：试图理解当时的情况下，对事件进行解释、评价，对于选择与制定行动计划的人来说，世界究竟是怎样的，他们究竟在想什么？

图23.1 和平纪念碑

当然，一个主要的区别是，对于那些计划格尔尼卡空袭的人来说，实施空袭行动的决策、计划和评估都是基于系统2：此次空袭行动的决定是经过仔细考虑、蓄谋已久的，且有可能是在考虑和评估其他选项之后做出的。按照今天的标准，将这些决定视为理性的似乎是不恰当的，甚至是不人道的。然而，从心理学的角度来看，他们一定是理性的。至少，他们是使用慢速、理性和谨慎的系统2才作出这些决定的。这反映了1937年纳粹德国的价值观与信念，无论如何，今天我们可以看到这些价值观与信念是不具有合理性或道德性的。

相比之下，笔者试图将局部理性的概念应用于人为差错，这在很大程度上是基于这样的假设，即一线人员对世界的感知与评估及其做出的决定肯定会经常受制于系统1：使用快速、直观的思考模式，这是以对事件和信息的快速解读为基础，并会受到许多偏见与非理性源的影响。

局部理性概念在设计中有什么样的价值？在资本项目的人因工程方案中会扮演何种角色？笔者认为局部理性会有它的价值，也会扮演相应的角色。笔者认为：就人们在实际工作条件下会有怎样的行为与表现做出假设与提出期望的人,至少有责任尽量考虑在当时情况下,世界在这些人(组织期望这些人做组织依靠他们正确做的事情)的心目中究竟是什么样的。目前,笔者对怎样做到这一点还没有什么建议。也许事前失败分析(源自 Caryklein 因 2007 年发表在哈佛商业评论的文章)概念的一个变体是可行的方法之一:在设计完成之前,组建一个由拥有相关的经验与知识的人组成的团队,为其设定一个假想的未来场景,在这样的场景中,设计已经投入使用,并且有人犯了导致重大事故的严重差错,要求此人解释导致事件发生的原因,解释为什么工作系统的设计与实施对设计诱发型人为差错有促进作用。

对于人因工程学学会以及应用心理学领域的人来说,他们所面临的主要挑战是为从业人员提供所需的工具和方法,以便使局部理性概念能够作为设计工具。目前,这个挑战已经远远超出了目前人因工程的最新水平。

23.2 一些研究与开发项目

这里汇集了关于主题的一些建议作为本书的结尾,对笔者来说,这些主题似乎可以证明研发工作的合理性。它们包括基础科学研究与应用研究,以此来开发相关的知识和工具,从而帮助项目通过设计来提供高水平固有人力信度。

首先,需要进行高质量的、与设计诱发型人力不信度有关的经济学研究。这是只有在足够数量的公司的积极支持下才能开展的工作,因为这些公司拥有所需的事故与财务数据。

有必要更好地了解认知偏见与非理性对组织各个层级的风险评估与业务决策施加影响的方式:从后台风险评估(这一评估通常被假设是谨慎理性的,但几乎肯定会受到许多偏见源的影响)到在面对实际工作压力时做出的一线风险评估和决策。

有必要了解一线操作人员会如何感知、评估和形成实时心理意识,尤其在即将采取的行动和做出的决定有关的风险时。在工作环境、设备界面的设计或在实时思考和决策过程中,做什么事情可鼓励开发与必要的风险想象力相关的实时一线风险评估技术?

也有必要了解诸如班前会、工作危险分析和其他一线风险评估技术,在产生实时风险意识和确定已识别风险优先级方面的实际效果怎样?

有必要开发可融入工作系统设计中的方法,这样的工作系统可有效嵌入系统 1,并迫使人们在进行信息实时解释与实时决策等关键时刻时启用系统 2。在本书中,笔者已经列举了一些例子:第 3 章中针对进入路口的危险警示条与减速带,以及第 20 章中针对进入西班牙道路中的急弯处时的 V 形反光条。这似乎能够在需要时刻和地点有效切换到系统 1。在一些优秀的应用心理学研究成果的支持下,创造性设计思维应该能够形成一种方法,这样的方法能够有效地融入许多应用工业环境的工作场所和设备界面的设计,例如控制室、工作现场和其他做出关键性操作决策和执行任务的环境。

同样,有必要开发有效的工具与方法,可有效切换到系统 1,并在组织进行风险评估并基于风险评估做出关键操作决定的关键时刻,迫使人们启用系统 2。有必要了解疲劳与其他压力源之间的关系,及其与系统 1 相关的偏见类型、非理性思考与决策之间的关系。有必要利用应用研究来开发从业人员所需的工具与方法,以便能够将局部理性概念作为工具来使用。事前失败分析这一概念可能会提供这样的机会[1]。

第19章讨论了当前方法存在的一些问题与局限性，这些方法试图量化人为差错的可能性。研究是必要的，或许需得到美国核管理委员会[2]正在进行的工作的支持，或许与美国核管理委员会[2]正在进行的工作是并行的，从而以收集更广泛的、准确的、与人为差错概率有关的操作人员绩效信息，和涉及油气行业及其加工工业进行关键操作的各种代表性活动。

在第5章中，笔者提到他对许多没有结构支撑作用但跨在管道上的走道、平台和踏步的明显过度设计感到困惑。对于某些公司而言，进行这样的设计并不困难，即，比目前日常使用的产品更轻便、更便宜。这将明显降低操作人员进出工作场所的永久性进出通道的成本。

开发一套通用的、基于绩效的人因要求规范，能够使整个行业都从中受益，并且基于绩效的人因需求能够为更大范围的项目提供支撑。

也需要更好地了解在油气开发与加工活动中引入自动化的方式，以及在新的自动化过程与操作中，自动化对操作人员角色变化的影响。第9章回顾了针对与监督控制有关的心理问题所进行的一些长期研究工作。它回顾了2009年法航空中客车AF447坠毁事故的一些经验教训，并提出了一些挑战。

需要进行研究，以更好地理解作为监督控制的操作人员的角色及其所面临的问题，尤其是当系统和操作期望操作人员进行主动性监控时，这里的系统是针对目前整个行业正在开发和实施的系统。操作人员确实主动监控了这些系统吗？工作、任务和系统设计存在什么样的特征会促进或妨碍监督控制与主动性监控？声称支持它们的系统的实际效果怎样，或者操作人员实际只是在被动监控？操作人员实际上能够在多大程度上留在现代高度自动化过程的环路中，以便保持在需要时实施有效干预的觉察能力与技能？

最重要的是，公司需要针对自身的实际情况进行一些内部研究，以此来发现在实际操作中设计诱发型人为差错的发生频率究竟是多少，从而以业务绩效与投资回报为依据来确定其费用。为进一步了解为什么会发生这样的情况，也就是当他们做出关于资产的设计与操作的决定，且这样的决定需要面对挑战并使之更加切实可行时，需要探究他们对人的行为与表现做出了什么样的假设与期望？

如果本书最终使人们确信需要进行这样的研究，并激励他们找到了一些答案，笔者十分期待来自读者的反馈。

参 考 文 献

[1] Klein K. Performing a project premortem. Harv Bus Rev 2007；85：18-19.
[2] Chang Y J, Bley D, Criscione L, et al. The SACADA database for human reliability and human performance. Reliab Eng Syst Saf 2014；125：117-33.